高职高专经管类专业核心课程教材

企业战略管理

吴慧涵 ■ 主　编
崔晓文　张　青 ■ 副主编

清华大学出版社
北　京

内容简介

企业战略管理是市场经济永恒的主题，也是企业生存与发展的命脉。随着我国加入WTO和市场经济的快速推进，随着中国经济国际化脚步的加快，社会急需大量既掌握企业战略管理知识，又具有企业战略制定与实施执行能力的技能型人才。本教材依照企业战略管理活动的基本过程和规律、根据近年来企业战略管理的新发展，系统介绍了企业战略管理体系、行业与企业竞争环境分析、企业资源与能力分析、竞争战略、跨国经营战略、战略评价与选择、战略实施与控制、战略与组织结构、战略与企业文化等内容，并结合案例分析教方法、讲思路，加强实践教学、突出操作技能培养。

此次再版，作者审慎地对原教材进行了相应修改，以使其更贴近经济生活、更符合社会发展、更好地为教学实践服务。本书既适用于高职高专经济管理、市场营销、工商管理等经济类相关专业的教学，也可作为企业从业者和职业经理人的在岗培训教材，对于广大企业从业人员也是一本有益的参考读物。

图书在版编目(CIP)数据

企业战略管理/吴慧涵主编．—北京：清华大学出版社，2010.8（2017.6重印）
（高职高专经管类专业核心课程教材）
ISBN 978-7-302-23004-5

Ⅰ.①企…　Ⅱ.①吴…　Ⅲ.①企业管理－高等学校：技术学校－教材　Ⅳ.①F270

中国版本图书馆CIP数据核字(2010)第105901号

责任编辑：刘士平
责任校对：刘　静
责任印制：刘祎淼

出版发行：清华大学出版社
　网　　址：http：//www.tup.com.cn，http：//www.wqbook.com
　地　　址：北京清华大学学研大厦A座　**邮　　编**：100084
　社 总 机：010-62770175　**邮　　购**：010-62786544
　投稿与读者服务：010-62776969，c-service@tup.tsinghua.edu.cn
　质 量 反 馈：010-62772015，zhiliang@tup.tsinghua.edu.cn
印 装 者：北京九州迅驰传媒文化有限公司
经　　销：全国新华书店
开　　本：185mm×260mm　**印　张**：19.5　**字　　数**：445千字
版　　次：2010年8月第1版　**印　　次**：2017年6月第8次印刷
印　　数：14630~14930
定　　价：28.00元

产品编号：034394-01

再版前言

Foreword

经济的快速发展以及竞争的加剧，使企业的生存压力越来越大。据美国《财富》杂志报道，美国约有62%的企业寿命不超过5年，只有2%的企业存活期达到50年，中、小企业的平均寿命不到7年，大企业的平均寿命不足40年；跨国公司的平均寿命为10～12年；世界500强企业的平均寿命为40～42年，1000强企业的平均寿命仅为30年。另据统计，美国每年新生的40万家企业中，有三分之一的企业在一年之内倒闭，余下的在以后的5年中陆续消亡。据《科学投资》杂志称，我国中小企业的平均寿命大体在3～4年，每年有将近100万家企业倒闭。企业寿命短，原因何在？管理学界的共识就是：企业战略出了问题！企业生存的第一要素就是战略！

"战略"是古老的军事术语，其演变而来的战略管理又是一门新兴的学科和管理艺术，战略管理可以有效地帮助企业经营者运筹帷幄、决胜千里。战略管理理论自20世纪50年代诞生以来，由于其对管理实践的重要指导作用，一直备受企业管理研究和实践者的高度关注；现在已成为工商界每个企业管理者都必须学习和掌握的关键知识。随着我国改革开放和市场经济的快速推进，随着中国市场国际化发展，中外工商企业将在同一舞台上展开新一轮的竞争，其竞争的焦点就是企业战略制定和企业战略管理，企业战略管理既是市场经济永恒的主题，也是企业生存与发展的命脉。面对全球经济一体化进程的加快和国际化市场的激烈竞争，加强企业战略管理，提高我国工商企业的经营管理水平，既是企业发展的战略选择，也是本书编写的目的和意义。

本书自2006年出版以来，因为内容实用、突出脑力训练，致力于让学生掌握思路和方法；深受全国诸多高职高专院校广大师生的欢迎，并得到国内学术界及广大社会读者的广泛好评。此次再版，作者审慎地对原教材进行了修改，以使其更贴近经济生活、更符合社会发展、更好地为国家经济建设和教学实践服务。

本书作为高职高专经济管理专业的特色教材，以学习者应用能力培养为主线，依照企业战略管理活动的基本过程和规律，根据近年来企业战略管理的新发展，系统介绍：企业战略管理体系、行业与企业竞争环境分析、企业资源与能力分析、竞争战略、行业竞争战略、跨国经营战略、战略评价与选择、战略实施与控制、战略与组织结构、战略与企业文化等知识内容；并结合实证案例分析教方法、讲思路，加强实践、突出操作技能培养，以达到学以致用的目的。由于本书语言简洁、深入浅出、理论适中、知识系统、内容丰富、案例经典、强调结合行业特点和企业应用，注重与时俱进，且采取新颖、统一的体例格式化设计；因此本书既适用于高职高专工商管理、市场营销等经济管理类相关专业的教学，也可以作为企业管理者和职业经理人的在岗培训教材，对于广大社会自学者也是一本非常有益的参考读物。

本书由李大军进行总体方案策划并具体组织，吴慧涵教授主编并统稿，崔晓文和张青为副主编；由清华大学经济管理学院侯炳辉教授审定。作者分工：张青编写第一章，刘蓉编写第二章，崔晓文编写第三章、第五章、第十一章，吴慧涵编写第四章、第八章、第十章，程旭阳编写第六章、第七章，董巨编写第九章，沙雄飞编写第十二章；李晓新负责本教材课件的制作。

在修订过程中，我们参阅、引用了国内外大量有关企业战略管理的书刊资料和业界的研究成果，并得到有关专家的具体指导，在此一并致谢。由于编写时间紧、作者水平有限，书中难免有疏漏和不足，恳请同行和读者予以批评指正。

编　者

2010 年 4 月

Contents 目　　录

第一章　导　论

学习目标

1. 了解企业战略的概念、特点、本质；
2. 掌握企业战略管理的概念、层次，企业战略管理的过程。

引导案例

“战略德隆”之成败

新疆德隆曾经是一家著名的民营企业，德隆的总裁唐万新极为重视战略管理，但经过深入研究发现，德隆既缺乏总体战略的系统研究，更没有准确明晰的企业战略规划。

1997年以后，德隆提出做“战略投资人、价值发现人、新价值成长人”等企业战略定位，这表明德隆是第一家将“战略”写入公司名称的企业。德隆曾经邀请众多国际咨询公司，为其下属公司做具体的项目咨询，而从未对德隆自身的总体战略体系进行研究，这与德隆一直标榜的“战略德隆”相悖。

唯一为德隆总部做过管理咨询的咨询机构罗兰—贝格认为德隆应该首先确定战略，再根据战略设计相应的组织结构。但是德隆认为，其已形成一个完整的战略，这个战略是通过资本市场，以企业家俱乐部的形式对产业进行整合。

沿着这个战略定位思路，德隆又提出一系列的战略定位：从创造传统产业新价值到金融领域的金融产品提供商，再到不分行业地为企业发展的各个阶段提供综合金融服务的供应商。这些战略立意深远、气势恢弘，但战略定位过于虚幻，缺乏系统而缜密的研究。

唐万新过于相信传统产业的改造价值，而忽视像房地产业出现暴利的机会，始终不愿意进入这种机遇型产业。他认为德隆最大的使命是整合产业，房地产业赚钱太简单，与德隆的使命不相符，没有进行整合的价值。因此，德隆不做房地产开发。这说明德隆总体战略思路是模糊不清的，德隆战略缺乏缜密的研究。

(资料来源：唐立久，张旭．解构德隆．杭州：浙江人民出版社，2005，有增删。)

2004年新疆德隆的崩盘，引起全国的关注和热议。德隆曾经被誉为“战略德隆”，而德隆又恰好倒在战略上；这说明战略决定企业的成败，战略管理具有挑战性，学习战略管理课程十分必要。

第一节　企业战略

一、企业战略的定义

关于对企业战略的定义，国内外学术界和企业人士有多种表述，一些学者用传统概念和现代概念对企业战略进行分类。

1. 传统定义

美国哈佛大学迈克尔·波特教授是企业战略传统定义的典型代表，他认为：战略是公司为之奋斗的一些终点与公司为达到终点目标而寻求的途径的结合物。波特的定义概括了 20 世纪 60 年代和 70 年代对企业战略的普遍认识，它强调企业战略的一方面属性——计划性、全局性和整体性。

2. 现代定义

近年来，国际经济的发展变化使企业外部环境的变化速度加快，使得以计划为基点的广义定义受到不少批评，因此明茨伯格在 1989 年提出，以计划为基点将企业战略视为理性计划的产物是不正确的，企业中许多成功战略是在事先无计划的情况下产生的。他将战略定义为“一系列或整套的决策或行动方式”，这套方式包括刻意安排的(或计划性)战略和任何临时出现的(或非计划性)战略。

事实上，企业大部分战略是事先的计划和突发的应变的组合，“战略既是预先性的(预谋战略)、又是反应性的(适应性战略)”。换言之，“战略制定的任务包括制定一个策略计划，即预谋战略，然后随着事情的进展不断对它进行调整。一个实际的战略是管理者在公司内外各种情况不断暴露的过程中，不断规划和再规划的结果。”明茨伯格提出了战略的整合概念，即所谓的“5P”模式——战略是一种计划(plan)、一种策略(ploy)、一种模式(pattern)、一种定位(position)和一种观念(perspective)。

中国学术界对于企业战略的定义比较有代表性的是：企业战略是指根据企业外部环境及企业内部资源和能力状况，为建立持续竞争优势、求得企业持续发展，对企业发展目标、达到目标的途径和手段的总体规划。

应该指出的是，战略与策略不同，战略是长远的、全局的，而策略是短期的、局部的。战略与策略是目的与手段的关系，先有战略后有策略，策略必须服从并服务于战略。在当今瞬息万变的环境里，企业战略意味着企业要采取主动态势预测未来，影响变化，而不仅是被动地对变化做出反应。企业只有在变化中不断调整发展战略，保持健康的发展活力，并将这种活力转变成惯性，通过有效的战略不断表达出来，才能获得并持续强化竞争优势，构筑企业的成功。

二、企业战略的本质和焦点

任何成功的战略都要综合考虑众多的因素，都要对众多的经营管理问题进行总体谋划与安排；那么，作为功利性组织和营利性组织的企业，其战略到底是来干什么的或者说战略的本质到底是什么？同时，战略可以划分为不同的层次，同一层次又有多种战略选择，那么，这些纷繁多样的战略所共同关注的焦点是什么？前者是战略管理的根系，后者是战略管理的轴心，它们直接决定战略管理知识体系的构成、战略管理的重点和战略管理的边界。

1. 企业战略的本质

企业战略的本质在于持续满足利益相关者的不同需求，使企业实现持续发展。在竞争激烈的现代市场，企业的经营绩效和成败直接决定于多种利益相关者的行为。

所谓利益相关者，是指任何能够影响企业目标的实现或者受企业目标实现影响的个人或团体。利益相关者一般为企业提供了某种资源，如资金、人力资本、环境、政策等，因此，它们关注企业的行为与经营绩效，具有要求从企业获得利益的权利。

利益相关者至少可以分为三大集团，它们分别是：资本市场利益相关者（股东和公司的主要资本提供者），产品市场利益相关者（主要的客户、供应商、所在社区、工会）和组织内部利益相关者（公司所有的员工，包括非管理人员和管理阶层）。

每一利益相关者集团都希望从企业获取期望的价值。然而，不同利益相关者集团的目标通常各不相同，有的甚至相互冲突，如表 1-1 所示。

表 1-1　各利益相关者集团的目标

利益相关者集团	期望的目标
股东	股价升值及分红
客户	产品和服务
雇员	雇用、工资以及个人的成长机会
供应商	销售收入、成长机会
当地社区	就业、经济发展、市政建设
社会大众	经济安全保障、环境保护
商业协会	政治力量、活动经费

股东是企业最显而易见的利益相关者，至少对于中国企业是如此。股东希望他们的投资回报能达到最大化，财富越来越多。然而，企业收益的最大化有时是以牺牲企业的长远利益为代价的。例如，企业可以通过减少研发投入来增加收入，使股东短期回报增加。这种财富的短期增长往往会伤害企业未来的竞争力，而如果企业无法维持对未来的投资，那些拥有多元化股票投资组合的投资者就会将该企业的股票抛售。

战略决策者对企业的短期利益和长期利益都负有责任，必须避免企业因投资额不适当的减少对所有利益相关者的利益产生负面影响。

与股东相反，顾客则希望投资者获得最小的利益，希望企业不断提高产品的质量和性能，却不提高甚至降低产品的价格，从而使自己的利益最大化。但是，顾客利益增加了，股东的利益就可能会减少。同样,企业的雇员希望获得高的薪酬,获得职业发展的机会,拥有良好的工作环境和条件,这些均意味着企业成本的增长,如果这种成本的增长不能通过雇员更多的贡献来弥补,就会减少股东的收益。

由于潜在利益冲突的存在,一方面,每个企业都必须管理好它的利益相关者,首先,必须识别所有重要的利益相关者;其次,一旦无法满足所有利益相关者的要求,就要依据其对企业的权力大小、满足其需求的紧急程度、其对企业发展的重要程度等,进行区别对待。

另一方面,企业必须既要承担经济责任,又要承担社会责任,而这些都要求企业以赚取超过平均水平的利润,即超额利润为前提。有了超额利润带来的能力和灵活性,企业才可能同时满足多个利益相关者的不同需求。如果企业只能获取平均利润,就很难实现所有利益相关者利益的最大化,企业的目标就会变成最低程度地满足所有利益相关者的需求。那些连平均利润都赚不到的企业,就会连最低程度地满足所有利益相关者的需求都做不到。这种情况下,企业的目标就会退步到如何将利益相关者的损失最小化。

当企业经营绩效达到或超过利益相关者的期望时,他们就会继续支持企业。否则,就会减少或撤销对企业的支持,甚至实施对企业的惩罚。企业一旦持续地失去重要利益相关者的支持,就必定失败。因此,企业必须设法持续地满足利益相关者的不同需求。

然而,现代企业面临的挑战是,各个利益相关者群体的需求和行为是经常变化的,因此,企业必须综合考虑企业内外部各种因素,特别是利益相关者群体的需求和行为的动态变化,明察秋毫、见微知著,适时调整自己的经营行为,这就要求从战略上进行总体谋划。

同时,要持续地满足利益相关者的不同需求,就必须使企业实现“做强”、“做大”与“做长”的统一,即实现持续发展,避免出现“小老树”式企业(寿命较长,但竞争力长期较弱、规模长期较小)、“过山车”式企业(发展大起大落,极不稳定)和“流星”式企业(快速崛起,迅速消亡)。

持续地满足利益相关者的需求与企业持续发展互为因果,互为前提。因此,战略的本质就是设法使企业持续地满足利益相关者的不同需求,实现持续发展。

2. 企业战略的焦点

企业战略的焦点是竞争优势战略。企业战略之所以进入商业领域且日益重要,是因为在市场经济条件下,商业领域存在竞争且竞争日益激烈。在激烈的竞争条件下,赢家总是那些具有竞争优势的企业。当一家企业实施了一项创造价值的战略,而其他企业无法模仿或者因为成本太高不能模仿它的战略时,这家企业就获得了持续的竞争优势。那些不具备竞争优势的企业充其量只能赚取平均利润而不能赚取超额利润。

平均利润是指一项投资的盈利水平与投资者预期从其他相同风险的项目获得的利润相同。超额利润是指一项投资的利润超过投资者预期能从其他相同风险的投资项目可获得的利润。从长期来看,无法获取平均利润将会最终导致企业的失败,因为利益相关者会减少或撤销对企业的支持,甚至对企业实施惩罚,至少股东会撤资转投其他企业,以期至少获取平均利润。

企业要通过一系列的战略行动来加强自身长期的竞争地位和改善自己长期的财务绩效。优秀企业的战略通常是进攻与防御双管齐下:一些战略行动旨在挑战竞争对手的市场地位，以提升自己的市场地位；另一些战略行动则是针对竞争的压力、竞争对手的策略及其他可能威胁到企业成长安全的因素进行防御。

战略是否有效，在于管理者能否在外部市场和企业内部通过一系列行动建立持续竞争优势。具有竞争优势的企业能够赢得市场并实现高于市场平均水平的利润，拥有良好的发展前景；而没有竞争优势的企业，将会被竞争对手战胜，获得并受困于平庸的财务业绩。

按照米勒的观点，企业的竞争优势体现在三个方面：向顾客提供更好的产品和服务，或者更便宜的产品和服务，或者使顾客更快地获得产品和服务。如果一个企业具有两个甚至三个方面的竞争优势，那么该企业就处在一个相对较为有利的地位。相反，如果一个企业在这三个方面的表现均欠佳，那么顾客就不能从该企业获取满意的价值，如果是在竞争性的市场，该企业的业绩肯定较差，连"常规利润"都不可能获得。所以，竞争优势就成为战略的焦点，战略管理也可以被定义为对竞争优势的管理。

三、企业战略的特征

尽管战略管理学者和企业经理们对企业战略内涵的认识各不相同，但是对于企业战略的特征的认识却没有太大的分歧。概括起来，企业战略具有如下特征。

1. 总体性

企业战略是以企业总体的持续发展为诉求对象，根据企业持续发展的总体需要而制定的。它所规定的是企业的总体行为，所追求的是企业的总体效果。尽管战略要考虑大量的局部活动，企业战略也分为不同的层次，但各种局部活动和不同层次的战略均是作为总体活动的有机组成部分在战略中出现的，而且每一层次的战略又是企业在该层次上的总体谋划与安排。

比如，营销战略是职能层次的战略，需要综合考虑产品、价格、分销和促销等营销活动，同时，营销战略是作为业务战略的一个组成部分出现的，要有利于形成企业的竞争优势，而业务战略必须服从于企业的愿景、使命和目标。

2. 长远性

企业战略重点关注的是企业未来相对较长时期内的总体发展问题，追求短期效益与长期发展的协调统一，着眼于长期发展。一个只关注短期效益的企业，是不需要战略的。经验表明，企业战略通常着眼于未来3～5年乃至更长远的发展目标。

3. 指导性

企业战略规定了企业在一定时期内基本的发展目标，以及实现这些目标的基本途径，并且指导和激励企业全体员工努力工作。企业战略是企业发展的蓝图，其牵引、制约和决定企业经营管理的各项具体的活动。

一个企业，它要形成怎样的企业文化、要建立怎样的组织结构、要推行怎样的绩效考核体系、要招聘怎样的经理和员工等，主要依据的都是它的战略。

4. 现实性

尽管企业战略瞄准的是企业未来的发展,但是企业战略必须建立在现有的主观因素和客观条件的基础之上,一切从现有起点出发。一个好的战略不仅要考虑企业内外环境的动态变化,还要考虑企业当前的优势与劣势,通过利用优势和克服劣势,或者通过合适的战略举措改变劣势等,达到利用环境机会、迎接环境挑战的战略效果。

一个撇开企业现实条件盲目扩张、快速扩张的战略,往往会给企业带来严重后果,新疆德隆集团、郑州亚细亚、珠海巨人集团等企业的失败均源于此。

5. 竞争性

在缺乏竞争的市场中,企业一般是不需要关注战略的,这也是直到 20 世纪 60 年代战略的概念才进入商业企业的管理领域,直到 20 世纪 90 年代中国的企业才开始重视战略的原因。企业战略与军事战略一样,其目的通常是为了克敌制胜,赢得竞争的胜利。

尽管在现代市场,竞争对手之间的合作越来越多,但这种合作也是为了赢得针对合作方之外的其他企业的竞争,或者共同将市场蛋糕做大。因此,企业战略关注的焦点就是竞争优势的问题。

6. 创新性

企业战略的创新性源于企业内外部环境的发展变化,由于战略是基于企业内外部环境制定的,而环境总是不断发展变化的,因此,新的战略必须不同于旧的战略。同时,企业要想获得竞争优势,所制定的战略必须不同于竞争对手的战略。即便新旧战略、自已的战略与竞争对手的战略表面上相同,但由于内外条件的变化和差异,实质上是不同的。因循守旧的和简单模仿的企业战略是无法适应现代市场竞争的。

7. 风险性

企业战略是对未来发展的规划,然而环境总是动态变化的、不确定的和难以预测的,人类的战略管理的能力总是有限的,因此,任何企业战略都伴随有各种风险。随着市场竞争和市场环境动荡性的加剧,一方面,战略管理的重要性日益凸显;另一方面,战略管理的风险胜和难度也在增加。

2004 年崩盘的新疆德隆集团是国内第一家在其子公司名称中出现“战略”字样的企业,其推行的许多战略都是在国际著名管理咨询公司的帮助下制定的;事后来看,这样一个比较重视战略管理的企业,其失败的重要原因之一恰恰是战略管理的失误。

8. 稳定性

尽管现代企业战略的动态性日益明显,但它并不排斥企业战略,尤其是总体战略一经制定,一般要在较长时期内保持一定的稳定性,以利于企业组织的贯彻执行。只有这样,企业才能沿着比较确定的方向构建企业的管理系统和运营系统、配置和培育所需要的资源和能力,企业组织的效率才有可能获得实现。

9. 适应性

企业战略不应脱离现实可行的管理模式基础，管理模式也必须调整，以适应企业战略的要求。企业战略旨在促使公司获得成长的机会，而公司成长机会来自于组织内部条件(表现为优势和劣势)与外部环境(表现为机会和威胁)之间的适应性，即战略、内部条件和外部环境必须相互适应。此外，战略还要与公司治理、组织结构、控制模式、企业文化、企业家行为等相互适应。

10. 综合性

企业战略必须与战术、策略、方法、手段相结合。一个好的企业战略如果缺乏技巧，也不会取得好的效果。正是由于企业战略的上述特征，战略管理通常会对企业的发展产生重大和长远的影响，在工商管理的学科体系中，战略管理通常被认为是整合性的管理、最高层次的管理，成为企业高层主管的主要职责，极具挑战性。

第二节 企业战略管理

一、企业战略管理的概念

“战略管理”这一概念最早由安索夫提出，1972 年安索夫发表了《战略管理概念》一文，正式提出了“战略管理”的概念。由于他对战略管理的开创性研究，他成为管理学科的一代宗师，被誉为战略管理的“鼻祖”。

1975 年安索夫在其出版的《从战略计划到战略管理》一书中，将战略管理定义为“企业高层管理者为保证企业的持续生存和发展，通过对企业外部环境与内部条件的分析，对企业全部经营活动所进行的根本性和长远性的规划与指导”。他认为，战略管理与以往经营管理的不同之处在于：战略管理是面向未来，动态地、连续地完成从战略决策到战略实现的过程。

斯坦纳在其 1982 年出版的《管理政策与战略》一书中则认为，企业战略管理是确立企业使命，根据企业外部环境和内部经营要素设定企业组织目标，保证目标的正确落实，并使企业使命最终得以实现的一个动态过程。

迄今，许多战略管理学者与企业家对什么是战略管理提出了各种不同的见解，以下是具有代表性的几种观点：

第一，企业战略管理是决定企业长期表现的一系列重大管理决策和行动，包括战略的制定、实施、评价和控制。

第二，企业战略管理是企业制定长期战略和贯彻这种战略的活动。

第三，企业战略管理是企业在处理自身与环境关系过程中实现其宗旨的管理过程。

从以上观点可看出，企业战略管理可以指两种情形。

第一种情形指对企业的战略性管理，运用战略对整个企业进行管理，管理的客体是企业，即如何使企业持续地建立竞争优势，满足利益相关者群体的各种需求，实现持续发展。

第二种情形指对企业战略的管理，管理的客体是战略，指对企业战略的制定、实施、控制和修正进行的管理，是对战略本身的管理。

从目前出版的各种战略管理教科书一般包括的知识体系来看，这两种情形是融为一体的。

二、企业战略管理的行动步骤与主要内容

战略管理一般包括以下三个行动步骤或基本环节：

第一步是建立和发现战略行动的约束条件，这是战略制定与决策的依据，因为在特定的约束条件下就会有特定的战略与之对应。如果不能准确完整地把握关键的约束条件，战略决策就是盲目的。所谓科学决策，就主要体现在这方面。这一步的战略管理活动用战略分析来概括。

第二步是根据特定的约束条件，确立要实施的战略及战略组合，这一步的战略管理活动用战略选择来概括。

第三步是执行已确立的战略，并对战略进行纠偏，这一步的战略管理活动用战略执行来概括。

1. 战略分析

战略分析的目的是建立和发现战略行动的约束条件，就企业组织来讲，它包括如下两方面内容：

一方面确立公司使命、愿景和目标，它们是确立战略的依据。由于使命和愿景，特别是前者，一般要长期坚持，它们直接决定企业选择何种战略，对企业发展的影响是系统性的、长期性的，因此，本书第二章予以专门介绍。应指出的是，使命和愿景既是战略分析的结果，又是战略分析的依据。

另一方面找到那些能对企业未来发展起决定性作用的环境要素，包括企业外部环境要素和内部环境要素。在同样的使命、愿景和目标条件下，如果环境要素不同，最适宜的战略行动就会不同。进行环境分析的最简单的方法是 SWOT 分析，SWOT 由表达四个战略要素的英文单词的第一个字母组合形成：优势（strength）、劣势（weakness）、机会（opportunity）和威胁（threat）。

外部环境包括存在于组织外部的各种变量，它们最终表现为机会和威胁，这些变量在短期内不受企业组织高层管理人员的控制，它们构成了企业组织存在的基础。这些外部环境变量中有些是一般性因素或趋势，它们构成了总体社会环境；还有一些是特殊因素，它们形成了企业组织特定的任务环境，即所谓的产业环境。这部分内容在第三章详细介绍。

企业的内部环境包括存在于组织内部的变量，它们最终表现为优势和劣势，这些变量短期内一般可以由企业组织高层管理部门控制，构成了企业组织开展工作的基础。内部环境包括组织结构、文化、资源和能力，特别是核心能力。企业组织的关键优势构成了企业可以用来获得竞争优势的专长。

2. 战略选择

战略选择是指根据战略分析所获得的结果,即在已建立和发现的特定约束条件下,制定和选择有效的管理环境机会和环境威胁的战略计划与行动。对于任何企业,要想持续发展,就必须首先避免重大的战略决策失误。一般来讲,以下战略对企业发展的影响是系统性的和长期性的,决策难度很大且必须正确:

第一,必需的重大战略。对于任何企业,都要选择业务领域、确立业务组合,都要在确定的业务领域中采取合适的竞争战略以建立竞争优势,前者属于公司层战略,后者属于业务层战略。

第二,选择性的重大战略。为了实现企业的愿景、使命和目标,不同的企业在发展的不同阶段,往往要有选择性地采取一些重要的战略行动,以解决企业发展中的重大战略问题,最常见的是并购与重组战略、国际化经营战略、一体化战略和合作战略。

以上战略,基本上包括了中国企业目前及今后极为重要和困难的战略决策事项。近15年来中国出现了一大批重大企业失败事件,失败的原因就大多出在这些方面;同时,随着经济的全球化和市场竞争的日益激烈,这些战略在战略管理中的地位日益凸显。由于不同的产业环境下具有不同的竞争战略的选择,考虑到2005年以来,我国把提高自主创新能力确立为国家战略,通过提高自主创新能力来实现我国产业的转型升级、掌握产业竞争的主动权和促进高技术产业的更快发展,因此,要更加重视高技术产业中的企业竞争战略问题。

3. 战略执行

战略执行是通过规划、预算和程序将战略和政策付诸行动的过程。这一过程可能涉及整个企业组织的文化、结构、管理系统的改变和人员的调整。一般认为,除非这种彻底的改变是必不可少的,战略执行一般由中层和低层经理来领导和施行,高层管理者主要负责战略决策并对战略执行情况进行检查。

但是,美国霍尼韦尔国际公司前总裁兼CEO拉里·博西迪在其2002年出版的《执行》一书中明确地提出了不同的观点,该书也因此成为全球畅销书。该书谈到,许多企业之所以没有取得预期的绩效,并不是因为没有制定出好的战略,而是战略没有得到有效的执行,并认为将执行看作一种过于细节性的、企业领导者一般不屑为之的工作的观点是错误的,事实恰恰相反,执行应当是一名领导者最重要的工作。

他认为,GE公司前董事长兼CEO杰克·韦尔奇是"我们这个时代最杰出的执行者"。博西迪用自己的高层管理实践为他的观点提供了佐证。他在担任联信公司CEO之始即发现"人们的计划和他们的行动之间实际上存在着很大的差距。公司里有很多聪明而勤奋的人,但他们的效率却非常低下,而且他们并不看重实际的执行工作"。因此,他"上任之后,立即组织了一个新团队,并带领这支团队全身心地投入到公司的日常运营当中"。结果,八年后,"联信公司的营业毛利率增加了两倍,几乎达到15%,产权收益率也从10%上升到了28%,股东实际得到的回报几乎是以前的九倍。秘诀是什么?执行。"

战略执行要通过规划、预算和程序将战略和政策付诸行动。

规划是对实施任务计划所需的行动或步骤的说明。规划用来引导战略行动。规划还可能包括对公司组织结构的重新设计，改变公司的内部文化，或是重新开始一项新的研究。以英特尔公司(Intel)为例，英特尔公司制造微处理器，当公司意识到如果不能持续地开发出新一代微处理器，公司就无法继续其发展战略后，就决定实施以下一系列的规划：与惠普建立联盟，开发新一代奔腾 Pro 芯片；组建一支由工程师和科学家构成的精英团队，对计算机芯片设计进行长期的原创性研究。

预算是用金额表示的公司规划。预算用于计划和控制，预算中列出了每一项规划的具体成本。许多公司要求投资有一定百分比的回报，这一要求的投资回报率被称为“最低可接受收益率”；否则，管理部门不会批准这一新规划。这种要求确保新规划能大大提高公司的利润业绩，还能增加股东价值。可见，预算不仅是新战略在实施时的具体计划，还通过估计财务报表确定了新战略对企业未来财力的影响。

例如，美国通用汽车公司 2000—2004 年期间，用于改进和扩展凯迪拉克轿车生产线的预算是 43 亿美元。这些经费被用于将凯迪拉克轿车的车型从 5 种增加到 9 种，并开发功能更强的引擎、更佳的竞技状态和前卫的风格。公司希望能够迎合年轻人的市场特征，扭转正在下跌的市场份额。

程序有时又被称为标准运营程序，描述的是具体完成一项特定任务或工作的顺序步骤(或技术)。程序一般需要详细指出为实现公司的规划所必须采取的各种行动。例如，德尔塔航空公司利用各种程序削减成本。为了减少雇员数量，公司要求力学、金属加工、航空电子学以及其他方面的技术专家组建跨职能工作组；为了降低营销成本，公司规定了旅行代理佣金的上限，强调对大客户的销售；公司还改变了采购和食品服务程序。

第三节　企业战略管理的重要性

回顾西方企业发展历史，可发现企业战略管理之所以在 20 世纪 70 年代就逐渐地为西方企业所重视，主要是因为它适应了这一时期西方企业发展的客观要求。从 20 世纪 70 年代起，西方企业的发展呈现以下几个重要特征。

一、企业规模扩大导致管理层次增多

随着企业规模的日益扩大，管理层次越来越多。

据美国《福布斯》杂志提供的资料，早在 1983 年，世界十个最大企业年收入都在 270 亿美元以上。这个数字超过当时世界上许多小国家的国民总收入。从企业总经理到班组长的管理层次，在一些大企业已不是几层而是十几层，这些方面的变化使大企业的管理的有效性和效率问题变得十分重要了。

二、企业发展的途径已从集中化转为多样化

企业发展的主要途径，已经从集中化逐步转为多样化。

为避免或减少企业的风险和获取稳定的收入，许多企业开始在不同行业寻找自己的发展机会。过去一直生产汽车的通用公司在这一时期开始向电子、航空、国防工业等领域扩展。一向经营目录销售的西尔斯·锐步公司，则靠进入零售业、保险业、金融业和房地产业获得巨大发展。

三、企业的社会责任在迅速提高

企业与社会的关系变得日益紧密，企业的社会责任也在迅速提高。虽无足够证据说明企业承担社会责任的大小和企业的表现有直接的对应关系，但自古以来企业和社会关系就遵循这样一个原则：如果企业不愿为社会承担必要的社会责任，那社会就会通过国家法律和行政手段来迫使企业这样做。

因此企业考虑未来发展时，必须注意它的活动会对社会产生什么样的理想，否则社会就会以各种手段来迫使企业为它自己的活动负责。1989 年，美国阿拉斯加石油泄漏事件后，埃克森公司不仅面临法律诉讼和巨额罚款，还受到大众的普遍指责和抵制。例如，一些顾客拒绝购买公司产品，而另一些人则当众剪掉公司信用卡。

目前，越来越多的企业意识到，他们在以下几个方面负有不可推卸的责任：

(1) 向社会提供平等就业机会；

(2) 提高职工的工作待遇和生活质量，为他们提供事业发展机会；

(3) 保护消费者利益；

(4) 保护投资者和债权人权益；

(5) 保护生态环境；

(6) 促进所处社区的稳定和发展。

四、企业间竞争加剧

企业间竞争加剧，已经从本地化、地区化、全国化、国际化进入到全球化竞争时代。

美国著名管理学者西奥多·列维特在《市场全球化》一文中说，一股强大的力量正使世界变成一个统一的共同体，这种力量就是科学技术。现代化的通信、交通、旅游事业正在使全世界人民的消费趋向同一化，其结果是出现了一个新的商业现实：标准化消费品的全球化。

面对这种新的情况，一些超大型的全球化企业寻求用全球化的竞争战略在世界范围内推销高质量、低成本、标准化的产品。如索尼电视机、丰田轿车、耐克运动鞋、可口可乐饮料、海飞丝洗发水等。而另一些中小企业则千方百计制定自己的战略，以寻找发展的空间。越来越多的企业认识到，要想在当今的市场经济条件下生存和发展，就必须要有自己的企业发展战略。

总之，在上述四个方面影响下，与此相关的各种环境因素大大增多了。多因素而不是单因素同时影响企业的情况随处可见，每种因素的变化也明显加快了。在此情况下，企业关起门来制订计划或被动地适应环境的变化显然是不行的。不制定正确的和明确的战略来确定企业的位置，并在这位置上创造自己的独特优势，就难以生存下去。

小贴士

企业战略管理的本质特点：提高有效性与效率，提高管理的优化程度，适应环境变化，关注持续发展，需要全体员工的支持和参与，属于管理理论科学。

本章小结

1. 企业战略的定义有传统定义和现代定义之分。

2. 从企业战略管理的性质来讲，首先，应将企业战略视为一个完整的过程来加以管理，其目的是提高这一过程的有效性和效率；其次，应将企业视为一个不可分割的整体来加以管理，其目的是提高企业的整体优化程度；再次，企业战略管理重视的是企业与其所处的外部环境的关系，其目的是使企业能够适应、利用环境的变化。企业战略管理关心的是企业长期、稳定和高速的发展。

本章思考题

1. 从不同的角度可以得出不同的战略定义，你认为什么是战略？

2. 如何理解战略管理对现代企业的重要性？

3. 在现代市场经济条件下，企业战略管理应关注企业成长中的哪些重要问题？

案例分析

德隆的教训

多年来，中国有不少成功企业，但相比之下，失败者更多。德隆这样一个曾被国人引以为豪的优秀企业，现在也进入了失败企业的案例库。

前些年，我在系统研究了中国企业的失败案例后，将失败的原因归结为十大陷阱，包括造名陷阱、做大陷阱、多元化陷阱、多地化陷阱、负债陷阱、两权分离陷阱、国际化陷阱、资本运营陷阱等。

一个企业如果掉进上述任何一个陷阱，就很难逃生。而德隆则几乎同时掉进了上述大部分的陷阱，失败在所难免。

其一，德隆掉进了做大陷阱。

据德隆高层人士讲，唐万新的骨子里就是要让德隆早早进入世界500强。看来，500强情结已经给中国许多企业带来了灾难性的后果，包括与德隆同时出事的三九集团。

在最近的研究中，我形成了一个还不太成熟的看法，即中国企业目前还不具备做大的条件，这包括中国社会的信用状况、职业经理人的状况、法制状况以及企业的管理水平等都难以支持企业做大。在这样的情况下，做大的结果不是做强，而是做垮。

像德隆这样发展不过10多年的企业，一下子膨胀到近20万人、200余家子公司，分布在全国各地，在管理上委托—代理链条就非常长，给人捞一把就走的机会就很多，防不胜防，不垮才怪。

其二，德隆掉进了多元化陷阱。

一个企业如果在专业化的前提下做大，则有可能做大做强。如广东格兰仕，虽然企业职工多达2万人，规模相当大，但企业发展仍然很健康。因为它前10年只做一样，即只做微波炉，把微波炉做透了，再就近增加一样，即空调。虽然大，但因为专，在管理上委托—代理链条并不长，父子俩都能管得住。

德隆在短短的几年内一下子进入到几十个行业，如水泥、旅游业、种植业、农资超市、电动工具、汽车零部件、金融等。在中国民营企业中，德隆将多元化做到了极致。巴菲特有一句名言："要是你有40个妻子，你将永远都不可能熟悉她们每一个人。"巴菲特是就做投资、炒股票而言，而德隆做的是产业经营，需要自己亲自做，亲自管理，做多了麻烦也多。

尽管在国内外也有多元化成功的案例，但我坚信，对于大多数企业来说，多元化是陷阱，专业化才是成功之道。道理很简单，因为一个企业的资源有限，领导人的知识、精力有限。一个人不是神仙，不可能什么都懂。德隆的失败，给那些极力主张多元化的人又上了很好的一课。

其三，德隆掉进了多地化陷阱。

中国地域很广，各地投资环境差异较大。有些地方"爱商、敬商、护商"，也有些地方"开门招商，关门打狗"。因此，在一个地方投资，你需要拿出不少精力和感情投入到当地的人际关系沟通之中，关系不到位，事情很难做成。

然而，一个人的精力和感情都是有限的。德隆不仅产业门类多，而且这些产业又分布在全国各地，很难将各地的关系都理顺。

其四，德隆掉进了两权分离陷阱。

所谓两权分离陷阱，即将企业的经营权委托给职业经理人，这里就会发生委托—代理关系，就会发生代理成本。稍不留神，代理成本就很高，高得无法想象。一般情况下，委托—代理链条越长，代理成本就越高；整个社会的信用状况越差，代理成本就越高；企业监管能力和约束机制越差，代理成本就越高。德隆因企业规模迅速扩大，加上多元化、多地化，企业内部各种错综复杂的代理关系，代理人队伍迅速膨胀，各种意想不到的事情层出不穷。事实上，德隆体系内不少违规违纪的事情及对债权人不负责任的事情，并非都是唐万新指使的，是底下人为了牟取自己的私利干的。

在中国目前信用状况很不理想的情况下，在职业经理人的约束机制尚未完全建立的情况下，企业规模越大，产业的行业分布和空间分布越分散，委托—代理链条就越长，给人捞一把就走的机会就越多，防不胜防，很容易掉入两权分离的陷阱。

其五，德隆掉进资本运营陷阱。

德隆的资本运营主要表现在五个方面：一是对上市公司的进入和控制；二是对非上市公司的兼并和收购；三是为获取资金而进行的各种社会融资；四是证券市场的运作；五是对银行、信托等金融机构的介入。德隆的资本运作，使企业规模迅速扩大，产业分布和空间分布不断分散，融资成本越来越高。德隆在实业与金融两条战线同时运作。一般认为，德隆通过控制金融,为实业源源不断地输入资金。而据德隆领导人介绍,实际情况刚好相反,德隆不断地从实业中向金融输血,也就是说,德隆所控制的金融不但不能给实业以应有的支持,反而成为实业的包袱。

其六,德隆掉进了负债陷阱。

以上几个陷阱,最终归结为企业负债规模大,负债率太高。德隆的负债有三大特点:一是负债成本较高;二是短资长用;三是债权人比较分散。除全国各地的银行和金融机构外,还有大量委托理财的社会法人和社会公众。很显然,这种负债具有极大的危险性。

每个企业都有一个合理的负债率,即使银行也要求有8%以上的资本充足率。负债率太高,本来就是铤而走险。再加上中国经济是周期性的,政府经常进行宏观调控。就是一个正常负债的企业,一旦遇上宏观调控,银行只收不贷,也很难存活,更不要说德隆这种负债规模巨大、负债率极高的企业。

可以假设,如果中国的资本市场更加透明,企业通过资本市场可以随时获得长期投资,德隆的资金链就不会断裂。经过一段时间的金融改革和开放,中国金融有可能会走到这一步,但目前还没有到这一步。作为一个企业,只能在现有的环境下设计自己的战略,只能在自己现有融资渠道和融资规模的前提下,确定自己的投资规模和扩张速度。

掉进上述几个陷阱,是导致德隆失败的直接原因。在这些直接原因背后,有一个更深层的原因,就是放大自我和急于求成的心理。所谓放大自我,即以为自己无所不能,无所不会。凡创办企业的人,都是比较能干的人;凡是比较能干的人,都有放大自我的倾向。自己本来只有一个本事,以为自己有十个本事。其实,一个人的能力是有限的。我们所处的社会是一个分工的社会,在这个分工的社会里,每个人一辈子把一件事情干好,把一个产业干好,就不错了。

所谓急于求成,即想一口吃成胖子,不尊重事物发展的规律。急于求成的表现形式有多种,如三株集团在短短三四年内组织15万销售大军,将一种人们还不知道能否喝死人的产品做到年销售近80亿元;秦池酒通过两次当标王,将一个小小的县级酒厂,做成了全国的广告明星;而德隆则在短短10多年的时间,将一个不起眼的"朋友"公司做到拥有20万名职工的大集团。急于求成的背后,仍然是决策者在放大自我。总结德隆以及无数失败企业的教训,我认为,成功的企业家需要有一个重要的修养,即自我控制力。要小看自我,不要高看自我。具有自我控制力,是中国企业家成功的必备条件之一。

(资料来源:钟鹏荣. 德隆的教训. http://finance.com.cn. 2005-7-18;张旭. 解构德隆. 杭州:浙江人民出版社,2005。)

【讨论题】

1. 先综合运用你已学到的各种管理学知识,一般性地分析德隆掉进众多陷阱的各种可能的原因,再从战略的高度和战略管理的角度分析德隆掉进各种陷阱的各种可能的原因,看看从各种职能管理的视角和从战略管理的视角分析企业失败,两者有何不同。

2. 德隆是国内第一个在公司名称中出现"战略"字样的企业,曾聘请多个国际著名咨询公司提供战略咨询,还成立了专门的战略研究中心。一个极其重视战略管理的企业却掉进了那么多的战略陷阱,战略管理还有意义吗?它的挑战性何在?

3. 德隆掉进了那么多的陷阱,是否意味着德隆不应该施行哪些战略行动?

第二章　企业战略管理体系

学习目标

1. 熟练掌握企业愿景、企业使命、企业宗旨、企业目标等相关概念；
2. 熟练掌握企业愿景阐述的要素、企业使命阐述需要注意的问题；
3. 了解并掌握企业目标体系的建立，三种不同层次的战略及相应的战略管理。

引导案例

美敦力:以使命统领公司

使命不是注定的面具,不是专属巨人的游戏。对使命的信仰与坚持,一样会获得动人的利润与成长。

1. 使命不再是面具

很多公司都有使命陈述,来说明公司为什么而存在,为了什么而奋斗。

大多数情况下,公司的使命都不是(或不仅仅是)赚取利润,而有着更为高尚、公利的目的。但同样在大多数情况下,这种使命与公司的运营却是割裂开的,无论是制定战略,还是管理执行,公司使命往往退到了一个可以忽略不计的位置。

但其实,高尚的使命与赚取利润并不是对立的两面。全球顶尖的医疗技术公司、"《财富》500强"之一——美敦力的发展历史,就是一个以使命统领公司一切发展并取得成功的典型案例。诞生于美敦力艰难之时的公司使命,无论在顺境中还是逆境中,无论是经营方针还是管理举措,都是公司全部方向和行为的核心和准则,从无例外,从不动摇。美敦力的事实证明:原来,坚持使命的指引,你同样可以获得充足的利润和高速的增长,而不会妨碍你的生存和发展。

2. 使命统领一切

对于医疗科技领域之外的大多数人而言,美敦力(Medtronic)是个陌生的名字。可如果经常浏览《财富》、《商业周刊》等权威杂志的各种排行榜,你就会发现美敦力绝对称得上是"风云企业"——《财富》500强、全美最受赞赏的公司、全美最佳就职企业、全美慈善企业……这一个个红榜上，美敦力都是常客，而且其股票市值名列全球1000家最大公司的第54位(根据《商业周刊》2003年数据)。在业务领域内，美敦力更是在全球首屈一指，经常被人称为是“医疗设备行业的微软”。

美敦力无疑是个成功的公司。而查阅以往的全球媒体报道，会发现无论从哪个角度谈到自己的成功，美敦力的几乎每一位受访者都会把其源泉归因于一个词：使命。首度来到中国大陆并接受本刊专访的美敦力全球总裁兼首席运营官(COO)比尔·霍金斯(Bill Hawkins)也不例外。

3. 50年不变的使命

“我们的公司使命是创始人厄尔·巴肯(Earl Bakken)在1960年提出的，至今从未改变过。它是我们公司一切行动的核心。”沉静儒雅的霍金斯刚开始话题就这样表示。1949年，明尼苏达大学电子工程研究生厄尔·巴肯因为自己专业所长，被妻子工作的医院请去兼职，做一些修复精巧医疗电子设备的工作。这让他和他的姐夫帕尔玛·赫蒙斯利(Palmer Hermundslie)看到了机会。

于是厄尔放弃了学业，帕尔玛辞去了木材厂的工作，两人合伙成立了一家修理医疗仪器的公司，起名叫美敦力。他们的业务从修理仪器起家，后来开始代理销售其他医疗设备公司的产品，进一步应客户要求修改和定制产品，从此开始了自己的制造业务。1957年，美敦力制造出了世界第一台便携式体外心脏起搏器，并于1960年制造出世界第一台可靠的可植入式心脏起搏系统，奠定了全球起搏技术领导者的地位。

但有了创新并不一定就意味着盈利。事实上美敦力的亏损额在不断增加。而此时投资者的出现，对美敦力来说无疑是一个大好消息。但这些投资者可不简单，他们不是那种只知道扳着手指头算钱的人，他们要厄尔为公司确定一个使命，然后才能把钱投给美敦力。于是，厄尔审慎制定出了以“将生物医疗技术用于慢性疾病治疗领域，恢复健康，减轻病痛，延长寿命”为主要内容的使命。

与很多公司使命出自创业者的个人好恶不同，美敦力的使命是应投资者要求而制定的。更不同的是，虽然它出自投资者，但却恰恰不是唯利是图的，更不是“唱高调”做给投资者看的。从1960年至今，美敦力的领导者交接了好几任，但在实际运营中从未改变过这家公司的使命。

4. 使命指引方向

1960年以后，美敦力进入了飞速发展时期，发明一个接着一个，产品一种跟着一种，但都是集中于公司所擅长的领域，如心血管疾病。同很多大公司一样，自成立以来，美敦力也进行了多次并购来加强自己的优势或进入全新的领域，如强生公司的心血管部门(生物心脏瓣膜及心肺设备)、Versafle传送系统公司(冠状动脉造影导管及导引技术)、Bio-Medicus公司(离心血液泵)，以及Minimed公司(糖尿病治疗领域)等；还通过并购一家荷兰的起搏器制造公司等方式来加强其全球市场开发。

但是所有这些发展决策，都是与公司使命相一致的。“我们在公司业务调整上是紧扣我们使命的，无论是并购一家公司，还是发展一项新技术，都要问自己这样做是否与公司的使命相符合。如果是，我们就做；如果不是，我们绝不做。”今天的美敦力通过内部发展以及战略并购，已经成功地从一个单一产品的公司转变为多元化、国际化的医疗技术公司。再看看美敦力的多元化：慢性心脏疾病、恶性及非恶性疼痛、运动失调、糖尿病、胃肠疾病、泌尿系统疾病、脊椎疾病、神经系统疾病及五官科手术治疗等领域。而且在所有这些领域内，几乎都居于数一数二的位置。对于使命的专注与执著，给美敦力带来的不是更少，而是更多。

5. 员工认同的使命

现实当中，不是任何一家公司的使命都能够得到员工的认同，而没有员工的认同，任你怎么围绕它制定战略决策，也都无法给你带来梦想中的成功。美敦力每隔一年进行一次员工调查。2004 年帮助美敦力进行这次调查的咨询顾问对调查的数据非常惊讶：一是全球 31 000 名员工中，对这项非强迫性调查的回复率高达 85%。二是对于调查中的问题"你是否了解和赞同公司使命"，有高达 95%的员工对"我清楚地了解美敦力的使命"这一说法表示同意；93%的员工相信他们的工作能够帮助公司达成这一使命。这几个高百分比，让见多识广的咨询顾问都觉得不可思议！

"使命让我们有共同的目标。"

对于这个问题，美敦力大中华区总经理徐建球从一个员工的角度给以这样的解释："这个问题还是要回归到我们的使命上，是使命将员工、顾客和公司连接起来，让我们拥有共同的理想和目标。公司想服务更多的患者，员工想服务更多的患者，我们的顾客——医生也想服务更多的患者。所以医生、员工都希望公司盈利，这样我们才有能力长期存在下去，才能更长久地践行我们的使命。"

"盈利非常重要，但这是服从于我们的使命的。为了让员工理解这一点，我们就要将成本结构与员工进行很好的沟通。"霍金斯表示。其实，股东、员工和顾客三者的利益是不矛盾的。美敦力股票的年均复合增长率达到 20%以上，是"《财富》500 强"中表现最好的公司之一。仅 2004 年一年，植入患者体内的各种美敦力产品总共达 500 万只。美敦力近 5 年的平均毛利率为 74.83%，平均净利率为 19.65%，都远高于行业和标准普尔的平均值。

霍金斯把使命比喻为"公司的纤维"，它已经融进公司的一举一动之中。

附：美敦力的公司使命

应用生物医学工程理论，研究、设计、制造并销售可减轻病痛、恢复健康、延长寿命的仪器和装置，以此促进人类的福祉。

将发展方向定位于本公司能力最强的生物医学工程领域；吸收能够加强本公司在此领域之能力的人员和设备；通过教育和吸收新知识，不断促进此领域的发展；避免进入本公司不能做出独特而有价值之贡献的领域。

不遗余力地提高本公司产品的可靠性和品质；使本公司产品的质量无人可比。并使本公司以敬业、正直、诚实和服务周到而著称。

在现有的业务活动中赚取合理的利润，以完成本公司的业务、保持本公司的成长、达到本公司的目标。

确认公司雇员的个人价值，建立优越的雇用制度，使雇员获得对工作的满足感，使其职业有保障，并能够分享公司的成果。

（资料来源：易迈管理咨询网，有删改。）

第一节　企业的愿景和使命

一、企业愿景

（一）企业愿景的概念

企业愿景，实际上是为企业描述未来的发展方向，回答企业要成为一个什么类型的公司，要占领什么样的市场，具有什么样的发展能力等问题。

企业在很长的时间跨度内，提出和制定具有创业精神并且清晰的企业愿景，这是一项很艰巨的任务。它要求企业凭借企业家式的直觉和创造力，洞悉出企业现有业务中将要发生的变化以及将要出现的市场机会，客观地对待所要面临的市场环境、竞争环境、技术环境、管理环境以及社会环境，客观地对待自身的资源和能力，理性地分析所需要采取的措施，提出一个可行的、具有吸引力概念，进而规划企业的行动，激活企业的战略。

（二）企业愿景的要素

企业在愿景中要详细的阐述以下几个方面：

(1) 界定企业的当前业务，即要回答我们做什么的问题。这个问题看起来简单，但从战略角度看却不那么容易回答。

(2) 确定企业的发展方向，即要回答我们向何处去的问题。这里要解决目前企业业务的发展与领先地位问题，要解决进一步向其他领域扩张的问题，以及在市场范围上进一步扩大的问题等。

(3) 界定实现发展规划的具体步骤，即要考虑我们如何去做的问题。为此，企业要考虑如何在目标市场上获得强有力的竞争优势，以实现世界级的效益；考虑如从领域及价值方面来进一步扩大消费者的偏好；以及如何进一步降低成本的问题。

(4) 确定衡量效益的标准，既要回答我们如何衡量效益的问题。具体讲，企业的每一项业务都要为实现企业的目标做出自己最大的贡献。

(5) 界定企业愿景的特殊性，即不同公司对愿景有不同的表述，不具有普遍性。这样，企业才能制定出具有自己特性的与众不同的战略。即使在同一行业里，企业的愿景也会是不同的。

当然，企业所面临的环境不会是一成不变的。当企业的环境发生巨大变化时，这些变化往往会影响企业的前景，要求企业对自己的发展方向做出大幅度的修订。英特尔公司的总裁安德鲁把这种情况叫做“战略转折点”。

二、企业使命

（一）企业使命的概念

企业使命是管理者为确定的较长时期的生产经营的总方向、总目的、总特征和总的指导思想。它反映了企业管理者的价值观和企业力图为己树立的形象，揭示本企业与同行业其他企业在目标上的差异，界定企业的主要产品和服务范围，以及企业试图满足的顾客的基本需求。

（二）企业使命与企业愿景的异同

企业使命与企业愿景既有差别，也有联系。两者的不同之处在于：

（1）企业愿景更倾向于以企业的未来为导向，考虑的是我们将会成为什么样的企业这一问题。

（2）企业使命则表明企业现在的状况，指出当前的目的、任务、承担的社会责任等，考虑我们的业务是什么的问题。

两者的联系在于：企业使命是愿景的起点，愿景的确定又必须从使命出发，使命成为愿景的一个组成部分。综上所述，二者的关系，如表 2-1 所示。

表 2-1　企业使命与企业愿景的异同

项目	企业使命	企业愿景
区别	我们目前是什么	我们想成为什么
	着重对外公布	着重对内公布
	较为抽象	较为具体
联系	企业使命是愿景的起点，愿景的确定又必须从使命出发，使命成为愿景的一个组成部分	

（三）企业使命的界定

企业可以从以下三个方面界定自己的业务。

1. 顾客的需求

顾客的需求，即企业需要满足顾客什么方面的需求。

一般来讲，企业产品或服务只有在满足顾客的某种需求和需要的时候，它才具有重要的意义，才真正成为企业的一项业务。

2. 顾客群

顾客群，即企业需要满足的对象是谁。企业必须对此做出明确的回答，因为顾客群代表的是一个需要提供服务的购买者的类型、需要覆盖的市场和地理区域。

3. 满足顾客的需求方式

满足顾客的需求方式，即企业采取什么样的技术和活动来满足顾客的需求。这一点的重要性表现在企业如何满足顾客的需求，即企业生产经营活动的重点放在价值链的哪些方面。

这三个方面实际上是要企业回答“什么”、“谁”以及“什么方式”三个基本的问题。在实践中，企业能够用一个简单明了的句子，阐述企业所服务的目标市场以及所开展活动的方式的确是一个挑战。各个公司所要实现的战略不尽相同的，各自的阐述方式也是不一样的。

麦当劳公司回答“什么”、“谁”以及“什么方式”的问题就是一个典型的例子。该公司界定自己的使命时,宣称是“一张有限的菜谱,质量一致的美味快餐食品,快速到位的服务,超值定价,卓越的顾客服务,便利的定位和选址,全球的市场覆盖”。

(四) 企业使命的陈述

在具体阐述企业使命时,企业要注意以下几个问题。

1. 企业定位

企业要在市场竞争中根据所拥有的技术、所生产的产品和所服务的市场,客观地评价自己优劣条件,准确地确定自己的位置,制定竞争的基准。

2. 企业理念

企业理念是企业的基本信念、价值观、抱负和哲理选择,也是企业的行为准则。企业可以据此对自己的行为进行自我控制和自我约束。

3. 公众形象

企业管理者应该充分满足公众期望,树立良好的企业形象,尽到对社会应尽的责任。

4. 利益群体

企业管理者还必须充分地重视企业内、外部利益群体和个人合理要求。企业内部利益群体是指企业的董事会、股东、管理人员和职员。企业外部利益群体是指企业的顾客、供应者、竞争者、政府机构和一般公众等。这些利益群体希望企业能够按照他们满意的方式,进行生产经营活动。

企业要满足上述各种需求,应做好以下工作:

第一,判定要求者。企业要了解利益群体的人数、规模与重要性,分析其结构和功能,判断他们对企业经营成功的影响力。

第二,了解要求的内容。企业要了解利益群体的各种具体要求,做到心中有数,在可能的条件下,给予有效的满足。

第三,协调各种要求。企业往往会面对利益群体的各种相互矛盾的要求。例如,政府要求企业控制污染,顾客则要求企业尽可能多的提供产品。面对各种矛盾的要求,企业应该根据自己的长期目标、战略和资源配置的情况,并考虑到这些要求的轻重缓急程度,给予适当的解决。

第四,协调企业使命形成要素之间的关系。满足利益群体的要求只是企业使命中的一个内容,企业还必须考虑产品、市场、企业理念以及企业对社会的责任等其他方面的内容。因此,一个企业的使命要完善地、综合地和协调地反映出各个方面的要求和自己的任务,为企业的战略指出一个统一的方向,肯定自己的社会义务,使内、外部利益群体都感到满意,最终达到保证企业的生存、盈利、增长、发展的目的。

最后，需要强调的一点是无论企业的愿景还是企业的使命，都不能将企业的利润作为陈述的内容。有些公司从赢利的角度来表述它们的愿景或使命，这实际上是对企业愿景和使命的误解。企业如果仅仅谈利润，并不能说明自己的业务领域，也不能说明自己的长期发展方向。

例如，沃尔玛公司与本田公司在业务和长期的发展方向上截然不同，如果只谈利润，就很难看出两者在战略上的区别。为此，企业要考虑"我们开展什么样的业务，为谁开展这种业务，如何展开这种业务，最后才能赢利？"

第二节　企业的宗旨

一、企业宗旨的概念

企业宗旨是一个企业存在的理由或这个企业区别于同类企业的特征。企业宗旨通常反映了一个企业的经营范围、目标市场、主要顾客、经营哲学和原则、社会责任等。

企业宗旨是通过宗旨陈述来表达的。它可以是企业使命的一部分，也可以单独成章。

二、企业宗旨的陈述

企业的宗旨陈述就是企业存在的原因的陈述，有时又称企业信条或企业目的、企业哲学、企业经营原则、企业经营范围等的陈述。例如，美国通用面粉厂的宗旨陈述叫做"企业信仰陈述"，而美国海湾石油公司的宗旨陈述则称为"企业经营原则陈述"。虽然并不是所有的企业都有文字的宗旨，或者公开发表自己的宗旨陈述，但是越来越多的企业将确定企业的宗旨陈述（无论公开发表与否）看成是企业战略的一个重要组成部分。

国际商用机器公司前董事长小华森论述了企业宗旨的重要性。他说："首先，我坚信任何组织为了生存并获得成功，必须树立一套正确的信念，作为它们一切方针和行动的前提。其次，我相信一个公司成功的最主要因素是其成员忠诚地坚持那些信念。最后，我认为如果一个组织在不断变动的世界中遇到挑战，它必须在整个寿命中随时准备变革它的一切，唯有信念永远不变。"

一个好的企业宗旨论述就是要能从企业的目的、顾客、产品或服务、市场哲学和基本技术等各个方面来回答这样两个问题："我们这个企业是干什么的"及"怎么干"。

（一）美国管理学者金尼斯的观点

金尼斯认为，一个好的宗旨陈述包括：

（1）应该明确企业是什么和希望成为什么；

（2）应该既宽泛以允许企业创造性的发展，同时又狭窄以限制企业进行一些冒险行动；

（3）应该使本企业区别于其他同类企业；

（4）应该作为评价企业现在和未来的活动的框架；

（5）应该清楚明白，易于为整个企业所理解。

(二) 以文字的形式陈述企业宗旨的好处

一个好的企业宗旨可以不用文字陈述出来,而只为少数企业高层领导所了解。但是一般来说,用文字陈述企业宗旨的好处在于:

(1) 保证企业内部对企业的目的取得共识;
(2) 为有效地使用企业的资源提供一个基础;
(3) 为合理分配企业的资源提供一个根据或标准;
(4) 为企业建立一个一致的节奏或良好的环境;
(5) 为企业管理者建立企业目标、选择企业战略、制定企业政策提供方向;
(6) 为企业成员理解企业的各种活动提供依据。

三、如何编写企业宗旨陈述

对企业宗旨陈述主要的要求是保证它能够简要地包括所有的基本内容,掌握编制企业陈述方法的最好方法是大量研究各个企业的宗旨陈述。以下列举出四个不同企业(或事业单位)的宗旨陈述,以供参考。

(一) 企业宗旨陈述举例

1. 雅芳公司

雅芳公司(Avon Company)的宗旨是:在继续保持其世界领先美容公司的地位的同时,积极开拓新的经营业务。企业采用多样化发展的目的是保持稳定的增长率和多方面的利润收入。本公司强大的资本实力将使我们有必要利用内部资源抓住最佳的增长机会。

2. 纳西华公司

纳西华公司(Nashua Corporation)在以下四个经营领域提供产品和服务:办公设备和用品、胶纸和胶带、计算机产品、摄影产品。绝大多数的上述产品是与每一领域的精密技术相联系的。这些技术在各自的市场领域有广泛的应用范围。纳西安的产品由若干个全资拥有的、分布于20个国家的分公司和90多家经销商在国际市场上销售。

3. 通用轮胎和橡胶公司

通过多样化的发展,通用轮胎和橡胶公司(The General Tire & Rubber Company)在基本技术、高技术和服务行业占据了重要的位置,向工业、消费和政府市场提供各种各样的产品和服务。

本公司一向是橡胶行业的创新者,它是全国最大的轮胎制造企业,并且向轿车和卡车市场提供品种齐全的产品。本公司的化学塑料工业品集团还向汽车、建筑、家庭用品和其他行业提供各种产品,在墙纸和体育用品生产方面居于领导地位。

本公司的航空工业集团通过采用先进的技术、工艺和设备,已成为国家航空和国防工业的一个重要组成部分。本公司 RKO 集团是广播和电视业的一个先驱，同时还在饮料瓶生产、酒店开发和舞台设备、磁带和磁盘、航空运输等行业有投资。本公司的经营范围远远超出其名称的内容，并通过多样化增强了实力。

4. 玫琳凯化妆品公司(Mary Kay Cosmetics)

一个妇女的一生充满了各种选择，这些选择都是围绕着她如何运用时间、精力来达到其目标。然而无论她的生活方式是什么样的，玫琳凯都是她正确的选择。

因为我们理解一个女人的需要，关心这些需要的满足。我们所做的不只是将化妆品卖给一个妇女。我们要教给她一种养身之道，帮助她发现自身的魅力，并且为保证她的美容和护肤方法与其生命不同阶段的需要相一致，提供不间断的服务。

玫琳凯化妆品公司在 20 世纪 80 年代的目标是成为世界上最好的、以培养顾客为导向的护肤品公司。实现这一目的的方法是教育妇女了解她的皮肤和相应的护肤办法。我们的营销计划是以优质和美容咨询企业的良好关系为基础，再由这些咨询企业指导它们的顾客。妇女们都感谢她们从本公司得到的服务和知识。因为注重研究和质量，我们对自己的产品充满信心，相信它们会给顾客带来百分之百的满意。

他们这样做是因为本公司理解妇女们都希望貌美和活泼，这就是我们 20 世纪 80 年代所要满足的需求。同样重要的是我们关心我们的顾客，并且我们要保证顾客知道这一点。因为顾客并不关心我们知道多少，直到她们知道我们多么关心她们。

上述都是玫琳凯经营哲学的一部分，它们是建立在这样一个金色原则之上的：本公司的管理者相信人类资源管理具有重要意义。因此要用良好的精神鼓励、物质奖励、发展机会等激励本企业的职工和 196 755 名独立的美容咨询顾问人员。本公司成功的关键因素之一是公司的组织结构，它能够刺激个体和团体的创造性、信息沟通和产生良好的表现。其结果是企业成员有高水平的满足感和由此产生的高效率。

(二) 企业宗旨陈述要素

归纳起来，一个好的宗旨陈述应该包括十个方面的内容：

(1) 客户——谁是企业的客户以及如何满足客户的需求；
(2) 产品或服务——企业主要产品或服务是什么；
(3) 市场——企业主要在哪些地区或行业展开竞争；
(4) 关键技术——企业的关键技术是什么，是否是最新的；
(5) 企业生存发展及获利——企业是否努力实现业务的增长和提高盈利水平；
(6) 企业经营哲学——企业的经营理念、价值观和愿望是什么；
(7) 自我认知——企业的长处和竞争优势的什么；
(8) 社会责任感——企业希望的公众印象是什么；
(9) 对员工的态度——企业是否视员工为宝贵的资产；
(10) 激励程度——企业宗旨陈述是否激励它的读者。

以玫琳凯公司的宗旨陈述为例，从该公司的宗旨陈述中可以发现，公司的顾客是妇女，产品是妇女护肤系列产品。公司以全世界为市场。在技术方面，该公司强调质量保证和科学研究。该公司对生存、增长和盈利的关心表现在它的宗旨陈述强调了高水平的劳动生产率和企业的发展。公司的哲学是以金色原则为基础的。公司的自我意识是要成为世界上最好的、以培养顾客为导向的经营护肤品的企业，这也反映了该公司希望得到的公众印象是什么。

由于该公司的宗旨陈述注意到了顾客和职工的特殊利益，因此宗旨陈述协调了各方面的利益。最后，玫琳凯公司的宗旨陈述具有较大的激励作用，因为它清楚明白，具有一定的鼓动性。

第三节　企业的战略目标

一、企业目标

（一）企业目标的概念

企业目标就是企业活动在一定时期内所要得到的结果，也就是企业希望实现的产出与绩效，并以此衡量企业的生产经营活动。比如一个饮料厂可以提出以下几个目标：到2008年将企业的销售量增加100%，利润达到8000万元，人均产值提高20万元等。

一般来讲，企业的目标由四个部分组成：

第一，目的——这是企业期望实现的标志；

第二，衡量实现目的的指标；

第三，企业应该实现的指标；

第四，企业实现指标的时间表。

从管理的角度讲，要使目标更为实用，企业应该尽可能周密慎重地选择每个组成部分，并且详尽地加以说明。

（二）建立企业目标的重要性及其领域

1. 建立企业目标的重要意义

（1）给企业的发展指明方向；

（2）为效绩评价提供标准；

（3）帮助管理者有效地从事计划、组织、激励和控制工作；

（4）减少企业的不确定性；

（5）减少企业内部的冲突，增加协同作用；

（6）为分配企业的资源提供依据。

2. 制定目标领域

美国管理学者彼得·德鲁克认为，各个企业需要制定目标的领域全都是一样的，所有企业的生存都取决于同样的一些因素。他在《管理的实践》一书中提出如下8个关键领域的目标：

（1）市场营销——销售额、销售增长率、市场占有率；

（2）创新——新产品或服务的开发、成本降低、财务状况、人为资源管理、信息管理等；

（3）生产率——资源使用的效率；

（4）盈利能力——各种利润率测定指标；

（5）物质和货币资源——这些资源的获得和有效使用；

（6）管理者的表现和发展——对管理者表现的要求和测定，管理者的未来发展；

（7）工作表现和态度——规定和评价工作表现，测定职工态度的类型和程度；

（8）社会责任——为公司可能对社会的影响建立目标。

（三）建立企业目标应注意的问题

企业在提出目标的时候，必须注意使企业目标具有以下若干特征：

第一，目标必须全面，最好和企业愿景、使命、宗旨的内容相一致，切忌只提经济方面的目标。

第二，企业的目标要尽可能数量化，切忌只在可以或容易数量化的领域建立的目标。

第三，目标的建立要和实现目标的时间安排一起提出。企业战略目标的时间跨度一般在3～10年之间。

第四，企业的目标要有一定的挑战性和激励作用。因此目标不能过低或过高，否则不会给职工带来挑战性和激励作用。

第五，企业的各种目标要清楚和相互一致。

第六，企业目标要有一定的层次结构，不能只在最高层次上建立目标，要在企业的各个层次上建立目标。

二、企业目标体系

企业建立目标体系是进行战略管理的一个非常重要的步骤。在这一环节里，企业要将企业的愿景和前进方向转化为企业具体的、可以衡量的效益和指标，即为企业实现愿景提供战略标准与财务标准。

企业的目标体系的表现形式是可以计算或者可以测量的，同时明确表示最后完成的期限。也就是说，企业在描述目标体系时，要避免如“降低成本”、“提高效率”等一般性的描述，要清楚地说明，它在什么时候，在多大程度上，完成什么样的效益。企业的目标越清晰，所能采取的行动越具体，企业越能获得好的效益。

（一）战略目标

战略目标是指企业在其战略管理过程中所要实现和改善的长期市场地位和竞争能力，取得满意的战略绩效的目标。其中，包括企业如何在行业中占据领先地位、提高公司的市场份额，如何拥有更短的从设计到市场的周期、比竞争对手更高的产品质量、更低的公司总成本、更宽或者更有吸引力的产品线、更卓越的顾客服务、更好的企业形象与顾客忠诚度、更广的地理覆盖面、更高的顾客满意度，以及如何成为技术和产品革新方面的领导者等。

在企业制定战略目标体系时，往往会表明它在某个具体的业务上的战略意图。所谓战略意图是指企业在将自身的战略行动与能力集中在实现战略目标时所表现出来的长期性的理念。不同的企业会有不同的战略意图。大公司的战略意图可能是在全国或者全球市场范围内取得领导地位，而小公司的战略意图可能是将占领区一个局部的小市场作为自己的战略意图。这种战略意图可以转换为振奋人心的公司的口号。

企业制定战略目标，是为了使企业战略更加具体化，将企业总体的努力方向变成为个部门、各层次职工的行动准则。其结果不仅明确了企业的工作重点，而且提供了评价工作绩效标准。

制定战略目标必须遵循如下程序：

第一，根据环境预测和内部评估，确定战略目标的期望水平；

第二，预测企业未来的战略绩效水平，并找出目标期望水平和未来预测水平之间的差距；

第三，探讨弥补差距的战略方案；

第四，综合调整各项战略，并修改对企业未来绩效水平的预测。经过调整和修订，如果期望水平与预测水平之间的差距可以得到弥补，期望的目标水平即成为战略目标。否则，就必须重新确定目标的期望水平。

（二）财务目标

企业仅有战略目标体系是不够的，还需要有满意的财务业绩来加以完善，用来考核评价企业的战略管理绩效。这些目标即包括传统的财务指标，也包括一些新型的绩效衡量指标。具体讲，它们包括：企业的收入增长，提高股东的红利，扩大利润率，提高已有投资资本回报率，提高现金流量，获得有吸引力的经济附加价值（EVA）和市场附加值（MVA），提高公司收入的多元化程度，以及在经济萧条期间稳定公司的收益等。

这里，经济附加值（MVA）是指公司加权平均资本成本之上的利润。这个指标在20世纪80年代中期一出现，就被美国可口可乐公司、美国电话电报公司等所采用，用来衡量企业的绩效。

市场附加值（EVA）是指公司总价值升值后，减去股东实际投入公司的总资本量所得的价值量。就是说，公司的市场附加值等于公司现有股票价格乘以在外股票数量所得值，减去公司的所有者权益。它表明公司的管理者通过管理公司的业务，为股东的财富所增加的价值。如果要将股东的价值最大化，公司的管理部门就必须使公司的普通股股票的市场价值最大化。

因此，与战略目标不同的是，财务目标是带有数量的指标。

企业在具体实践中，往往会遇到战略目标体系与财务目标体系发生冲突的现象。特别是那些面临财务亏损的公司，更是优先考虑财务目标，而放弃战略目标。这种做法，在短期内看起来有道理。但是，企业如果继续放弃那种能够加强业务地位的战略行动，就会导致企业彻底失败。所以，企业要考虑通过追求战略行动来加强自己的竞争力和业务地位。

（三）长期目标

长期目标是指企业把提高自己的长期业务地位作为目标的活动，计划期一般为5年。企业的战略决策者应从以下六个方面考虑建立自己的长期目标。

1. 获利能力

在长期生产经营中，任何企业都会要求获得一种满意的利润水平。实行战略管理的企业一般都有自己的利润目标。在市场经济条件下，这种目标可以用企业每股股票或其他证券的收益来表示。

2. 生产能力

在平稳的环境中，企业提高单位产出水平是增加获利能力的一种方法。为此，企业在建立生产能力的目标时，需要改进自己的投入与产出的关系，制定出每单位投入所能生产的产品或提供服务的数量，作为衡量的标准。同时，企业也可以根据降低成本的要求来制定自己的生产能力目标。

3. 竞争地位

企业在市场中所占有的地位，是衡量企业绩效的一个标准。大企业往往根据竞争地位来确立自己的目标，判断与评价自己在增长和获利方面的能力。企业的销售总量或市场占有率常常被用来作为评价这种目标的标准。

4. 技术领先

企业自身的技术状况关系到企业在市场中的竞争地位，而竞争地位又关系企业的战略抉择。因此，许多企业把技术领先作为自己的目标。

5. 职工发展

在企业里，生产能力往往与职工的忠实程度以及企业为职工提供的发展机会和福利密切相关。当职工感到自己在企业里有发展的机会时，他们往往会促进生产能力的增长以及资金的周转额的下降。因此，在长期计划里，企业战略决策者要考虑满足职工的期望，确立职工参与制，制定有关部门职工发展的目标。

6. 公共责任

企业必须认识到自己对社会负有责任，不仅要通过提供价格适宜的产品或服务来提高自己的声誉，还应通过参与社会活动、公共福利等事务来扩大自己的影响。

（四）年度目标

年度目标是实施企业长期目标的年度作业目标，可以说明目标进展的速度和实现的效益水平。企业主要从以下两方面考虑其年度目标。

1. 与长期目标的联系

年度目标必须与公司战略的一个或多个长期目标有明确的联系。它与长期目标之间存在着内在的传递与分解的关系。即年度目标将长期目标的信息传递到主要职能部门，并将长期目标按各职能部门需要分解为更具体的年度的短期目标，使之便于操作和落实。

年度目标与长期目标的区别在于：

(1) 长期目标一般要考虑未来5年以上的情况，而年度目标通常只考虑一年的情况；

(2) 长期目标着重确定企业在未来竞争环境中的地位，而年度目标则着重考虑企业职能部门或其他下属单位下一年度具体要完成的任务；

(3) 长期目标内容广泛，年度目标内容比较具体；

(4) 长期目标一般用相对数衡量，年度目标多用绝对数衡量。

2. 企业年度目标与总体目标的协调

在实践中，有的企业职能部门在确定年度计划和目标时，往往会忽略企业的总体目标，而只注意本部门的利益，可能导致各职能部门在年度目标上各行其是，缺乏内在联系，造成内耗，从而损害企业整体利益，影响整体的效益。

为了避免这种情况发生，保持各部门年度目标间的一致性，首先，每一个年度目标都要明确说明它所要完成的工作内容、时间和衡量工作效果的手段。其次，在分别考虑各个年度目标效益的基础上，由企业综合考虑它们对整个企业长期目标的贡献。最后，针对各个部门的经营重点，既有分工又有统一地加以实施。为此，企业管理人员在考虑年度目标时，还要注意其可衡量性与轻重缓急的程度。

在实践中，有些职能部门的目标是比较容易用数量衡量的，如生产部门的产品指标等；而有些职能部门的目标则难于用数量衡量，如人事部门的人员素质标准等。有些目标即使难于做定量考查，也需要尽可能制定出一些可以衡量的指标，以保证战略的成功实施。

此外，上述用以衡量长期目标的标准，如适合性、可度量性、合意性、激励性、易懂性和灵活性也同样适用于年度目标。年度目标要从完成时间和对实施战略的不同影响上综合考虑，统筹规划。

(五) 目标体系的制定

企业目标体系的制定不仅仅是高层管理的事，而是要在企业组织结构中每一个部门、每一个职能领域、每一项业务、每一个产品线中制定各自的战略目标和财务目标，用以支持整个企业的战略目标和财务目标。只有这样，公司的每一个部门才能知道自己的战略角色，才会真正推动企业实施已定的战略。

在制定过程中，企业可以采用自下而上的目标制定方法，也可以采用自上而下的目标制定方法。不过，由于企业基层对整体的战略意图往往把握不足，自下而上的制定方法会有很多缺陷。

在制定目标体系时，企业还要考虑到目标内涵的质量。衡量目标体系的质量一般有以下标准。

1. 适合性

企业中的每一个目标都应该是实现其总体目标的一个具体步骤，必须服从于企业使命中规定的企业目的。违背企业使命的目标往往只会损害企业自身的利益。

2. 可衡量性

要使企业的战略目标明确清晰，就必须使目标定量化，具有可衡量性。一个好的战略目标必须是精确而可度量的。如果一个目标无法被精确描述，那么企业就无法对实现这一目标做出的努力进行检查和评估。

3. 合意性

企业所制定的目标要适合企业管理人员的期望和偏好，使他们乐于接受和完成。管理人员如果认为目标不合适或不公平，就会消极应付或拒绝实现这一目标。此外，有的长期计划目标还要能使企业外部利益群体能够接受。

4. 易懂性

企业各个层次的战略管理人员都必须清楚地理解他们所要实现的目标，必须理解评价目标效益的主要标准。为此，企业在阐述长期目标时，要准确、详细，使其容易为人们所理解。

5. 挑战性

企业长期目标既不要高不可攀，又不要唾手可得，要有一定的挑战性，激励人们去完成。在实践中，不同的个人或群体对目标的挑战性可能有着不同的认识。在这种情况下，企业要针对不同群体情况提出不同的目标，以达到更好的激励效应。

例如，通用电气公司的哲学就是超越"能够做到的"境界，达到"可能达到的"境界。通用电气的管理层认为，给组织提出挑战，推动组织达到"不可能"的目标，可以提高公司所作努力的质量。为此，该公司倡导一种"我能做"的精神，从而建立自信。

6. 灵活性

当经营环境出现意外的变化时，企业应能适时更改其目标。不过，有时企业在调整计划目标中，会产生一定的副作用，如影响了职工的积极性等。为了避免或减少这种副作用，企业在调整目标时，最好只是改变目标实现的程度，而不改变目标的性质，以保证其可行性。

第四节　企业战略管理的层次结构

由于企业的规模、类型及结构是多种多样的，所以战略管理也就在企业内不同层次上进行着。以目前流行的多元化经营公司为例，它们通常有三种不同层次的战略及其相应的战略管理，如图 2-1 所示。

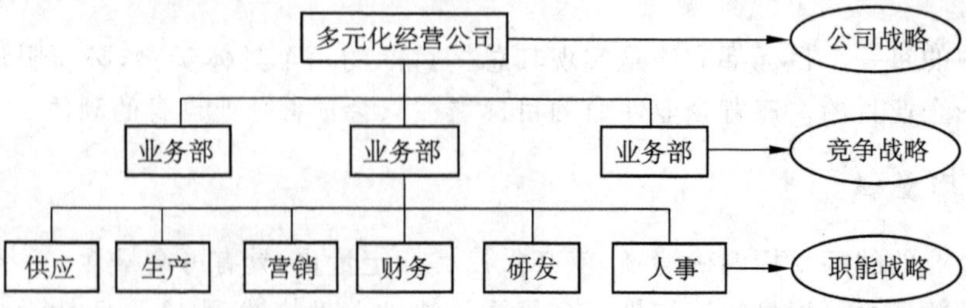

图 2-1　企业战略管理的层次

一、公司战略

公司战略，又称组合战略，其目的是为公司的各种经营或种种投资寻求最佳的组合，以达到减少风险和保证整个企业收益长期稳定和增长的目的。

某一大集团企业为了使其投资收益率长期稳定在一定的水平上，可能会投资购入一家电子厂以获取长期稳定的投资收益。为了弥补短期收益的下降，集团企业可能会分别投资房地产和餐馆。整个集团企业就像一个金融投资公司，无论投资什么行业，目的都是要提高投资收益率。这种战略的内容包括：

(1) 规定企业从事哪种经营，进入什么行业或从事什么生产；

(2) 其中处于哪个行业的部分应该重点扩展发展，哪个行业的部分应该逐渐撤出或不再投资；

(3) 企业的人、财、物应如何在其各分部之间分配；

(4) 企业如何增加投资利润或平衡、减少投资风险。

二、业务战略

业务战略，又称经营战略。在大型企业中，特别是在企业集团里，为了提高协同作用，加强战略实施与控制，企业从组织上把具有共同战略因素的若干事业部或其中某些部分组合成一个经营单位。每个战略经营单位一般有着自己独立的产品和细分市场。在企业内，如果各个事业部的产品和市场具有特殊性，也可以视作独立的经营单位。

因此，业务战略就是战略经营单位、事业部或子公司的战略。业务战略是在公司战略的制约下，指导和管理具体经营单位的计划和行动，为企业的整体目标服务。

业务战略主要是针对不断变化的外部环境，在各自的经营领域里有效地竞争。为了保证企业的竞争优势，各经营单位要有效地控制资源的分配和使用。同时，业务战略还要协调各职能层的战略，使之成为一个统一的整体。就是说，如果公司战略是一部书，以自己的风格向读者传播某类学科的知识的话，业务战略则是书中的章节，以其充实的内容，使读者了解该书所介绍的知识细节。这些章节又构成一个体系，保证该书的整体风格。

从战略构成要素的角度来看，资源配置与竞争优势通常是业务战略中最重要的组成部分。在多数情况下，经营范围与产品和细分市场的选择有关，与产品和市场的发展阶段有关，而与产品和市场的深度与广度的关系甚少。在这个层次上，协同作用则变得更为重要，要把经营单位各种不同职能领域的活动加以协调。

业务战略与公司战略的区别是：

(1) 公司战略是有关企业全局发展的、整体性的、长期的战略计划，对整个企业的长期发展产生深远的影响；而业务战略着眼于企业中有关事业部或子公司的具体产品和市场，只能在一定程度上影响公司战略的实现。

(2) 公司战略形成的主要参与者是企业的高层管理者，而业务战略形成的参与者主要是具体各事业部或子公司的经理。

三、职能战略

职能战略的重点是最大限度地利用其资源去提高管理的效率。在公司战略和经营战略确定后，各职能部门要根据自身的情况找出最大限度地利用资源以实现企业的目标和途径。例如，市场营销部门的战略或许是找到提高今年销售额的手段。

三种不同层次上的战略构成了企业战略的层次结构。图 2-2 表明了同一企业中三种不同层次间的关系，其中高一层次的战略总是低一层次战略的外部环境因素。

如果把这种关系放入动态的企业战略管理过程，那么就得到如图 2-3 所示的企业战略管理的层次结构图。图中揭示了一个企业集团，在三个不同层次上进行的战略管理及其相互关系。

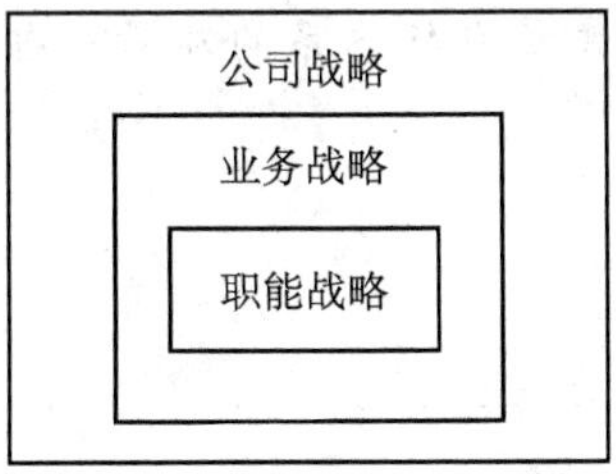

图 2-2　三种不同层次的战略及其相互关系

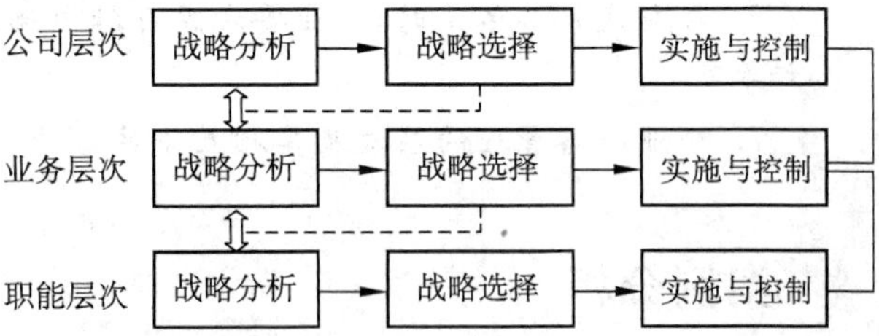

图 2-3　三种不同层次上的战略管理及其相互关系

小贴士

战略管理需要在企业内不同层次上进行，通常有三种不同层次的战略及其相应的战略管理。

本章小结

1. 企业愿景和使命是战略管理中最公开化的部分，是对企业的根本性质和存在理由的宣言，为企业战略目标的确定与战略制定提供依据，表明了管理者对组织的志向和雄心，显示了管理层对问题高屋建瓴的看法。

2. 企业愿景是为企业描述未来的发展方向，回答企业要成为一个什么类型的公司，要占领什么样的市场，具有什么样的发展能力等问题。企业使命是管理者为确定的较长时期的生产经营的总方向、总目的、总特征和总的指导思想。

3. 企业宗旨是一个企业存在的理由或这个企业区别于同类企业的特征。企业的宗旨通常反映了一个企业的经营范围、目标市场、主要顾客、经营哲学和原则、社会责任等。一个好的企业宗旨论述就是要能从企业的目的、顾客、产品或服务、市场哲学和基本技术等各个方面来回答这样两个问题："我们这个企业是干什么的"及"怎么干"。

4. 企业目标是企业活动在一定时期内所要达到的结果，也就是企业希望实现的产出与绩效，并以此衡量企业的生产经营活动。企业建立目标体系是进行战略管理的一个非常重要的步骤，包括战略目标、财务目标、长期目标和年度目标。

本章思考题

1. 什么是企业愿景、企业使命、企业宗旨、企业目标？
2. 在阐述企业使命时，企业要注意哪些问题？
3. 一个好的宗旨陈述应该包括哪些方面的内容？
4. 企业目标是由哪些内容组成的？
5. 企业战略决策者应从哪些方面考虑建立自己的长期目标？
6. 在制定目标体系时，企业要考虑目标内涵的质量。衡量目标体系的质量一般有哪些标准？
7. 企业战略管理的层次及其相互关系是什么？

案例分析

中国大唐集团公司理念识别系统

1. 使命：提供清洁电力，点亮美好生活

企业使命是企业存在的意义和价值，是企业肩负的最大责任，是企业存在的根本目的。"提供清洁电力，点亮美好生活"是指集团公司要以高度的政治责任感和社会责任感，全过程推行清洁生产，减少污染物排放，努力提供优质电力，以满足客户、员工和股东的需求，创造温馨、和谐的美好生活。

1.1　对国家的使命

- 产业报国，执行国家大政方针，实施国家能源战略，提供可靠、经济的电能，满足社会动态需求。
- 牢固树立和全面落实科学发展观，使国有资产保值增值，促进国家利益的长期化和最大化。

● 积极、合理地纳税，支援国家建设。

1.2　对社会的使命

● 促进社会的繁荣与稳定，实现与社会的和谐发展。
● 通过实际行动支持公益事业，保护生态环境。

1.3　对员工的使命

● 提供良好的工作环境和发展空间，使员工能够持续提高，充分发挥个人才能。
● 创造信任、尊重与和谐的氛围，使员工真切感受到工作的乐趣；从各个方面让员工分享企业的成功；提高员工的成就感和自豪感。

1.4　对相关利益者的使命

● 以共赢的态度，帮助合作伙伴获取合理的经营收益。
● 通过稳健的经营，持续创造价值，为投资人提供理想的投资收益。

2. 愿景：成为国际一流的能源企业

企业愿景是对企业未来状况的美好憧憬，是企业努力追求的理想和抱负。"成为国际一流的能源企业"是指集团公司要通过持之以恒的努力，逐步从国内领先发展成为规模宏大、效益良好、品牌知名度高的国际一流的能源企业。

2.1　行业与规模

专注能源领域，成为国内发电行业的佼佼者。实现跨国经营，跻身世界500强企业，成为国际一流的能源企业。

2.2　目标与形象

● 以较强的国际竞争力、一流的赢利能力和一流的客户满意度，成为以电为主、规模宏大、管理科学、实力雄厚、可持续发展的现代化大型企业集团。
● 以成熟的、负责任的特大型国有企业的形象赢得社会的认可，并成为行业内最受社会尊敬的企业集团。

3. 发展战略：两型、四化、三个能力

战略确定企业长远发展目标，并指出实现长远目标的策略和途径。大唐集团公司的发展战略是把集团公司建设成经营型、控股型，市场化、集团化、现代化、国际化，具有较强发展能力、赢利能力和国际竞争能力的大型电力企业集团。

3.1　"两型"即"经营型、控股型"

大唐集团公司是中央直接管理的特大型电力企业集团，是国务院批准的国家授权投资机构和国家控股公司的试点，要建设成为经营型、控股型的企业集团。

3.2　"四化"即"市场化、集团化、现代化、国际化"

● 以市场为导向，积极参与市场竞争，在竞争中求生存，在竞争中求发展，主动应对电力体制改革和电力市场化带来的各种变化与挑战。
● 发挥特大型电力企业集团的优势，整合资源，进行集团化管理，发扬团队精神。
● 以现代化为重要手段，推行现代化管理和现代化科技应用，提高科技竞争力，建设高度现代化的企业。
● 立足国内电力市场，面向国际电力市场，积极参与国际竞争与合作，走国际化道路。

3.3 “三个能力”即“较强的发展能力、赢利能力和国际竞争能力”

大唐集团公司担负着为社会提供优质能源，实现国有资产保值增值的重大责任，必须夯实基础，加强管理，不断增强自身的发展、赢利和参与国际国内竞争的能力，做大做强，持续发展。

4. 核心价值观：人为本，和为贵，效为先

核心价值观是大唐集团公司遵循的基本的价值取向，是指导员工行动的最核心的原则，“人为本、和为贵、效为先”是大唐集团公司在创业期间所总结的价值判断标准。

4.1 人为本

- “以人为本”是大唐集团公司对人的基本态度。
- 尊重人的价值。使员工的理想与大唐的目标相一致，使员工的个人价值在大唐得以实现。
- 信任人的能力。给予适当的环境和激励，使员工工作更有主动性，更有创造性。
- 激发人的潜能。大唐注重培养员工、发展员工。

4.2 和为贵

- 内外和谐的环境是大唐事业成功的基本条件。
- 内部和谐产生强劲的发展动力，外部和谐提供良好的发展环境。
- 对内要建立合理的运营机制，责权利对等，规范运作，各得其所，公正合理。要营造心气足、人气旺、风气正的文化氛围。
- 对外要珍视企业形象，诚实守信，践诺履约，与外界共同发展。依法是经营的基础和底线，稳健规范是经营的保障。

4.3 效为先

- 效是指高效，包括高效率和高效益。
- 高效背后是一系列良好的运行机制的支撑。
- 高效要求专业、专注、敬业、乐业。
- 高效体现在行动前目标明确，执行时方法正确，反应迅速，能够独立解决问题并搞好团队协作，争取最佳结果。
- 倡导雷厉风行、反应敏捷、紧张有序、只争朝夕的工作作风。杜绝不进取、不作为、回避问题、松散拖拉的工作表现。

5. 企业精神：务实和谐，同心跨越

精神是企业的灵魂，是激励员工为企业振兴而不懈奋斗的强大思想动力。“务实和谐，同心跨越”是对大唐集团公司组建以来所总结的精神的提升概括，是大唐人秉持的价值观在具体工作中的生动体现。

5.1 精神实质

- 务实是诚实做人、踏实做事，集中时间和精力，投入本职工作，务求实效。和谐是怀抱开放、友善的心态，追求人与人、企业与社会、企业与自然的共生共赢、和谐相处。
- 同心是目标一致、思想一致、行动同步、集体奋斗，具有相同的价值观和共同的行为准则。跨越是不断超越自我、超越对手，追求大进步、大发展。

- 务实和谐体现了大唐集团公司和大唐员工低调沉稳的态度，其实质是时刻牢记使命，通过坚持不懈的有效行动，实现利己达人、利国利民的共同理想。
- 同心跨越体现了共同奋斗、追求卓越的精神。其实质是着眼大局、紧密协作、自我加压，不断追求更高效率和更优业绩，凡事做最好的，凡事做到最好。

5.2　传承与弘扬

“务实和谐，同心跨越”是大唐集团公司组建以来集中体现出的优秀精神的提升、概括。大唐集团公司一贯弘扬的拼搏精神、进取精神、执行精神、创新精神、团队精神、大局精神等都是“务实和谐，同心跨越”的具体表现。大力弘扬“务实和谐，同心跨越”的企业精神，对于集团公司的持续快速协调发展具有极其重要的意义。

6. 管理理念：权责对等，高效协同

管理理念是对管理的哲学思考，是企业管理人员在企业管理活动中共同遵守的根本原则。集团管理要以科学的机制设置为保障，以制度与文化为基本管理手段，在战略指导下追求最高效率和最佳效果。“权责对等，高效协同”是大唐集团公司管理的特色和主要指导思想，“权责对等”是在尊重人、信任人的基础上，通过“分”来激发各层级的积极性；“高效协同”是强调行为、步调的协调和合作，立足管理实质和集团立场，通过“合”来追求整体的高效率与高效益。

6.1　授权

- 授权必须因时、因事、因人、因地、因条件不同，而确定授权的方法、权限大小、内容等。被授权者必须敢于付出、敢于承担责任，具有热情和相应能力。
- 清晰的目标是有效授权的灵魂。
- 授权要充分信任，“用人不疑，疑人不用”，信任就是激励，是授权的精髓和支柱。
- 授权要注重责权对等，有责无权，压制激情，效率低下；有权无责，会造成滥用职权。
- 对授权进行及时反馈和控制，根据实际情况结束授权或调整授权。

6.2　执行

- 执行是管理的重中之重、难中之难。
- 执行以调动人的主动性、积极性、创造性为根本。强调主动地执行、忠实地执行、创造性地执行。
- 执行以结果为导向。员工对工作结果负责，管理者对团队的绩效负责。
- 认真是执行的关键，强调严谨、高效、注重细节、及时响应。

6.3　沟通

- 沟通顺畅，信息快速传递是高效率的保证。
- 人际沟通强调尊重、理解和换位思考，以事为根本，注重友好的人际关系，出现矛盾首先自我检讨，然后真诚协调。
- 信息交流强调及时准确、真实可靠，以价值为根本，注重分享，消除信息孤岛。
- 沟通必须有机制和技术作保障，企业为员工创造交流意见的开放型工作环境，提供渠道与政策，提供必要的内部传媒和其他信息通道，保障信息流通。

6.4　团队

- 团队是大唐集团公司的基本工作形态。大唐强调集体奋斗,不鼓励个人英雄主义。
- 目标一致是团队存在的首要条件,要明晰团队的使命、性质、目标,强化团队对共同理念的认同。
- 倡导团队成员间相互信任,相互配合,高度的忠诚。
- 倡导知识、经验、技能的共享,致力于学习型组织的建设。

6.5　监管

- 监管是廉正与效率的保证,是各项工作的基本控制手段,没有监管或监管不力必将产生消极与腐败,危害企业与国家利益。
- 加强宏观"立法",依照责权对等原则,划分各级权限,严格控制,实行有效监督。
- 在日常管理中强调结果导向,工作重结果、重效率,人人头上有指标,件件工作有考核,实施"计划——执行——检查——提升"的闭环管理。

7. 经营理念:资源最优化,效益最大化

经营理念是对企业经营方针、经营策略、经营方式的哲学思考,是企业领导者为实现企业目标而在整个经营活动中坚持的基本原则。"资源最优化,效益最大化"表明了大唐集团公司经营的两大重点。一是激活资源,优化资源配置,杜绝资源浪费,加快资源流转速度,提高资源使用效率。二是追求效益最大化,"效益"包括经济效益和社会效益,"最大化"是指用最小的投入、最低的成本获得最大的产出。

7.1　资源

- 企业运营与发展所需要的人、财、物、技术、管理、信息,以及文化、品牌、形象等,都是大唐集团公司赖以生存和发展的宝贵资源,每一类资源都是集团公司价值链的重要组成部分。
- 激活大唐集团公司的各种资源,统筹全局,注重均衡,减少资源沉淀,加快资源循环,避免资源浪费,提高资源利用率,以无形资源驱动有形资源,以小资源驱动大资源,最终发挥资源的最大价值。

7.2　效益

- 利润是企业的尊严和使命,是企业生存和发展的血液。
- 坚持将持续赢利作为经营的出发点,不争一朝一夕之功,注重发展速度和质量的均衡,实现稳定持续的发展。
- 把社会效益作为企业效益的重要组成部分,纳入到企业决策体系之中综合考虑,统筹兼顾,注重平衡。

7.3　成本

- 节约成本就是创造利润。
- 成本不仅包括生产成本,还包括决策成本、规划成本、管理成本、投资成本等。
- 坚持成本领先,就是通过控制直接成本、降低间接成本提升竞争力,力求在同行业中指标最好、成本最低。
- 全程节约成本,从源头抓起,合理有效地规避投资风险,节约发展建设成本,节约生产运营成本。

7.4　风险

- 承认风险和危机的存在是不可避免的，并且严加防备。
- 建立一流的风险防范体系，增强风险防范和危机管理能力，尽可能从多方面评估各类风险带来的威胁，依法经营，规范运作。
- 慎重选择开发项目，准确定位目标市场，确保投资者风险最小、利益最大，保障集团公司的稳健高速发展。

8. 人才理念：大唐大舞台，尽责尽人才

“大唐大舞台”是指大唐集团公司尊重并努力激活每个员工的创造力，有充分的空间让所有员工施展才华。“尽责尽人才”有两层含义：一是电力生产属于分工精细、岗位关联紧密的行业，大唐集团公司的员工只有分工差异，没有贵贱之别；二是不论从事何种具体职业，只要员工尽职尽责，完成好本岗位工作任务，都能成才，都是企业需要的人才。

8.1　宗旨

- 大唐成就人，也成就于人。人才是大唐集团公司的第一资源。
- 大唐集团公司努力营造公平的用人环境，想做事给一个机会，能做事给一个舞台，做成事给一副担子，为员工提供宽广的成才平台。

8.2　识才

认同企业文化，有责任感并能将责任感体现于行动之中，善于协作、追求工作实效的员工是大唐集团公司的人才。

8.3　用才

大唐集团公司用人倡导“德为前提，能为本位，竞争上岗，绩效评优”，打造人尽其才的企业环境，吸引人才，淘汰庸才，不埋没人才。

8.4　育才

- 大唐集团公司视人才的发展为支持企业发展的动力，只有员工不断发展，才能推动企业的持续发展。
- 建立学习型组织，逐步完善员工的职业生涯规划，提供各种形式的培训教育与提升机会。

（资料来源：大唐网站．www.china-cdt.com）

【讨论题】

1. 大唐集团制定战略，与它的使命、愿景、宗旨及目标密不可分，那么，是不是每一个企业的战略都需要制定使命、愿景、宗旨和目标呢？制定这些对企业的战略有什么作用？如果制定这几项的关系和内容，我们应该从哪些方面着手呢？

2. 我们不但要从理论上学习战略管理，更重要的是从实践中学习战略管理，能够读懂它们至关重要。请你说说你对于“战略”二字的理解。

第三章　企业外部环境分析

学习目标

1. 了解环境分析的必要性，以及宏观环境的各个因素；
2. 掌握行业分析的基本思路，掌握成功关键因素分析的主要思路；
3. 理解行业生命周期各阶段的特点、经验曲线的概念、战略群体的概念；
4. 重点掌握行业竞争的五种力量，以及进行竞争对手分析的主要内容。

引导案例

清扬：能否在中国轻舞飞扬

2007年2月28日，被外界誉为联合利华10年来首款去屑洗发水的清扬在全国正式上市，联合利华公司更高调形容清扬的未来目标：十年磨一剑，旨在折桂冠！

清扬在进入中国以前，已经在南美、欧洲及东南亚地区去屑市场成为当仁不让的第一品牌，并被数亿消费者证实了其在去屑方面的功效，联合利华（中国）公司高层公开表示：专业防治型去屑产品的空缺，是当前去屑市场所面临的最大问题，而依托于数十年的专业去屑研究经验的联合利华企业，对清扬在中国市场的未来表现充满信心，清扬更信心百倍地做出承诺，要带领中国消费者走出20年头屑痼疾的困扰。

现阶段，国内洗发水市场的销售总额已近200亿元，其中，去屑产品的构成占比已经超过了一半，庞大的市场需求和业务规模令联合利华沉醉，继而借清扬品牌全力进军去屑市场，并提出了要在未来三年内，清扬将成为中国洗发水去屑市场上的领袖品牌的战略目标和未来愿景。

清扬高起点发力、通过优良的前端企划和品牌推广，达到了先声夺人的效果，但是，其成功的概率又有多大呢？

在中国的去屑洗发水市场中，经历十余年的市场培育和发展演变，海飞丝的“头屑去无踪，秀发更出众”早已深入人心。人们只要一想到去屑，第一个想到的就是海飞丝。另外，风影的“去屑不伤发”的承诺，使之在这个细分市场也拥有了一席之地。

据专业市场调查资料指出，去屑市场80%的市场份额一直以来都被宝洁系的海飞丝品牌所占据，而众多本土品牌则蚕食着剩下的20%的市场存量，相比之下，呈现的两极分化现象十分严重。

面对去屑攻坚战的全面升级，清扬同后发制人的宝洁海飞丝一场势均力敌的遭遇战在所难免，联合利华意欲试图借助清扬一举击败宿敌——宝洁海飞丝，还是难度不小、挑战重重。

在朝如青丝暮如雪的去屑大战中，虽然现阶段，清扬在线上广告和线下广告都占据了绝对性的优势，但是由于其终端和促销基础层面的沉积还非常薄弱，所以它在本土化进程中的表现还是充满着未知的挑战，置身你死我活的终端巷战中，清扬如何在生存中壮大和发展，唯有未来的时间和数据会证实一切。

（资料来源：http://baike.baidu.com/view/928454.htm）

现代企业的生产经营活动越来越受到各种环境因素的影响和作用。企业要进行战略管理，必须全面地、客观地分析和掌握企业所处各种环境，以此为基础和出发点来制定企业的战略目标和战略模式。

第一节　企业宏观环境分析

我们通常讲的宏观环境一般是指国内的宏观环境，主要包括政治—法律环境、经济环境、社会文化环境和技术环境等。分析企业所处宏观环境的意义在于，确认和评价这些环境因素对企业战略目标和战略方案选择的影响。

一、政治—法律环境

政治—法律环境主要是指政府的行政性行为、有关法律法规、政治形势及它们的稳定性和对企业活动的影响。企业在制定其经营战略时必须在政府政策法令许可的范围内进行。企业所要分析的政治环境因素主要有以下几个方面。

1. 政府制定的各项法律法规

各国政府为了对企业经营活动加以限制和要求都颁布了一些法律和法规，如企业法、破产法、劳动法、反不正当竞争法、反托拉斯法、专利法、保护环境法、合同法等，这些法律法规都为企业规定了行为规范。企业在经营活动中如果违背法律法规就要受到制裁。

例如，美国环境保护局对通用汽车公司在1991—1995年卡迪拉克牌汽车的一次调查中发现，该种车的一氧化碳排放量大大超过了标准，根据空气洁净法的规定，美国司法部要求通用汽车公司收回并改装47万辆卡迪拉克牌汽车，并交纳1100万美元罚金。通用公司为此损失了4500万美元。又如，美国司法部依据《反托拉斯法》对美国电报电话公司的拆分，都是在行使法律对不正当行为的制裁职责。

当然，法律法规对正当经营的企业给予保护。如企业通过合同法、反不正当竞争法可维护自身的正当权益。

2. 政府制定的政策

在经济发展的不同时期，政府都要出台不同的政策，包括产业政策、税收政策、政府订货及补贴政策等。就产业政策来说，国家确定的重点产业政策总是处于一种大发展的趋势。因此，处于重点产业的企业增长机会就多，发展空间就大。

例如，亚洲金融危机后，韩国政府把网络游戏作为倾力扶植的产业，从资金到技术提供多方面支援。从1998年开始，韩国网络游戏全面崛起，称雄亚洲。目前，在亚洲流行的网络游戏中，韩国游戏的位置是名列榜首的。

3. 政府对某些产业的直接管理

一般来说，任何一个国家都要对国民经济影响重大的产业或企业进行直接管理。但第二次世界大战以来，政府直接管理的范围逐渐缩小，直接管理的程度也逐渐降低。

例如，美国和欧洲一些国家的政府已经放弃了对航空、电信和金融服务这三个传统的政府管理行业的直接管理。私人投资大量进入这些传统的政府垄断领域，使这些领域的竞争加剧，产业和行业结构发生了极大的变化。

4. 政府预算

政府预算反映了资源在政府支出与企业消费之间的再分配。政府制定的税收政策以及政府订货、政府投资都会对企业活动和企业经营结果产生影响。

二、经济环境

所谓经济环境是指企业经营过程中所面临的各种经济条件、经济特征、经济联系等客观因素。

1. 宏观经济总体状况

企业所在国家或地区的经济发展形势，是属于高速发展还是属于低速发展，或者处于停滞或倒退状态，这是企业必须首先要了解的。一般来说，在宏观经济大发展的情况下，市场扩大、需求增加，企业发展机会就多。如国民经济处于繁荣时期，建筑业、汽车制造、机械制造以及轮船制造业等都会有较大的发展。而上述行业的增长必然带动钢铁业的繁荣，增加对各种钢材的需求量。反之，在宏观经济低速发展、或停滞、或倒退的情况下，市场需求增长很小甚至不增长，这样企业发展机会也就少。

2. 人均收入

人均收入与消费品购买力是正相关的关系。改革开放以来，中国居民的收入水平不断提高，随着收入水平的提高，扣除基本生活费和所得税后的个人可自由支配收入正在不断提高。市场上所显示的家用电器，如空调、音响、大屏幕彩电，以及金银首饰等耐用消费品的购买热，旅游、储蓄、房地产、证券投资热也表明了这一趋势，它给这些行业带来了机会，也带来了激烈的竞争。

在人均收入提高的同时，我国居民收入差距也在不断扩大，尤其城乡居民收入差距、地区间居民收入差距都在不断扩大。这使耐用消费品销售成为一大难题，在高收入区，市场基本饱和，在低收入区，人们又买不起。企业面临着产品的升级换代，以及企业生产结构的调整等艰巨任务。

3．价格因素

价格是经济环境中一个最敏感的因素。适度的通货膨胀可以刺激经济增长，但过高的通货膨胀率对经济会造成难以预料的损害。消费品价格上涨过快，使人们基本生活需要支出大幅度增加，误导的价格信号会使某些消费行为提前，而购买行为又有可能被推迟。

4．国际经济形势状况

现在多个国家组成的经济一政治联盟已经是影响企业行为的重要经济力量。其中比较重要的是石油输出国组织和欧洲联盟。石油输出国组织是一个包括世界上最主要石油和天然气生产国的卡特尔。它的宗旨是控制成员国的石油价格和生产水平。这一组织的定价决策和生产数量，会对世界经济和石油消费工业产生极大的影响。

三、技术环境

技术因素不但指那些引起时代革命性变化的发明，而且还包括与企业生产有关的新技术、新工艺、新材料的出现和发展趋势及应用前景。

1．技术创新为企业创造了机遇

(1) 新技术的出现使得社会和新兴行业增加对本行业产品的需求，从而使得企业可以开辟新的市场和新的经营范围。

(2) 技术进步可能使企业通过利用新的生产方法、新的生产工艺过程或新材料的各种用途，生产出高质量、高性能的产品，同时也可能会使产品成本大大降低。

2．新技术的出现使企业面临挑战和损害

技术进步会使社会对企业产品和服务的需求发生重大变化。技术进步对某个产业或企业形成了机遇，可能会对另一个产业或企业形成威胁。如晶体管的发明和生产严重危害了真空管行业；电视的出现使电影业受到沉重打击；高性能塑料和陶瓷材料的研制和开发严重削弱了钢铁企业的获利能力。

四、社会文化环境

社会文化环境是人们的价值观、思想、态度、习俗、社会道德观念、社会行为、人口统计特征等的综合体。社会文化因素的变化会影响到社会对企业产品的需求，也能改变企业的战略选择。

近年来，随着我国居民消费水平的提高和对生活质量的追求，居民休闲消费意识增强。于是一些专门为休息日提供服务的企业应运而生。同时生产日用消费品的企业也在竞相推出更适合消费者个性的休闲的产品，如服装和食品等。今天，社会文化环境的变化

日益加快，企业要求得生存和发展，就必须认识到社会文化环境变化这一大特点，对此做出迅速、正确的反应。

第二节　行业经济特性与成功关键因素

行业是企业生存与发展的空间，也是对企业生产经营活动最直接发生影响的外部环境。企业在制定与实施战略管理时，需要认真地分析与研究自己的行业环境，探讨获得竞争优势的可能性。

一、行业主要经济特征

所谓行业，是指按企业生产的产品(劳务)性质、特点，以及它们在国民经济中的不同作用而形成的工业类别。任何一个行业，首先是许多同类企业的总和，这里所说的同类企业，通常以下列一个或几个标志为依据：

(1) 产品的主要经济用途相同。

(2) 使用的重要原材料相同。

(3) 工艺过程相同。

同一行业的企业为了争取一个买方群体会展开激烈的竞争。行业环境是影响企业战略选择的直接根源。

各个行业之间往往在以下几个方面存在很大差异。

1. 市场规模

小市场一般吸引不了大的或新的竞争者；大市场常常能引起大公司的兴趣，因为他们希望购并那些在有吸引力的市场中已经建立稳固地位的竞争者。

2. 市场增长率

快速增长的市场鼓励企业进入该市场；增长缓慢的市场使市场竞争加剧，并使弱小的竞争者退出。

3. 竞争角逐的范围

该行业的市场是区域性、全国性、国际性的，还是全球性的？一般说来，新兴行业的产品市场定位，常常会局限于某一地域。

4. 供求形势

供求状况的基本类型有三种：供不应求、供求平衡、供过于求。

供求关系变化趋势有以下几种情况：从供不应求变为供求平衡；从供过于求变为供求平衡；从供求平衡变为供过于求或供不应求；在非常特殊的情况下，也会发生供不应求变为供过于求，或从供过于求变为供不应求的情形。

5. 行业内部的企业数量结构

行业内部的企业数量结构是指一个行业内企业的总数量，以及不同规模企业的数量分布。每个企业都力求在竞争中使本企业达到最佳规模，取得最大的规模效益。但是，每个行业最佳规模的大小不同，实现最佳规模的条件不同，行业内达到最佳规模的企业数量也不同。同时，行业的市场规模总是有限的，而且各行业的市场规模大小也会有所不同。一般来说，市场规模大，企业最佳规模便小，实现最佳规模的条件就好，能达到最佳经济规模的企业就多，行业内集中程度就会低。反之，则相反。

6. 数量与规模

数量与规模是指购买者的数量与相对规模，达到购买者分销渠道的种类。

7. 产品生产工艺革新

产品生产工艺革新和所推出的新产品及其技术变革的速度。技术变革会使风险迅速提高，因为投资的技术设施或设备往往尚未破损就已经“陈旧过时”了。产品革新迅速也会使风险增加，因为存在交替“执牛耳”的机会。

8. 产品服务标准化

竞争对手的产品及服务是标准化的，还是差别化的？

9. 规模经济和经验曲线效应

规模经济和经验曲线效应的程度如何？行业中的公司能否实现采购、制造、运输、营销或广告等方面的规模经济？行业中的某些活动是否有学习及经验效应方面的特色？因为单位成本会随累积产量的增加而降低。

10. 生产能力利用率

生产能力利用率的高低，是否在很大程度上决定着企业的成本和生产效率？

11. 必要资源的进入与退出

必要的资源以及进入和退出的难度。进入难度加大往往可以使现有企业的地位和利润得以保护，而退出难度的加大则会加剧行业竞争。

12. 行业整体盈利水平

行业的整体盈利水平如何？是处于平均水平之上还是处于平均水平之下？高利润的行业吸引新进入者；行业盈利水平差往往会使部分竞争者退出。

二、行业生命周期

(一) 行业生命周期的概念

行业的生命周期是指从行业出现直到行业完全退出社会经济活动所经历的时间。行业生命周期主要包括四个发展阶段：开发期、成长期、成熟期、衰退期。根据产品或行业的市场销售量可以绘出生命周期曲线，如图 3-1 所示。

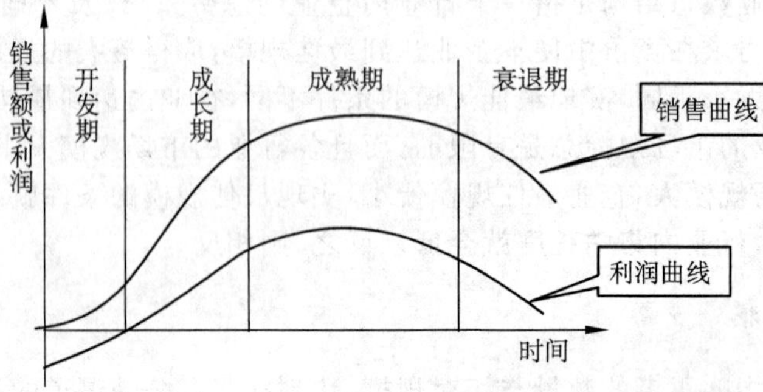

图 3-1　行业生命周期

行业生命周期曲线的形状是由社会对该行业产品的需求状况决定的，行业的产生、存在与发展，与社会对它所提供的产品和服务的需求直接相关。随着社会对该产品或服务的需求的产生而产生，又随着社会对这种产品或服务的需求的发展而发展，最后当这种需求消失或被别的产品或服务完全替代之后整个行业随之消失，行业的生命即告结束。

(二) 行业生命周期的识别

行业所处的生命周期阶段不同，反映出的特性也不同。其主要标志有：市场增长率、需求增长率、产品品种数、竞争者数量、进入或退出行业的障碍、技术变革、用户购买行为等。

1. 行业处于开发期的特征

产品设计尚未成熟与定型，产品的开发、销售成本很高，销售增长缓慢且不稳定，利润很低甚至有亏损，行业内竞争较少，进入障碍主要来自产品的设计和开发能力以及投入水平，市场风险很大。处于该行业的领域一般不会成为企业的战略焦点，大多是行业先驱者在做基础性的生产与开发工作。

2. 行业处于成长期的特征

产品的设计工艺与方法已初步成熟并被迅速模仿，顾客对产品的认知度迅速提高，销售和利润迅速增长。规模的增大使企业的生产成本不断下降，生产能力出现不足，进入障碍进一步下降，丰厚的利润空间使大量企业以各种方式加入该行业，企业间的竞争迅速形成和展开，行业内的企业应对风险的能力增强。

3. 行业处于成熟期的特征

原来潜在的市场份额已被“瓜分”完毕，产品销售趋于饱和，利润不再增长。顾客的重复购买行为成为支撑企业生存与发展的重要特征。新产品和产品的新功能开发更为困难。经过市场竞争，最后生存下来的企业彼此间实力相当，竞争激烈，它们往往依靠不同的竞争战略和市场细分在行业领域内占据一席之地，规模效应的存在使得企业的进入壁垒提高，行业内现存企业的风险不大。

4. 行业处于衰退期的特征

由于替代品的出现或生产能力严重过剩等原因，产品销售和利润水平大幅下降，原有企业纷纷退出该行业领域，产品品种及竞争者数目减少，市场竞争程度因企业的退出而趋于缓和。在这一阶段，成功退出或转移战略的制定与实施成为企业战略管理活动的主要内容。

多数行业由开发期、成长期进入成熟期后，有的行业成熟期很长，有的则很短；也有的行业从成熟期又回到成长期，等等，这些都是由技术、社会、经济等因素所决定的。

企业在决定是否进入一个行业时，首先要对该行业有一个基本的判断，弄清楚所要进入的行业处于生命周期的哪个阶段，应尽量选择“朝阳”产业，避免“夕阳”产业。

三、经验曲线

(一) 经验曲线的概念

经验曲线，是指随着一个企业生产某种产品或从事某种业务的数量的增加，经验不断地积累，其生产成本将不断地下降，并呈现出某种下降的规律。经验曲线描绘的就是这种成本下降的规律。企业在制定总体战略时，需要了解企业每项经营业务的经验曲线。特别是，企业以增长与份额矩阵作为制定战略的依据时，经验曲线更为重要。

图 3-2 所示是一条具有 85％经验效应的经验曲线。图中横轴表示累计产量，纵轴表示每件的直接成本(应消除价格变化因素)。经验曲线表明，累计产量每增大 1 倍，生产这种产品的单位直接成本将下降一个固定的百分率。

图 3-2 所示的 85％的经验曲线表明，当累计产量从 10 件增至 20 件时，单位成本从 100 下降至 85；累计产量再增加 1 倍至 40 件时，单位成本再下降至 72.25(即 85×0.85)。从经验曲线可以看出，单位成本取决于累计产量的大小和曲线的斜率。因此，对降低成本的潜力具有最大影响的因素是行业的经验效应以及市场需求量的增长速度。如电子计算机行业需求增长迅速且有很强的经验效应，因此其成本下降很快。

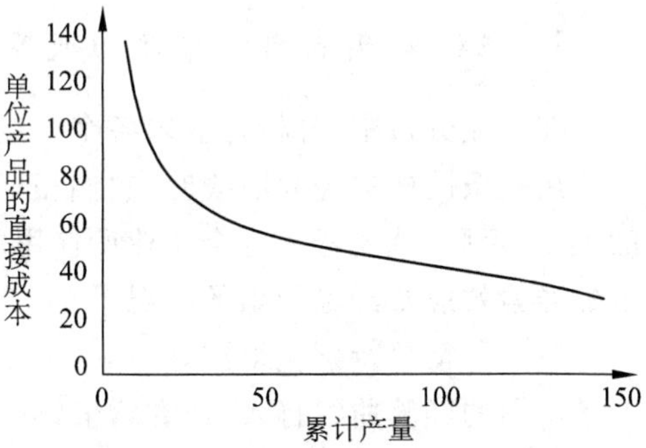

图 3-2　85％经验效应的经验曲线

(二) 经验曲线的基本原理

经验曲线的概念产生于第二次世界大战时期。当时，美国军队对飞机的生产效应问题进行了研究。这项研究表明，随着飞机装配的数量增多，单位劳动成本下降。后来，波士顿咨询公司和其他许多学者对这一问题进行了深入研究，结果表明，不仅企业的劳动成本可以通过熟练地操作和学习而下降，而且成本中的其他影响因素也同样会发生变化。随着经验的增加，能够形成单位成本下降的趋势有三个原因。

1. 劳动效率

随着工人反复地重复某一活动，他们知道如何操作以及如何更好地操作。因此，劳动的效率大大提高。这一点，不仅仅体现在装配生产上，各个层次的管理职能上也是如此。例如，企业在购买、维修等方面都可以形成效益。

2. 产品和工艺的改进

随着累计产量增大，产品和工艺改进的机会不断增多，包括：产品设计的改进和标准化，原材料利用率的提高，生产设备和运送设备的改进，更为有效的营销手段的采用，等等。所有这些都会提高效率，使成本下降。

3. 规模经济

规模经济指的是扩大生产规模形成的投资费用相对节约和成本下降。年产量的增加使固定费用可以分摊到更多的产品中去；在扩大生产能力时，能力翻一番并不需要投资翻一番，等等。所有这些都是规模经济效应。

规模经济效应和经验效应是两个相互联系又有差别的概念，前者指的是生产规模扩大所带来的经济效益，后者指的是累计产量增多所带来的经济效益。规模经济与战略规划特别是生产策略的规划关系极为密切。

（三）经验曲线在战略管理中的意义

1. 经验曲线应用于行业的成本分析

在行业分析中，分析行业内各个企业的经验曲线具有很重要的意义。当所有的企业都适用一条同样的经验曲线时，它们相互之间在成本上的实力地位取决于其市场占有率的大小；否则，就要考察各个企业所使用的不同技术或所达到的不同的技术水平、各增值链的经验效应及经验积累的状况。

后一种情况特别值得注意，在一个处于成熟阶段的行业，一个外来者以新的技术即以一条不同的经验曲线打入，或在增值链的某个环节上具有优势，即从位于一条局部的经验曲线下端打入，虽然开始时在市场占有率上处于劣势，但能迅速取得成本优势，并很快扩大其市场占有率。

2. 经验曲线应用于匡算企业的成本发展趋势

在一些经验效应较大的企业中，当考虑投标或承接一笔较大的订货需要报价时，需从经验曲线上对成本进行匡算。因为，如果任务能够落实，随着累计产量的增加，单位成本将沿着经验曲线向右下端移动。在报价中应考虑这个成本下降因素才能有竞争力。一旦报价被接受，企业必须把这种成本匡算转化为成本控制的机制，因为经验曲线上所显示的经验效应不是不经努力就会全部自动地实现的。

在这里对经验效应的正确估计起着关键性作用。估计不足、报价过高，有失去订货的危险；估计过高、报价过低，可能无法实现成本降低目标，招致亏损危险。

3. 经验曲线应用于经营策略的选择

扩大市场占有率，利用经验效应取得成本依靠地位，是企业经营取得成功的有效途径，但并不是唯一的。发挥企业产品特色或重点瞄准某个特定的局部市场同样有机会取得经营的成功。市场占有率和赢利能力的关系，如图 3-3 所示。

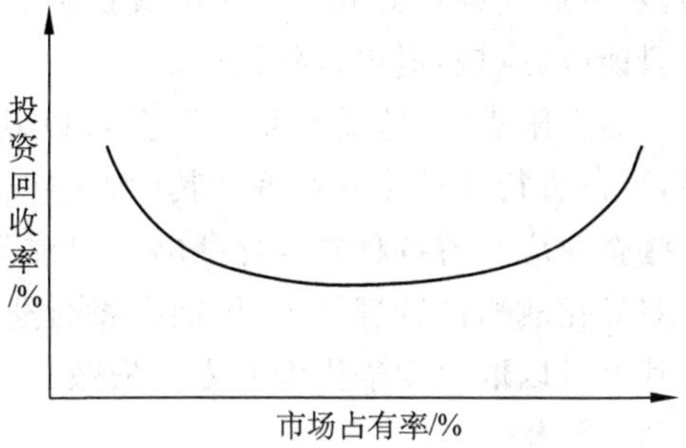

图 3-3　市场占有率和投资回报率的关系

在图的右方，企业扩大市场占有率，导致成本领先是有利的。反之，在图的左方，企业采用特色策略或重点市场策略，能以较小的市场占有率取得较高的利润率，这时扩大市场占有率反而会导致利润率下降。处于"U"型曲线的中间地位则最为不利。

需要指出，过分强调经验效应可能会给企业带来丧失灵活性的消极后果，就是说，过多地强调增加产量、扩大市场占有率，忽视技术进步和增加产量、品种以及忽视外界的创新；光顾眼前利益、忽视长远利益；等等。当前的成功或许会潜伏着长远的危机。

四、潜在优势矩阵

（一）基本原理

潜在优势矩阵，是根据行业竞争优势潜力划分行业的一种方法。它根据能够取得竞争优势方法的数量来划分每个行业，以此反映对竞争者行之有效的战略数量。它还根据竞争优势的规模和变化划分每个行业，并由此反映各战略之间获利能力的差别。

（二）矩阵分析

如图 3-4 所示，矩阵中的每个象限反映出不同的竞争模式。

获取竞争优势的方法	多	细分市场竞争 （众多相同的可获利的战略）	专门化竞争 （众多不相同的可获利的战略）
	少	僵化、停顿的竞争 （少量相同的可获利的战略）	市场份额竞争 （少量不相同的可获利的战略）

图 3-4　潜在优势矩阵示意图

左下象限表明，这类行业可采用的战略很少，只能取得较小的优势。从矩阵可以看出，这些行业陷入一种竞争僵局。行业中的竞争者努力采取相同的战略，结果谁也不会比别人有更多的盈利。在这类行业中，企业在拥有一定的资源时，应努力寻找扩大优势规模或获取竞争优势的新方法，以占有较高的市场份额。

右下象限表明，这类行业可采取的行之有效的战略依旧很少。企业多是采取类似的战略，在市场份额上进行竞争，其获利能力存在很大差异。在这些行业中，相对市场份额高的企业是行业的主导企业。这种企业应采取积极型竞争，以保持其主导地位。相对市场份额不高或有机会得到较高相对市场份额的企业，应寻求获得竞争优势的新方法。这样做，企业或许不能成为行业中最获利的企业，但如果面对行业的困境而束手无策，企业就只能(或应该)退出这些行业。

右上限表明，这类行业有许多可以获取大量竞争优势的方法，有许多不同的竞争战略，可以进行多样化的竞争。其中，一些企业能比另一些企业有较多的收益。同时，还有一些企业应用着各种差异化战略。目前盈利程度不高的企业，如果仅有资源但却没有实施差异化战略的管理能力，可能会将行业推入右下象限；如果采取成本领先战略，也可能使其他可以取得竞争优势的方法失效。如果竞争处于僵持状态，行业中每个企业都不会盈利。

左上象限表明，这类行业拥有众多的可以获得少量竞争优势的方法，应努力在细分市场上进行竞争。就是说，行业中的企业可能使用各种竞争战略，但没有一个企业会比其他企业获得更大的收益。在这类行业中，最能盈利的企业是那些成功地执行重点战略的企业。

(三) 潜在优势矩阵的重要性

(1) 企业总部可以根据行业潜在优势矩阵，了解每一种类型的行业的销售量和投资量。这是非常重要的信息。

(2) 企业可以根据行业潜在优势矩阵，有效地把企业的环境与企业竞争战略联系起来，做出适当决策。

(3) 企业可以根据矩阵中从一种竞争类型到另一种竞争类型的现象，了解行业的演变。

五、成功关键因素

(一) 基本原理

成功关键因素，是在行业中占优势地位，对企业总体竞争地位有着重大影响的条件、变量或能力。它们既可以是一种价格优势，一种资本结构或消费者组合，也可以是一种垂直一体化的行业结构。寻找成功关键因素的目的是集中企业的资源，投入到这些因素中，以便形成竞争优势。

回答以下三个问题，有助于确认行业的成功关键因素：

(1) 顾客在各个竞争品牌之间进行选择的基础是什么？

(2) 行业中的一个卖方厂商要取得竞争成功必须有什么样的资源和竞争能力？

(3) 行业中的一个卖方厂商获得持久的竞争优势必须采取什么样的措施？

在不同的行业中，企业的成功关键因素各不相同。例如，在石油、矿山等资源采掘行业中，资源的保有储量是企业获得持续竞争的关键因素；而在计算机网络设计与软件开发行业，稳定的、高素质的技术人才队伍是企业制胜的关键因素。在啤酒行业，其成功关键因素是充分利用酿酒能力、强大的批发分销网络、上乘的广告、低成本制造效率。

即使在同一行业中，各个企业的成功关键因素也不同。例如，在书写工具行业中，美国的派克公司和柯尔斯公司均很成功，但内部优势却存在区别。派克公司侧重于无孔不入的广告宣传和大量的销售渠道，而柯尔斯公司侧重于产品质量、产品在消费者心目中的形象和有选择的销售渠道。随着时间的推移，无论企业的外部环境，还是内部能力都在发生变化，其成功因素也随之发生变化。如派克以广告宣传、广开批发渠道为成功关键因素，随着产品生命周期接近完结，开始在降低成本上下工夫，新的成功因素转为批量生产。

(二) 产品生命周期各阶段的成功关键因素

随着产品生命周期的变化，成功关键因素也会发展变化，如表 3-1 所示。

表 3-1　产品生命周期各阶段的成功关键因素

阶段	开　发　期	成　长　期	成　熟　期	衰　退　期
市场	广告宣传争取了解、开拓销售渠道	确立商标信誉，开拓新销售渠道	保护现有市场，渗入别人的市场	选择市场区域，改善企业形象
生产经营	提高生产效率、制定产品标准	提高产品标准，增加花色品种	加强和顾客的联系，降低成本	缩减生产能力，保持价格优势
财务	利用金融杠杆	集聚资源以支持生产	控制成本	提高管理控制系统的效率
人事	使员工适应新的生产和市场	发展生产和技术能力	提高生产效率	面向新的增长领域
研究开发	掌握技术秘诀	提高产品的质量和功能	降低成本、开发新品种	面向新的增长领域
成功关键因素	销售、消费者的信任、市场份额	对市场需求的敏感、推销、产品质量	提高生产效率、增加产品功能、开发新产品	回收投资，缩减生产能力

(三) 最常见的成功关键因素

1. 与技术相关的成功关键因素

(1) 科研能力(在制药、空间探测以及一些高科技行业更为重要)。
(2) 在产品生产工艺和过程中进行有创造性的、改进的技术能力。
(3) 产品革新能力。
(4) 在既定技术上的专有技能。
(5) 运用互联网发布信息、承接订单、送货或提供服务的能力。

2. 与制造相关的成功关键因素

(1) 低成本生产效率(获得规模经济，取得经验曲线效应)。
(2) 很高的固定资产利用率。
(3) 低成本的生产工厂定位。
(4) 能够获得足够的具有娴熟技能的劳动力。

(5) 劳动生产率很高。
(6) 低成本的产品设计和产品工程。
(7) 能够灵活地生产一系列类型和规格的产品满足顾客的订单。

3. 与市场营销相关的成功关键因素

(1) 快速准确的技术支持。
(2) 礼貌的客户服务。
(3) 准确地满足顾客订单。
(4) 产品线和可供选择的产品很宽。
(5) 有效的商品推销技巧。
(6) 有吸引力的款式和包装。
(7) 客户保修和保险。
(8) 精明的广告。

4. 与技能相关的成功关键因素

(1) 劳动者拥有卓越的才能(对于专业性的服务,如会计、咨询、投资银行,这一点更为重要)。
(2) 有效的质量控制诀窍。
(3) 设计方面的专有技能。
(4) 在某一项具体的技术上的专有技能。
(5) 能够开发出创造性的产品和取得创造性的产品改进。
(6) 能够使最近构想出来的产品快速地经过研究与开发阶段到达市场。
(7) 组织能力强。
(8) 卓越的信息系统。
(9) 能够快速地对变化的市场环境做出反应。
(10) 能够娴熟地运用互联网电子商务来做生意。
(11) 拥有比较多的经验和诀窍。

5. 其他类型的成功关键因素

(1) 在购买者中间拥有有利的公司形象和声誉。
(2) 总成本很低。
(3) 便利的设施、选址。
(4) 公司职员在与顾客打交道的时候都非常有礼貌,态度和蔼可亲。
(5) 能够获得财务资本。
(6) 专利保护。

确定行业的成功关键因素应该具有很高的优先性。一个公司如果能够深刻地洞察行业的成功关系因素,就可以通过将公司的战略建立在行业的成功关键因素之上,然后竭尽全力比竞争对手做得更好,以便获得持久的竞争优势。一个健全的战略应该包括这样一种努力:

在所有的成功关键因素上有能力，并且在至少一个行业成功关键因素上拥有卓越的能力。

第三节　行业竞争力分析

行业竞争力分析主要是分析本行业中的企业竞争格局以及本行业和其他行业的关系。行业的结构及竞争性决定了行业的竞争原则和企业可能采取的战略，因此，行业竞争力分析是企业制定战略的基础。

哈佛商学院的教授迈克尔·波特在 20 世纪 80 年代提出了分析行业竞争结构的“五种力量模型”，如图 3-5 所示，成为竞争分析的主要工具，并为人们广泛关注和引用。

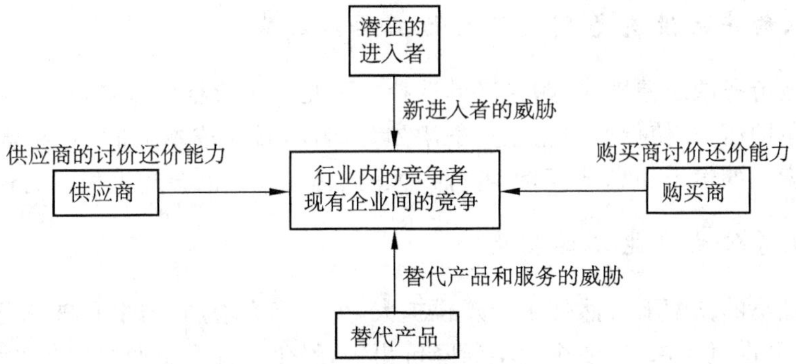

图 3-5　波特的五种竞争力量模型

波特认为，行业中的竞争，远不止在原有竞争对手中进行，而是存在着五种竞争力量，这五种竞争力量及其综合强度，决定着行业的竞争激烈程度，从而决定着行业中的最终潜力。

一、行业内现有竞争者的抗衡

影响行业内现有企业间的竞争强度的因素主要有以下几点。

1. 为数众多或势均力敌的竞争者

当企业为数众多时，各企业自行其是的可能性较大，有些企业习以为常地认为它们随意地采取行动会不被人察觉。于是会有企业为了占有更大的市场份额和取得更多的利润，突破本行业约定俗成的一致行动的限制，采取打击、排斥其他企业的竞争行为。这势必在现有竞争者之间形成激烈的竞争。

即使在企业为数不多的情况下，如果他们在规模和可观的财源方面保持相对平衡，不稳定性就会产生，因为他们很容易相互较量，并有足够的财力以进行持续而激烈的报复。

2. 行业增长缓慢

当某一行业处于迅速发展阶段，行业内各企业可以与行业同步增长，而且企业还可以在增长的过程中充分利用自己的资金和资源，竞争不激烈。在行业增长缓慢的情况下，企业为了寻求发展，便将力量放在争夺现有市场占有率上，从而使现有企业的竞争激烈化。

3. 行业具有非常高的固定成本或储存成本

高固定成本对所有要充实生产能力的企业来说会产生强大的压力，企业为降低单位产品的固定成本，势必采取增加产量的措施，结果又导致价格迅速下跌。例如，像纸张和铝之类的许多基本原材料会遭到这一问题的损害。与高成本有关的情况是，产品一旦生产出来，要加以储存是十分困难的，要花费很大的资金。

在这种情况下，为了确保销售，企业会受到降价的诱惑，最终还要受到损害。在某些行业中，如捕虾业、危险化学品制造业和有些服务性行业中，这种压力会使利润保持很低的水平。

4. 行业的产品没有差别或缺乏行业转换成本

当产品或劳务缺乏差别时，购买者的选择主要是基于价格和服务，由此导致激烈的价格和服务竞争的压力，使行业内企业竞争激烈。同样，转换成本低时，意味着购买者没有对一些特定卖主的偏爱和忠诚，购买者有很大的选择自由，也会产生相同的作用。

5. 行业总体生产能力的扩大

在规模经济的支配下必然使生产规模扩大，生产能力增加，结果是破坏行业的供求平衡，使行业产品供过于求，迫使企业不断降价出售，强化了现有企业之间的竞争。

6. 竞争者在战略、目标以及组织形式等方面千差万别

企业如果把市场当做解决生产能力过剩的出路，就会有各种不同的目标，对如何竞争有着不同的战略。他们也许要渡过一段艰难的时期才能准确地理解彼此的意图，并对该行业的一系列“竞赛规则”取得一致的意见。战略上的选择对某个竞争者来说是正确的，而对另一个竞争者来说则可能是错误的。

多种经营的企业、如果把行业经营的产品视为厚利产品，它就会采取扩大或巩固销售量的策略，尽力促使行业的稳定。小型企业为了保持经营的独立性，可能情愿取得低于正常水平的收益来扩大自己的销路。所有这些都会引起竞争的激化。

7. 高度的战略性赌注

如果大量的企业为了在某个行业取得成功而下了很大的赌注，那么该行业内的竞争会变得更加反复无常。例如，日本的索尼、松下公司为了树立全球声望和技术上的信誉，强烈地认为需要在美国市场上建立稳固的市场地位。

在这样的情况下，这些公司的目标不仅是多样化的，而且更加带有突破性，因为它们只求扩张并含有牺牲其利润的潜在意愿。

8. 较高的退出障碍

退出障碍指那些迫使投资收益低，甚至亏损的企业仍然留在行业中从事生产经营活

动的各种因素。这些因素有：

(1) 固定资产高度专业化，但其清算价值低或转让成本高。

(2) 退出费用高。如高的劳动合同费、重新安置费、已售出产品的维修等。

(3) 战略上的协同关系。企业内的经营单位之间的协同关系是企业战略的重要因素。如果其中某一经营单位退出现有行业，就会使原有的协同关系遭到破坏。

(4) 感情障碍。企业在制定经济合理的退出决策时，常常受到管理者和员工情绪上的抵制，如对多年所从事业务的感情、对自己个人职业生涯的担心、对员工的忠诚心理等。

(5) 政府和社会的限制。政府考虑到失业问题、地区经济问题的影响，政府有时会反对或劝阻企业退出行业。

要确定行业内现有企业的竞争程度，关键是准确判断企业的竞争会给盈利带来多大的压力。如果企业的竞争行动降低了行业的利润水平，就可以认为竞争是激烈的；如果绝大多数企业的利润都达到了可以接受的水平，就可以认为竞争是一般的；如果行业中的绝大多数企业都可以获得超过平均水平的投资回报，那么，就可以认为竞争是较弱的，行业具有一定的吸引力。

二、行业新加入者的威胁

行业外有可能并准备进入该行业的企业称为新进入者。事实上，任何一种产品的生产经营，只要有利可图，都会有新进入者，这些新进入者一旦加入，既可能给行业注入新的活力，促进市场的竞争和发展，也可能给现有企业造成压力。因为新进入者在加入到某一领域时，会给该行业带来新的生产能力和物质资源，以获取一定的市场份额，其结果可能导致原有企业因与其竞争而出现价格下跌、成本上升、利润下降的局面。

行业中原有企业受新进入者威胁的大小取决于两个因素：一是该行业对新进入者设置的进入障碍的大小；二是该行业内现有企业对进入者的预期反应。

进入壁垒也称进入障碍，是指那些能起到阻止行业外企业进入的因素。进入壁垒的存在使新进入者的进入成本提高，加大了一个企业进入某行业的难度。进入壁垒主要有以下几个方面。

1. 规模经济

规模经济意味着必须达到一定的生产规模，才能取得产品的单位成本上的优势地位。一般新进入者常常面临以下困难：以较小的规模进入这个行业会处于成本上劣势，也很难与现有企业竞争。

例如，美国通用汽车公司目前年产量为800万辆，日本丰田汽车公司年产量为600万辆，德国大众汽车公司年产量为550万辆，而我国目前最大的汽车生产企业——上海大众汽车公司年产量只有25万辆左右。显然中国汽车要进入国际市场，经济规模小是一个必须大力克服的阻力。

2. 品牌偏好和客户忠诚

产品的购买者往往忠于一定的既有品牌。品牌忠诚意味着:一个新进入者要得到消费者的信任必须付出相当的代价,要用足够的资金用于广告和产品促销,以克服客户的品牌忠诚,建立自己的客户群。建立客户对品牌的认知和忠诚可能是一个缓慢的、代价昂贵的过程。

3. 资本要求

进入一个新行业所需要的巨额资金会造成某种进入障碍,比如汽车生产的资金要求是极大的,这就使新进入者进入市场的可能性极小。进入某一行业所需总资本越大,符合条件的新进入者就越少、越有限。

4. 销售渠道

一个行业的正常销售渠道,已经为原有企业服务,与原有企业建立了良好的关系。新进入者要打开销售渠道,往往需要提供更优惠的批发价或加强广告宣传,以说服这些销售渠道接受他们的产品,而这些都会降低新进入者的盈利能力。

5. 与规模经济无关的成本优势

原有企业常常在其他方面还具有新进入者不可企及的成本优势,这些优势是独立于规模经济以外的,新进入者无论取得什么样的规模经济,都不可能与之相比。这些优势是:可以获得最好、最便宜的原材料,可以获得专利和专有技术,拥有学习及经验曲线效应所带来的利益,选址有利等。

6. 政府政策

政府的政策、法规、法令等都会在某些行业中限制新进入者。例如,在许多国家中,都有一些受政府管理的行业,如有线电视、通信、电气设备、医疗设备、铁路等,市场进入常受政府控制。严格的安全管理条例和环境保护标准都是进入障碍,因为它们往往提高进入成本。如政府对汽车尾气排放及油耗的政策将进一步限制新进入者进入市场。

三、替代产品的威胁

替代产品指的是那些与本行业的产品有同样功能的其他产品。例如,作为洗涤用品的肥皂和洗衣粉,作为绝缘材料的石棉、玻璃纤维和树脂泡沫塑料等。一个行业中所有的企业都面临着别的生产可替代产品企业的竞争。尤其是一些大公司不能像小公司那样提供一个合适的细分市场,替代品的威胁可能更大。来自替代产品的压力大小主要取决于以下三个因素。

1. 替代产品的赢利能力

有较大赢利能力的替代品会对行业形成较大压力,它把本行业的价格约束在一个较低的上限以下，超过这一价格，就会冒着已有顾客转向替代品的风险。这不仅降低了本行业的赢利能力，而且使本行业在竞争中处于被动地位。

2. 生产替代品的企业所采取的经营策略

生产替代品的企业如果采取的是迅速增长的积极进取策略，将会构成对本行业较大的压力。为了抵制替代品对行业的威胁，行业中各企业往往采取集体行动，进行持续的广告宣传、改进产品质量、生产者提高产品利用率、改善市场营销活动等。这些措施往往能增强本行业相对于替代产品的实力地位。

3. 购买者转向替代品的难度和成本

购买者改用替代品的转变成本越小，则替代品对本行业的压力就越大。最常见的转换成本有：可能的额外价格、可能的设备成本、测试替代品质量和可靠性的时间和成本、断绝老供应关系而建立新供应关系的成本、转换时获得技术帮助的成本、职员培训成本。如果转换成本不高，那么替代品的生产商说服购买者转向他们的产品就容易得多。

四、购买者讨价还价的能力

对于行业中的企业来说，购买者是一个重要的竞争力量。购买者在价格、质量、服务等方面提出有利于购买者利益的条件，从而迫使行业中的企业以相互竞争的方式降低企业的获利能力。来自购买者的压力主要取决于以下一些因素。

1. 购买者的集中程度

如果购买者集中于少数几个，而且购买的数量占企业产量的很大比例，那么他们就能对企业施加不容忽视的压力。

2. 购买者购买产品的数量

当购买者购买的产品数量很大时，它可以将自己的购买力当做要挟的手段千方百计地要求优惠价格。这种情况在购买者的订单占供应商订单总数的较大比例时，更为突出。

3. 购买者购买的产品及其产品的重要程度

如果供应商的产品对购买者的产品质量影响很大时，购买者对价格一般不太敏感，从而构成的压力也较小。

4. 购买者从本行业购买的产品的标准化程度

如果标准化程度高、差别小，购买者选择余地较大，则促使供应者相互竞争而获利。反之，对特色产品，购买者就很难施加压力。

5. 购买者的赢利能力

如果购买者的赢利能力低,则在购买时对价格很敏感。这一点在购买者所购买的产品支出占其成本的比重较大时,更为突出。

6. 购买者采取后向一体化的威胁

如果购买者已部分一体化或形成可信的后向一体化的威胁,那么他们会在讨价还价中处于有利的、迫使对方让步的地位,这就增强了本行业的竞争压力。例如,大型汽车生产企业会在自己内部生产所需的一些零部件,这一方面使一体化的威胁更加可信;另一方面会更好地了解有关成本情况,从而使自己处于更有利的谈判地位。

7. 购买者掌握的信息

如果购买者对需求、市场价格、所购产品的成本等有足够的信息,那么他们就具有较强的讨价还价能力。

五、供应者讨价还价的能力

供应者对本行业的竞争压力主要表现为要求提高原材料或其他供应品的价格,减少紧俏资源的供应量,或降低供应物品的质量等级。所有这些也趋向于降低本行业的赢利能力。供应者的压力主要取决于供应资源品的供求关系,另外还有以下因素。

1. 供应者的集中程度和本行业的集中程度

如果是集中的少数供应者为本行业中分散而众多的企业提供生产要素,那么将对本行业构成较大的竞争压力;反之,则竞争压力较小。

2. 供应品的可替代程度

如果供应品的可替代程度高,即使供应者再强大,对本行业也不会构成较大的竞争压力;反之,则会形成较大的压力。

3. 本行业对供应者的重要性

如果本行业是供应者的重要用户,供应者对本行业有很大的依赖性,则来自供应者的压力会较小;反之,则会形成较大的压力。

4. 供应品的特色和转变费用

如果供应品具有特色并且转变费用很大,供应者讨价还价能力会增强,会对本行业施加较大压力;反之,如果供应品是标准商品,或者容易得到替代品时,来自供应者的压力就较小。

5. 供应者前向一体化的可能性

如果供应者有可能向前发展，进入本行业，就会增强他们对本行业的压力。

6. 行业内企业后一体化的可能性

如果行业内的企业有可能向后发展，自己生产供应品，就会降低它们对供应者的依赖，从而减弱对本行业的压力。

第四节　行业内战略群体分析

一个行业中，企业之间在很多方面是不同的。在大多数行业中可以观察到不同的战略群体。行业内战略群体分析，是按照行业内各企业战略地位的差别，把企业划分成不同的战略群体，并分析各群体间的相互关系以及群体内企业间的关系，从而进一步认识行业及其竞争的状况。

一、战略群体的概念

战略群体是指行业内执行同样或类似的战略，并具有类似战略特性的一组企业，如图 3-6 所示。

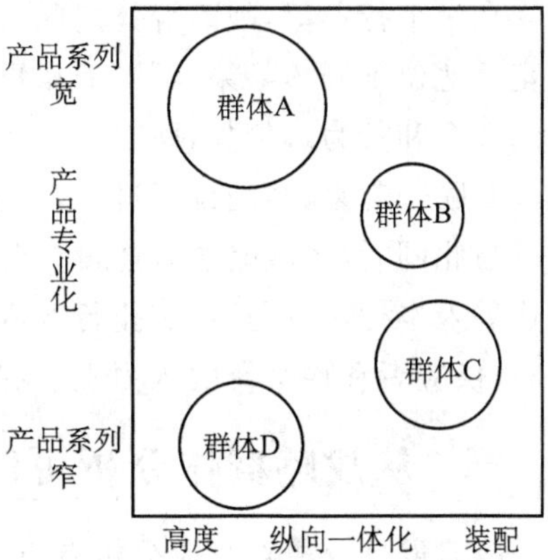

图 3-6　战略群体示意图

行业中具有相同战略与相同地位的企业，有可能结合成战略群体。在同一战略群体内，企业在生产规模和市场占有率等方面可能有所不同；但他们的性质相同，处于相同的竞争地位，因而对环境变化反应会有所相同。

在如图 3-6 所示中，横轴代表纵向一体化，纵轴代表产品专业化。对于战略群体来说，这是两个重要的约束因素。实际上，战略分析者还可以根据竞争状态分析的需要，确定出更重要的约束因素，以便更清楚地勾画出行业中不同类型的企业群体分别处于何种竞争地位。由此，行业内产生了各种由相同特点的企业构成的又具有不同特征的战略群体。

二、战略群体的特征

在一个行业里，每个战略群体内的企业个数不同，但战略类同。如果所有的企业都执行着基本相同的战略，则该行业只有一个战略群体。如果每个企业都奉行着与众不同的战略，则该行业有多少个企业就有多少个战略群体。在正常的情况下，行业中只有数个不同的战略群体。

战略群体的差异主要表现在其生产经营活动的重点不同，主要有：

1. 纵向一体化程度不同

有的群体自己生产材料和零部件，有的则完全从外部采购；有的群体拥有自己的销售渠道和网络，有的全靠批发商和零售商。

2. 专业化程度不同

有的群体只经营某一种产品和服务项目，有的则生产多品种、多规格的产品，从事多项服务，还有的进行跨行业经营。

3. 研究开发重点不同

有的群体为了争取开发新产品的领先地位，不断投放新产品；有的则把研究开发重点放在生产技术上，力争在产品质量和成本上取得优势。

4. 推销的重点不同

有的群体重视维持高价产品，有的则采取低价竞争手段；有的群体重视对最终用户的推销活动，有的则主要为供应者服务来巩固和扩大流通渠道。

在一个行业里，战略群体之间总会存在这样或那样的差别，从而导致各群体在行业中的竞争地位不同。结果，不同战略群体在面对同一种事件的变化或某种威胁，可能采取不同的态度和行为。例如，面对新进入者的威胁，由于关系到本行业的整体利益，各个战略群体会联合起来，共同设置进入障碍。

与此同时，各战略群体还设置各自的进入障碍。各群体的进入障碍不仅防止行业外企业进入本行业，而且还防止行业内其他群体向本群体的转移。各战略群体对替代品的威胁、供应者和购买者的压力也会有不同的反应。

三、从战略群体分析可以得到的战略信息

战略群体分析对行业分析有重要的战略意义。它可以帮助企业确定环境因素对企业的机会和威胁。一般来说，同一战略群体中的企业是最直接的竞争对手，其次是相距最近的两个群体中的企业。通常在图中显示的相距很远两个企业几乎没有什么竞争。

1. 战略群体内的竞争

战略群体内部，由于各企业的优势不同会形成彼此间竞争。例如，各个企业的经济效益主要取决于生产规模时，规模大的企业就处于优势地位，规模小的企业就处于劣势地位。再有研究开发能力也不相同，能力强的就占优势，处于有利地位。这都使竞争不可避免。

2. 战略群体间的竞争

在行业中如果存在两个以上战略群体，群体间就有可能相互为对方设置进入障碍，导致战略群体间的竞争。各群体间经济效益的差别，就是各战略群体相互竞争的结果。

战略群体间竞争的程度由很多因素决定。一般来说，各战略群体的市场占有率相同，而经营战略很不相同时，群体间的竞争就会很激烈；如果各战略的目标是同一类顾客，其战略差异越大，竞争也就越激烈；一个行业内战略群体越多，相互之间的对抗也就越激烈。

四、行业中主要竞争对手分析

主要竞争对手是指那些对企业现有市场地位构成直接威胁或对企业目标市场地位构成主要挑战的竞争者。如果一个企业不监测其主要竞争对手的各种行为，不分析、理解它们的经营战略，不去预测它们下一步可能采取的行动，那么就不能战胜竞争对手。从这一点来说，更加深刻、准确地理解竞争对手甚至比了解你自己更为重要。

(一) 识别主要竞争对手

谁是竞争对手，这似乎是显而易见的。但是，情况会有所变化。有的企业可能会在变化中消失，有的企业在变化中会快速成长。因此对潜在竞争对手的识别和分析比对现有竞争对手的分析更为重要。如何识别潜在竞争对手？可以参看以下一些因素：

(1) 不在该行业但能够特别容易克服进入壁垒的那些企业；

(2) 进入该行业后可产生明显协同作用的企业；

(3) 其战略的延伸必将导致进入本行业的企业；

(4) 可能通过后向一体化或前向一体化进入行业的客户或供应商；

(5) 可能通过购并而快速成长的企业等。

对于主要竞争对手，要进行有效的信息收集和分析活动。可以从多种渠道中获取，如报纸、杂志、网络、政府文件、广告、用户、供应商等。

(二) 竞争对手分析的内容

大部分企业在对竞争对手的分析中，对对手的竞争战略、优势和劣势等都能有一个较准确的判断和了解，但对于竞争对手的未来目标及假设却了解甚少，因为对这两点了解起来可能较难。但对这两点的了解和分析是非常重要的。对竞争对手分析的内容，如图 3-7 所示。

1. 竞争对手的目标分析

对目标的了解和分析将有助于推断每个竞争者是否对其目前的地位和财务状况满意，并由此推断该竞争者改变战略的可能性，从而在战略管理一开始就能针对主要竞争者可能采取的行动设计应付方法。对竞争对手目标的分析也有助于预测它对战略变化的反应，从而帮助企业避免那些会招致引发激烈战争的战略行动。

2. 竞争对手的假设分析

竞争对手的目标是建立在其对环境和对自己的认识的基础之上的，这些认识就是竞争对手的假设。竞争对手的战略假设分为两类：一是对自己的假设；一是对行业及行业内

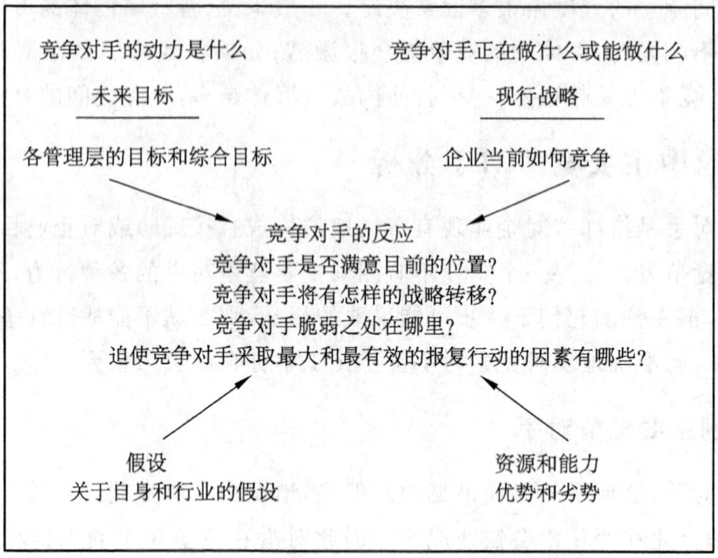

图 3-7　主要竞争对手分析的内容

其他企业的假设。竞争者的战略假设主要与下列因素有关：企业的历史和文化、最高管理者的经历和背景、在市场上成功和失败的经验、行业的传统思路等。

一个竞争对手对其自身的假设可能是正确的，也可能不正确。在假设不正确的情况下，常常会使企业找到战略契机。例如，假如某竞争对手相信它的产品拥有极高的品牌忠诚度，而事实并非如此，那么刺激性降价就是抢占市场的有效方法。这个竞争对手很可能拒绝作相应降价，因为它相信降价不会对其市场占有率产生什么影响。只有在发现已丢失一大片市场时，它才会认识到其假设是错误的。了解竞争对手的战略假设，不但可以了解竞争对手当前的战略，进而推断它可能采取的战略行动，还可以了解它的认识方式，针对其特定的认识方式选择自己针对它的竞争方式。

3. 竞争对手的现行战略分析

对竞争对手现行战略进行分析的重点在于，通过竞争对手的产品和市场行为来推断它的现行战略，预计它目前战略的实施效果，分析竞争对手现行战略对本企业的影响，如分析该企业当前的业绩，分析它继续实施当前战略的前景，竞争对手改变当前战略的可能性等。对当前业绩及前景持满意态度的竞争对手可能会继续实施现行战略，当然它也可能做一些调整，这与它的目标和假设有关。但是，业绩很差的竞争对手一般会推出新的战略行动。

4. 竞争对手的资源和能力

对竞争对手的资源和能力做实事求是的评估，把握它的优势和劣势。竞争对手的潜在能力主要包括以下几个方面。

（1）核心潜力。竞争对手在各个职能领域内的潜在能力如何？其最佳能力在哪个职能部门？最差能力在哪个职能部门？

（2）增长能力。如果竞争对手增长，其潜在能力将会增长还是缩小？在哪些领域？

（3）迅速反应能力。竞争对手对其他竞争者的行动做出迅速反应的能力或发动及时进攻的能力如何？

（4）适应变化的能力。竞争对手的固定成本相对于变动成本的情况如何？其未利用的成本潜力如何？这些情况将影响其对变化可能做出的反应。

（5）持久耐力。竞争对手对维持一场长期的较量的能力如何，这种能力是否会对收益或现金流通施加压力？

（三）预测主要竞争对手的下一步行动

在对以上四个方面因素进行分析的基础上，应对各个竞争对手可能发动的战略行动和防御能力做出判断。

1. 推测竞争对手可能发动的战略变化

（1）对现行地位和业绩的满足。将竞争对手的目标与其现行地位和业绩相比较，推测谁可能想要实行战略性转变。

（2）可能采取的行动。根据竞争对手的目标、假设、资源和能力，分析它最可能做出什么样的战略变化。这类变化将反映竞争对手对未来的见解。

（3）行动的强度和严肃性。对某个竞争对手的目标、资源和能力进行分析，能够评估出竞争对手这类可能采取的行动的预期强度。这对于评估该竞争对手可能从这类行动中获得什么收益也是很重要的。

2. 分析竞争对手的防御能力

（1）易受攻击性。竞争对手最易受到攻击的是哪些战略行动和哪些事件？什么事件具有不对称的获利后果，即对某个竞争者的利润的影响比发起行动的企业的利润的影响是大还是小？哪些行为可能需要太大的代价去报复或效仿，以致使该竞争者无法冒险去采取这类行动？

（2）什么行动或事件将会引起竞争者之间的报复。

（3）报复的有效性。报复会不会迅速进行？报复可能以什么形式展开？采取何种行动能使竞争者报复的有效性下降？

小贴士

任何一个企业都是一个开放的系统，既然不封闭，那就必须与环境有诸多的联系，而且必须适应环境，否则就不能生存。

本章小结

1. 宏观环境的主要影响因素是政治—法律环境、经济环境、技术环境、社会文化环境四个主要方面。

2. 企业的行业环境分析主要回答以下四个问题。

(1) 行业的主要经济特征是什么？行业分析首先要从总体上把握，各个行业在下面一些因素上往往存在很大差异：市场规模，市场增长率，竞争角逐的范围，供求状况，行业内企业的数量结构，竞争对手的产品服务是标准化的还是差异化的，规模经济和经验曲线效应的程度如何，必要的资源以及进入和退出的难度。行业生命周期、经验曲线、潜在优势矩阵等分析方法是行业总体分析的常用方法。

(2) 行业中发挥作用的竞争力量有哪些？它们有多强大？波特的5种竞争力分析模型是回答这个问题的工具，它表明竞争的力量是5种力量的作用：卖方企业之间的竞争、有吸引力的替代品的压力、潜在进入者所带来的威胁、供应商的讨价还价能力、顾客的讨价还价能力。

(3) 行业中竞争能力最强和最弱的企业分别有哪些？战略群体图是一个很有用的分析工具。

(4) 决定成败的关键因素是什么？成功关键因素指在特定行业或特定时期内获得竞争优势和骄人业绩所必须集中精力关注的一些因素。企业应将自己的战略聚集于行业的成功关键因素上，集中企业的精力超过竞争对手。

本章思考题

1. 分析一下近期出现的能够对钢铁企业产生影响的政治、法律、经济、社会、文化、科技等方面变化趋势有哪些。假设以一家钢铁企业为对象，宏观环境中哪些是可以利用的机会，哪些是威胁？

2. 解释影响一个企业的行业竞争环境的五种基本力量。以纺织行业为例，分析产业竞争五种基本力量对纺织行业的影响。

3. 什么是经验曲线？它和规模经济形成的成本下降有什么不同？以企业的实例，探讨某种产品的经验曲线。

4. 什么是战略群体？进行战略群体分析可以得到什么信息？

5. 简述对竞争对手进行分析的主要内容。

案例分析

青岛啤酒的战略迷失

2007年3月,雪花啤酒对媒体宣布自己全国产销率先突破500万千升,单品销量全国首先突破300万千升。无论这个消息是否属实,人们都不自觉地把目光投向了"中国为数不多的世界名牌"的青岛啤酒,大多数人都会觉得奇怪:全国销量最大的单品竟然不是青岛啤酒。但如果稍微审视青岛啤酒近年来的战略就会发现,这样的结果并不反常,青岛啤酒在战略的丛林中迷失了方向。

青岛啤酒是什么?曾经的青岛啤酒代表优质的高级啤酒,虽然那时啤酒的总消费量远远不能和今日相比,但从品牌的角度看,那时的青岛啤酒清晰而强大。今天的青岛啤酒是什么?很少有人能说清楚,它是纯生、醇厚(熟啤)、原生、欢动、白金、新鲜2000等十几个品种数十款包装的产品,青岛啤酒变成了大杂烩。在战略方面,青岛啤酒做的尝试也不少。

1. 奥运战略

2008年的北京奥运是中国品牌向世人展示自己的千载难逢之良机,青岛啤酒与燕京、百威并列北京奥运会三大啤酒赞助商,可以看得出青岛啤酒对奥运营销的重视,但问题在于,一方面,青啤并非独家赞助商,另一个竞争对手燕京显然更具有地利优势;另一方面,奥运的价值更多是向世界传播自己,这需要实质性的全球市场战略的配合。从以上两点而言,青岛啤酒都不占优势,因此奥运战略对于青岛啤酒意义有限。

2. 娱乐营销战略

蒙牛赞助"超级女声"获得成功给青岛啤酒带来了新的启示,据说青岛啤酒对超级女声的传播模式乃至国内主流的节目形态进行了研究,先后押宝赞助了央视的"梦想中国"、"倾国倾城"以及湖南卫视的"我是冠军",但这些项目最终不温不火,青岛啤酒的营销效果也自然平平。反过来看,即使青岛啤酒赞助的节目真如"超级女声"一般成功又能如何呢?蒙牛酸酸乳是新产品,有影响力的节目有助于品牌快速建立知名度,青岛啤酒则不然,它并不缺乏知名度。

3. 产品创新战略

自2003年以来,青岛啤酒先后推出了"原生"及"欢动"两个"新品类",遗憾的是,原生本有机会像纯生一样开创一个啤酒新品类,但是错误的战略葬送了这个品牌。首先采用了品牌延伸的策略违背了我们所一直强调的品类化六要点中的"新品类必须使用新品牌"的原则;其次品类名命名失误,"原生"与纯生太接近,听起来像一个模仿者;再者,在推广中,广告公司强调"原生态"的概念,不但模糊了新品类的特征,还违背了推广品类而非品牌的原则。

至于"欢动",不仅犯了"原生"的前两条错误,更主要的是从根本上来讲,这就是一个违背认知的产品。消费者的认知当中有运动饮料的位置,却没有运动啤酒的位置,因为消费者很难接受运动后去喝啤酒这种说法,这个产品难免失败的命运。

4."伪定位"

青岛啤酒也注意到了自己在心智中的位置模糊,而心智这个概念或许也真的触动了青岛啤酒的高层，他们在各种场合里也宣称要把品牌注册在消费者心智中，也宣称心智份额决定市场份额。说起来虽如此，但依靠“激情成就梦想”这样的“定位”就可以在心智中注册吗？这根本就不能称之为定位，充其量是一句还算顺口的口号。

接下来的口号有“正宗经典传统工艺”、“酿造专家”、“享誉世界的中国啤酒”，这些概念比“激情成就梦想”要有实际的意义，但是套用IBM前CEO郭士纳的一句话，青岛啤酒现在最不需要的就是口号。

以“享誉世界的中国啤酒”这个概念为例，这个概念要真正产生效果，必须依赖于青岛啤酒调整现有战略，像科罗娜啤酒一样，先在国外取得成功，再借助国外的成功地位回来影响国内市场。

5. 重建战略

不能试图用传播手段来解决所有的营销问题，营销绝非传播。青岛啤酒面临严重的营销问题，战略重建涉及现有品牌以及产品线的修建、聚焦和品类创新的过程，青岛啤酒绝无可能依靠现在这把大伞，以及伞下混乱而繁杂的产品线实现主导中国啤酒市场的梦想。

战略的形式是根据战役的不同而改变的，在全国或者准确地说是在以山东为核心的局部市场上，青岛啤酒处于领导地位，在进行一场防御战，而在很多区域市场上，区域品牌是当地的领导者，处于防御地位，战争形式根本性地转换为青岛啤酒针对每个区域领导品牌的进攻战。翻开《营销战》，艾·里斯和杰克·特劳特的忠告是“大部分的进攻战都以失败而告终”，“进攻战必须尽量在狭窄的地带展开”。按照现有的战略，青岛啤酒在各个区域市场上面临的都是悲壮的进攻战，它们在宽泛的产品线上展开全面的进攻，失败几乎不可避免。这就是为什么青岛坐拥中国最知名的啤酒品牌却在区域市场上举步维艰的原因。

或许青岛啤酒拥有优秀而强有力的执行团队，也愿意花费巨额的投入，但是正如同《战争论》中所言，优秀的将领是不会用士兵的性命去开玩笑的，也不会用士兵的性命去赌博。缺乏对头的战略，激情也无法成就梦想。

（资料来源：企业文化. 2008(2).）

【讨论题】

1. 企业战略的确定应考虑的因素是什么？
2. 青岛啤酒战略迷失产生的原因有哪些？

第四章　企业内部环境分析

学习目标

1. 掌握企业资源、企业能力和企业核心能力的含义；
2. 掌握价值链结构及价值链分析的方法，熟悉企业战略分析的 SWOT 方法；
3. 掌握平衡计分卡的内容及评估方法，掌握竞争优势分析的方法。

引导案例

应对创新与效率之间的对立

企业竞争优势的一个重要来源就是，明智地利用企业中的各项资产进行持续不断的创新，为企业的顾客源源不断地创造价值。数十年来始终坚持多元化经营战略、现已拥有六个业务部门的 3M 公司就是企业创新的一个成功范例。我们可以从这样一句口号中体会到 3M 公司对技术创新的坚持，以及创新对其竞争行为来说所具有的重要性："创新精神，这就是 3M。"从日常的现实意义上来说，创新的重要性可以体现在 3M 公司为自己创下的一项闻名于业界的经营目标，那就是每年都要从最近五年里推向市场的新产品中至少获得 1/3 的销售额。

几十年来，3M 公司的确因为其在创新相关领域表现出的接触能力以及由此获得的商业成就而获得了业界的广泛赞誉。凭借公司内部大量科学家和工程师的技术能力，3M 公司一共开发出了 30 多项核心技术，并以这些核心技术为基础生产出 5 5000 多种产品，远销世界各地。但如今时代已经变了。2007 年中期，3M 公司仅仅从最近五年推向市场的新产品中获得了 25%的年销售额。公司投入在产品研发上的资金也越来越少，而研发资金通常又是产品创新的源泉。不计其数的金融分析师都对 3M 公司研发投资的缩减提出了批评。在当时的危急情况下，新上任的 CEO 乔治 · 巴克利执行了一项重要战略，令 3M 公司脱离险境，重新回到蓬勃发展的黄金时代。

3M公司创新成果的转变究竟得益于什么因素呢？有人认为是前任CEO詹姆斯·麦克纳尼一手引入的六西格玛计划塑造了如今3M公司的经营格局。在商业界得到广泛使用的六西格玛指的是"一系列旨在减少产品缺陷、提高企业效率的管理方式"。在生产流程中，六西格玛的作用就是及时发现问题，并利用严格的衡量标准来减少产品的多元化，消除产品的缺陷。早在通用电气担任高层主管的时候，麦克纳尼就已经对六西格玛了如指掌。

（资料来源：(美)迈克尔·A. 希特，(美)R. 杜安·爱尔兰，罗伯特·E. 霍斯基森. 战略管理概念与案例(第8版). 吕巍译. 北京：中国人民大学出版社，2009。）

第一节　企业资源与能力

20世纪90年代兴起的能力学派强调以企业生产、经营行为和过程中特有的能力与资源为出发点，制定和实施企业战略。能力学派打破了"企业黑箱论"，揭示出企业特有资源和能力是企业持久竞争优势的源泉，成功地解释了许多企业在行业竞争激烈的情况下取得成功的原因，受到理论界与企业界的高度关注。

由此，企业资源与能力的分析成为现代企业战略分析的重要基点。

一、企业资源

资源是指企业在生产、销售产品和服务的过程中所拥有或所能控制的各种要素，如设备、厂房、员工、土地、资金、公司品牌、信息知识、技术专利等。企业投入生产经营的资源可以分为外部资源和内部资源。这两种资源的有机结合形成了企业的资源基础。

(一) 外部资源

来源于企业外部、为企业生产经营服务的资源是外部资源，如向企业提供资金的银行、向企业供应原材料的供应商、为企业代加工零件的其他合作企业、为企业策划广告宣传活动的广告商、可以提供潜在雇员的劳动力市场等。

一方面企业的产品结构和经营范围的变化改变着对外部资源的需求，如在煤炭资源紧张的情况下，一个火电厂改建为核电厂以后就不再需要煤炭供应商，而需要可以提供核能的企业。另一方面外部资源的变化也会影响企业的竞争优势，如我国在21世纪初电力供应出现紧张局面，于是一大批技术设备落后，不具有规模经济的小型火力发电厂迎头而上，其中一部分虽然实现了短暂盈利，但随着电厂数量激增，加上经济进入高涨期，对煤炭需求大量增加，造成煤炭价格持续上扬，这批小火电厂很快就产生亏损，进而大量停产倒闭。

由于企业战略性资源和能力构成了持久竞争优势，企业的竞争必然会由产品和服务层面延伸到资源层面，先进企业如何保持独占某些资源和后进企业如何打破竞争对手对资源的独占成为竞争的焦点。独占既可以使用如专利、特许经营等排除竞争对手占用同一资源的可能性的手段，又可以通过赋予资源以竞争对手难以模仿的特性来达到目的。

实际上，模仿已经成为现在企业资源竞争的主要手段，如后进企业学习先进企业的管理模式、工艺技术、采购策略、营销模式等。这些模仿活动使得后进企业的资源得到提升，从而缩小了与先进企业之间的差距。针对后进企业的模仿行为，先进企业必须采取有力措施，维护自身资源优势，否则在市场竞争中的领先地位就会动摇。

率先拥有某些战略性资源的企业可以为竞争对手设置某种障碍，使得竞争对手的模仿行为遭遇更多困难和付出更大代价，甚至模仿失败。这种障碍就是“资源位障碍”，可以使资源率先拥有者保持或延长资源优势的时效。这些障碍主要包括以下几种。

1. 使用权的隔离

使用权的隔离如稀有矿产开采权、技术专利、商标等，由于这些资源的使用权和所有权是统一的，企业只要取得了资源的所有权，也就排除了竞争对手使用这些资源的可能性。

2. 认识上的隔离

要有效模仿，必须先精确地认识和了解被模仿对象的主要内容和信息，如果采取某种措施使竞争对手无法获取必要的信息，那么认识的局限性就会使竞争对手难以进行有效模仿。有效的隔离方法有：

(1) 内部保密机制，即切断竞争对手获取信息的渠道。

(2) 将各种资源融合成为一个复杂的有机整体，使得竞争对手难以模仿。

3. 时间上的隔离

如果资源积累受到企业历史因素的影响，或者积累过程受学习曲线的强烈支配，那么模仿行为要取得成功就会需要漫长的时间，甚至无法成功。

4. 收益上的隔离

如果竞争对手要成功模仿，需要付出巨大的经济代价，往往就会放弃模仿的企图。如汽车工业等一些规模经济显著的企业需要投入巨额资本才能有效降低成本，实现盈利，从而有效地建立起了行业进入障碍。

相比产品竞争，资源竞争更持久，更能决定企业的命运，而产品竞争只是在一定时期决定企业效益水平的阶段性竞争。因此企业必须不断提升资源，努力使其超越竞争对手。

提升资源的途径总结，如表 4-1 所示。

表 4-1 有效提升资源的途径

方 法	方法的内容	方 法	方法的内容
目标统一	达成战略目标的共识	平衡	取得重要的互补性资源
专注	明确目标并建立一致的标准	重复利用	注重对可以反复使用的技能和资源的开发
瞄准目标	强调高附加值的活动	联合	找出与他人共同的目标
学习	充分运用每一位员工的智慧	保护	防止资源流失
借用资源	借助合作伙伴的力量和资源	加速	缩短资源的回收时间
整合	以新的方式组合各种技能和资源		

(二) 内部资源

来源于企业内部、能对企业发展起到推动作用的资源是内部资源,如人力资源、技术资源、企业文化等资源。

企业在获取外部资源的同时,必须把资源供应方的优势转化为自身优势,而非仅仅作为对内部资源的补充,这样才能真正提升资源的质量,获取竞争优势。因此企业必须掌握运用、改造、整合这些资源的知识和技能,而不能只停留在对外部资源浅层次的简单利用上。

相比外部资源的扩充,内部资源的扩充更为重要和根本。因为内部资源比外部资源更不容易为其他企业所模仿或获得,外部资源要成为战略性资源归根结底也必须转化为内部资源或通过内部资源发挥作用。内部资源的扩充主要是通过积累与创新方式进行。资源积累是一种渐进过程,如知识学习、经验积累、生产技能提高等。当资源积累到一定程度就为创新提供了充分条件,而创新则会引起资源的质的飞跃。

企业的管理者应注意为企业引入新思想、新风气,创造良好的学习环境,激发员工工作热情,为资源积累和创新创造条件。

二、企业能力

企业能力是指企业获取资源、分配资源和使用资源的效率,是企业在发展过程中完成各项预期任务和目标所必须具备的素质和技能。

企业能力包括职能领域的能力和跨职能的综合能力,如表 4-2 所示。职能领域的能力包括:市场营销能力、企业财务能力、管理组织能力、研发能力、制造能力、人力资源、生产管理、管理信息和企业文化等。跨职能的综合能力则包括:学习能力、创新能力和战略性整合能力。

企业能力是在对企业资源的不断融合中产生的。在充分竞争的市场,资源可以通过市场交易取得,而能力的形成则较为困难。因此在企业竞争优势的决定性因素中,能够有效利用、开发企业内部资源的能力更为关键。要扩大企业竞争优势,培养、扩散、整合、发挥和更新企业内部所特有的、高价值的和难以模仿的能力便成为首要任务。

表 4-2 企业能力分类与举例

企业能力类型		举　例
职能领域能力	营销能力	敏锐的市场意识 准确的市场定位与恰当的广告促销 有效的分销物流体系
	财务能力	健全的财务管理体制 良好的现金流 较强的偿付能力
	人力资源	有效的、广泛的、持续的员工培训 有效的激励体系
	管理组织能力	融洽的管理气氛 高效的组织运行 较高的战略管理水平
	研发能力	快速的产品革新 独到的工艺技术 较强的基础研究能力
	制造和生产能力	敏捷制造 精密制造 复杂制造
	管理信息系统	完整的信息管理体系 较强的信息分析和加工能力
跨职能的综合能力	学习能力	商务电子化的能力 良好的鼓励个人学习的氛围 作为整体的企业能够通过实践进行学习的能力
	创新能力	鼓励创新的氛围 有效的创新方法
	战略性整合能力	有效的市场驱动与顾客和供应商的关系 有效的战略氛围 有效的组织结构 构建健康的企业文化与在恰当时候进行文化变革的能力

(一) 能力与资源的主要区别

能力与资源的主要区别如下。

1. 在相互作用中的地位不同

能力和资源是主体和客体的关系。能力是社会主体的作用力;资源是社会主体作用力的作用对象和作用产物。资源贡献价值的大小不仅取决于资源自身的质量,还要由使用资源的人的能力来决定。

2. 对人的依附性不同

能力是人的能力,而资源则往往可以独立于人而与别的载体结合,如资本可以以设备、厂房、原材料为载体；信息除了人脑外还可以装在纸张、光盘中。但能力只能以人力资源为载体和源泉，因此人力资源是一种特殊资源。

3. 价值衡量准则和方法不同

资源的价值可以根据其稀缺程度、获取成本等通过市场交易进行较为客观的衡量。而能力的结构和形成机制较为复杂，处于动态变化之中，其价值难以评估。

4. 所有权特性不同

资源产权可以依照法律进行转移，而能力依附于人体之中，无法实现永久性转移。

5. 增长规律不同

能力可以通过社会主体的自身学习、知识和经验积累而得到提高；而资源虽然也可以再生或增长，但归根结底，人的能力是资源增长的源泉。

（二）能力与资源的内在联系

资源和能力是企业生存发展的两大基石，缺一不可。它们之间存在着内在联系。

1. 企业的能力体现于资源的使用过程

企业能力形成过程实际上也就是某种资产的营运过程。能力既有对资源的依赖性，同时又对资源有反作用。要培养一定的能力首先要获得相应的资源。但企业有了一定的资源并不一定就具备了相应的能力。能力是在资源的使用过程中积累起来的。因此，企业要提高资源向能力转化的效率。极大化能力的发挥既可以培养和提高能力，还可以积累更多的资源，从而最终促进能力的形成和提高。

2. 资源和能力可以互相转化

资源在使用过程中可以形成能力；反过来，能力在本质上也是一种资源，可以促进资源的积累。如研发能力的加强可以开发出更多的先进技术和设备；同时能力的提高可以间接促进资源的增加，如生产制造能力的提高可以利用相同的资源生产更多的产品和服务，销售出去就可以获得更多资金。

在资源向能力转换的过程中，人起到关键作用，只有运营资源的人才可能激发资源的能动性，使有形资源与无形资源相互作用，进而形成能力。因此，优秀的企业需要设计出适应内外部环境的有效的组织制度和组织流程，保证和提高资源向能力的转化效率，并对各种资源的管理进行持续的总结和提高。

3. 资源、能力与环境的协调

由于外部环境变化莫测，企业运营越来越受到环境的巨大挑战，因此适应环境的目标要求使得资源与能力的转换过程还受到外部环境的强烈影响。企业行为不但受技术、资金、信息等因素制约，还受风俗、政治、经济等外部环境因素的影响。企业要保持持续发展必须使其经济行为与外部环境约束相协调。企业能迅速适应环境变化，根据环境变化调整经营战略和目标，同样是企业能力的一项重要内容。

三、核心能力

核心能力，也称核心竞争力。自1990年，普拉哈拉德和哈默在《哈佛商业评论》上发表《公司核心能力》一文以来，企业界和学术界掀起了一场企业核心能力的研究高潮。企业核心能力在更深层次上揭示了企业竞争优势的原因，对于进一步认识企业生存和发展的规律具有非常重要的意义。

核心能力的创始人普拉哈拉德和哈默在他们的经典论文中对核心能力的定义是“一个组织中的积累性学识，特别是关于协调不同的生产技能和有机结合多种技术流的学识”。从这个定义中我们可以看到核心能力首先是组织共有的学识和综合资源，而非个人或部门所专有；其次，核心能力不是企业技能或技术的简单相加，而是需要有机协调和整合。1994年，两人在论著《竞争大未来》中指出，“核心能力是能使企业为用户提供某种特定好处的一组技能或技术的集合，而不是单项技能或技术”。从而进一步强调了核心能力是多种单项技能的整合，并且这种整合才是核心能力的突出特征。

巴顿基于知识的角度分析核心能力，根据知识能否为外部获得或模仿的角度来定义核心能力。巴顿指出：“核心能力是指具有企业特性的，不宜交易的，并为企业带来竞争优势的企业专有知识和信息，是企业所拥有的能够提供竞争优势的知识体系。”核心能力作为知识体系包括四方面内容：组织成员的技能和知识，技能和知识的系统组合，组织的管理系统，组织的价值观系统。巴顿非常重视价值观在核心能力中的作用，价值观贯穿于其他三方面内容，并深深影响其他三方面。价值观系统的继承性和独特性使得核心能力不易被竞争对手模仿。

克里斯汀·奥利弗基于资源的角度出发研究核心能力，指出“核心能力是企业获取并利用具有战略作用的特殊资源的独特的能力”。这种战略性资源具有稀缺性、持续性、专用性、不可模仿性、不可交易性、不可替代性等特征，企业只要拥有了战略性资源，就能在行业的竞争中取得优势地位，这种地位来自其识别、积累、存储和激活资源过程中的独特能力。

鲍哥纳和托马斯从满足顾客需要角度出发，认为“核心能力是企业专有技能和与竞争对手相比能够更好地指导企业实现尽可能高的顾客满意的认知”。这些认知包括：解决非结构问题的秘诀和组织规则，在特别情况下指导企业行动的共同价值观，关于技术组织动态和产品市场相互作用的隐性理解。这种定义更加强调核心能力的目的是满足顾客需求。

梅约和厄特巴克认为，核心能力是指企业价值活动各环节所蕴涵的、区别于竞争对手的独特能力，如研究开发能力、生产制造能力和市场营销能力等。这些能力往往直接表现为企业在产品系列创新、新产品上市推广、对各种资源的组织协调等方面的独特能力。梅约和厄特巴克把企业的核心能力分为四个维度：产品技术能力、制造能力、对顾客需求的理解能力、分销渠道能力。

以上选取的五种较具代表性的观点从不同角度定义了核心能力。事实上西方对核心能力的阐释林林总总，各有千秋，但归纳起来有两个共同点：

一是强调企业对各方面优势的整合，认为核心能力不是指企业某一方面的能力，也不是只存在于企业生产经营的某一阶段，而是渗透于企业生产经营的全过程，是一种整合能力。

二是都非常重视知识和资源在企业核心能力中的基础性地位，甚至把核心能力看成是企业所拥有的知识体系。

关于核心能力的说法林林总总，自然每个企业建立的核心能力也是各具特色。如佳能的核心能力是“精密仪器研制，光学、成像和微处理器控制”，佳能的核心能力显然在于技术组合。耐克的核心能力是“优越的市场营销和分销能力，在运动服装产品上的设计能力”，可见耐克的核心能力侧重于营销。而松下的核心能力是“卓越的加工技术和大规模产品分销能力”，说明松下同时拥有技术和营销两种核心能力。由此可见，一个公司拥有的核心能力可能不止一种，但同时拥有好几种核心能力的公司也是比较少见的。核心能力也可能随着环境的变化而变化，例如，通用电气公司以前的核心能力是技术，而现在则是高效的管理，尤其是人力资源培训。

我国企业界在改革开放三十多年的时间里逐渐形成了自身对核心能力的理解并形成了各自的竞争优势。联想创始人柳传志认为，联想的核心能力就是有办法制定出能不断产生新的东西的战略，好的管理基础就是其著名的管理三要素：建班子、定战略、带队伍。海尔集团的张瑞敏认为，“创新能力是海尔真正的核心能力，因为其不易或无法被竞争对手模仿”。格兰仕的杨仕镜认为，“专业化、规模化、集约化，在领域内做到绝对的比较优势”是其核心能力。贵州万大客车股份公司张新岭认为，“核心能力是一个以技术创新能力和管理层领导能力为核心的复杂系统”。山东宏信则认为，核心能力是以知识、技术为基础的综合能力，是企业赖以生存和稳定发展的根基。

第二节　价值链分析

价值链分析是从企业内部条件出发，把企业经营活动的价值创造、成本构成同企业自身的竞争能力相结合，与竞争对手经营活动相比较，从而发现企业优势与劣势的分析方法，它是指导企业战略制定与实施活动的有力分析工具。

一、价值链结构

价值链是波特在《竞争优势》一书中提出的。波特认为价值链是企业所从事的各种活动（如设计、生产、营销、发运以及支持性活动等）的集合体，其核心是将企业的所有资源、价值活动与企业的战略目标紧密连接起来，以价值增值为目的，形成了一个简明而清晰的结构框架，使企业可以清晰认识到自下而上相关各链条的重要意义。

（一）价值链环节

企业创造价值的活动有两大类：基本活动和辅助活动。

1. 基本活动

基本活动主要涉及如何将企业的输入有效地转化为输出，是企业经营的实质性活动，一般包括：

（1）供应活动，即内部后勤，它是指与产品投入品的进货、仓储和分配相关的活动，如原材料搬运、仓储、库存控制、车辆调度和向供应商退货。

（2）生产作业，即将投入转化为最终产品相关联的各种活动，如制造、包装、装配、机器维修、测试和工艺等。

（3）发送活动，即外部后勤，它是指与信息收集、存储和向用户进行实物分送有关的活动，如产成品库存管理、送货车辆调度、订单处理等。

（4）销售活动，即向用户提供购买产品的手段以及诱导他们利用这些手段的活动，如广告、促销、销售队伍、报价、渠道选择、渠道关系和定价。

（5）售后服务，即与提供服务以增加或保持产品价值有关的各种活动，如安装、维修、培训、提供备件等。

2. 辅助活动

辅助活动是辅助基本活动并通过提供外购投入、技术、人力资源以及各种公司范围内的职能以获得相互支持的活动。辅助活动与各种具体的基本活动相联系并支持整条价值链。辅助活动一般包括：

（1）采购，是指购买在一个企业价值链里使用的投入品的活动，而不是外购投入品本身（如原材料、办公设备、机器设备、建筑物等）。采购活动作为一种行为方式，对企业外购投入的成本和质量有决定性影响。

（2）技术开发，是指技术开发、技术创新和发明等。技术开发对所有企业的竞争优势都很重要，在某些企业中或一定时期内，技术甚至起到核心作用。技术开发可能发生在企业中很多部门，如会计部门的办公自动化等，而不仅仅存在于狭义的研发部门。

（3）人力资源管理，包括所有人员的招聘、雇用、培训、开发和报酬等各种活动。人力资源不仅对单个活动环节起到辅助作用，而且支撑着整个价值链的连续。通过有效的人力资源管理，可以决定或影响雇员的积极性以及技能水平，进而影响企业竞争优势。

（4）企业基础设施，包括企业总体管理、计划、财务、会计、法律、政府事务等管理，以及为价值链的活动准备的硬件设施（如交通工具）、软件环境（如企业文化建设）。

3. 活动类型

在每一类基本活动和辅助活动中，又可分三种类型的活动，分别对竞争优势起不同作用。

（1）直接活动，即直接涉及为买方创造价值的各种活动，如组装、销售业务、广告宣传、产品设计、售后服务等。

（2）间接活动，即使直接活动得以持续进行的各种活动，如设备维护、生产进度安排、研发管理、设备管理、销售管理、销售记录等。

(3) 质量保证活动,即确保其他活动质量的各种活动,如监督、检查、核对、返工等。对质量有贡献的活动都属于质量保证,而不仅限于质量管理。

(二) 价值链结构

企业价值链不是独立价值活动的集合,而是相互依存的活动构成的一个系统。在这个系统中,主体活动之间、主体活动与支持活动之间以及支持活动之间相互关联,共同成为企业竞争优势的潜在源泉。

在大多数产业中,由于资金和能力限制,很少有企业可以单独完成产品设计、生产、销售、售后服务的全过程。因此,企业价值链往往是产业价值链的一部分,它同供应商价值链、渠道价值链、客户价值链一起构成了价值链体系。

二、价值链分析

价值链作为旨在了解企业竞争优势来源而对企业活动进行分析的工具,主要包括三项基本内容:识别和界定活动、描述价值链的技术经济特性和确定每项活动的结构性驱动因素。

(一) 识别和界定活动

首先,在识别和界定有关价值活动时,要将技术上和经济效果上分离的活动分解出来,如生产或营销这样广义的职能必须进一步细分为一些活动。通过分解,可以使一些活动达到范围日益狭窄的活动层次,并且这些活动在一定程度上相互分离。在实践中,我们甚至可以把公司活动分解成一张几乎没有穷尽的明细表。例如,制造活动可以细分成组装和加工活动,加工可以再细分成处于过程之中的具体阶段,等等。

其次,确定分解的适当程度。如果按照上述逻辑持续下去,能够进一步分解的潜在活动数量通常十分庞大,这就产生了合理分解程度的问题。活动分解得不细,往往不利于对活动进行足够详细的分析,不能挖掘出竞争优势的真正来源;如果过细,又可能因那些琐细的枝节而扰乱了分析思路。分解的适当程度依赖于价值链的分析目的和活动本身的经济性及其在价值链中的地位。具体而言,识别和界定活动应该遵循四个基本原则:

(1) 不同活动之间应有清楚的界限。

(2) 应分离出对产品价值有重要贡献的活动。

(3) 分离出占成本比重较大或费用正在迅速上升的活动。

(4) 将具有不同驱动因素的活动分开。

无论出于什么目的,都必须把价值链充分分解,以便使得不同活动的差异更加明显。例如,成本的规模、经验和范围驱动因素就有明显差别。

可见,价值链分析为每个企业都留有很大的自由空间,企业可以根据自身的特点和构建竞争优势的需要进行价值活动的识别和划分。并且,无论哪一种价值活动,都必须使用以下资源以发挥其功效:外购投入(或企业的其他资源)、人力资源(员工和管理人员)、某种形式的技术和信息(每种活动既创造信息又使用信息)。

（二）描述价值链的技术经济特性

识别出企业的价值活动仅仅是价值链分析的第一步，为了便于以后分析和寻求竞争优势的根源，企业还要对各项价值活动本身进行描述，特别是描述其技术经济特性。具体包括三个方面的内容，分别是每项活动对价值的贡献、每项活动的技术水平和每项活动的成本费用。

1. 每项活动对价值的贡献

在企业的一条价值链中，不同价值活动对价值增加的贡献是不一样的。对于属于不同产业的企业而言，不仅构成价值链的各项价值活动不同，而且其价值活动的地位更是大相径庭。例如，北京燕京啤酒成功的关键因素在于其市场营销的优势；北京松下彩色显像管有限公司产品早已打入国际市场，关键在于其生产加工环节严格的质量管理；海南椰树牌椰汁成为海南省的创利大户，关键在于技术开发部门解决了椰汁与椰蓉融合的技术难关。那些支持企业竞争优势的关键性活动事实上就是企业的独特能力的一部分。

2. 每项活动的技术水平

价值链也是理解技术在竞争优势中所起作用的基本工具。作为各种活动集合体的企业，也是各种技术的集合体。其中，技术包含于企业的每个价值活动当中，并且技术变革会对所有的价值活动产生影响。

实际上，每种价值活动都运用某一技术结合购买的投入品、人力资源、基础设施、研究与开发等来生产某一"产品"。因此，所购置的各种投入品内含的技术与其他分支技术相互作用确定了价值活动的技术性能水平。同时，不同价值活动的技术还存在着某种程度的相互关联，从而构成了价值链中各种联系的一个主要源泉。更有甚者，价值链中某一部分采用的技术选择还可能会对价值链的重构产生影响。因此，分析各项活动的技术水平具有重要意义。

3. 每项活动的成本费用

企业经营活动的主要目的之一就是获取利润，而利润与成本之间存在着此消彼长的关系。因此，在识别和界定了价值活动以后，还必须对每项活动的成本进行分析。对于实施低成本战略并希望获取成本优势的企业，这项分析活动更具有十分重要的意义。

将公司的经营成本和资产在价值链的每一项活动中进行分配，可以估测出每一项活动的成本。许多公司都将自己某项特定活动的成本与竞争对手的成本进行"标杆学习"。标杆学习的核心是比较各个公司开展价值链中一些基本活动和职能的优劣程度，目的在于了解开展某项活动最好的做法；学习怎样才能降低成本；采取行动，提高公司的成本竞争力等。

标杆学习起源于美国施乐公司。20 世纪 70 年代末，一直保持着世界复印机市场实际垄断地位的施乐遇到了日本竞争者的挑战，例如，佳能、NEC 等公司以施乐的成本价销售产品，并且能够获利，产品开发周期、开发人员分别比施乐少 50％，施乐市场份额从 82％下降到 35%。面对威胁，施乐使用了标杆学习法，从生产成本、周期时间、营销成本、零售价格等方面，找出一些明确的衡量指标或项目，然后将施乐公司在这些项目的表现，与佳能等主要竞争对手进行比较，找出了其中的差距，弄清了这些公司的运作机理，全面调整了经营战略、战术，改进了业务流程，很快就收到了成效，把失去的市场份额重新夺了回来。

（三）确定每项活动的驱动因素

所谓驱动因素，是指影响价值活动的成本状况或差异化程度的主要因素。例如，当规模影响到单位产品的广告成本时，规模就成为广告这一环节的驱动因素。确定驱动因素，目的在于对企业相对成本地位或差异化优势的来源以及如何才能改变它们有一个深刻认识，以便找到增强竞争优势的具体措施。

价值链把一家公司的所有职能分解成许多具体活动，使每项活动都有自己的成本驱动因素（称作成本"驱动器"），并为满足不同的顾客需求做出贡献。企业的实践表明，主要有以下几种成本驱动因素决定了价值活动的成本行为，分别是：规模经济、学习、生产能力利用模式、相互关系、整合、实际选择、自主政策、地理位置和机构因素。这些成本驱动因素是活动成本的结构性原因，在一定程度上都能够置于企业的控制之下。不过，需要指出的是，没有一种成本驱动因素是企业成本地位的唯一决定因素，常常是几种驱动因素共同作用。企业可以通过控制成本驱动因素来达到控制活动成本乃至总成本的目的。

企业价值链也为差异化优势提供来源，企业的任何经营差异性都来自于其所从事的各种具体活动和这些活动影响买方的形式。实际上，任何一种价值活动都是差异性的一个潜在来源。例如，原材料采购能影响最终产品的性能并由此影响差异性。具体而言，差异化的主动因素主要包括企业的政策选择、价值链内部的联系或企业与供应商、销售渠道的联系、时间性、地理位置、相互关系、学习与过分模仿、整合、规模和制度因素等。

与成本分析中强调成本比重较大的活动不同，即使是只占总成本很小一部分的价值活动也有可能对差异性有重大影响。例如，检测费用可能只占总成本的 1%，但是若把不合格的产品卖给顾客，也会对企业差异性优势产生重大的消极影响。

综上所述，从价值链的分析中可以看出，企业谋取竞争优势的两个主要途径分别是：第一，使自身的经营活动内容有别于竞争对手；第二，以更高的效率和更好的效果来组织和完成这些活动。

第三节　SWOT 分析

SWOT 是四个英文单词的首字母缩写，分别是：企业内部的竞争优势（strength）和劣势（weakness），以及外部环境的机会（opportunity）和威胁（threat）。SWOT 分析技术应用广泛，管理者可以通过这种分析方法快速总览企业战略。

该方法基于这样一种假设：有效战略源自企业内部的资源（优势、劣势）和企业外部环境（机会、威胁）的"匹配"。匹配得好就可以增加企业的优势和机会，同时减少企业的劣势和威胁。实际上，这个简单的假设对于企业成功战略的设计规划具有重大意义。

第三章的企业外部环境分析为识别公司环境中的机会和威胁提供了必要信息，这是进行 SWOT 分析时首先要关注的基础。SWOT 分析中另外两个重要因素是企业内部的优势和劣势分析。

一、机会

机会是指对公司特别有利的状态。机会的来源之一就是市场的关键发展趋势。对细分市场的预测、竞争环境的变化、技术变革、与顾客或供应商关系的改善都能给企业带来机会。

二、威胁

威胁是指对公司不利的外部因素，是妨碍企业目前或未来的市场地位的主要因素。新竞争者的进入、市场增长的减缓、主要客户和供应商讨价还价能力的增强、技术变革和法律、法规的修订都会对企业的成功带来威胁。

理解企业的关键机会和威胁可以帮助管理者确定现实的战略方案选择，从中选择出对公司最合适的战略和最有利的细分市场。

三、优势

优势是指相对于竞争对手和公司所服务或准备服务的市场需求而言的资源优势。当它为企业在市场中提供了相对优势时，它就成为公司的特殊能力。优势正是从公司可获得的资源和能力的基础上发展起来的。

四、劣势

劣势是指企业相对于竞争对手而存在的资源或能力上的限制或缺陷，它阻碍了公司的有效表现。

SWOT 分析可以通过各种渠道来辅助战略分析。最常见的方式就是把它当做一种逻辑分析框架，来指导对企业资源和根据资源基础论所形成的战略基础的系统探讨。当然，某些管理者认为是机会的，其他管理者可能认为是潜在的威胁；同样，某个管理者认为是优势的，其他管理者可能认为是劣势。不同的评定反映了人们对基本力量和企业愿景设想的差别，对这些问题的战略性系统分析有利于形成客观的内部分析。

图 4-1 揭示了建立在资源基础论之上的 SWOT 分析是如何为战略分析提供辅助信息的。企业外部的机会和威胁相对于企业内部的资源和竞争(优势和劣势)来说属于系统分析，而对优势和劣势应该进行结构分析，目的是在内部资源和外部环境中找到适当的匹配。

第Ⅰ象限中，形势最为有利，企业面临很多的机会，并且有很多优势鼓励它去抓住这些机会。这种情况应采用增长战略。

第Ⅱ象限中，企业的资源基础论已经确定了许多关键的优势，但面临的外部环境不好。在这种情况下，战略管理者需要企业重新调配资源和竞争优势，在机会更多的产品市场中寻求发展。

第Ⅲ象限的企业面临很好的市场机会，但被内部资源的劣势所限制。这种企业的战略应该是减少内部劣势，赢得市场机会。

第Ⅳ象限情况最糟，企业面临众多的外部威胁，内部环境劣势严重。这种情况下要明确要求企业收缩或退出该产品或市场。

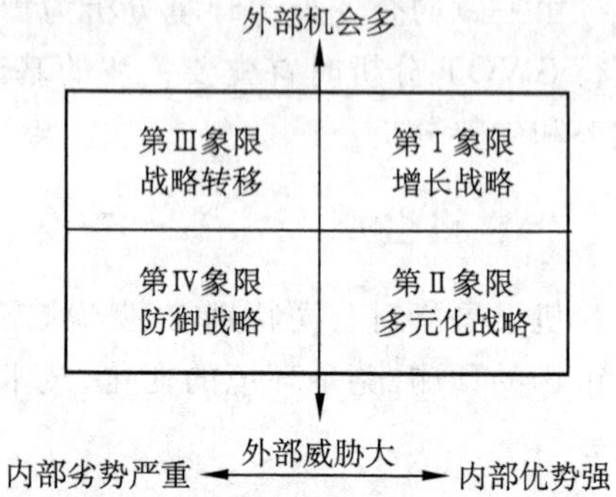

图 4-1　SWOT 分析

有效的 SWOT 分析实际上是企业的内部分析，即鉴定企业特殊的优势和劣势，并围绕这种优势和劣势找到与之相匹配的机会、避免威胁。因此，长期以来，SWOT 分析成了许多管理者进行战略选择的基础。SWOT 分析的缺点是它往往基于一种对企业内部能力一般化、绝对化的评估，而资源基础论方法克服了这种缺陷，利用它提供的信息可以提高 SWOT 分析的质量。不过，尽管资源基础论十分有说服力，但有些管理者仍然喜欢用职能方法来分解并评估企业的优势和劣势。

尽管 SWOT 分析提供了一种简易的、合乎逻辑的方法来指导内部分析，但管理者却发现，在满足顾客的需求时，需要有一种方法帮助他们更专注于公司内部各项工作的实际运行状况。在生产产品或服务以及应对顾客时，各个职能部门之间的许多功能是同时发挥作用的，并且需要良好的协调。他们需要一种方法来审视企业的一系列行为，从而为顾客创造效益，并且要以这种观点为框架去指导内部分析。第三节所介绍的价值链概念就是这样一个框架。

【案例 4-1】

耐克公司的 SWOT

优势(strength)

耐克是一家极具竞争力的公司。耐克公司的创建者和 CEO 菲尔·耐特最常提及的一句话便是"商场如战场"。耐克公司不会敌视它的竞争对手。亚特兰大奥运会时，锐步公司是奥运会的赞助商，耐克公司并不是。然而，耐克公司赞助了顶级的运动员，并得到了有价值的报道。

耐克公司没有自己的工厂。它不会为厂房和工人们所束缚，这使耐克得以成为一个精简的组织。耐克公司的优势在于研发，这一点可以从它不断发展和创新的产品系列看出。然后耐克会在任何以可能的最低成本生产高质量产品的地方进行外包生产。如果当地生产成本上升了，而其他地区生产更为便宜(相对于同样或更好的产品规格)，耐克就会转移到那里外包生产。

2007 年 1 月 5 日，在北京 798 艺术区，耐克公司副总裁兼中国区总经理魏翰霆和两位与 AFL(Air Force Love)同年诞生的中国年轻人，共同按下了一道黑色大门的开关——耐克 706 空间启动了。这个耐克运动文化展馆在开馆之际推出的第一个主题展就是耐克 AFL25 周年展，用以纪念那项看来没什么了不起的发明。

气垫鞋是耐克乔丹时代的产物。气垫技术并非不可逾越，25 年前，锐步跟进开发的

“弹跃鞋”在技术含量上也和它旗鼓相当。然而,比技术和体育更重要的是,耐克把握了年轻一代的时尚脉搏,耐克一直在推销时尚和流行文化。耐克是一个全球品牌,它是世界上排行第一的运动品牌。耐克的著名标志“Swoosh”一经问世,迅速为世人所知,菲尔·耐特甚至把它文在脚踝处。

而同样作为世界级品牌的阿迪达斯,“功能第一”是公司的主旋律。阿迪达斯于1980年开始关注中国体育用品市场,且在国内设立品牌推广机构。然而在数十年的市场推进中,表现得却相当克制,在市场占有率上始终不尽如人意(能够产生销售利润也是近年的事情)。

究其根源,这主要还是取决于阿迪达斯在中国的20年发展心态,即还是保持一种观望与探索中国市场的发展态度,且在耐克品牌的不断主动出击之中始终采取战略性防守。这或许与阿迪达斯20世纪80年代落败耐克的事件有关,该事件最终降低了阿迪达斯体育用品在中国市场的反应能力及品牌互动沟通能力,从而不能更深入地为市场竞争服务。

劣势(weakness)

耐克公司的运动产品范围广泛、多样。然而,公司的收入仍然主要依赖于它在鞋类市场的份额。如果由于任何原因鞋类的市场份额出现萎缩,都会使其受到很大影响。

零售部门对价格非常敏感。耐克公司在Nike Town里有它自己的零售商。然而,耐克的主要收入源于向其他零售商提供产品。零售商们趋向于向顾客提供非常相似的经历体会。你能区别出不同的零售商吗?所以,当零售商们设法将一部分低价竞争压力转嫁给耐克公司时,公司的利润就会遭受挤压。

机会(opportunity)

产品的不断研发给耐克公司带来了很多机会。耐克品牌有很多坚定的拥护者,他们坚信耐克不是一个流行品牌。然而,无论喜不喜欢,那些使用耐克产品的消费者并不总是购买该产品参加体育运动。另一些人会持反对观点,他们认为尤其是在年轻人的观点中,耐克是一个流行品牌。这本身就是一种机会,耐克的吸引力不仅仅是在运动场上,在中国香港的AFL展览会上,一位明星拿出了十多款自己收藏的耐克鞋参加展出,而在整个中国,类似的“波鞋发烧友”也大有人在。“的确,耐克在创造和引领一种文化。”耐克的品牌经理徐颖说。

耐克把运动文化馆开到北京798,其用意也很明显,那就是表明耐克不仅仅是功能化的运动鞋,更是时尚和创意生活的代表。“运动功能是基础,耐克的制鞋科技没有脱离这个本质。但在品牌文化方面,耐克更注重把运动用品当做时尚产品来经营,能够很敏锐地观察到时下的时尚潮流。”李诚志说。

同时开发运动服装、太阳镜和珠宝等新产品,对耐克公司来说也是一种机会。这些高价物品和高利润直接相关。由于耐克全球品牌的高度认知,耐克公司的业务得以在国际开拓。这里存在着市场空间,高收入人群可以任意消费高价体育商品。例如,中国和印度等国出现了新的一代富有消费者的市场。此外还可以利用全球销售事件来支持品牌,比如足球世界杯和奥运会等。

威胁(threat)

耐克公司受困于国际贸易。它用不同的货币购买和销售产品,因此成本和利润不能保持长期稳定。这种影响意味着耐克公司也许会亏本生产和(或)销售。这是所有全球品牌都面临的问题。

体育用鞋和体育服装的市场竞争非常激烈。菲尔·耐特在斯坦福商学院时所创立的模式现在正被广泛应用,而且这个模式已经不再是持续竞争优势的基础了。竞争对手正在创建可替代的名牌来夺走耐克的市场份额。

由于上述所讨论的威胁,零售部门选择了价格竞争。这最终意味着消费者正在货比三家,寻求更为划算的交易。所以,如果一家商店对一双运动鞋做出标价,消费者会沿街去另一家商店比较同一双鞋的价格,然后选择其一购买。这种消费者价格敏感性成为耐克公司的一个外部潜在威胁。

现实竞争环境中,耐克在全球各市场区域均不断领先于阿迪达斯,但想彻底打败阿迪达斯也并非易事,因为阿迪达斯与全球体育运动及体育产业经济的关系渊源甚深,与耐克一样在全球消费者及体育运动领域均拥有着刻骨铭心的品牌印象,均成为体育运动发展的两大精神信仰。

应该说他们之间的竞争更像一场马拉松竞赛,彼此之间始终存在一种相互的追逐,最终的胜利还有待时间考验。不管其市场现状怎样,阿迪达斯始终还是位处中国体育用品竞争阵营的前列,其品牌地位与市场影响作用更不容竞争,因此,其竞争力一直存在。

(资料来源:根据耐克公司相关资料整理。)

第四节　竞争优势的基本构成要素和持续性

一、竞争优势的基本构成要素

从管理实践中,我们总结出企业竞争优势的基本构成要素为:卓越的效率、品质、创新和客户响应。任何企业,不论处于什么行业,提供什么产品和服务,都可以将这些要素作为追求目标。反过来,这些要素创造条件让企业得以实现产品差异化和低成本优势。

由于这些要素之间具有很高的相关性,我们必须注意它们相互影响的方式:卓越的品质有助于形成卓越的效率,创新会提高效率、品质和客户响应。下面,我们对这些要素分别进行讨论。

1. 卓越的效率

在某种意义上,企业只不过是将投入转化为产出的设施。投入是指基本的生产要素,如劳动力、土地、资本、管理和技术诀窍。产出是企业所生产的产品和提供的服务。最简便的衡量效率的方法是考察生产一份“产出”所需要的投入量,效率=产出/投入。公司效率越高,生产一份“产出”所需要的投入就越少。

例如,如果通用汽车公司装配一辆车所需要的雇员时间为 30 小时,而福特公司只需要 25 小时,我们就说福特汽车公司的效率高于通用汽车公司。如果其他条件相同,比如工资是一样的,我们根据上述信息就可以推断出福特公司的成本低于通用汽车公司。因此，通过实现更低的成本、效率为公司创造了竞争优势。

对于许多企业来说，效率最重要的组成部分是雇员劳动生产率和资本生产率。雇员劳动生产率是用每位雇员的产出来衡量的，资本生产率是用每单位投资的产出来衡量的。假设其他条件不变，劳动生产率和资本生产率最高的企业通常具有最低的成本，从而获得成本优势。生产率的概念不限于雇员劳动生产率和资本生产率。例如，制药企业经常会议论他们在研发方面投入的生产率，这指的是企业从研发投资中获得了多少新药。高生产率产生更高的效率和更低的成本。

2. 卓越与可靠的品质

我们可以将产品设想为一系列属性的组合。例如，实物产品的属性包括形态、特性、效用、持久性、可靠性、风格和产品的设计。如果顾客认为，相对于对手产品，一种产品的属性具有更大的价值，则这种产品具有更卓越的品质。例如，顾客认为劳力士表在诸如设计、风格、效用和可靠性等方面超越其他手表，因此，我们可以称劳力士为高品质的产品：劳力士手表在这些属性方面建立了差异化。

当顾客评估产品的品质时，他们通常关心两种属性：产品的卓越和产品的可靠性。从卓越的角度来看，重要的属性包括产品的设计与风格、审美吸引力、特性与功能、产品交付的服务，等等。例如，顾客可以花 50 元从超市购买一双仿皮的靴子，也可以在百货商场花 600 元买真皮靴子。在百货商场买来的靴子设计更好、感觉更舒适、外观也好得多。当产品中体现出卓越的属性时，消费者将不得不支付更高的价格。

如果一种产品持续按设计要求完成工作、工作状态良好并且几乎不出错，则这种产品是可靠的。就像产品卓越一样，可靠性提高了消费者从产品中得到的效用，这样企业就可以制定较高的价格。例如，丰田公司的产品在汽车产业中的可靠性排名向来是最高的，因此，即使其他方面的属性相似，顾客们还是愿意为丰田公司的产品支付较高的价格。

品质的概念是普遍适用的，不论我们讨论的是丰田汽车，还是工商银行的客户服务部门或航班的准点率。品质对于产品和服务同样重要。高品质对于竞争优势的影响表现在两方面。

首先，高品质增加了顾客眼中的产品价值，公司可以为自己的产品制定更高的价格。例如，在汽车产业中，丰田公司的产品由于品质好而定价高。这样，同通用汽车公司相比，丰田的成本更低而价格更高。因此它的利润率一向高于通用汽车。

其次，高品质对竞争优势的影响还表现在与可靠产品相联系的更高的效率和更低的单位成本上。如果产品是可靠的，企业就不会在生产次品或者低标准的服务上浪费时间，也就能够花更少的时间来弥补错误，这将体现为更高的雇员劳动生产率和更低的单位成本。因此，高品质不仅代表企业的产品与竞争对手的差异，如果该产品是可靠的，那么还会给企业带来低成本的利益。

过去 10 年的经验表明，可靠性对于企业建立竞争优势的重要性显著增强。事实上，这一要素变得如此重要，更高的产品可靠性已经不仅仅是建立竞争优势的一种方法。在许多产业中，它已经成为企业能否生存的绝对要求。

3. 持续的创新

创新是创造新产品和新流程的活动。创新主要有两种形式：产品创新和流程创新。经过产品创新获得的新产品有六种类型：新问世产品，如英特尔20世纪70年代早期发明的微处理器芯片，思科公司在20世纪80年代发明的用于进行数据交换的路由器；新产品线，即公司首次进入已建立市场的新产品；现行产品线的增补品，即公司在已建立的产品线上增补的新产品(包括尺寸、口味等)；现行产品的改进更新，即提供改进性能或有较大的可见价值的新产品，并替代现行产品；市场重新定位，即以新的市场或细分市场为目标的现行产品；成本减少，即以较低的成本提供同样性能的新产品。

所有新产品中只有10%是真正属于创新或新问世产品，因此，其他类型的新产品开发更不容忽视。流程创新是产品制造或交送到顾客手中的方法的创新。这方面的典范是丰田公司，它发展出一整套新的技术，被称为丰田精益生产方式：准时制的库存管理、自我管理的团队和快速安装复杂设备的能力。沃尔玛在利用信息系统管理物流、产品组合和产品定价方面是领先者。

产品创新创造价值的形式是创造新产品、提高现有产品的版本，由于这些都是顾客所期望的，因此能够增强企业的定价能力。流程创新令企业有机会通过降低成本创造更多的价值。例如，丰田公司的精益生产方式有助于提高员工的生产率，从而为丰田公司创造低成本竞争优势。

从长期来看，产品和流程的创新可能是竞争优势最重要的构成要素。竞争本身就可以被看成是由创新驱动的。尽管并非所有的创新都是成功的，但是成功的创新却是竞争优势的一个主要的来源，因为它们为企业带来了某些独特的东西——其竞争对手所缺乏(至少在它们进行模仿之前)的东西。独特性令企业区别于其竞争对手，为自己的产品收取更高的价格，并且帮助企业将自己的成本控制在大大低于竞争对手的水平。

4. 快速的客户响应

为了实现卓越的客户响应，企业必须比竞争对手更善于识别和满足顾客的需求。顾客将因此赋予其产品更高的价值，从而创造出基于竞争优势的差异化。企业产品品质的提高同实现客户响应是一致的，同样，开发具有新性能的产品也是客户响应的一部分。换句话说，卓越的品质和创新是实现卓越的顾客响应的内在整体的一部分。

另一种经常讨论的客户响应要素是为满足独特的顾客个体或顾客群体需要而定制的产品或服务。例如，软饮料和啤酒种类的增加在一定程度上可以看成是对顾客需要的反应。汽车厂商在适应顾客需要定制产品方面更为熟练。例如，通用汽车公司的土星车分部模仿丰田汽车公司为顾客提供各种颜色和配置的选择。

在提高顾客响应的实践中，客户响应时间的概念越来越受到重视。客户响应时间是指产品递送到顾客手中或服务完成所需要的时间。对于机器制造业来说，客户响应时间就是完成订单所需要的时间。对于银行，客户响应时间就是处理贷款或顾客排队等待所需要的时间。市场调查指出，响应时间太长是顾客不满意的主要原因。

其他有利于改善客户响应的要素包括:卓越的设计、卓越的服务、卓越的售后服务和支持。所有这些都提高了客户响应水平,为企业创造了差异化。反过来,差异化有助于企业建立品牌忠诚度,为其产品收取高价。

二、竞争优势的持续性

经过了前面的讨论之后,下一个问题是竞争优势的可持续性。换句话说,当其他企业也在努力发展各自独特的企业竞争力时,企业的竞争优势能够保持多久?答案取决于三项要素:模仿壁垒、竞争对手的能力和产业环境的动态机制。

(一) 模仿壁垒

拥有竞争优势的公司可以获得超过平均水平的利润。这种利润水平向竞争对手发出信号,该公司拥有某些独特的有价值的竞争优势,从而能够创造更高的价值。很自然,竞争对手会试图找出这些能力并加以模仿,只要它们能够找到这些能力并且最终模仿获得成功,原企业的高利润将被夺走。

竞争对手在多长的时间内模仿成功是一个重要的因素,它决定了企业竞争优势的持续性。在其他条件不变的情况下,竞争者模仿独特企业竞争力的速度越快,竞争优势的持续时间越短,企业越应当加快提升能力以领先于竞争对手。这里必须说明的是,几乎任何一种独特的企业竞争力都是可以模仿的。

关键问题是模仿时间的长短:竞争对手花在模仿上的时间越多,企业能够用来建立强大的市场地位和声誉的时间也就越长,竞争对手的攻击也就越困难。此外,竞争对手花在模仿上的时间越长,被模仿企业就有更多的时间提高自己的能力或建立其他能力,从而在竞争中领先。

模仿壁垒是模仿速度的决定因素。模仿壁垒是指阻止竞争者复制独特企业竞争力的因素。壁垒越高,则竞争优势的可持续性越强。模仿壁垒分为资源壁垒与能力壁垒。

1. 资源壁垒

一般来说,最容易模仿的独特竞争力是企业所专有的有形资源,如建筑、厂房和设备。这样的资源竞争对手看得很清楚并且同样可以在公开市场上买到。如果一家企业的竞争优势是基于某种高效能的机器设备,则竞争对手很快也会购置和建造类似的设备。20 世纪 20 年代,尽管福特汽车公司领先于通用汽车公司采用了装配线的制造技术,但通用汽车公司很快便对这项创新进行了模仿,破除了福特公司在这一领域的独特竞争力。另一种类似的过程今天正在发生,许多汽车制造商试图模仿丰田公司著名的生产体系。

无形资源可能更难模仿一些,尤其是品牌,它们之所以重要是因为它们象征着公司的信誉。例如,在冰箱制造产业,海尔的品牌代表着高品质和卓越的售后服务与支持。顾客通常对某些企业的产品表现出偏好,因为品牌是品质的重要保证。此外,法律禁止竞争对手模仿著名的品牌。

营销和技术上的诀窍也是重要的无形资源,但模仿起来相对容易。有经验的营销人员在企业间的流动有助于营销诀窍的传播。如20世纪70年代，福特公司被公认为美国三大汽车制造公司中营销能力最强的企业，但到了1979年，在最成功的营销者李·艾柯卡加盟克莱斯勒公司并挖走许多福特公司的高级营销人员之后，福特公司的很多营销诀窍流失到克莱斯勒公司。

一般来说，成功的营销战略也相对容易模仿，因为竞争对手很容易看出来。例如，可口可乐公司迅速地模仿百事可乐的健怡百事可乐推出了自己的健怡可乐。

至于技术诀窍，专利系统在理论上阻止了对技术诀窍的模仿。专利赋予新产品的发明者20年的独家生产许可。不过，尽管专利制度可以保护某些技术产品，但也有许多发明无法得到保护。例如，在计算机产业，经常能够做到绕过专利，即生产出一种在功能上相同但并不依赖专利技术的产品。一项研究发现，过去四年间有60%的创新被绕过专利成功地再发明。这一调查表明，一般来说，基于技术诀窍的独特的企业竞争力的持续时间相对较短。

2. 能力壁垒

模仿企业能力相对而言比模仿有形资源或无形资源更难，这主要是因为能力以决策方式和深入组织内部的流程为基础，外人很难掌握。尽管能力是无形的，但竞争对手仍然可能模仿，例如，通过聘用被模仿公司的人员来了解其组织的运作。

然而，企业的能力基本上不会取决于某个人，而是在独特的组织情境中人与人之间相互作用形成。有可能一家企业中没有一个人充分了解企业的内部运作的路径与程序。在这种情况下，聘请成功企业的人员以模仿其关键组织能力的做法可能无济于事。

（二）竞争对手的能力

根据潘卡基·格玛沃特的观点，竞争对手能否成功地快速模仿竞争优势的主要决定因素是竞争者此前的战略承诺。所谓战略承诺是指企业对某一特定经营方式的承诺，即发展出一系列特定的资源和能力。格玛沃特指出，对于已经做出了战略承诺的企业，如果新的竞争要求它打破这种战略承诺，它将会很为难。如果企业已经长期建立了对特定经营方式的承诺，那么模仿创新企业的竞争优势将非常缓慢。在这种情况下，创新企业的竞争优势相对来说将会持久。

仍以美国的汽车产业为例。1945—1975年，整个产业由三大汽车公司统治，它们一直制造美国消费者在那时所需要的大型轿车。当1970年年末市场需求从大型轿车转向小型、省油的轿车时，三大公司都缺乏生产新型轿车所需要的资源和能力。它们之前的战略承诺不适应这种新的环境。因此，外国轿车，特别是日本轿车，冲进了这一市场缺口，向美国消费者提供紧凑、省油、高品质和低成本的轿车。美国汽车制造商无法对日本公司独特的企业竞争力做出快速反应，给后者留出了巩固市场地位和建立品牌忠诚的时间，以至于后来很难撼动。

竞争对手能否针对企业竞争优势做出快速反应的另一决定因素是吸收能力。吸收能力指的是企业识别、评估、吸收和运用新知识的能力。如20世纪60年代和70年代，丰田汽车公司发展了基于精益生产方式的企业创新，而通用汽车公司等竞争对手则反应迟缓，这是因为它们缺乏必要的吸收能力。通用汽车公司是一家官僚主义倾向严重的内视型企业,很难识别、评估、吸收和运用精益生产方式。事实上,即使在通用汽车公司认识和理解精益生产方式的重要性之后,吸收和运用新知识仍然困难重重。换种说法,企业内部的惰性令企业难以对基于新产品或内部流程的竞争优势——创新做出反应。

总的来说,现有的战略承诺和吸收能力不足将限制现有企业模仿竞争对手的能力,尤其是在竞争优势以产品创新或流程创新为基础时。这也是为什么当创新者重塑产业的竞争规则时,价值会流出现有企业,转向按照新商业模式运作的企业。

(三) 产业环境的动态机制

动态的产业环境是指变动剧烈的产业。动态最强的产业通常是产品创新率最高的行业,如消费电器产业和个人计算机产业。在动态的产业中,高速创新意味着产品生命周期缩短、竞争优势随时处于瓦解之中。今天拥有竞争优势的企业的市场地位也许明天就被竞争对手的创新夺走。

在个人计算机产业,过去 20 年来产品计算能力的快速增长应当归功于高度的创新和混乱的竞争局面。回想一下创新的持续过程,苹果电脑公司在 20 世纪 70 年代末和 80 年代早期由于创新而拥有了产业范围内竞争优势。1981 年,IBM 推出第一台个人电脑,夺回了竞争优势。到 80 年代中期,IBM 丧失了竞争优势,在推出基于英特尔 386 芯片的竞争中输给了像康柏这样强大的"克隆"制造商。到了 90 年代,康柏公司明显输给了戴尔公司,后者将互联网打造成新的向消费者低成本供货的工具。

公司竞争优势的持续性取决于模仿壁垒的高度、竞争者模仿创新的能力和产业环境的动态机制。模仿壁垒较低,竞争对手将蜂拥而来,产业环境动荡不已,创新随时随地都在发生,竞争优势很容易转移。然而即使在这样的产业中,只要能够建立模仿壁垒,企业仍然可以获得更为持久的竞争优势。

第五节　评估内部优势和劣势的方法

在本节,我们将解释如何运用平衡计分卡来进行内部评估,以及如何进行定性和定量分析。

一、平衡计分卡

最佳的内部评估分析并非将重点放在一些狭隘的准则上,而是代之以包含不同观点、相互补充的完整评估方式。尽管管理者可以单独运用,但是综合运用可以为管理者了解战略的形成提供更好的洞察力。这种基础广泛的分析方法,称为"平衡计分卡",因为它不允许任何单一的观点在评估公司的优势和劣势时起主导作用。使用平衡计分卡时必须从四个方向着手分析。

(1) 财务:EVA、获利率、成长能力;

(2) 顾客:差异区、成本、快速反应;

(3) 作业流程:产品开发、需求管理、订单履行;

(4) 组织:领导、组织学习、变革能力。

为顾客创造财富是企业战略管理最基本的目标,要想实现这一基本目标、需要在企业的各个方面进行全方位的管理,这个观点可以在平衡计分卡法中得以体现。对一个营利性企业,进行评估的最通常的方式就是它的财务绩效,然而多数有远见的管理者与财务专业人士都很清楚,提供更优厚的股东回报,还是要依赖企业为顾客创造更高价值所保持的竞争优势。为顾客提供更高的价值,需要具有相应能力的作业开发。最后,开发必要的作业能力,需要一个具有相应创造力、多样化、技能与激励措施的员工组织。这意味着以一种观点进行绩效评估的结果,会支持更高层次的绩效。我们在执行完整的内部分析时,必须从以下四个层面进行。

1. 财务层面

企业根据"经济增加值"(economic value added,EVA)模式,是否能够产生高于资金总成本的财务报酬?评估企业成长与其获利能力对于它的财务绩效有何意义?企业因为举债所承担的财务风险有多高?

2. 顾客层面

企业是否通过产品差异化、低成本或快速反应等,为顾客提供较高的价值?实证研究与经验表明,可持续的财务绩效最终还是源自顾客,为顾客提供一种或数种卓越的价值。

3. 作业层面

核心过程产生顾客价值的效果与效率如何?哪一部分是最重要的顾客价值来源?哪一部分必须加以改善才能产生更高的顾客价值?应该如何进行变革?

4. 组织层面

组织是否有能力适应环境的变迁?组织成员是否认同共同的目标?组织能否从过去错误的经验中学习?当组织面临问题时,它会致力于解决问题的本质,还是只看表面?

这四个层面显然是相互依存的,平衡计分卡架构代表着一系列因果关系,即其中某一层面的绩效,对其他层面的绩效能够产生影响。尽管从财务绩效着手进行分析是很必然的,但是为了真正掌握公司的优势和劣势,还必须进一步分析有助于公司财务绩效的要素。这就要求不仅从财务绩效进行分析,还要从其他角度进行深入分析。

正如平衡计分卡的名称,衡量是它的中心议题。基本概念是:适当的"计分"需要采用许多观点,才能更加了解企业的各种优势和劣势。当你对这个观点进行思考时,会很快发现对某些层面的计分要比其他层面容易得多。有些可以采用人们广为接受的定量分析方法进行评估。

例如,从财务的观点来看,很少有人会不同意用年度盈余增长百分比作为评估成长的有效工具。然而,我们一般都会对如何按其他观点进行定量的分析感到困惑。例如,应该如何衡量对共同目标的承诺,以及如何对组织观点下的重要层面进行衡量?平衡计分卡中的某些要素适合运用定量的分析方法进行衡量,而其他要素则适合运用定性的分析方法进行衡量。

二、定量分析

任何战略分析都重视对数据进行彻底的评估。当管理者说到"追踪数据"时,通常是指两种类型的定量分析:一种类型是以财务资料为基础;另一种类型则是以非财务资料为基础。财务资料分析很明显地从平衡计分卡的财务观点来看是至关重要的。事实上,财务资料分析对于评估一家公司来说是最基本、最常见的方法。然而,这种分析方法有其局限性,最好是只把它当做完整的内部分析的起点。你在下面的部分将会看到,管理者已经发现超越传统的财务分析,以彻底评估企业的优势和劣势是十分有用的。

(一) 财务定量分析

盈利是企业得以生存的基本条件。大多数以盈利为目的的企业都将所有者视为最重要的相关利益者群体,它们假定所有者拥有企业是为了获得企业产生的利润。因此,尽管财务分析并不是完整的内部分析,但是任何完整的内部分析中都少不了财务分析。

财务分析传统上的主要依据,就是研究财务比率,也称为比率分析。比率分析是战略分析的根本,包括四种类型的财务比率。

(1) 获利比率(Profitability ratios):提供与企业的整体经济绩效相关的信息。

(2) 流动比率(Liquidity ratios):衡量企业的短期偿债能力。

(3) 杠杆比率(Leverage ratios):衡量企业财务风险的指标,亦即负债与权益的相对比率。

(4) 活动比率(Activity ratios):反映企业运用资源的效率和无效率。

前三种比率在衡量平衡计分卡中的财务绩效时最为有用。这些指标让你评估企业的财务报酬率(如获利能力)、与财务偿债或负债相关的风险(如流动比率和杠杆比率)。第四种活动比率从平衡计分卡中的作业观点对公司进行评估较为可行。例如,存货周转次数用以衡量存货运用是否有效,并且可以用于评估订单履行的部分过程。

20 世纪以来财务比率一直受到广泛的关注和应用,它们在未来的企业评估中,还将继续扮演重要的角色。然而,运用传统的财务会计方法有其局限性与陷阱。一个重要的观点是,财务比率必须在特定战略的背景下加以观察。例如,如果实施一种快速扩张以利用市场机会的战略,负债/权益比率就会上升。在判断各种比率的优劣之前,必须考虑企业正在追求的战略。

(二) 非财务定量分析

以财务为基础的评估方式的优点是可以将所有衡量目标简化成一个共同的衡量单位,如元、美元、马克或英镑等货币单位。但是,并非战略制定者感兴趣的所有议题都能用财务指标加以衡量。例如，财务资料无法就竞争优势的重要来源提供战略性的洞察力，如产品差异化或快速反应等。

从作业观点来看，许多要素用非财务定量分析方法比较适宜，如开发新产品所需的时间与广告记忆率等。最后，从组织观点来看，大多数议题要想用财务方式进行衡量是相当困难的。这里我们可以运用的定量资料范围，包括缺勤率、员工流失率、不懂技术的人员比率等。表 4-3 提供了一些非财务定量分析的例子，这些只是范例而非完整的表达方式。

表 4-3　企业的非财务定量评估

专利数	缺勤率
开发新产品所需的时间	顾客重复惠顾的次数
员工流失率	被取缔告发的次数
每 100 000 人工小时的事故发生次数	新产品的数量
每周顾客投诉次数	顾客满意度评分和排名
从订单到运送的总周期时间	任务完成率
市场排名	工会投诉的次数
质量评估得分	零售点的数目
广告记忆率	SKU 存货的数目
产品维修时间	新加入的分销商的数目

请注意，表中所列示的项目的计量单位不一定相同。例如，有些项目的计量单位是小时(如产品维修时间)，有的是用实际次数来计量(如新加入的分销商的数目)，其他的则是意见的表达(如顾客满意度的评分)。显然，数据能提供比财务会计更多的信息，管理者应该学习如何开发和追踪那些对特定战略议题最有意义的评估措施。

三、定性分析

尽管定量分析在战略分析中是一个重要的组成部分，但一定要注意不能让它主宰整个企业评估。许多最重要的组织优势和劣势，无法用定量分析的方法来进行衡量，因此，定性分析通常是评估有些项目的唯一办法，如员工士气与归属感、组织从过去的错误中学习的能力、组织具有共同的愿景以及团队合作的程度、运用创造力来解决面临的障碍等，这些特征正是一个组织整体优势和劣势的基础。

定性信息在了解顾客价值以及对既有产品的感受等基本观念方面，也可以补充定量资料的不足。最后，评估企业形象与公众接受程度取决于定性信息。事实上，据估计，在一般企业进行决策所需的信息中，有 80% 是定性的，只有 20% 的必要信息与数据有关。

尽管在大多数对于优势和劣势的总体评估中，都需要强调定性，但是这并不意味着这类分析比其他形式的组织评估更草率或粗略。事实上，如果这些“软性”议题是基本而重要的，我们就应该尽可能精确、彻底地分析评估它们。遗憾的是，大多数学生认为这些要素比定量分析更直观。表 4-4 展示了定性评估的各种重要因素。

表 4-4 定性评估的重要因素

类别	项目
文化和领导	企业向组织成员提供的认同感与归属感
	次级单位文化彼此之间、与整体公司文化之间的一致性
	文化是否能够促进创新、创造力以及接受新思想
	适应和发展能力是否与环境和战略变革的需求相一致
	主管、管理者和员工的激励(以物质和非物质激励为主)
市场中的优势	企业的广告效应
	产品形象与可觉察的质量
	品牌意识和品牌名称的优势
	顾客接受程度以及对公司创新能力的信任程度
合法性、信誉与形象	应对管制措施的效果(如环境、反托拉斯、产品方面的责任)
	与消费团体之间的关系
	与媒体之间的关系
	与公共政策制定者以及政府官员之间的关系
	获得政府补助和资金支持的能力
	贸易关税保护的程度
	与公共利益团体之间的关系

进行内部分析的目的是找出并强化优势,找出差距,克服不足。但是如果没有适当的比较标准,任何关于优势和劣势的评估都是没有意义的。不论你是在分析主要成功要素或是价值链要素核心过程,还是采取何种平衡计分卡观点,这种最根本的说法都适用于定性和定量评估。因此,下面将讨论内部分析中三种较常见的比较标准。

第六节 内部分析的目的

一、与企业的过去行为进行比较

战略家们以公司的历史经验为基础来评价内部因素。管理者最熟悉内部能力和所在企业的问题,因为他们一直沉浸于公司的财务、营销、产品和研发活动。毫不奇怪,管理者在评价一个确定的内部因素,如生产能力、销售组织、财政能力、控制系统或关键人员是强还是弱的时候,会强烈地受到他与这个因素接触时的经历的影响。

例如,在智力密集型的航空工业,债务能力一个战略性内部因素。德尔塔航空公司的管理者把德尔塔由于获得泛美航空公司的国际业务而带来的小于 1.9 的负债率看作一个限制投资能力灵活性的真正弱点,因为它在 20 多年里一直保持着小于 0.6 的负债率。另一方面,大陆航空公司的经理们把本企业的高于 3.5 的负债率看作增长的优势,因为与 5 年前 7.0 的负债率相比,已经下降了 50%。

虽然历史的经验能够提供一个相关的评价框架,但是战略家们在使用它的时候必须避免过于局限的观点。NEC 公司号称日本的 IBM,它最初用一个硬件系统的所有权占领了日本PC市场70%的份额。该硬件系统拥有非常高的解析度、强大的销售渠道和来自第三方小企业的大量的软件库。

无须担心，NEC规划部经理池田一说："我们听不到来自用户的抱怨。"到2001年，IBM、苹果和康柏等公司的产品已经填满了日本著名的消费电子销售商——明仁公司的货架。一家日本计算机研究公司的主席镰田弘树认为，2001年日本的PC市场超过250亿美元。凭借有更好的技术和软件，加上NEC专有技术开发的停滞不前，苹果和IBM所占的市场份额超过了NEC。很明显，仅仅用历史经验作为一个基础来识别优劣势被证明是极不准确的，是有其局限性的。

1. 缺点扩大

假设你所领导的公司可能依靠检查来找出制造上的缺陷，并且质量检查功能又必须设法找出更多的失误，来显示改善的程度，这种以历史业绩为基础进行评估的方法从逻辑上来看似乎很合理，但是这样做可能会使管理者偏重一种不当的改良。找出更多瑕疵固然很好，但是较佳的改善途径应该是降低最初犯错的数目。

2. 产生幻觉

如果历史性趋势伴随着范围很小的改变，可能会产生误导。如一家公司的销售经理承受着开发客户的压力，因而实施一种增加"简单拜访"的方案，期望借此达到成长目标。过去，销售人员最大化业绩的方式，只有在完全掌握现有客户时才拜访新客户，而且一般销售人员每个月只拜访大约2～3个新客户。

新方案的实施结果，每个销售人员每月都增加了一次以上的简单拜访。年度检查显示，简单拜访的次数较过去增长了33%，这听起来很好。然而，每月增加一次简单拜访，对组织实现成长率目标的帮助却极为有限。

3. 改善速度比不上竞争对手

由于顾客始终在与竞争对手进行比较，因此企业只关注对历史业绩的改善是远远不够的。例如，20世纪80年代初期银河公司的内部分析显示，该公司的生产力提高了8%，这个成就颇值得骄傲，因为这个数据要远高于全美的经济增长率。然而，这个数字又远低于日本影印机制造商的生产力增长率，这些日本厂商是银河的主要竞争对手。银河与其竞争对手之间的差距，意味着它的改善速度还不足以维持这个竞争局面，后来，这家公司只得将市场领导地位拱手让给更有效率的竞争对手。

虽然将当前业绩与历史业绩进行比较是一种重要的评估形式，但银河公司的个案告诉我们单纯进行历史业绩的比较是远远不够的，"设定标杆法"就是为了弥补历史业绩比较法的不足而设计出来的管理过程。

二、标杆管理——与竞争者的比较

确定一家公司资源和竞争力的主要因素就是与现存的(和潜在的)竞争者进行比较。相同行业的不同公司通常具有不同的营销技巧、财务资源、运营设施和场所、应用技术、品牌形象、整合水平和管理能力等。当企业进行战略选择时，这些不同的内部资源能够成为相对优势（或劣势）。因此，管理者应该比较公司与竞争者的核心能力，借此区分竞争者的主要优势和劣势。

例如，在家电行业中，西尔斯公司与通用电气公司是主要的竞争对手。西尔斯公司的主要优势在于它的零售网络。对于通用电气来说，通过财务独立的经销商进行销售已变成一个相对劣势。通用电气拥有能够支持现代化大规模生产的财务资源，这是它高于其竞争者（尤其是西尔斯公司）的成本优势和技术优势。这个对于通用电气来说是优势的因素对于西尔斯公司却是一个相对劣势，因为西尔斯公司完全依赖于分包商来生产它的Kenmore仪器。

在这些内部因素当中，西尔斯公司和通用电气公司在制定战略时都必须考虑销售网络、技术能力、运营成本和服务能力。两家公司的管理者们都已经制定了成功的战略，然而这些战略大不相同。通过互相比较，它们已经确立了建立相对优势的途径，与此同时又避免被另一方超越。

标杆管理，即把本公司实施一个特定活动的方式与竞争者或其他同行相比，尤其当价值链框架被用于内部分析后，管理者们可以以竞争对手的价值活动的结果和成本为参照进行系统评估，从而对自己的经营活动进行连续的改进。标杆管理的最终目的是识别实施一项活动的"最佳实践"，并学习如何降低成本，减少缺陷。公司试图借助"标杆"来提取和识别自己与最佳实践者（竞争者与非竞争者）存在差距和不一样的地方，然后试图调整自己的行为以达到最佳。

三、与行业中成功因素的比较

行业分析是指对那些与成功参与一个给定行业相联系的因素进行分析。一个行业成功的决定因素可用来识别一家公司的内在优势和劣势，这种方法也适用于前面讨论过的各种评价技术。通过仔细观察行业竞争者、顾客的需要、纵向行业结构、销售渠道、成本、进入障碍、可代替性以及供应商，战略家试图确定企业目前的内在能力在新的竞争领域是意味着优势还是劣势。波特提出了一个有用的框架（五种行业竞争力量），对照该框架可以检测一家公司潜在的优势和劣势。

（一）行业准则

当管理者寻找比较标准时，行业准则是一个明显的选择。关于行业准则的资料是很容易获得的。很多公开出版物都附有行业准则。利用这种准则将本公司与行业内其他企业相比较，进行"事实检验"。假设公司的目标是在消费品市场中赢得可观的市场占有率，但是你知道公司的营销预算显著地低于行业的一般水平。

既然意识到这个事实，你就必须问自己开展营销活动的效率是否明显地高于竞争对手。如果答案是否定的，有没有其他可以赢得市场占有率的理由？如果答案依旧是否定的，那么公司的目标也许是不现实的。

虽然行业准则为事实检验提供了有用的信息，但是并不能取代良好的判断，而且不应该养成盲目使用的习惯，因为可能会遇到下列问题。

1. 陷入进退两难的困境

假设你的竞争对手中，有半数在与成本相关的因素方面表现极佳，另外半数则是通过产品差异化提高售价。如果你以所有竞争对手的平均价(即行业准则)为目标，就很容易陷入成本与差异化之间的两难困境。那些偏好低价的顾客将选择你的竞争对手中的一部分厂商，偏好优质产品的顾客将选择其他厂商。由于你在任何一处都没有突出的表现，因此将会面临进退两难的困境，对任何一个群体都没有吸引力。

2. 行业内比较对象选择不当

即便是处于同一行业，正在实施的战略与支持这些战略的公司属性之间也存在很大的差异。我们在外部分析中，强调只有正确的战略群体才能实现有意义的战略分析。因为公开的资料通常是以行业的方式表达，很少按照战略群体进行组织，因此在使用这些资料进行比较时要特别小心。

假设你所领导的公司只是一家小型的电讯企业，为一个规模相当小的、专业化的利基提供服务，如采矿工人或潜水工人所专用的闭路电话，这时使用整个电话制造业的可用资料又有什么意义呢?

3. 忽略行业之间的差异进行不当比较

事实上，所有年营业额超过数百万美元的企业大都会进行多样化经营。这也就是说，它们提供不止一种产品或服务，或者在不止一个市场中竞争。你所取得的任何有关这类公司的资料，很可能只是它们所经营的各种企业的简单平均值(或加权平均值)。

如果你所领导的公司并不是这种多元化经营的公司，那么进行这种比较还有什么意义呢?《财富》500强中的企业，可能包含数十或数百个不同的业务单位，如果将这些资料混在一起，那么要与这类公司进行有意义的比较就很困难。

4. 甘于平庸

即便上述问题都可以被解决，你还是会质疑将行业标准视为目标是否明智。要牢记行业标准只是平均值，大多数公司的兴趣在于如何打破行业标准，并且运用比较的方式得出行动的结果，而不是行动的途径。为了克服这些限制，管理者通常会采取历史业绩的分析方法，对以行业标准为基础的分析进行补充。

(二) 注意事项

在比较中要注意:行业发展阶段、行业成功的必要条件随着时间而改变。战略家们可以利用那些与行业发展不同阶段相联系的变化了的必要条件作为一个框架来识别和评价公司的优势和劣势。

在一个产品的最初发展阶段，必须承受极慢的销售增长、对研发能力的重视、产品中体现的快速的技术变革、运营损失和足够的资源及惨淡地支持暂时的非盈利性的运营。导入阶段的成功可能与技术、抢占市场先机或者能够获取广泛认同的营销优势有关。

在成长期，成功的必要条件发生了变化。迅速的增长带来新的竞争者进入市场。在这个阶段，一些诸如品牌认知度、产品的差异化程度、支持巨额营销成本的财务资源以及价格竞争对现金流产生的影响都是非常关键的。

IBM之所以进入处于成长阶段的个人计算机市场并且能够迅速成为市场领导者，采用的就是以其品牌知名度和能够支持广告宣传的财务资源等方面的主要优势为基础的战略。然而，IBM在接下来的竞争中丧失了领导地位，因为分销速度和成本结构逐渐成为关键的成功要素，这正是戴尔公司和几个以邮购为导向的计算机组装制造商的优势。

随着经过优胜劣汰的阶段而进入成熟期，行业继续成长，但速度却是下降的。行业部门的数量出现扩张，但产品设计上的技术变革却大幅减慢。结果，竞争变得更加激烈，促销或价格优势以及差异化成为关键的内部因素。当许多竞争者寻求以最有效的方式提供商品的时候，流程设计中的技术变革变得十分迫切。如果说在导入期研发是最关键的，那么在更广泛的行业部门中有效率地生产依然是持续成功的重要因素。福特汽车公司对质量控制和现代化的高效生产方面的重视已经帮助其在成熟的美国汽车市场上健康发展，然而此时通用汽车尽管花费了几乎高于福特50%的成本来生产一种可与之相抗衡的汽车，市场份额却持续下降。

当行业进入衰退期，优势或劣势集中在成本优势、与供应商和客户企业的良好关系以及财务控制方面。在这个逐渐萎缩的市场上，如果竞争对手选择离开，上述几个方面的优势仍然可以在衰退阶段给企业带来竞争优势，至少使其在短期内具有竞争优势。

纵观行业发展的不同阶段，我们应该深刻领会到影响成功的各种关键要素在发展的不同阶段是不同的，因此，在内部分析中就必须考虑发展阶段。

上述三种不同的比较标准：历史业绩、设定标杆、行业准则，都有一定的局限性，将它们综合运用、取长补短，将是更可行的做法。例如，一家企业可以研究行业准则，以评估自己在整体绩效层面的地位，如销售成本占销售总额的百分比。然后可以选定在控制三大类成本(劳动成本、原材料成本及研究发展支出)方面表现最好的一个企业作为标杆。

以设定的标杆为基础，该公司可以执行主要的新方案，并且运用历史数据比较追踪这些方案的改善效果。因此，一项关于公司优势和劣势的完整内部分析将是这三类比较标准的结合。每一种标准自有其功能，管理者所面临的挑战，就是如何针对这些标准进行组合与搭配，提供有意义的分析，作为整体战略管理过程的一个关键步骤。

小贴士

企业的经营实力首先反映在企业的资源基础上。企业的资源，指贯穿于整个企业经营、技术开发、生产制造、市场营销等各个环节的一切物质与非物质形态的要素。

本章小结

1. 企业的资源，指贯穿于整个企业经营、技术开发、生产制造、市场营销等各个环节的一切物质与非物质形态的要素。其主要内容分为两大类：外部资源与内部资源。

2. 有价值的资源是竞争优势的来源，具有稀缺性和不可模仿性，从而形成公司的核心竞争力。所谓核心竞争力，可以理解为是公司在具有重要竞争意义的经营活动中能够比其竞争对手做得更好的能力。

3. SWOT分析方法是由美国哈佛商学院率先采用的一种经典的方法，它根据公司拥有的资源，进一步地分析公司内部优势与劣势以及公司外部环境的机会与威胁，进而选择适当的战略。

本章思考题

1. 什么是企业资源和企业能力？两者之间的区别是什么？什么是企业核心能力？如何进行核心能力的选择、建立、部署和保护？

2. 价值链结构是什么样的？如何进行价值链分析？请举例说明。

3. 对你和你的职业生涯用SWOT分析法来分析。你的主要优势和劣势是什么？你如何用SWOT分析的内容去规划你未来的职业生涯？

4. 平衡计分卡包括哪四个方面？每个方面如何运用定性和定量的信息进行评估？

5. 企业竞争优势的构成要素包括哪些？企业如何保持持续的竞争优势？

案例分析

夏普公司的技术战略及核心竞争力

夏普公司是一个资产达140亿美元的电子类消费品业的巨人，它坚持不懈地致力于技术创新，最终使自己处在了行业的前列。

夏普公司最有价值的资源就是高度专门化的可视电子产品技术，这对公司保持核心业务的竞争优势具有至关重要的作用。它最为成功的技术就是液晶显示屏，这几乎是所有夏普产品最为重要的卖点。这一资源的竞争优势在夏普公司录像机产品的成功中充分地展现了出来，它的突破性产品——取景镜头，首次使用了一个液晶显示的取景器。这一创新使得夏普公司在该产品推出的6个月内占领了日本录像市场20%的市场份额。

夏普公司的一位高级经理何志浅田这样描述夏普公司的技术战略："我们投资于那些在将来可能会成为公司的核心的技术。作为核心，这种技术应该具有可用于许多产品的开发性能力。"遵循这一战略，夏普公司成功地将业务扩展到许多新的领域，只要这些业务的竞争优势取决于它的某种核心技术。比如，作为其显示屏技术的扩展，夏普公司以其名为"奇才"(Wizard)的产品作为一种个人电子产品的开路先锋。

夏普的业务类型受到严格的限制，主要是电视与可视系统、通信与广播系统、家用电器、信息系统以及电子零件。与其竞争同行索尼公司和松下公司不同，夏普公司从未考虑过要进入影视业，因为它知道自己除了技术基础之外，并不具备竞争优势。

夏普公司的技术投资都具有以下几个特点：它们的费用总是比较高；它们有极多的领先次数；它们产品中的优势会因为模仿或是产品生命周期的缩短而较快消失。为了在这样的环境中取得成功，夏普公司必须做出正确的投资选择。并且为了补偿其投资，它必须在全公司范围内迅速而广泛地传播新技术。

所以夏普公司有一个超过1500人的总部——还不包括研究与开发部门。从现在流行的较小规模的公司机构来看，这一数目简直是个天文数字。夏普的战略必须依靠广泛的、难以驾驭的共享技术行为之间的协作，这就是其总部人员众多的原因。

对共享行为的需要决定了夏普公司的基本结构。公司按职能划分部门，而不是按生产划分部门。因此，对关键组成部件如液晶显示屏的研究与生产是在某一个专门化的单位中完成的，能够获得规模经济。与之形成对比的是，一家典型的由生产分支机构组成的美国公司——霍尼尔公司，曾经同时在七个分支机构中进行液晶显示屏的研究。

为了防止职能集团成为不利于产品开发的障碍，夏普公司任用了产品经理。他有责任——但没有自主权——协调整个价值链中的行为；公司还组成了大量的跨部门团队以及公司委员会，以确保共享行为——包括公司的研究开发单位与销售力量——的规划及其在各个不同的生产线之间的分配是最优的。夏普公司投资于这种时间密集型的协作，以尽量减少各个单位在分享重要资源时无法避免的冲突。

每年中，夏普公司大约有三分之一的研究开发经费被用于10～15个“金牌项目”之中。这些项目在公司的技术战略会议上被挑选出来，因为它们通常都涉及贯穿各个生产集团的基础技术。所有的项目人员都被赋予公司经理的权力，并且戴着金色的徽章，这样他们就能调动夏普公司的任何一个员工来协助他们的研究。

由于公司特有的以职能为基础的制度使得财务统计变得不甚清楚，夏普公司的控制系统更多地关注员工的行为，而不是他们在短期内的财务业绩。因而升职——而不是每年加薪——是最有效的激励因素，员工会因为一贯表现出的资深持重以及办事圆熟(如团队协作精神与善于交流沟通)而获得提升。在一家具有职能式组织结构、以技术为基础的公司中，这种控制系统是少有的几种避免了不适当地以短期的自身利益为导向的系统之一。

正如许多日本公司一样，夏普公司的企业文化强调：公司就是一个大家庭或者一个共同体，它的成员应该相互合作以获得更大的收益。与终身雇用的政策相一致的是人事变动很少，这也鼓励每个员工都使各自的利益相互协调，而且追求整个公司利益的最大化。这一共同的目标也减少了在共享重要资源——比如研究与开发以及零部件制造时相互间不可避免的冲突。

(资料来源：(英)唐纳德·索尔. 如何提升公司核心竞争力. 包刚升译. 北京：企业管理出版社，2001。)

【讨论题】

1. 夏普公司的核心竞争力体现在哪一方面？它是如何管理其核心竞争力的？
2. 夏普公司是如何分配企业资源的？
3. 夏普公司的企业文化是否是企业资源的一部分？它起到什么样作用？

第五章 基本竞争战略

学习目标

1. 了解动态竞争的特点，掌握三种基本竞争战略的概念、动因、实施条件及原则；
2. 掌握在动态环境中企业调整战略的必要性，动态竞争下企业战略的选择。

引导案例

《体坛周报》:专业化造就传媒奇迹

《体坛周报》创刊于1988年7月1日。短短十几年间,从一张发行量5000份的地方行业小报一跃成为发行量位居全国第一的体育报纸,周发行量高达300余万份。

地处湖南这样一个交通、信息相对闭塞,人手不足,经济不很发达的内陆省份,欠缺足球联赛、篮球联赛这类广受关注的长期赛事;没有依托大的媒介集团,没有雄厚的资金作后盾,然而《体坛周报》就是在这样先天不足的情况下,在社长兼总编辑瞿优远的带领下,发展成为中国体育媒介龙头,走出了一条被新闻出版总署有关领导和业界称为"体坛周报现象"的发展之路。

分析《体坛周报》的成功因素,不难看出,专业化办报是一个重要战略。专业即权威,要在市场上确立起产品的权威性,就要走专业化发展路子;而走专业化之路,第一要务是打造专业化的团队。新成员进入《体坛周报》经过一定阶段后,瞿优远就要求他们根据自己的兴趣和报社的需要,确定一个专门的报道领域,长期集中精力去了解相关信息,积累资料,建立联系,培养敏锐的感觉和判断力。这种专业化努力使《体坛周报》在国内足球、国家队、国际足球、篮球等几个主要方面,都拥有业内最顶尖的人才,有了这些专业人才,《体坛周报》始终在同类报纸中处于领先的地位。

瞿优远的专业化办报,还体现在报道专业化。瞿优远本人是个文学爱好者,但他从来没有想过使《体坛周报》带上文学色彩。他强调,体育比赛本身就有一种美,不需要用文字的美来装点;文字只是对比赛的描述,越简洁越好。按照这个要求,瞿优远和他的同事专门设计了足球比赛的报道模式:第多少分钟哪位球员做了什么动作,场上形势如何;哪个球员在哪个位置以什么方式得到球,以什么方式射门。每一个重要细节都交代清楚,让球迷对比赛有直观的印象。这一模式后来几乎被所有体育媒体接受并采用,成为一种经典的写作方法。

与报道方面的专业化努力相配套,瞿优远领导《体坛周报》在维持作者网络方面,实行了专业化运作。比如,为方便作者,在传稿时,瞿优远要求编辑主动向作者打电话过去,而不是等作者打电话过来,以节省作者的电话费。在稿酬管理方面,瞿优远在报社财会室配备稿费专管员,要求按时结算稿费,一周一次,从不延误。这种专业性运作的结果是作者乐于合作。

(资料来源:刘万军,翟志强．从“小”报纸到“大”产业——解读《体坛周报》的发展之路,载科技创新导报．2007(36)。)

第一节　一般竞争战略

企业在确定了总体战略之后,便选择了将要经营的领域,如何在各个经营领域中竞争,属于企业战略的第二个层次——确定企业的一般竞争战略。

所谓一般竞争战略,就是无论在什么行业或什么企业都可以采用的竞争性战略。美国著名战略管理学家迈克尔·波特在《竞争战略》一书中,把竞争战略描述为:采取进攻性或防守性行为,在产业中建立起进退有据的地位,成功地对付五种基本竞争力量,从而为公司赢得超常的投资收益。为了达到这一目的,不同的企业会采取不同的方法,但对每个具体的企业来说,其最佳战略都将是企业所处的内外环境的独特产物。波特在书中提出了三种基本的竞争战略,即成本领先战略、差异化战略和重点集中战略,重点集中战略又称专一化战略。三种竞争战略的关系,如图 5-1 所示。

	竞争优势	
战略目标	被顾客觉察的独特性	低成本优势
全行业范围	差异化	成本领先
特定细分市场	重点集中	

图 5-1　三种基本竞争战略

这些战略是根据产品、市场以及特殊竞争力的不同而形成的,企业可根据自己的生产经营情况,选择所要采用的竞争战略。

一、成本领先战略

(一) 成本领先战略的概念

成本领先战略又称低成本战略,即使企业的全部成本低于竞争对手的成本,甚至是同行业中最低的成本。按照波特的思想,成本领先战略应该体现为相对于竞争对手而言的低价格,但这并不意味着仅仅获得短期成本优势或仅仅是削减成本,而是一个"可持续成本领先"的概念,企业可通过其低成本地位来获得持久的竞争优势。

成本领先战略可以给企业带来很多益处,因而成为众多企业追求的目标。但实现成本领先战略需要一套具体政策,如经营单位要有高效率的设备、积极降低经验成本、紧缩成本开支等。要达到这些目的,必须在成本控制上进行大量的管理工作,企业在质量、服务及其他方面也不能忽视,但降低成本则是整个战略的主线。

(二) 成本领先战略的动因

随着经济的发展,经验曲线效应逐渐被人们所认识,成本领先战略也就为许多企业所采用。企业采用这种战略主要有以下原因。

1. 形成和提高产品的进入障碍

企业的经营成本低,便为行业的潜在的进入者设置了较高的进入障碍。那些在生产技术不熟练、经营上缺乏经验的企业,或缺乏规模经济的企业都很难进入此行业。

2. 增加讨价还价的能力

企业的低成本能对抗强有力的购买者。因为购买者的讨价还价只能使产品的价格下降,当价格降到与竞争对手相同的水平时,企业的低成本优势使其仍能获得高于竞争对手的利润。企业的低成本优势也可以构成对强大供应者威胁的防御,在供给价格上涨时,企业仍可以利用规模经济等获得低成本优势,从而在投入要素的涨价中具有更大的灵活性。

3. 降低替代品的威胁

企业的生产成本低,在与替代产品竞争时,仍可以凭借其低成本的产品和服务吸引大量顾客,降低或缓解替代品的威胁,使自己处于有利的竞争地位。

4. 保持领先的竞争地位

当企业与行业内的竞争对手进行价格战时,由于企业的成本低,可以在其对手毫无利润的低价格的水平上保持盈利,从而扩大市场份额,保持绝对的竞争优势。

总之,企业采用成本领先战略可以使企业有效地面对行业中的五种竞争力量,以其成本优势获得高于行业平均水平的利润。

(三) 实现成本领先战略的条件

就行业特点来说,最适合采用成本领先战略的条件如下。

1. 产品利润空间小且价格弹性高

如果利润空间很大,降低成本不会造成企业盈利的大幅度提高,因此不适合采取成本领先战略,这时企业应设法扩大市场份额,通过提高销售量来提高企业的盈利。如果价格弹性不高，也不适合采取低成本战略，因为价格的降低不会对企业销售量和市场份额产生明显的影响，也不会给企业带来盈利的增加和竞争地位的提高。

2. 现有企业之间的价格竞争非常激烈

由于成本是价格的主要决定因素之一，在价格竞争激烈的行业，企业有必要尽量降低自己的成本，否则在其他成本更低的企业仍然有盈利的情况下，自己却是亏损，因此陷入被动境地。而且只有在现有企业之间的价格竞争非常激烈的情况下，企业降低成本所造成的价格上的优势才能成为企业的竞争优势。如果现有企业之间的竞争是质量和品牌的竞争，而不是价格的竞争，那么企业就不应该采取低成本战略。

3. 短期内创新难度大

如果企业所处行业的产品是标准化或者同质化的，实现产品特色化的途径很少，难以利用产品的特色化来吸引顾客，这时产品的价格就是决定企业竞争力的唯一因素。因此在这种情况下，适合采取成本领先战略。

4. 现有市场份额大

如果企业的市场份额很大，也适合采取成本领先战略。由于利润总额等于单位产品的利润和销售量的乘积，因此如果销售量很大，即使成本降低不多，也会给企业带来绝对数字很高的利润增加。

在上述条件下，成本的稍微降低，都能产生巨大的竞争优势；反之，不具备这些条件，采用成本领先战略就不会赢得战略性优势。

企业内部条件也对企业是否适合采用低成本战略具有决定性的作用。低成本战略要求企业必须具有实施战略所需要的资源和技能，具有降低成本的能力和条件，如持续的资本投资和获得资本的途径、先进的生产加工工艺、低成本的分销系统、科学的管理制度、对员工的良好的监督、企业与原材料供应商之间的牢靠关系、产品的设计必须便于制造和生产、保持相对较宽的产品线从而可以分散固定成本等。

(四) 成本领先战略的原则

企业如果要采取成本领先战略，必须注意以下几点，否则无法起到低成本战略应该起到的作用。

1. 低成本

企业的低成本必须是企业进行的所有生产经营活动的成本累计低于竞争对手的成本，仅仅是生产成本的降低不一定能够给企业带来好处。所以企业不仅要降低企业的生产成本，还要降低企业的管理成本、营销成本、财务成本等。

2. 成本最低

企业必须成为行业内的低成本领先者，也就是成为行业内成本最低的。如果不是成本最低，企业会面临成本更低的竞争对手的威胁，甚至被对方打垮，低成本就不会给企业带来前面所述的好处。渴望成为成本最低的企业绝对不是一家，竞争通常是极其激烈的。因此，在实行该战略时必须认识到这一点，否则将会铸成大错。

3. 低成本要保有持久性

低成本优势只有在企业维持它时才能产生高于平均水平的效益。如果不能持久地改善企业的相对成本地位，那么企业不仅不能取得高于竞争对手的利润，更严重的是在价格大战中难以坚持很长时间。企业要获得低成本优势就必须找到持久地降低成本的方法，并且使得企业的低成本优势对于竞争者而言是难以模仿和复制的。很多企业因为没有认识到这一点而不能把低成本战略贯彻始终，当恶性的价格战进行得十分激烈时，不少企业才认识到降低成本的重要性，往往已经为时太晚。

虽然成本领先战略有利于企业在价格战中保持强有力的竞争优势，但是，成本领先战略的最终目的绝不是价格战。成本领先战略的关键在于利用其成本上的领先地位来取得竞争的优势。高明的企业经营者会把低成本战略作为先发制人的一种竞争手段，也就是说低成本的企业不会主动发起大规模的价格战，而是进行有节奏的可预期的价格下调。这种价格下调会强有力地迫使其他竞争对手自觉放弃其成本战略。要么选择其他竞争手段，要么无可奈何地退出本行业的竞争。

（五）企业获得成本领先的有效途径

企业要想获得成本领先，使其经营成本低于竞争对手，就要求企业在经营成本链的各个环节上提高效率、有效地控制开支。并且，要将这种理念形成一种企业文化贯穿于企业生产经营的各个环节。企业采取下列措施可获得成本优势。

1. 扩大规模

通过兼并、延长扩展线，市场扩张或市场营销活动来扩大规模，能够降低成本。大量的实证研究表明，在给定的设备条件下，随着累计产量的上升而得到的是生产和管理经验的上升，因为熟能生巧，从而导致单位成本下降。在很多行业中，累计产量每翻一番，单位成本就下降20%。

2. 控制成本驱动因素

控制成本驱动因素是指通过对构成成本的各个要素进行控制和改善，以达到降低成本的目的。可从以下几个方面着手降低成本。

(1) 降低企业的人工成本

在一些劳动密集型行业，如纺织业、服装制作业，人工成本占有很大的比重。降低人工成本是这些企业采取低成本战略的重要手段。比如，我国许多国有企业无法在成本和价格上与私营企业竞争，就是因为在人工成本上国有企业远远高于私营企业。首先，国有企业闲散人员过多，人员配置与需求状况不符，人浮于事的现象严重；其次，国有企业还存在管理人员过多，甚至有管理人员多于生产一线工人的情况。

(2) 降低原材料成本

在原材料成本所占比重比较大的行业。比如,家具制造业、印刷行业等,应把降低原材料成本作为降低成本的主要手段。降低原材料成本的方法很多,企业可以从以下两个方面着手:

① 降低原材料的采购成本。采购活动对于贯穿各种活动中的成本具有重要的潜在影响,可以采取多种形式来降低成本,提高讨价还价的能力。如保持一定数目的供货来源使供应商之间产生竞争、不时改变与各供应商成交额在总成本中的比例、签订年度合同代替经常性小规模购买等。

奥克斯空调从一个无名小卒跃居行业三甲之列,凭借的就是成本优势,而其降低成本的途径之一就是借鉴了美国零售业巨头沃尔玛公司的天天平价模式——国际大采购。在奥克斯,加工蒸发器和冷凝器的自动生产设备是来自日本的;保证十年不脱皮生锈的瓦格纳喷涂设备是引进德国的;制造空调塑壳的 ABS 粉料是来自韩国的;机身上所有接插件是购自美国的。这些设备和原材料共有的特点,一是品质在全球范围内相对最好;二是价格在全球范围内相对最低。

② 降低原材料的消耗量。原材料的消耗主要与生产工人的操作有关,因此应加强工人操作技能的培训和管理。易损、易磨件应在操作中给予保护,提高它们的使用寿命。对于企业生产中产生的边角料、废弃的设备配件等,应加强管理,以便回收利用或变卖。

(3) 降低企业固定成本

固定成本一般不随企业产品的产量变化而变化,如企业的固定资产的折旧成本。企业一旦购入固定资产,无论企业生产多少产品,企业的固定资产都会随着时间的推移而逐渐折旧。又比如,企业的管理人员的成本,除非企业的生产规模大规模缩减,否则所需要的管理人员是固定的。

3. 对价值链进行改造

所谓价值链就是指企业产品从开始设计到投入生产到最后交付到顾客手中这一整个价值增值过程。通过改造企业价值链的结构降低成本是指通过寻找革新性的途径来改造企业价值链中的各个过程和任务,省略或者跨越那些创造极少价值而成本高昂的价值链活动,更经济地为顾客提供基本的东西,以带来更大的成本优势。

比如,戴尔公司客户直销模式就省去了中间商环节,不但降低了价格,同时直接与顾客接触又降低了库存,减少了库存成本。

企业通过改造价值链的结构来获得成本优势的最主要的方式如下。

(1) 在产品的设计阶段,可以采取的改造价值链的手段包括:将产品简单化和改进产品的设计。

(2) 在产品生产阶段,可以采用更简单的,资本密集度更低的,或者更简便、更灵活的生产工艺。另外企业还应注意生产技术的创新。一场技术革新和革命会大幅度地降低成本,生产组织效率的提高也会带来成本的降低。

(3)在产品的销售阶段,最好使用能够直接到达最终用户的销售方式,尽量减少产品从企业到用户的中间环节,从而减少批发商和零售商的中间费用。

另外企业要建立起一整套成本约束机制，如邯钢实行的成本否决制，用成本来否决职工的奖金、工资，不照顾、不迁就、不讲客观，做到在制度面前人人平等。这一套管理制度使得邯钢的成本得到了有效控制，充分发挥了广大职工的主人翁责任心。

（六）成本领先战略的风险分析

企业要保持成本领先的地位，需要购买现代化的设备，及时淘汰陈旧的资产，防止产品线的无限扩张。同时要对新产品保持高度的警觉。成本领先战略的风险主要包括以下几个方面。

(1) 技术上的变化和突破可能使过去的投资或产品的生产及学习经验变得无效，成为无用的资源。比如，万燕公司是最早生产 VCD 的公司，该公司最风光的时候其市场占有率达到 100%。但是当 VCD 技术方案已经升级时，大量的后起之秀利用先进的技术大大降低了成本，而万燕公司由于技术升级的障碍而遭到失败。

(2) 行业中的新进入者通过模仿并总结前人的经验及购买先进的技术设备使生产成本大大降低，以更低的成本参与竞争。比如，20 世纪 70 年代初期，阿迪达斯制鞋公司在跑鞋制造业占据统治地位，但后起之秀耐克公司通过卓有成效的模仿，在产品多样化的同时，依靠外包生产制造环节，在低劳动成本地区实现小批量、多样化的情况下，仍保持成本领先的优势。结果，在 1982 年占据了美国跑鞋市场的 33%，而阿迪达斯的市场占有率却下降到了 20%。因此，成本领先的企业要重视提高新进入者的进入壁垒。

(3) 实施成本领先战略的企业，往往集中精力降低成本，而忽视了顾客需求的变化。这是成本领先战略的最危险之处，企业生产的产品虽然价格低廉，却不为顾客所欣赏和需要。

(4) 受外界环境的影响，生产成本突然升高，降低了产品的成本—价格优势，从而无法与采用其他竞争战略的企业相抗衡。

(5) 采用成本领先战略的企业主要是依靠其低价位保持竞争优势，但行业内一旦出现差异化的竞争者，企业削价的竞争优势必然会使其获利空间大大缩小，从而影响企业的持续发展能力。

（七）成本领先战略实施中的误区

成本领先战略可以给企业带来巨大的竞争优势，但企业在实施这一战略时往往会忽略掉一些机会，从而陷入困境。企业应注意下面一些常见的错误。

1. 重视生产成本而忽视其他

成本的降低使人首先联想到的是生产成本的降低，很少顾及市场营销、服务、技术开发和基础设施等活动的成本。

2. 因为降低成本而忽视产品的质量

产品的质量是企业信誉的保证，是企业的生命。因此企业成本的降低不能以产品质量的降低为代价。比如，不能为了降低成本而采用低档的材料，不能为了降低人工成本而雇用技能不合格的加工人员。

3. 忽视影响成本的所有活动之间的联系

机械地要求每个部门都同比例地降低成本，却没有想到有些部门提高成本却有利于总成本的降低。例如，对研究开发的投入而带来效率的提高，会降低总成本。

4. 忽视创新

为了降低成本，只在现有的价值链上进行增值改善，却不寻求重新配置资源价值的途径，致使效益不能达到有所突破。

二、差异化战略

(一) 差异化战略的概念

差异化战略是指将企业提供的产品或服务实现特色化，使企业的产品和企业提供的服务与竞争对手有明显区别，形成与众不同的特点而采取的一种战略。差异化战略建立起本企业在行业中独有的一些东西，通过提供与众不同的产品和服务，满足顾客特殊的需求，从而达到吸引顾客的目的，最终形成企业的竞争优势。

一般来说，企业可以在下列几个方面实行差异化战略：产品设计或商标形象的差异化；产品技术的差异化；顾客服务上的差异化；销售分配渠道上的差异化等。

成本领先战略虽然可以使企业获得竞争优势，但是随着时间的推移，靠低成本战略取得竞争优势的企业会发现他们正面临着其他企业的挑战。比如，发达国家的企业会发现在成本方面面临着来自发展中国家的企业的竞争，因为发展中国家的人力成本远远低于发达国家。我国的大中型国有企业也面临着乡镇企业和私营企业在成本上的严峻挑战。

因此，差异化战略是企业的第二种基本竞争战略。随着人们生活水平的提高，人们开始追求多样化和个性化的生活方式，对产品、服务的需求也越来越多样化。当企业间的竞争不断加剧，价格竞争不能扩大销售量的情况下，实行差异化战略就可以培养顾客的品牌忠诚度，降低对价格的敏感性。

差异化战略是企业获得高于同行业平均利润水平的一种有效的战略。比如，海尔集团针对人们夏天洗衣服频率高、量少的特点，推出了小容量的“小小神童”洗衣机，市场反应非常好。

(二) 差异化战略的动因

企业通过差异化战略能有效防御行业内的五种基本竞争力量，建立起稳固的竞争地位，从而获得高于行业平均水平的利润。企业实施差异化战略的动因主要有以下几种。

1. 形成进入障碍

差异化的产品或服务是针对某些特殊顾客的特殊需要的，而这些具有特色的产品和服务是其他企业不能提供的。这就形成了顾客对该企业产品或服务的信赖和忠诚，从而形成了强有力的进入障碍。如果行业内有新的竞争者加入，它必须克服原产品的独特性对顾客的影响及扭转顾客对原产品的信赖和忠诚，这便增加了新进入者的进入难度。

2. 给企业带来超额收益

因为差异化的产品或服务很好地满足了某些特殊顾客的特殊需求。因此这些顾客往往愿意支付更高的价格，甚至在某些情况下，这些顾客没有别的选择，不得不支付更高的价格。这种较高价格不仅可以弥补企业为了达到差异化而增加的成本，甚至还可以带来额外的收益。

超额收益的多少和企业产品或服务的差异化的程度有关，差异化程度越大，竞争对手越难以模仿和替代。因此顾客就越愿意为这些特色化的产品支付较高的价格。

3. 降低顾客的价格敏感程度

由于产品或服务的差异化，顾客对该产品或服务具有某种程度的忠实性。当这种产品的价格发生变化时，顾客对价格的反应往往并不敏感，因为顾客看重的是本产品的独特之处，往往并不在乎价格的高低。

另外，因为产品或服务是独特的，有时甚至是独一无二的，顾客很难找到价格比较的对象。生产该产品的企业便可以运用产品差异化战略，在行业的竞争中形成一个隔离带，避免竞争者的进攻，同时也提高了企业的讨价还价能力。

4. 防止替代品的威胁

如果企业提供的是大众化的产品或服务，即使在成本方面占据领先地位，企业也时刻面临其他企业的替代品的威胁。而具有特色的产品或服务，由于能够更加赢得顾客的信任，而且顾客购买这些产品或服务时往往不是很在乎其价格，因此，有差异的产品或服务可以在对付替代品竞争对手时处于更加有利的地位。

(三) 差异化战略的实施条件及原则

1. 差异化战略的实施条件

企业决定实施差异化战略，必须仔细研究购买者的需求或偏好，以便决定将一种或多种差异化特征结合在一个独特的产品中以满足顾客的需要。同时，差异化与高市场占有率是不相容的，企业实施差异化有可能要放弃较高的市场占有率目标。

企业成功的实施差异化战略要具备以下条件：

(1) 行业内有多种可使产品或服务有差异化的方式或方法，且顾客认为这些差异有价值。

(2) 顾客对产品的需求与使用经常变化。

(3) 只有少数竞争对手会采取与本企业类似的差异化行动，企业能较迅速地实施差异化战略并且竞争对手在进行模仿时要付出高昂的代价。

2. 实施差异化战略的原则

(1) 要正确处理好经营特色与成本之间的关系

正确处理好经营特色与成本之间的关系，这是差异化战略得以成功的关键。因为强调差异，一般要以成本的提高为代价，这对企业无疑是一个较重的负担。企业必须量力而行，否则难以成功。另外，提高成本会使企业在价格上没有竞争优势，甚至会造成产品的价格高于竞争对手。所以，企业必须注意价格的提高不应超出顾客所能承受的范围。

(2) 要选择恰当的差异化方向

对于一个具体的企业来说，并非所有的差异性都具有意义或值得重视。比如，戴尔公司直销方式的差异化是很有意义的，但是对一家食品公司来讲，这种销售方式的差异化就没有多少积极的意义。因此企业必须选择差异化的方向，使本企业与竞争对手有实质性的区别。

差异化的方向是否恰当，一般可以用以下标准来判断：这种差异化能否给足够的顾客带来利益，带来多少利益；这种差异化能够给本企业带来多少超额利润；顾客是否有能力并且愿意支付差异化所带来的价格的提升。另外，还要注意差异化应是竞争对手无法获得或者难以模仿的。

(3) 要注意宣传自己的差异

企业必须将自己的特殊差异介绍给顾客并能够让顾客明白了解，顾客不能理解特色是不能起到作用的。

(4) 要从顾客的需求中寻找差异化

企业要选择恰当的差异化方向就要研究顾客的需求。顾客的需求是多样化的、多变的，正是这种需求的差异化才造就了企业的差异化战略。企业可以从以下几个方面进行分析：顾客对企业现有产品或服务哪些方面满意，哪些方面不满意，对竞争对手的产品有哪些方面满意，哪些方面不满意。这是确定差异战略应该重视的有效方法。

(四) 形成差异化的有效途径

1. 产品质量差异化

产品质量差异化是指企业向市场提供竞争对手不具有的高质量的产品，通过高质高价获得比竞争对手更多的利润。例如，海尔电冰箱以开箱合格率100%的高质量形象进入市场，从而建立起了独特的质量形象。

2. 产品可靠性差异化

产品可靠性差异是与产品质量差异化相关的一种战略，其核心就是要保证企业产品的绝对可靠性，甚至在出现意外故障时，也不完全丧失其使用价值。例如，以高质量、高可靠性闻名世界的奔驰汽车公司，每年用30辆新车以最高速度碰撞专设的钢筋混凝土水泥板，测试车中模拟人的伤亡情况，不断提高“奔驰”车的安全可靠性，尽管奔驰车售价比一般轿车高出1倍以上，但长盛不衰的销售量给企业带来了高收益。

3. 产品销售服务的差异化

通过转变销售方式或加强售后服务，建立服务的竞争优势。以服务取胜是许多成功企业采用的共同战略。例如，世界上最大的建筑机械制造企业——美国加塔皮拉公司的口号就是:“不论世界任何地方,保证 24 小时之内将备件送货上门;否则对顾客将给予赔偿。”中国海尔集团的成功也与其售后服务的完善密切相关。

4. 产品创新差异化

对于一些拥有雄厚研究开发实力的高科技企业,实行以产品创新为主的差异化战略,不仅可以保持企业在科技上的领先地位,而且可以增强企业的竞争优势和获利能力。

例如,日本松下电器公司曾经研制的超薄录像机的厚度只有 20 毫米,大小相当于一本 32 开的书,使用起来方便轻巧,这种产品的技术要求非常高,一般企业难以在短期内模仿制造。

5. 产品品牌差异化

产品品牌差异化战略就是通过创名牌产品、保名牌产品,使企业在同行业中富有竞争力。名牌产品是指具有较高知名度和较高市场占有率的产品。名牌不仅是社会对某一产品的评价,而且是对企业整体的评价。名牌是企业实力和地位的象征,一个产品一旦成为名牌,既可以给企业带来利益,也可以给国家带来荣誉。在市场竞争的条件下,名牌战略是企业进行竞争的利器和取胜的法宝,只有勇创名牌的企业才能在竞争中取得胜利。

总之,在企业经营价值链的每一个环节上,凡是能给顾客带来新价值的举措都可能带来一定的差异化优势。例如,日本汽车的质量信誉来自于其良好的技术与质量控制;而美国的 IBM 公司通过向顾客提供精心安排的服务与技术保障来增加顾客的价值。

(五) 差异化战略的风险分析

1. 在竞争对手的模仿和进攻下,企业不能保持差异化

竞争对手的模仿和进攻会使差异缩小甚至转向,企业不能再保持差异化,这是随着产业的成熟而经常发生的一种普遍现象。

例如,我国 101 生发精问世后,曾引起了日本消费者的极大兴趣,101 生产企业向日本大量出口。但是,后来日本的企业模仿了 101 生产技术,生产出类似的产品,致使我国企业失去了大量的市场,再也不能向日本出口了。

又如,源于中国的中草药,在欧美市场上是有差异化的产品,但在欧美市场上销售的中草药大部分是日本和韩国生产的,这是因为日本和韩国生产厂家开发出了更符合欧美消费者特点的中草药饮片和口服液,使得我国企业的差异化优势荡然无存。还有我国的茶叶、景泰蓝都遭遇了同样的命运。

2. 外部环境变化的影响

外部环境变化的影响使企业难以在一个较长的时间内保持差异化优势。比如,20 世纪 80 年代我国的家电产品质量不高,差异化程度高的国外品牌在竞争中取得了优势。但现在我国大部分厂家生产的家电产品质量都有了很大的提高,消费者的敏感点转向了价格,迫使国际品牌改变战略战术,放弃差异化而参与价格战。所以,企业在实施差异化战略时,要针对变化了的环境和条件采取相应的措施保证战略的实施。

3. 企业形成差异化成本过高

企业形成差异化要增加设计和研究费用，如选用高档原材料等会使成本升高，从而会与实施成本领先战略的竞争对手的产品的价格差距过大，购买者往往不愿接受这种过高的价格，使企业差异化的初衷难以实现。

例如，中美合资的北京吉普汽车有限公司曾有一项引以为自豪的举措，就是在合资协议中明确要求美方提供及时的"动态技术"信息，随时将母公司的新车型、新技术引入子公司，做到与母公司同步发展，提高企业差异化程度。但该公司吉普车国产化率已从合资初期的40%提高到现在的60%，致使每一款新车型的国产化代价太大。为解决这个问题，该公司专门设立了一个叫"改不改办公室"的职能部门，主要工作就是研究母公司提供的信息，分析是否有跟着改进的必要性。

4. 差异化无法长时间地持续

造成差异化无法长时间持续的局面的原因，除模仿外，还有以下几种情况。

(1) 竞争对手推出了更有特色的产品

有时竞争对手不会采取模仿的形式，而是开发出一种能够更加适合顾客的产品或服务，使得企业的原有购买者转向了竞争对手的市场，从而使企业的差异化难以持久。

(2) 技术进步削弱差异化优势

任何一种新技术的出现，都是以现有技术为基础进行改进的结果，有些新技术是为了克服一直困扰人们的难题，而有些新技术则是为了使产品更加适合差异化的需求。技术的进步，往往会使企业差异化的优势丧失。

(六) 差异化战略实施中的误区

1. 不适当的差异化

只有能为顾客提供附加价值的差异化才是适当的差异化。有意义的差异化通常来自于买方的追求和可以衡量的价值。本田公司一向重视识别真正有意义的差异化，把过去的一些不能给顾客带来多少附加利益的花样翻新一律砍掉，以保持真正的核心竞争力。

2. 溢价太高

有些公司为了尽快收回成本，给产品定的价格过高，超出竞争对手很多，结果溢价太高，使消费者难以承受。企业定价过高不但不能获得长期的溢价，还有可能失掉大批的顾客，从长期看，是得不偿失的。

3. 只重视实际产品而忽视整个价值链

有些企业只注重从实际产品中寻找差异化的机会，而忽视了整个价值链中的其他机会，如批量采购、联合开发等。这些方面往往能够为差异化提供持久的基础。

4. 不能正确认识买方市场

差异化必须以满足一定买方购买标准为基础，但这并不意味着企业要选择专一化战略。如果企业不能正确地划分买方市场，即使采用差异化战略也无法满足任何一个买方。

三、重点集中战略

（一）重点集中战略的概念

重点集中战略是指企业把经营战略的重点放在一个特定的目标市场上，并为这个特定的目标市场提供特定的产品或服务。实施重点集中战略的企业不是围绕着整个产业，而是围绕一个特定的目标进行密集性的生产经营活动的，要能够提供比竞争对手更为有效的产品或服务。

重点集中战略的重点可以是成本重点，也可以是产品重点。实行成本重点时，企业要在所处的目标市场中取得低成本的优势；实行产品重点时，企业则要在目标市场中形成独特的差异化。

重点集中战略实际上是特殊的差异化战略和特殊的成本领先战略。企业采取重点集中战略也许在整个市场上并没有取得成本领先或差异化优势，但在较狭窄的市场范围内却是成本领先或差异化的。采用重点集中战略的企业一般规模较小，往往不能同时采用差异化和成本领先战略。

（二）重点集中战略的动因

1. 避免在大范围内与对手竞争

重点集中战略是企业在某一特定的目标市场上实施成本领先战略或差异化战略，因而，可以防御行业中的五种基本竞争力量，同时也可避开在大范围内与竞争对手的竞争，增强相对竞争优势，尤其对一些力量还不足以与大企业相抗衡的中小企业来说，可以增强其竞争力量。

例如，P&G 在美国的市场占有率为 5%，高露洁为 1%；日用化妆品是 P&G 的强项主业，高露洁不在美国国内销售日用化妆品，避开 P&G 已有的经营领域，专门从事医用化妆品和运动用化妆品的生产，到 1976 年，高露洁 3/4 的业务赶上了 P&G，扩大了在细分市场的占有率，由此使企业整体的竞争力得到了提高。

2. 避免与竞争对手正面冲突

采用重点集中战略也可以使其避免与竞争对手的正面冲突，使企业处于竞争的缓冲地带。上海徐汇区有三家大商场：第六百货公司主要定位于中等收入者和中老年消费群体，所售商品便宜、实惠；太平洋商厦的消费群体为青少年，体现的是轻松、活泼的氛围；东方商厦 80%的商品来自欧美，60%的商品直接进口，为白领和高收入者提供高档、高值和高价的商品，三家商场各自的经营重点不同，避免了为竞争而大打价格恶战的局面，由此收到了重点突出的益处。

3. 集中企业资源为某一目标市场服务

重点集中战略便于集中企业的资源，更好地为某一目标市场服务，抵御外部竞争者的进入。曾经是北京名牌产品的“白菊洗衣机”，目前在北京市场已经见不到了，但是“白菊洗衣机”并没有退出市场，在东北、华北、西北等地区，“白菊”洗衣机成了座上宾。

20年前，“白菊”生产了第一台洗衣机，成为国内业界的领头羊。后来，海尔、小鸭等名牌洗衣机打入北京市场，再加上国有企业冗员多、负担重、效益低等原因，1995年“白菊”退出了北京市场。经过两次调整，“白菊”将自己的竞争战略定位于中小城镇和农村市场，根据农村市场的消费特点、开发受农民及低收入者欢迎的洗衣机，因而“白菊”的企业战略大获成功。

4. 战略目标集中明确

重点集中战略可以使战略目标集中明确，经济结果易于评价，战略管理过程易于控制，从而带来管理上的简便。重点集中战略的特性是最适合中小企业的战略。因为中小企业规模小、资源有限，往往无法经营多种产品以分散风险。因此，不如集中有限的优势兵力专攻一行，将有限的资源用到最优势的项目上。

（三）重点集中战略的实施条件

企业实施重点集中战略的关键是选好战略目标。一般的原则是：企业要尽可能选择那些竞争对手最薄弱的目标和最不易受替代品冲击的目标。在选择目标之前，企业必须确认以下因素：

（1）购买者群体之间在需求上存在显著差异，或习惯于以不同的方式使用产品。

（2）这一特殊的顾客群或地区市场并不是主要竞争者取得成功的关键因素，因此，没有其他竞争对手采取类似的战略。

（3）目标市场在市场容量、成长速度、获利能力、竞争强度等方面都具有相对吸引力。

（4）企业缺乏足够的资源用于广泛的、较宽的市场面。

（5）行业内部存在许多不同的细分市场，因而允许实施重点集中战略的企业选择诱人的细分市场，以充分发挥自己的优势。

（四）重点集中战略的风险分析

1. 竞争对手采取同样的战略

以较宽的目标市场为目标的竞争对手也会采取同样的重点集中战略，或者竞争对手从企业的目标市场中又分出了目标市场，并以此实施重点集中战略，从而使原来采用重点集中战略的企业失去了竞争优势，盈利水平下降。这方面的典型例子是菲利浦·莫利斯公司收购七喜饮料公司。

七喜公司本来是一个成功的市场细分者，它避开了与可口可乐公司和百事公司的正面竞争，取得了较好的效果，但被收购后，七喜进入可乐市场，与可口可乐展开正面竞争，导致了可口可乐进入七喜公司的细分市场，最终使七喜失去了生存的细分市场。

2. 失去了重点集中战略的基础

技术进步、替代品的出现、价值观念的更新、消费者偏好的变化等，会使目标市场与总体市场在产品和服务差异变小，从而使企业失掉赖以生存的重点集中战略的基础。例如，在过去针对高收入消费者生产的一些高档商品，可能会随着人民生活水平的提高而成为大众商品，而不得不参与价格竞争。

3. 企业失去竞争优势

由于小目标市场难以支撑必要的生产规模，所以重点集中战略可能带来高成本的风险，从而导致与在较宽范围内经营的竞争对手之间在成本上差别较大，抵消企业在目标市场上的成本优势或差异化优势，从而使企业的重点集中战略失败。

台湾韩氏机械公司开发出一种性能优良的折叠式自行车，这种自行车折叠迅速——只需要十分钟；操作简单——在折叠时不需要任何辅助工具；体积轻便——重量为12.5～14.5公斤，但由于市场容量有限，企业难以达到规模生产点，致使价格太高——每部车 170～300美元，事实上抵消了不易失窃的优势。其竞争对手是生产"捷安特"的巨大机械公司，该公司致力于系列自行车的生产，既注意树立高级车的形象，又不放弃普通车的市场，成功地进入了内地市场。

由此可见，企业实施重点集中战略时，要对产品获利能力和销售量进行综合平衡，并对产品差异化与成本状况进行权衡，谨慎行事。

第二节　动态竞争战略

一、动态竞争成因分析

20 世纪 90 年代以来，越来越多的企业管理者感到竞争环境越来越复杂，竞争的对抗性越来越强，竞争内容的变化越来越快，竞争优势的可保持性越来越低。促使动态竞争形成的原因是多方面的。

1. 经济全球化的趋势不断加快

20 世纪 90 年代以来，经济全球化成为世界经济发展的潮流。各国、各地区经济的发展与外部世界经济的变动日益相互影响、相互制约。这一切意味着社会物质经济运作的巨大变化，它必然要求企业的发展战略、管理模式发生变化。

2. 新技术、新产品开发的速度加快

随着科学技术水平的不断提高和企业投入的迅速增加，新技术和新产品开发的速度不断提高，大大地增加了企业之间竞争的互动和竞争优势变化的速度。

3. 竞争手段的现代化

电子信息技术和通信、交通行业的高速发展，使各个国家和各个竞争对手之间竞争的激烈程度大大提高。新的电子信息技术的广泛应用，使全球化企业可以在全球范围内有效地管理自己的企业，协调它们的战略行动和经营行为，及时地对各种竞争和需要做出准确的反应。

4. 各个行业产品和技术、市场结构和竞争结构等方面具有不同的特点

行业的特点不同使得各个行业在动态竞争的程度上有一定的差异；各个行业内部企业在规模、实力、创新能力方面也存在差异。中小企业多、实力相当、创新能力强的行业，动态竞争的水平就比较高。

二、动态竞争的特点及决定因素

(一) 动态竞争的特点

(1) 影响企业竞争的变量急剧增加，并且各个变量的变化速度明显加快。

(2) 动态竞争是高强度和高速度的竞争，每一个竞争对手都在不断地建立自己的竞争优势和削弱对手的竞争优势，竞争对手的战略互动明显加快。

(3) 任何一个抢先战略都有可能被竞争对手的反击行动所击败。

(4) 任何竞争优势都是暂时的，而不是可以长期保持的。

(5) 竞争战略的有效性不仅取决于时间的领先，更主要的是及时地建立新的优势。

(6) 企业间所有的行动都是互动的，所有的行动都相对的，竞争者必须了解变化的趋势和竞争的反击后果。

(二) 动态竞争的决定因素

1. 企业规模对于动态竞争具有两个重大但是相反的作用

一方面，企业大，相对于自己的竞争对手来说它的市场影响就大。例如，波音公司相对于空中客车公司来说就有更大的影响力。但是，另一方面，企业大就意味着创新能力低和反应速度慢。

2. 进攻和反应速度决定成败

在全球化的过程中，新产品开发和新市场进入的速度是保持竞争优势和获利高于平均水平的收益率的重要因素。企业的进攻速度越快，就越有机会使对手措手不及，从而抢占市场的先机。

当世界第一次石油危机刚刚露出端倪时，日本丰田汽车公司便敏锐地意识到以石油为能源的汽车业必然要受到冲击。于是他们立刻着手研制开发轻型优质的省油汽车。当石油危机真的到来，世界汽车业成木凋零的时候，唯有丰田汽车一枝独秀，占尽风光。在日趋激烈的市场竞争中，企业对各种变化因素反应速度越快，就越能追赶上率先发动进攻的对手，使对手的先动优势减至最小。

3. 在动态竞争中创新能力十分关键

当几家公司竞争开发相同的产品时，创新能力强的公司就更有可能率先开发成功，从而获得先动优势，包括专利和商标的保护、顾客的认知度以及决定行业技术的标准。而对于反应者来说，通过创新就有可能开拓新的市场或者改变行业规则，从而变被动为主动。

瑞士钟表业拥有400多年的历史。20世纪60年代，瑞士年产各类钟表1亿只，产值40多亿瑞士法郎，行销世界150多个国家和地区，世界市场占有率在50%～80%之间，素有“钟表王国”之称。它的机械表畅销全球，没有敌手。然而瑞士钟表厂家满足于现状，不知创新，1954年，瑞士的一位工程师发明了石英电子技术，曾写了一份报告给他的行业首脑，竟然遭到鄙视，被认为毫无价值而受到冷落。

1969年，瑞士试制出第一只石英电子表，但被钟表界的权威人士嗤之以鼻。后来，瑞士研究出来的石英电子表被日本公司得到，他们立刻动员了电子专家同手表行业联合攻关。5年后，第一批日本电子手表开始向世界倾销，并立即打开了销路。日本电子手表的崛起，使瑞士这一“钟表王国”每况愈下，难以为继。

从1975—1980年，在短短5年时间里，日本电子手表一共挤垮了178家瑞士钟表厂。1982年，瑞士钟表的世界市场占有率猛跌到9%，销售总额退居日本和中国香港之后，位于世界第三位。

现代社会是一个讲究创新的时代，任何固步自封都将导致企业走向没落。微软公司因创新而独步天下，苹果公司因创新东山再起，摩托罗拉因创新而百年不衰。

4. 产品质量依然是企业关心的重点

没有质量，无论采取什么战略：进攻还是反击，先动还是后动，都是难有作为的。世界上任何一个优秀的企业都是非常看重质量的。如麦当劳的北京分店是于1992年开业的，可早在8年前，美国麦当劳总部就派专家，到中国的河北、山西等地对上百种的马铃薯进行考察，并对其成分进行逐一分析，最后确定麦当劳的专用马铃薯。仅仅是一项马铃薯的原材料，麦当劳都耗费如此大的精力，可见其对产品质量的重视程度。

三、动态竞争下的企业战略选择

在动态竞争下，企业根据不同的情况可以采取不同的战略，主要有先动战略、后动战略、多点竞争战略和合作竞争战略等。

(一) 先动战略

1. 率先行动

企业率先行动，可以获取以下三方面的竞争优势：

(1) 先动者可以获得消费者的忠诚感，为后来者制造感情障碍。在信息充斥的今天，人们的感知能力脆弱，只能关注和记住有限的品牌信息，消费者往往只青睐最先接触的品牌。品牌一旦获得了消费者的认同，对于后来者是一个巨大的、难以逾越的心理障碍。

在电脑行业中IBM是第一个在消费者心目中建立电脑位置的公司，它成为电脑行业的龙头老大。但在复印机行业中，首先居领先地位的是施乐公司，IBM试图以其强大的实力与施乐公司竞争复印机市场，结果施乐还是拥有数倍于IBM的复印机市场，因为施乐是最先抢入复印机市场的公司，它是真正的“老大”。人们买电脑首选IBM，买复印机首选施乐，这就是先入为主的优势。

(2) 先动者可先于竞争对手获得高于行业平均水平的收益率。先动者由于较其他竞争者先进入新领域，因此所获得的暂时性的垄断地位使它可以订立短期高价，获得超额利润。待竞争对手进入时，再采取掠夺性价格，迫使竞争对手退出该行业。

(3) 先动者成为行业标准的制定者，从而提高行业的进入壁垒。先动者率先推出的产品或技术可能成为社会普遍接受的行业标准，一旦这样的标准设立，后来者只能被迫遵从，被迫追随。如Intel系列计算机微处理器被全世界公认为统一的行业技术标准，而且该公司依靠创新，不断进行产品的升级换代，使得其他企业只能跟随，很难超越。

2. 在制定先动战略时企业需要考虑的问题

(1) 对竞争对手反击能力以及自我的获利能力等进行认真分析、准确把握。如果对此没有清醒的认识，就只能是盲目地先动，不仅不能获得先动的优势，还可能会遭到竞争对手的强烈反击。

(2) 应该注意跟进者的反应速度。竞争者需要长短不一的时间去研究是否需要进行反击，采取什么方式反击，以及组织资源去实施反击。跟进者对先动者行为作出的反应越快，先动者的先动优势所能维持的时间就越短。

(3) 先动优势的维持与否还取决于跟进者的学习、模仿和创新的能力。要维持先动优势，先动者必须增加研究与开发的后续投入，保持对跟进者的创新优势。否则，跟进者会依靠学习、模仿和创新实现超越，成为行业新的领先者。

(二) 后动战略

后动战略是相对先动战略而言的。后动者通过实施后动战略，不仅能改善后进入市场而导致的劣势地位，还能实现对市场先动者的竞争超越。

1. 进行创造性模仿

创造性模仿是“创造性仿制者在别人成功的基础上进行再创新”。彼得·德鲁克认为，创造性模仿仍具有创造性，因为应用这些技术的企业家比发明家更了解发明的意义。

创造性模仿是后动者建立竞争优势的重要途径，通过比先动者更透彻地了解新技术与市场需求的关系，后动者能为新技术的应用寻求更准确的市场定位，并借助于对新技术的创造性模仿来建立竞争优势。后动者进行创造性模仿的重要前提是技术的获取，它们可以通过产品逆向工程、直接观察生产工艺或操作方法、生产设备购买、技术许可、技术转让和引进被模仿企业的人才等多种渠道获取技术。

在两大可乐的战役中，百事可乐的主管层一直认为，可口可乐那突出的更漏型的瓶子，让人们握起来更舒适，而且十分适合于自动贩卖机贩卖，这使得可口可乐可以握在消费者手中还能让人辨认出来的公司标志，瓶子是可口可乐最重要的竞争优势。于是百事可乐花费了数百万美元来研究设计新的瓶子，并在1958年推出了“旋涡型”的瓶子与可口可乐对抗，尽管这种瓶子成为百事可乐的标准包装达二十多年的时间，可是它仍然不像可口可乐那样得到普遍认同，仅被认为是对可口可乐形象的模仿。

1970年，约翰·史考利担任了百事可乐营销副总经理。他经过仔细分析，认识到百事可乐的失误就是对顾客的认识不足，没有搞清顾客需要的是什么。经过调查，史考利发现，顾客不管订购多少百事可乐，总有办法把它喝光。于是史考利做了包装设计，设计出一种使人们更容易携带更多软性饮料回家的包装。至此，史考利找到了与可口可乐瓶子竞争的关键所在。着手上市新的、比较大的且更富变化性包装的饮料。果然，经过重新设计包装的产品上市后，市场占有率呈戏剧化的扩张。

由于可口可乐没有将其瓶子改装成更大的容器，致使“可口可乐的瓶子”在美国的市场上的份额逐渐缩小，最后在市场上绝迹。这个决策使百事可乐发展成为与可口可乐齐名的世界饮料行业巨头。它也证实了创造性模仿的意义。

2. 优化市场定位

由于先动者是市场上第一个推出某种产品或服务的企业，对于消费者到底需要什么样的产品功能、服务还不太清楚。这样不可避免地有时会出现消费所需要的功能没有提供，而提供的又是消费者不需要的功能，在产品或者服务的定位上出现问题。而后动者通过分析消费者的反应，对产品进行分析，重新定位，因而超过先动者，甚至有可能取代先动者在市场上的领先地位。

在现实的经营活动中，后动者常常出现盲目模仿、照搬，重复生产、重复建设的弊端。结果不能使企业胜出，反而被市场淘汰。如中国的VCD的生产，你上我也上；你建汽车城，我也建；你搞软件园，我也搞。完全不看市场承受力，完全相同的产品，没有自己的独特市场定位，其结果是重复低层次的价格战。如彩电大战、白酒大战、口服液大战、饮水机大战、热水器大战、VCD大战等，战火连绵，硝烟不断。

回顾中国VCD所走过的道路，就是一个盲目跟随，各企业缺乏良好定位的典型案例。1993年中国首台VCD机诞生，第二年开始批量生产，产量达2万台，1995年达22万台，1996年达400多万台，1997年达6800万台。面对如此巨大的市场空间，国内VCD生产研究如雨后春笋不断冒出，最多时达600多家。超过市场需求，形成了严重的恶性竞争和巨大的浪费。1999年开始大规模降价。2002年，VCD的价格已由每台1000～2000元跌到100元一台，出现了全行业亏损的状态。

可见，企业战略如果一味地模仿、学习别人，就会陷入一种“别人干啥咱干啥”的赌注式怪圈。优秀的企业应先分析先动者的优势与劣势，找出市场空隙发起攻击，这是取胜的法宝。

3. 实现成本领先

在新产品或服务推向市场时，先动者需要大量的市场开拓成本，如大量的宣传费用，指导消费者如何使用新产品或服务的支出等。而且先动者往往更注重产品性能的创新而忽略为降低成本进行的工业创新。同时，由于先动者往往能凭借率先进入市场形成一定程度的垄断，实施垄断价格获得超额利润，因此先动者本身也缺乏为降低成本而进行创新的动力。

然而后动者进入市场时，消费者对该产品已经比较熟悉，因此市场开拓成本大大降低。而且后动者依靠产品工艺上的创新可以比先动者更迅速地实现规模经济和成本领先，从而制定更有竞争力的价格来迅速占领市场，扩大市场份额。

4. 重建竞争规则

后动者作为后进入市场的企业，如果亦步亦趋地遵守先动者制定的竞争规则，则企业往往会陷入被动的地位。如果后动者能够改变或者重新定义游戏规则，就能获得超越先动者的优势。

重建游戏规则的途径包括以下三点。

(1) 建立主流经营模式

如戴尔利用互联网建立的电脑直销模式就重建了 PC 电脑的竞争规则。2000 年，在与康柏的竞争中，它的直销模式使戴尔第一次以 16.6%的市场占有率成为市场领导者。

(2) 建立技术标准

技术标准通常是由该产业的主流技术演化而成的。通过率先建立标准或重建标准，可以实现行业竞争规则的重新洗牌，从而后动者能在新标准的基础上确立有利于自己的竞争地位。

(3) 重建价值链

价值链是企业在一个特定产业的各种活动组合。波特认为，竞争对手价值链之间的差异是竞争优势的一个关键来源。同时，价值链的改变也将影响竞争格局的改变，通过流程再造、业务外包、组建动态联盟等方式，实现价值链的重建，使企业经营重点、产业组织结构以及行业竞争方式等发生变化，从而对竞争规则产生重大影响。

(三) 多点竞争战略

1. 多点竞争战略的含义

多点竞争中的“点”就是一个“市场”，其含义包括：

(1) 区域市场或者国家市场，如中国市场和美国市场；

(2) 细分市场，如高档市场、中档市场和低档市场；

(3) 一个产品线或者一个经营单位，如彩电或者专门生产彩电的子公司；

(4) 以上各个部分的不同组合。

从以上分析可以看到，如果一个企业具有多个区域、多个细分市场、多种产品线或者多个行业性的二级子公司，那么相对而言，这个企业就具有多点竞争优势；相反，则只有多点竞争的劣势。

2. 实施多点竞争战略的意义

在动态竞争下企业实施多点竞争战略的重要意义是能够避免两败俱伤局面。假定两个企业有至少两个区域市场是重叠的，并且双方在产品上存在着竞争关系，那么这两个企业之间实际上存在着互相制约的关系，如两企业间的跨市场报复等。正因为两个企业之间存在着潜在的"跨市场"报复的可能性，所以采用多点市场竞争可以避免你死我活的竞争。可以通过一个例子对此进行解释。

吉列公司主要是生产一次性剃须刀的企业，BIC公司是专门生产一次性钢笔的企业。吉列公司为了增加产品，决定进入一次性钢笔的生产行业，从而成为BIC公司的竞争对手。BIC公司如果不反击，就会让这个强大的竞争对手长驱直入。如果采用降低价格，正面阻击吉列公司进入的办法，就会降低整个行业的利润，吃亏最大的是自己。BIC公司最后选择采用多点竞争的战略，开发一次性剃须刀去回击吉列公司。把同样的问题放在了吉列公司的面前。最后吉列公司为了自己和行业的利益，决定放弃进入一次性钢笔领域；而BIC公司因此也决定放弃一次性剃须刀。从这个例子可以看到，如果竞争是在两个以上行业或者多市场经营的企业之间进行，采用多点竞争战略而不是针锋相对的反击战略，可以避免恶性价格竞争的出现，使企业以最小的损失获得最大的利益。

3. 多点竞争战略需注意的问题

(1) 不要随意进入陌生的行业

一般来说，企业进入一个新的行业要受到一系列因素的制约，如果不考虑这些因素，不可避免地会造成市场选择不当、业务不通，无法对各项业务实行有效管理和控制，结果多点竞争不但不能分散企业风险，反而加大风险程度。

2000年9月，浙江省海宁市鼎盛实业有限公司宣告破产，此消息让企业界震惊。鼎盛公司1993年的销售收入高达5397万元，利润总额219万元，1994年荣获"海宁市明星企业"的称号，怎么会陷入这样的境地呢？这里最主要的原因就是投资于不熟悉的领域，造成投资失败。1993年鼎盛发展壮大时期，企业积累了大量资金，达到了一定的经济规模。于是企业领导自我陶醉，开始向其他行业扩张，包括水泥、化工、皮革、贸易、灯艺等11类，这种撒胡椒面式的投资，直接分散了企业的财力、精力，加大了管理成本，也遭到了来自相关几个行业的多种竞争，最终企业难逃倒台的命运。

韩国的起亚集团原来是专门生产汽车的，但后来也追求扩张，把手伸向建筑、贸易、钢铁等全新领域，结果，公司陷入了经营的沼泽地而难以自拔。

企业实行多点竞争战略的确可以给企业带来一些优势，但也不能盲目，尤其企业在进入一个自己不熟悉的行业时，一定进行充分的调查研究，并在适当的时机适当地退出，作为一个成熟的企业决策者，既要学会进攻，也必须要学会放弃。

(2) 不要轻易丢掉本企业的核心优势

TCL起家的产业并不是现在的彩电，也不是一炮打响的电话，而是磁带。TCL前身是"惠州TTK家庭电器有限公司"，模仿日本的"TDK"做家用磁带。TCL的第一桶金就是在磁带上掘到的。然而就在磁带的回旋余地还很大的时候就早早地放弃了磁带业务。

让 TCL 一战成名的是电话机，凭借着对通信市场的敏锐反应和对邮电渠道的垄断性占有，TCL 的电话业务在 20 世纪 80 年代末 90 年代初达到了巅峰时期。

正因为如此，1993 年 TCL 通信作为国内首家通信股在主板上市，TCL 将成为一个强势通信企业似乎已经大势所趋、顺理成章。然而，TCL 居然又来了一次转换，由通信企业变成了家电企业。结果华为公司成为中国通信业的第一块金字招牌。TCL 在家电业也没能捞到更多的金。1999 年 TCL 大举进入移动通信行业，3 年做到了移动电话国内品牌第一，然而“时机已失，空账难覆”。TCL 也只能在终端产品上略有所获。

当初，TCL 如果不放弃磁带业务，向相关产品发展，从小小的 IC 卡，到 PC 用的光盘、硬盘、闪存，到大型的磁带机、光盘机等等，TCL 实际上大有可为。如果 TCL 有这种眼光的话，就能够赶得上 IT 产业向亚洲转移的盛事，恐怕今天 TCL 走向全球化的目标早就实现了。

(四) 合作竞争战略

1. 合作竞争战略的优势

传统的竞争是强调战胜对手，在动态竞争下则更强调竞争对手之间的合作。这样做从战略上看可以给合作双方提供其他机制所不能具有的以下优势。

(1) 增强企业实力

通过合作，分散的公司资源可凝聚成一股力量，可以帮助各个合作企业增强资本实力，提高业务数量和业务能力，实现人才和客户之间的互补，共享品牌和客户等其他资源，共同对付别的更强的竞争者或者潜在的竞争者。

(2) 扩大市场份额

在竞争激烈的市场上，企业不可能消灭行业中所有对手。合作可以实现技术和市场信息的共享；合作可给双方带来市场营销信息，使他们对于新技术变革能够做出更快速的调整和适应；加强合作者之间的技术交流，使他们在各自独立的市场上保持竞争优势；通过合作可获得重要的市场情报，顺利地进入新市场，与新客户搞好关系，这些都有助于销售的增长；双方可以利用彼此的网络进入新市场，加强产品的销售，或者共同举行促销活动来扩大影响。

(3) 迅速获取新的技术

目前技术创新和推广的速度越来越快，一个企业如果不能紧跟技术前进的步伐，就很可能被市场所淘汰，即使很大的企业也存在这方面的压力。而技术创新需要企业有很强的实力和充分的信息，否则很难跟上技术创新的步伐，这就要求具备各种专业特长的企业进行配合，而战略合作可以满足这一要求。

(4) 进入国际市场

竞争全球化是市场竞争的一个趋势，这已经为越来越多的企业所共同认识到。企业要谋求全球化的发展，仅靠出口产品的方式占领国际市场存在着很大的局限。现在很多企业都试图在国外生产，国外销售，这一方式也存在很大的问题。因为国外的经营环境与国内有很大的区别，而且各国法律的限制对企业的发展有极大的制约。

通过与进入国建立合作联盟，用合资、合作、特许经营等方式可以有效地解决这一问题，这些优点是在国外直接投资建厂、购并当地企业所不具备的。

(5) 降低风险

现在的市场竞争千变万化，因此，企业经营存在着巨大的风险。通过战略合作的方式可以分担风险从而使企业经营风险大大降低。合作不仅能降低研究与开发成本，分散研究开发风险，而且通过拓展企业边界，共享资源、技术和信息渠道，形成一定的规模经济，这对原本较为脆弱的企业更是极大的保障。

例如，在科技投入方面，由于研究与开发费用很大，而成功率很低，即使开发成功，很可能迅速被更先进的技术所取代，因此研究开发存在很大风险。而通过几个企业组建战略联盟共同开发，不仅可以提高成功的可能性，而且可以使费用得到分担，迅速回收，这就大大降低了风险。如果与竞争对手结成合作关系，可以把竞争对手限定在它的地盘上，避免双方投入大量资金展开两败俱伤的竞争。

(6) 增加行业利益

竞争对手相互合作可以增加行业的共同利益。例如，美国三大汽车公司的合作，不仅使行业降低了销售成本，拓宽了业务渠道，同时也整合了三大汽车公司原来各自为政的零部件供应系统，合作改善了三大汽车公司的成本结构，使各汽车公司乃至零部件供应商都受益匪浅。

合作可以产生竞争的双赢结果。当企业相互合作时，它们可以得到长期的合理利润。当一个企业采取仅对自身有利的战略时，如果竞争对手对这种行为进行强烈的报复，每个企业的境况会比互相合作差得多。为了避免这种后果，企业间就必须达成协议，联合起来，共同分享市场份额。具体而言，这种合作会有助于实现参与方之间的优势互补，创造 $1+1>2$ 的协同效应，共同发展。竞争中的合作可保证企业获得更大的利益，越激烈的竞争要求越高层次的合作形式，越善于合作则竞争越强。

2. 企业间合作竞争的局限性

企业间合作竞争也有不可避免的局限性，表现为以下几个方面。

(1) 难以寻找合适的伙伴

寻找合适的合作伙伴是合作中的一个关键问题，同时也是一大难题。如果双方不匹配或者不相容，容易产生消极的后果。如果这一步走得比较顺利，找到了合作伙伴，随着合作进程的发展，双方配合将越来越有成效。

(2) 合作伙伴之间的竞争

企业合作的目的之一就是通过合作壮大合作方的竞争实力，但是合作各方也会存在竞争。虽然有合作协议的约束，但总有合作伙伴为了自身的利益做出损害合作伙伴的行为，而且由于合作各方之间对于经营理念、技术优势等许多相关竞争情报都非常了解，因此，合作伙伴的背叛往往会给企业造成更大的损失。

(3) 战略转移

企业合作是为了自己能够发展壮大，合作伙伴的目的往往也是如此。但是随着企业的发展壮大，企业的经营战略也会发生变化，这种战略上的转换可能造成合作没有存在的必要，甚至会造成合作成为企业发展的障碍。比如，有的合作是为克服双方固有的弱点、取长补短而建立的。然而随着时间的推移和战略环境的变换，当其中一家企业的弱点不再存在时，它的战略也应该随之发生转换。

(4) 相互合作的有效性

选择合适的合作伙伴是合作成功的基本前提。在选择了合作伙伴之后，合作能否取得理想的效果还取决于相互之间合作的有效性。一旦合作的总体战略制定正确，是否成功将有赖于合作各方的相互协作。企业相互之间的协作与企业内部经营的运作有很大不同，需要合作的各方都对自己的经营模式做出相应的调整，任何一方出现了问题，都会导致相互之间的合作效果大打折扣。

假如一方选择了不善经营的经理，就很可能导致合作的失败。另外，在合作中，一合作方若过于相信对方处理问题的能力，尤其是当这些问题被认为是在对方熟练操作的领域，其结果常常也是失败的。

3. 制定合作竞争战略时需要做好准备

合作企业在制定合作竞争战略时，需要在意识和操作层面做好以下准备。

(1) 贡献意识

贡献是所有参与者在合作进程中的付出、给予以及做出的改变等，而非一方的单独行动。贡献是合作能获得成效的基本起点。参与方贡献的结合形成的虚拟“组织界面”，是用以攫取最大利益、建立双赢局面和创造发展新契机的平台。

(2) 成效意识

成效是指通过合作能够创造的具体有效的成果，是合作存在与进化的理由。成效是参与方协力制造的“蛋糕”，且共同分享，分享的比例与分别作出的贡献以及达成的共识有关。这块“蛋糕”的获得依靠单方力量是不能企及的，参与方怀着对之可能获得的向往与憧憬，着手建立合作关系。

(3) 设计愿景

愿景是对合作未来可能性的描绘，是参与者对所达到的目标及如何达到的方法、途径的丰富的想象。在成功的合作过程中，总有一份共享的指引图即愿景，帮助参与者为贡献设定期望，衡量评估成效，并让价值发挥到极致。

当然，愿景的设计不是天马行空般想象力的发挥，而是对合作可能达到的目标所作的一番具体而又实际的描绘。它与成效的获得息息相关。愿景的设定不是短暂的工作，它和贡献、环境一起，是获得成效的动态过程中的一部分。

(4) 营建适宜合作的内外环境

合作的内部环境指参与方之间所形成的特定的氛围，包括沟通能力、识别能力、合作的途径、相互参与的程度、合作的中介等，是合作成功的关键。合作的外环境是指参与方所处的共同的外部环境。许多合作是在外环境的压力下的行为选择。

外部环境是通过促使参与方之间内部环境的变化来最终促成合作的产生。外部环境的威胁，促使系统内部的要素彼此信赖程度、相互接触频率增加，加大合作的可能性。但环境的压力也不是越大越好，过分恶劣的环境会危及参与方的自主独立性，使合作面临解体。

小贴士

企业战略的选择是决定企业命运的至关重要的决策，对于任何一个企业，战略性的错误是不能犯的，战略性的错误可能导致一个企业全军覆没。中国第一代民营企业中的佼佼者如联想、海尔等能够长盛不衰，关键是得益于正确的战略。

本章小结

1. 一般竞争战略就是无论在什么行业或什么企业都可以采用的竞争性战略。美国著名战略管理学家迈克尔·波特在《竞争战略》一书中，把竞争战略描述为：采取进攻性或防守性行为，在产业中建立起进退有据的地位，成功地对付五种基本竞争力量，从而为公司赢得超常的投资收益。

2. 成本领先战略又称低成本战略，即使企业的全部成本低于竞争对手的成本，甚至是同行业中最低的成本。

成本领先战略的动因：形成和提高产品的进入障碍；增加讨价还价的能力；降低替代品的威胁；保持领先的竞争地位。

3. 差异化战略是指将企业提供的产品或服务实现特色化，使企业的产品和企业提供的服务与竞争对手有明显区别，形成与众不同的特点而采取的一种战略。

差异化战略的动因：形成进入障碍；给企业带来超额收益；降低顾客的价格敏感程度；防止替代品的威胁。

4. 重点集中战略是指企业把经营战略的重点放在一个特定的目标市场上，并为这个特定的目标市场提供特定的产品或服务。

重点集中战略的动因：避免在大范围内与对手竞争；避免与竞争对手正面冲突；集中企业的资源；战略目标集中明确。

5. 动态竞争成因：经济全球化的趋势不断加快；新技术、新产品开发的速度加快竞争手段的现代化；各个行业在产品和技术、市场结构和竞争结构等方面具有不同的特点。

6. 动态竞争下的企业战略选择

在动态竞争下，企业根据不同的情况可以采取不同的战略，主要有先动战略、后动战略、多点竞争战略、合作竞争战略。

本章思考题

1. 阐述企业获得成本领先的有效途径。
2. 差异化战略实施中的误区有哪些？
3. 分析一个你熟悉的采取重点集中战略的企业。
4. 动态竞争的决定因素有哪些？动态竞争的特点是什么？
5. 分析合作竞争战略的优势及应注意的问题。

案例分析

康师傅如何成为"中国面王"

在中国大陆，康师傅是一个家喻户晓的品牌，几乎就是"方便面"的代名词。康师傅以60亿包的年销量被称为"中国面王"，同时也是世界上销售量最大的方便面生产厂商，一年中单用于包装康师傅方便面的塑料薄膜就可以绕地球十二圈。

而在10多年前，康师傅创始人魏家四兄弟所经营的，还不过是中国台湾一个名不见经传的小油坊，与占据台湾食品业老大地位的统一企业不可同日而语。康师傅是如何由负数开始，迅速热卖，超越统一，从小做大发展成为全球最大的方便面生产厂家的？它所采取的战略是速度制胜。面对一片空白的大陆市场，为了迅速占位，在中国内地塑造出"第一品牌"的形象，康师傅通过大手笔的广告策划、准确明晰的市场定位、领先一步的产品策略、精耕细作的渠道策略……在极短的时间里脱颖而出。

战略：速度制胜，抢占第一

康师傅的创始人是台湾魏氏四兄弟：魏应州、魏应交、魏应充和魏应行。1958年，四兄弟的父亲魏德和在台湾彰化乡村办起了一个小油坊，起名"鼎新"。

由于岛内发展空间狭小，魏氏兄弟决定赴大陆投资。1988年，受家人重托的魏应行从中国香港转道来到大陆寻找机会。魏应行在各省之间辗转奔波，考察市场，因为一直开油坊，他便自然而然想到要在大陆开发一种食用油，创立"来自台湾的食用油"形象。

许多人可能还记得20世纪80年代末中央电视台播出的这则广告。电视剧《星星知我心》的女主角吴敬娴那句"用顶好清香油，顶有面子"的广告词可谓深入人心。但遗憾的是，这个产品有点超前，以当时大陆老百姓的消费水平，大多数家庭都是用的散装油，锅里有油就不错了，根本还没达到"要面子"的程度，于是产品陷入滞销。

痛定思痛的魏应行，又先后推出了"康莱蛋酥卷"和另外一种蓖麻油，结局也和清香油一样，广告虽然不错，但也犯下了市场超前的策略性错误，又陷入了失败之中。到1991年时，魏应行带来的1.5亿元新台币几乎全部赔光了。就在他准备打道回府时，他又嗅到了新的商机。

当时他经常在外出差，并食用一种从台湾带来的方便面。他渐渐发现，一同搭车的人们对他的方便面常常十分好奇，经常有人围观甚至询问何处可以买到。魏应行敏锐地捕捉到了这个市场的巨大需求，从此开始了翻身立业的机会。

当时大陆的方便面市场呈现两极化：一极是国内厂家生产的廉价面，几毛钱一袋，但质量很差；另一极是进口面，质量很好，但价格贵，五六元钱一碗，普通大陆人根本消费不起。看到这种市场情况，魏应行想：如果有一种方便面物美价廉，一定很有市场。于是决定生产这种方便面，并给准备投产的方便面起了一个响亮的名字——"康师傅"。之所以取这个名字，是为了适应北方人的思维方式，在北方人眼里，"师傅"这个词显得较为专业，而姓氏则取用"健康"的"康"字，以塑造"讲究健康美味的健康食品专家"形象。

名称起好了，产品档次也定下来了，接下来就是确定口味了。怎样开发符合大陆人口味的方便面呢？康师傅经过上万次的口味测试和调查发现：大陆人口味偏重，而且比较偏爱牛肉，于是决定把"红烧牛肉面"作为主打产品。考虑到消费者的消费能力，最后把售价定在1.98元。

与此同时，康师傅的广告宣传也全面铺开。康师傅从一开始就具有极强的广告意识。这一次，康师傅一改前两次用真人做广告的做法，根据名字塑造了一个比较容易记忆的动画人物，将品牌定位为“康师傅，来自台湾！”配合红烧牛肉面口味浓、分量足的特点，上市广告词设计为“香喷喷，好吃看得见”。

1992年，当大陆企业还没有很强烈的广告意识时，康师傅的年广告支出就达到了3000万元。为了将一句“好味道是吃出来的”的广告词铺满大江南北，康师傅在20世纪90年代中后期，每年的广告投入从不低于1亿元。康师傅认为，“广告就像朋友，你不打招呼，人家就把你淡忘了”。

包装漂亮、广告凶猛的康师傅一经推出便立即打响，并掀起一阵抢购狂潮。康师傅公司门口甚至一度出现批发商排长队、一麻袋一麻袋订货的罕见场面。在市场的推动下，康师傅的生产规模迅速膨胀，在几经失败之后，魏应行终于第一次尝到了投资大陆的甜头。

为了应付产品供不应求的热销局面，康师傅不得不投入巨资至流通领域，同时用提前收来的订金购买国外的先进设备，招募人员。从第一碗面上市后的半年内，康师傅生产线上的工人即从300多人猛增到三四千人，生产线则扩大到了天津之外的多个城市。此后，康师傅又连续投资在各地设厂，搭建生产线，以超常规的速度急驰。康师傅的生产布局的具体规划是，在直径500公里内要有一个方便面生产基地，以把运费控制在销售价格的5%以内，由此实现新鲜度、销售价与成本的最佳组合。

这种超常规的发展其实也隐藏着一定的风险，一度使康师傅的资金链非常紧张。但为了尽快地完成布点，先入为主地占据当地市场，康师傅还是采取了这种快速扩张的战略，这一点也与其竞争对手统一集团稳健发展的战略有所不同。

但是今天，康师傅这种较为激进的战略被证明是非常成功的，这也是它能够快速超越统一而后来居上的原因。顶新集团副总裁李家群多年后在谈到康师傅的成功时曾说，“最重要的是我们抓住了先机，抢到了‘第一品牌’的形象”，“若是换在今天，任何一个品牌也不可能做到这样。”时机和速度成就了“康师傅”，从此，康师傅盘踞大陆方便面市场的龙头地位达10余年之久。

产品：来得早不如来得巧

做方便面，康师傅不是第一个，远在统一之后，当统一已经是台湾第一品牌时，康师傅还没找到北。康师傅的其他产品，如茶饮料、果汁饮料、糕饼等也是如此，虽然在竞争对手之后切入市场，但很快都进入了市场前列。

在产品导入上，康师傅奉行“来得早不如来得巧”的原则，康师傅认为，任何产品都有进入市场的最佳时机，并非越早越好。先进入企业自然有先入为主的优势，但选择适当的时机切入，可以省去培育市场、培养消费观念的费用。

康师傅在切入后之所以能将对手快速甩开，关键在于能够在竞争产品的基础之上进一步完善产品，跟随时代的进步，不断开发出能够满足消费需求的新产品。同样的产品，后来的康师傅总能本着“以有限的资源创造超值销量”的标准，在考虑市场份额的同时，尽可能以较低的价格给消费者以最大的实惠，因此受到欢迎。

而且，与大多数专注于某一领域的品牌不同，康师傅通吃全线的野心昭然若揭。从方便面，到茶饮料、果汁饮料、功能饮料、矿物质水、饼干等，康师傅几乎无所不为，而又无所不成。

方便面虽然看上去是一个门槛比较低的行业，但实际上要做好也非常不易，新品开发能力是很关键的因素。消费者喜新厌旧，天天都是一个口味谁受得了。因此，为了适应消费者的胃口，在最近几年中，康师傅新上市的品种都占了销售额的45%以上。

新品开发的前提是根据市场的需求变化，每一个市场甚至每一个时期都会有不同的口味、价格、诉求，如果忽略这一点，就可能会犯下致命的错误。统一在进入大陆市场时，曾把在台湾最畅销的鲜虾面、肉燥面等产品带到大陆来，认为"我们爱吃，他们也应该喜欢的"，结果遭到冷遇。

鉴于此，康师傅在大陆发展出很多担保品牌，如面霸120、福满多、小虎队等，适应不同的口味。

随着大陆民众收入增加，消费者对速食面的需求，从以前吃饱就行，发展到现在开始关注营养成分。康师傅敏锐地注意到了这一变化，并经过调研，发现有七成消费者对营养型速食面感兴趣。

于是，2004年，康师傅开始了其在高端市场的产品延伸，研发了代表六个国家、地区口味的方便面，推出"亚洲精选"系列。并且请来了凤凰卫视的节目主持人陈鲁豫做代言人，希望能将它打入城市白领市场。本着一贯的大手笔，康师傅对"亚洲精选"系列的市场推广费用在1亿元人民币以上。

目前，康师傅的触角几乎已伸至食品的各个领域，从最初的康师傅方便面，到康师傅绿茶、康师傅冰红茶、康师傅冰绿茶，到鲜の每日C，再到康师傅矿物质水、功能饮料劲跑X、康师傅糕饼以及乳品，康师傅在不断地扩充产品线。凭借康师傅品牌的强大号召力，康师傅几乎在每一个产品中都颇有斩获，而不断充实的产品又在不断为品牌价值累积加分。

市场：低价策略，扩大市场

1. 低价策略杀回台湾

在大陆获得成功，取得"中国方便面第一品牌"的桂冠之后，康师傅便衣锦还乡，杀回老家台湾省。台湾省是统一方便面的天下，统一占据老大位置已经多年，地位根深蒂固，相对于在大陆的辉煌，康师傅在台湾还只是一个无名小卒。

康师傅在台湾市场的主要对手，仍然是统一，作为进攻者，康师傅必须找到统一的弱点，出奇制胜，康师傅的制胜武器是低价策略。"通过全面降低成本，成为低价市场的领导者"。

康师傅以低价跨入台湾市场，不仅有效地击中了统一的软肋，而且抓住了消费者在目前台湾经济不景气，对低价产品有大量需求的机会。再加上康师傅在大陆的成就，台湾也已经慢慢地受到影响，因此康师傅在台湾一上市，便引起轰动。

选择低价策略也有风险，除非品牌具有条件成为低价领导者，否则将会弄巧成拙。这样的失败案例也有先例：美国湖人航空企图以价格来创造公司的竞争优势，对抗英航大西洋航线，没料到英航以更低票价反制，条件受限的湖人航空无以应对，只得败北。

因此，要成为低价市场领导者的关键，首先在于降低成本，让产品在价格上取得绝对的优势；其次，企业必须具备打持久战的能力，否则难以最终突围。事实上，以目前康师傅的条件，采取低价策略进军台湾方便面市场是切实可行的策略，康师傅有统一所不能及的低成本优势，如果康师傅下一阶段能在质量上再多下工夫，树立低价高质的形象，那么，康师傅在台湾市场又将重演大陆市场的风采。

2. 低价策略进军农村

据预测，到2010年，全球方便面的市场容量为1万亿包，中国大陆的方便面市场也至少有600亿～700亿包的发展空间，而农村市场将是新的增长点。

目前的农村市场，大部分已经被华丰、白象等本土方便面品牌占据。以前康师傅因为忙于城市市场的巩固以及成本等原因而疏于农村市场的开拓，多年来，康师傅虽已在大中城市打下了良好的营销基础，但农村市场仍是一个薄弱环节。随着竞争日益加剧，未来方便面行业的发展方向正在悄悄发生转移，谁能迅速抢占农村市场已经成为未来制胜的关键。

从某种意义上说，这个机会就像当年的大陆市场对于康师傅一样的重要，如果康师傅能够占据农村市场，就能够继续保持现在的第一品牌地位，未来方便面的竞争格局也不会发生大的改变。

（资料来源：袁桂芳．康师傅：如何成为“中国面王”．载中国外资，2006(11)。）

【讨论题】

1. 康师傅的发展过程中，先后采取了哪几种基本竞争战略？取得了什么样的结果？

2. 今后康师傅该走什么样的道路？它现在的竞争力能持续下去吗？

第六章　不同行业的竞争战略

学习目标

1. 了解经营单位的投资战略，理解衰退行业和分散行业中企业的竞争战略；
2. 掌握新兴行业和成熟行业中企业的竞争战略。

引导案例

创新为依托　走向产业化
——“点塑成金”的“杰事杰”

在人类发展史中，材料往往成为划分时代的标志，如石器时代、青铜时代、铁器时代……

20 世纪曾是钢铁称雄的时代，但一种更新的材料却使“钢铁大王”风光不再，这就是塑料，尤其是“赛钢”的工程塑料。由于其优良的性能而被广泛应用于航空、航天、汽车、电子等领域，并成为衡量一个国家工业发展水平的标志之一。然而，我国工程塑料远远落后于国际水平，成为许多重大产业发展的制约因素。

1992 年，为实现研究成果产业化和工程塑料国产化，中科院年轻博士杨桂生受中国科学院化学所委派只身一人到上海创业，靠借来的 60 万元，以科研为本、市场立题、创新破题，创办了上海杰事杰公司，并把它建成了我国最具规模的专业从事工程塑料研发和产业化的基地。作为新材料领域代表性企业，公司一直致力于工程塑料等高分子材料的研究、开发、产业化及四技服务，成为汽车、电工、电器、IT、蓄电池等领域的知名用户，如神龙富康、东南汽车、大众、通用、TCL 国际电工、三菱电机、日立、松下、夏普、海尔、哈尔滨光宇、斯瑞高能、韩国三星、LG 等众多知名企业的杰出工程塑料供应商和良好的合作伙伴。

1999 年杰事杰公司改制为股份有限公司，并通过科技部和中科院“双高”认证；销售额达到 3.4 亿元，年均增长 240%，资产规模年均增长 324%，其主导产品工程塑料，已经广泛用于上海大众、通用、青岛海尔、江苏春兰、广东格力等著名汽车、家电企业，成为我国“工程塑料之王”。

2001年12月成为"上海市专利示范企业",同年5月19日,2000年度诺贝尔化学奖得主黑格先生专门造访"杰事杰",欣然受聘,成为公司董事会特别顾问。

2003年杰事杰被评为"上海市专利工业企业先进集体"。

2004年5月杰事杰被认定为"国家火炬计划重点高新技术企业"。

2005年杰事杰被上海市政府评为"上海科技企业自主创新"第一名。

2006年杰事杰被人事部批准设立博士后工作站。

"杰事杰"曾获得"中国民营企业500强"和"中国最具潜力的200家企业之一"等众多荣誉,并先后成立了合肥杰事杰新材料有限公司、宁波杰事杰工程塑料有限公司和辽宁杰事杰新材料有限公司,这其中2007年投产的合肥杰事杰新材料有限公司,是亚洲最大工程塑料及热塑型复合材料生产基地之一。

2008年杰事杰旗下公司的销售额达到20多亿元,成为国家新材料领域代表性企业之一。"杰事杰",这个在知识经济时代我国科研院所体制改革和科技青年成长创业的成功范例,以其满腔的民族之心、爱国之情,以其雄厚的知识之力、创新之举,正孜孜以求地追寻着面向世界的科技强国之梦!

(资料来源:梁莹莹. 杰事杰的优美转身,载当代经理人. 2006(6);http://www.geniuscn.com/. 上海杰事杰新材料股份有限公司官方网站;创新为依托,走向产业化. 人民日报·华东新闻. 2000-09-20(3);CCTV-2. 财富故事会. 2009年4月。)

任何行业都有其自身独有的特点,但对于不同行业来说,行业所处的生命周期阶段、行业的结构、行业中五种竞争力量的状况、行业的驱动因素以及竞争的范围等都是企业制定竞争战略时要充分考虑的因素。

企业在制定竞争战略时,除了要考虑基本竞争战略的选择,还要根据自己行业的特色以及行业中的竞争对手,灵活地选择具体行业的战略,从而提高自己的竞争优势,在竞争中处于不败地位。

第一节　新兴行业中的竞争战略

新兴行业是随着技术的创新、新的消费需要的推动,或其他经济、技术因素的变化,促使新产品或新的服务以及潜在经营机会产生新的经济和社会需求的变化,新产生或重新产生一个行业,是由先驱性企业创造出来的行业。目前国内外正在形成的一些高新技术行业,如电子信息产业、生物医学产业、纳米材料技术、航天科技、工程塑料等。

一、新兴行业的特点

不同企业的经营行为都有其各自独有的特点,新兴行业在经营上表现为生产规模小,生产成本高,企业制定战略的信息比较少。例如,企业不了解竞争对手的数目、竞争对手的分布状况、购买者的需求偏好和规模,以及市场成长的速度和将实现的市场规模等。在相当一段时间里,新兴行业的参与者处于探索中,寻找适当的战略与成功的机会。

新兴行业中企业的经营行为基本特性表现为以下五个方面。

1. 生产技术不成熟

在新兴行业中，企业的生产技术还不成熟，有待于继续创新与完善。生产技术不成熟表现主要是指在最佳产品结构、高效生产技术等方面都还没有明确的定论，没有明确的行业标准，没有标杆企业可供参照，企业都是在摸索中经营，力图寻找最为适合的经营模式。

先驱企业在新技术选择及其水平评估上没有量化的指标，现有技术水平、资金状况和技术矛盾比较大，潜在的技术竞争者很难被发现，使创新活动在进行中就可能发生技术水平的贬值。

2. 组织结构不稳定

新产品的试制及生产往往会给企业带来不可估量的利益，由于是新兴行业，对于行业的运营模式没有可参照的标杆企业，巨额的经济利益势必会引起企业内部组织结构产生很大的波动，对企业经营产生不利的影响，其作用及影响难以事先完全预料。

组织结构不稳定主要表现在对企业文化的影响、企业内部利益格局重新划分、组织结构的重新调整，如果把握不好会对企业形成严重干扰。

3. 经营战略的不确定

企业的生产和经营没有形成一整套完善的方法和流程，从而导致了其战略的制定存在很大的不确定性。

在新兴行业中，企业对竞争状况、用户特点、行业特点等方面所掌握的信息不多，在技术和战略上都处于一种探索阶段，在制定企业战略中主观因素占很大比例，使企业战略带有相当程度的短期随机应变的性质，从而在产品或市场定位、营销、服务方式等方面的战略选择上表现为多种多样，民营企业在进行二次创业过程中经常会遇到类似的问题。

4. 行业发展的风险性

在新兴行业中，许多顾客都是新购买者。在这种情况下，市场营销的中心活动是诱导他们的初始购买行为，避免顾客在产品的技术和功能等方面与竞争对手的产品发生混淆。同时，还有许多潜在顾客对新兴行业的产品和服务持观望等待的态度，期望第二代或第三代技术能迅速发展，取代现有产品和服务。顾客们也等待产品的成熟与技术和设计方面的标准化，进一步降低销售价格。因此，新兴行业的发展具有一定的风险性。

5. 新旧模式长期共存

对于重新产生的行业来讲，企业创新行为所带来的新模式与企业原有的生产、经营和管理模式在相当长的一段时期内会并存，两个系统既相互冲突又相互依存。企业要在原有模式上进行不断的改进，以适应新兴行业的要求，但对于多年沿袭下来的已有模式，其所具有的惯性很大，需要一定的时间来调整。

二、新兴行业中企业经常面临的问题

在新兴行业中，面对全新的产品和市场，企业将要面临以下一些特殊的挑战。

1. 企业运作难度较大

企业所在的市场是新的、尚未成型，因此，其行业的运作方式、行业的成长速度以及行业的未来容量和规模有很多的不确定性。企业必须竭尽全力获取有关竞争对手、购买者对产品的接受速度以及用户对产品的经验等方面的信息。

2. 标准化程度低

多数技术诀窍是企业在内部开发出来的，通常是专有的、受到严密的保护，以获得和保护竞争优势。由于缺乏产品及技术标准，因此原材料及零配件都难于达到标准化。

3. 产品推广难度大

几种相互之间存在竞争的技术，哪一种将获胜、哪些产品属性将获得购买者最大限度的青睐，这些问题也是不确定的。在市场力量将这些因素确定之前，各企业间的产品质量和性能一般都存在很大的差异。为此，企业竞争的核心是努力使顾客认可自己在技术、产品设计、市场营销和分销等方面的战略活动。

4. 竞争较为激烈

如果行业有着快速增长的前景，市场对资源配置就会加剧，那些具有很强财务资源、到处寻求机会的行业外的企业很可能要进入该行业，分享行业利润。

5. 顾客认知周期长

很多潜在的购买者都期望第一代产品能够得到很快的改善，所以他们会将购买延迟到该产品与服务所涉及的技术或产品设计更为成熟的时候。

6. 成本过高

新兴行业的产品对原材料和零部件要求较为特殊，因此供应能力较弱；新技术和新产品的出现，往往要求开辟新的原料供应来源，或要求现有的供应者扩大其规模并改进其供应品的质量，以符合企业的要求。一般来讲，企业往往在取得原材料及零配件等方面遇到困难，因而导致供应不足或价格上涨。

三、新兴行业中企业竞争战略的选择

在新兴行业中，企业的战略选择必须与技术的不确定性和行业发展的风险性相适应。在该行业中，不存在公认的竞争对策原则、尚未形成稳定的结构、竞争对手难以确定等因素，都使得行业发展的新兴阶段成为战略自由度最大、战略影响程度最高的阶段。企业要利用这一特点，做出正确的战略选择，巩固和提高自己的竞争地位。

企业在战略选择方面应该考虑以下问题。

1. 优选拟进入的新兴行业

在进入新兴行业的战略问题上，企业首先要考虑是否有能力促进行业结构趋于稳定并成型。这种战略选择使企业能够在产品策略、营销方法以及价格策略等领域建立一套有利于自身发展的竞争原则，从而有利于企业建立其长远的行业地位。

在科技迅猛发展的21世纪，可供企业选择的新兴产业是非常多的，企业在选择进入新兴行业之前要进行科学分析。首先，根据自身的内部条件及外部环境初步确定企业有可能进入的几个新兴行业；其次，对备选的新兴行业中技术要求、产品开发、市场动态做定量和定性的预测分析；再次，根据预测的结果对备选行业进评价；最后，确定企业进入可能性最大的新兴行业。

2. 目标市场的定位

企业一旦选定拟进入的新兴行业以后，紧接着就是要做好目标市场选择和细分市场的分析。用户的需求、新产品的转变费用、顾客的认知程度以及新产品可能带来的潜在风险和收益是选择目标市场和细分市场时都要重点考虑的因素。

全新的产品本身包含很多的不确定性，目标市场是检验的唯一场所。新产品的最早购买者通常是那些想在新产品性能上受益的用户，在选择目标市场时，就要充分考虑用户能否从早期的新产品得益，用户使用新产品会增加哪些开支，如重新训练雇员的成本、购买新的辅助设备的成本、变卖旧设备的损失、使用新产品所需的研究开发成本等，企业在开发新产品时应当尽量考虑到上述因素，转变费用越小、需增添的辅助设施越少，则新产品就越容易推广。

3. 确定进入时机

新兴行业对所有企业都是未知领域，风险和收益都比较大，较早进入将会冒较大的风险，但也会获得较大的收益和市场主动权；较晚进入虽然说有经验可以借鉴，经营风险较小，但竞争激烈，进入门槛较高，企业不会得到很大的收益，进入的意义就不是很大了。在选择进入时机时应对进入的利弊进行仔细斟酌：

(1) 先进入的企业可以建立良好的声誉。在企业的形象和声誉对该行业产品的购买者至关重要时，最先进入的企业可以提高企业自身的形象和声誉。

(2) 经验曲线的边际效用。当经验曲线对一个行业能够起决定作用时，最先进入的企业所创造的经验使后进入者不易模仿。

(3) 先进入者可以使消费者最先使用自己的产品，从而形成先入为主的优势，大大赢得顾客的忠诚度，使后进入者加大成本。

(4) 先进入可以使企业对于原材料供应商和销售商优先承诺，很大程度上降低企业产品的成本，可以使企业获得成本优势。

(5) 先进入的企业可能面临巨大风险。例如，初期的竞争和市场细分可能会与行业发展成熟后的情况不同，企业在技术结构与产品结构等方面如果投资过大，在转变时就要付出高额的调整费用。

技术变更也会使先进入者的投资过时，而后来的企业则可能拥有最新的技术和产品。当然，企业进入的行业必须是有吸引力的行业，即行业的最终结构将有利于企业获得超出平均收益水平的利润，同时使企业能够获得长期巩固的市场地位。

4. 权衡短期利益和长期发展

企业在制定进入新兴行业初期战略时，一定要在短期利益和长期发展之间的进行有效的协调，先行者必然要付出一些额外的代价，这与企业的短期利益相矛盾，但可以为企业长期发展带来很大的潜在利益，所以企业必须在行业所倡导的事物与企业所追求的自身利益之间寻求平衡，不能将目光只放在眼前利益上。

企业的整体形象、声誉、与其他行业的关系、行业吸引力、行业与政府以及金融界的关系等都和企业的经营状况息息相关。行业内企业的发展，离不开与其他同类企业的协调以及整个行业的发展。企业为了行业整体利益，有时需要暂时放弃自身的利益。

5. 引导行业结构向有利于企业发展的方向变化

在新兴行业结构中，企业有可能通过其独创的产品战略、价格策略和营销手段对行业结构施加较大的影响，以期改善企业自身所处的地位，对于新兴行业中产业链前端和后端的企业也愿意跟随，这是新兴行业中的企业可以利用的有利形势。但随着产业规模的成长和技术的逐渐成熟，这些因素会迅速地发生结构性的变化。

这种变化对企业最明显的影响是，企业必须寻求新的方法来维持其行业地位，而不能固守过去获得的成功优势。

第二节　成熟行业中的竞争战略

作为行业生命周期的第二个阶段，成熟行业对企业的发展是一个至关重要的阶段，进入成熟期后，市场对资源开始新的配置方式，使得成熟行业的竞争环境和方式发生巨大变化，企业必须要对原有的经营战略进行调整，以适应市场的变化。

一、成熟行业的特点

行业进入成熟期后，无论是产品供应者还是目标市场中的顾客群，开始逐渐趋于饱和，每个企业原有的市场份额会开始萎缩，市场准则日渐规范，成熟行业的特点主要有以下几点。

1. 行业进入低速增长期

进入成熟期后，行业产量（或销售量）的增长速度下降，各企业还要保持其自身的增长率就必须扩大其市场占有率，从而使行业内企业竞争加剧。企业一方面保持自身原有市场份额，同时将注意力转向争夺其他企业的市场份额。

这样，在向成熟转变过程中，行业内部形成两方面的竞争：一是众多企业对缓慢增长的新需求与新竞争；二是企业相互之间对现有市场份额的竞争，企业将根据自己的实力，要求对市场份额进行重新分配。

2. 生产、营销成本加大

产品供大于求，许多企业只能向有经验的重复购买的用户销售，而用户在选购商品上越来越挑剔，经验和知识都更加丰富。由于行业的内在技术和产品都已成熟和定型，因此，企业竞争常常在成本、售价和服务方面展开。

由于行业缓慢增长，技术更加成熟，购买者对企业产品的选择越来越取决于企业所提供的产品的价格与服务的组合。此外，在成本竞争的压力下，企业要增加投资，购买更加先进的设备。

3. 产品边际贡献减少

进入低速增长的成熟行业，企业间产品性能、技术含量差别越来越小，企业只能靠加大投入，提高产销量来获取利润，但不断下降的市场份额，使行业内企业盈利能力下降，中间商的利润也受到影响，出现了生产能力和人员方面的盈余，行业出现了第二次投资幻觉，导致企业投资过量，出现了生产能力及人员的冗余，生产设备开始闲置，企业需要在行业成熟期减少一些投资，从而提高利润空间。

4. 行业竞争趋向国际化

技术成熟、产品标准化以及寻求低成本战略等需求使企业竞相投资于具有经营资源优势的国家和地区，从事全球性的生产和经营活动。同时，在成熟行业中，企业所面临的国内需求增长缓慢而且趋于饱和。

在竞争的压力下，企业转向经济发展不平衡、行业演变尚未进入成熟期的国家。在这种情况下，竞争的国际化便不可避免。

5. 企业间的兼并和收购增多

在成熟的行业中，一些企业利用自己的优势进行兼并与收购，形成行业集团。同时，这种行业也迫使一些企业退出该经营领域。伴随着行业的不断成熟，即使是强有力的竞争企业也常因战略与环境的不适应而遭到淘汰。所有这些变化都迫使企业重新审视其经营战略，进行战略调整和转移。

总之，行业进入成熟期，企业的各方面策略都必须做出相应的转变和调整，否则就会给企业的生存和发展带来威胁。

二、行业进入成熟期企业竞争战略的选择

正在走向成熟期的企业，必须针对这一行业的独有的特点，审时度势，制定并实施能够培养并巩固竞争优势的战略。

1. 组合使用三种通用竞争战略

在以价格竞争为主要手段、以市场份额为目标的成熟行业里，在选择竞争战略时，对各种不同产品的生产规模进行量本利分析是十分必要的。企业管理层必须对原有产品系列的结构进行调整。压缩获利能力低的产品的产量，将生产和经营能力集中到利润高或者有竞争优势的产品上。

对于订单批量小的产品，采用品种差异或集中战略是有利的；对于订单批量大的产品，则采用成本领先战略较好。

2. 合理调整产品结构、提高创新能力

随着行业的发展成熟，不同企业提供的产品差异化程度逐渐减少，产品的价格在市场的调解下，呈逐渐下降的趋势，为此需要进行产品结构分析，淘汰部分亏损和不赚钱的产品，将企业的注意力集中于那些利润较高的、用户急需的项目和产品，努力使产品结构趋于合理化。

与此同时，企业要在技术创新与新产品的研发上加大投入，对原有产品进行个性化、差异化的改良。通过创新，企业推出低成本的产品设计、更为经济的生产方法和营销方式，只有这样才能免除企业在行业成熟期后期陷入被动，可以在买方价格意识日益增强的市场中具有独特的竞争能力。

3. 留住老顾客，争取新顾客

在行业进入成熟期后，市场竞争趋于平缓，企业很难在短期内通过打击竞争对手提高自己市场份额的方式，扩大自身的销售量。在这种情况下，企业应采取更为有效的营销手段，比如延长保修期、提供更为优惠的价格等来提高现有顾客的购买数量，以此来提高销售额，这比寻求新顾客更为有效，因为扩大顾客势必引起其他企业的反应，可能会导致市场竞争加剧，从而加大企业不必要的成本，而对现有顾客增加销售可以通过提高产品等级、扩展产品系列、提供更为优质的服务等方法来实现。

企业应当保住一些重点老顾客，努力满足其需要，争取扩大销售额。同时企业也应该开拓新的细分市场，以扩大顾客的购买规模。

4. 实施国际化经营战略

某一地区或国家对单一产品的消费总量是有限的，当行业进入成熟期后期时，产品呈现出供过于求的局面，国内市场趋于饱和，谋求跨国经营，寻求消费潜力大的国外市场是企业必由之路。这时，有条件的企业可采用开拓国际市场的策略，继续发挥企业已有的经营优势。

同一行业在各国的发展是不平衡的，在一国处于成熟期的行业，其他国家可能正处于进入幼稚期或成长期，竞争者较少，而且较少有潜在的竞争者，因而可以获得比较大的竞争优势，极大地降低进入费用，获得较大利润。进行国际化经营，可以充分利用各国的经济资源，使自己的生产经营更为经济，比如，我国的摩托车生产企业，在国内市场进入饱和

期时，将自己的产品引到南亚的越南等，建厂生产本企业产品，实现产品本地化。

5. 实行多元化经营，降低企业风险

多元化经营是企业规避风险常用的方法，多角化通常表现为开发不同等级的产品，或者生产不同类型的产品，从而满足不同消费者的要求。

当行业进入成熟期中后期时，随着企业利润的不断下降，企业的经营风险随之加大，企业可以考虑采用多元化战略，分散市场带来的系统风险，在努力避开行业内的激烈竞争又不脱离本行业经营的同时，积极拓宽经营渠道，寻找新的利润增长点，同时也可以为企业在进入成熟期后期退出本行业进入其他领域进行经营做好准备。

6. 并购竞争对手，实现管理协同

当行业处于成熟期中后期时，经营不好或处境艰难的企业亏损额会急剧加大，此时，就有一批企业考虑退出本行业的经营。

对于实力较强、营销渠道畅通、有剩余管理能力的盈利企业，可以选择一些目标企业，考虑并购一些管理水平较低、营销能力较差以及产品市场渠道较宽的企业，利用本企业的管理水平，改善被并购企业的现状，实现管理协同，设法使本企业达到经济规模，实现低成本经营，进一步增强本企业的竞争力。

三、成熟行业中企业战略选择应注意的问题

对于上述六种战略，进入成熟行业的企业应当根据行业具体情况和自身的优势与劣势，选择其中一种或几种战略形式组合作用，在进行战略选择时要对以下方面通盘考虑。

1. 企业要居安思危，着眼未来

处于成熟行业中的企业往往会只看到暂时的繁荣，陶醉于行业处于成长期时的快速发展和较高的盈利水平，甚至于没有察觉到行业已经进入了成熟期。

此时，实际上在成熟行业中用户行为和同行竞争者行为都已发生了很大变化，而企业却不能适应新的环境变化，它们不愿在价格、营销手段、生产方法及研究开发等方面做出及时的调整，这将使企业有陷入困境的危险。企业的高管人员着眼未来，制定下一步战略目标显得尤其重要。

2. 企业要制定独有的战略模式

处于成熟行业中的企业所面临的最危险的战略难点是，不能做出明确的战略选择，没有自己鲜明的战略特色，在成本领先、差别化和重点集中战略之间徘徊，使自身丧失竞争优势。限于企业自身的经营规模、在行业中所处的地位以及管理层的战略意识，不适应对于新的成熟行业的环境变化，不能做出正确的判断，使企业战略陷入盲目的、没有重点的模糊状态之中。

如果企业规模陷入中等规模的状态，这种规模对于采用差异化或集中战略来讲有些过大，对于采用成本领先战略来讲又有些过小，外界环境又已经不能允许再扩大规模，企

业处于这种中间状态，则可能产出少、增长慢、效益差。

3. 企业要进行适度投资

成熟期行业的市场是买方市场，消费市场的规模很难再有大幅提高，企业在市场竞争中处于劣势地位，各主要企业的市场份额相对固定，企业不可能再采用成长期的战略来扩大市场占有率，保持已有的市场份额，巩固已有的市场地位是企业当务之急。

为保持市场占有率、巩固市场地位，企业势必要进行一些必要的投资，但如果投资规模过大，会导致投资得不到回报，企业应保持应有的警觉，多观望竞争对手的动态，再决定自己的投资，否则可能会使企业全盘皆输，就像我国企业在“积极”追求世界500强时，多采用先做大后做强的方式，结果是好吃难消化，使企业陷入被动。

4. 要着眼企业长期发展

企业经营战略不宜盲目改变，应做通盘考虑，综合分析企业所面对的内外环境以及市场预期的变化。企业进入任何行业所需付出的成本往往都比较大，从而造成退出成本很高。行业进入成熟期中后期时，市场开始进入优胜劣汰，不可预测的因素较多，出现一段微利（或亏损）时期也是正常的；对此企业不应有过激的反应，轻言放弃，而应该加强练内功，静观其变，以不变应万变。

有的企业可能会出现为了眼前利益而改变短期经营策略，为了节省开支，企图轻易地放弃市场份额或放弃某些市场活动和研究开发活动，来保持眼前的盈利率，这种做法对企业无形成本考虑过少，会损伤企业将来的市场地位，在市场好转时陷入被动。

5. 要着眼已有产品的改良

任何产品都不可能做到十全十美，可改良的空间很大，比如微软公司的视窗系统，新产品的开发战略适用于处于成长期的行业，在新产品开发上往往容易取得成功，迅速占领市场。

行业进入成熟期后，企业往往对新产品开发的困难估计不足，将企业经营重点放在新产品的开发上，造成战略重点发生不应有的转变，会使企业陷入被动，此时企业应更多地注重后续产品和衍生产品改良，在产品工艺上进行改革，努力使产品标准化，努力降低成本，通过提供增值服务来调整产品的定价，以此来提高企业竞争力，这几年移动通信的发展正说明了这一点。

6. 要合理使用剩余生产能力

行业进入成熟期后，市场需求不会像成长期那样旺盛，产品供过于求，使得相当多的企业出现生产能力过剩；过剩的生产能力加大了企业的固定成本，从而造成企业大面积亏损，给企业经营者造成很大压力。对于这些过剩的生产能力的利用，势必要加大投入，运用不好的话会造成企业战略上的失败。

因此，企业管理者要对过剩的生产能力进行分析，分析其转产或代加工的可能性，为企业赢得一些利润，改变亏损的局面，对于企业确实无法改造的过剩生产能力，应削减或出售过剩的生产能力。

7. 要重塑企业文化

行业进入成熟期后，随着利润的不断摊薄，企业要严格地实施成本管理，控制产品成本和企业的总成本，提高产品的服务意识，加大市场营销力度，提高产品的销售量，同时加速企业营运资产的流转，提高企业利润，此时，企业文化显得尤为重要。

进入成熟期的企业发展速度增长较慢，组织结构趋于稳定，员工晋升的机会越来越少，对员工奖励也不如成长期，同时要求员工的工作强度也越高，造成激励不足、压力过大与员工积极工作的诱因之间的矛盾越来越大，要求企业对组织结构也要相应进行调整，企业领导者必须注意到这种变化：当年在企业迅速发展时期所用的方法已经不再够用，需要对员工进行重新教育，认识这一战略转变，重塑企业文化，用更巧妙的方法激励员工为这一战略转变服务。

第三节　衰退行业中的经营战略

行业经过一定时期平稳发展以后，就进入了企业最为艰难的衰退期，在这一阶段，行业的总体需求发展迟缓、停滞乃至萎缩，市场开始缩小，对于企业来说，销量持续大幅下降，整个行业亏损严重。

一、衰退行业的特点

1. 市场对产品需求下降

任何产品都有其特有的历史使命，再好的产品也会随着技术进步、替代产品的出现、或者政治、经济、社会等外在条件等的变化退出市场。

主要表现为，新技术和新工艺代替了落后的技术和工艺，原有的产品功能无法满足要求，导致顾客对传统需求的减弱；生活水平的提高使消费者偏好发生转移，从而引起行业的衰退；企业的生产不符合国家的产业政策，被迫退出市场，如闪存替代软盘，就是新技术和消费者偏好的改变所引起的行业的衰退。

2. 行业未来去向不确定

进入衰退期的行业，其发展前景有很大的不确定性，主要是因为造成行业衰退的原因是多种多样的，有行业自身原因，有产品的原因，也有行业所处外部环境的原因。

如果是行业自身的原因，未来可能会面临行业内部的大调整，规范行业的经营，从而迎来行业发展的第二春；如果是产品原因造成的，技术革新将成为未来最主要的趋势；对于外部环境引起的行业衰退，行业将不得不退出市场。企业认为需求可能回升，将会继续保持其市场地位，继续在该行业中经营。

3. 行业退出壁垒较高

面对行业的衰退，企业要在是坚持还是退出，立即退出还是渐进退出上进行选择，因此处于衰退期行业中的企业普遍存在两难的选择，退出障碍较高，如果企业确信该行业将继续衰退，则要转移其生产能力，有步骤地退出该行业领域。

有时，由于衰退缓慢，又被某些短期因素干扰，企业很难估计未来的衰退状况。同时，企业也难以判断行业是平稳地衰退，还是由经济的周期性波动造成的短期现象，从而难以采取适当战略。在考虑退出时，要妥善处理与退出障碍有关的事宜。

二、行业进入衰退期企业竞争战略的选择

处于衰退行业中的企业，选择去留是制定战略要考虑的两个基本因素，具体战略有以下四种。

1. 定位战略

对由于行业原因造成行业衰退的，在未来还有很大转回可能，企业可以通过对细分市场的挖掘，寻求适合企业发展的新的空间，采用反向战略，趁其他企业纷纷退出的机会，通过竞争使本企业在行业中处于领先或支配的地位，采取这种战略的出发点是使企业成为行业中保留下来的少数企业之一，甚至是保留下来的唯一企业。

通过追加投资、整合优势资源、占领或垄断该细分市场，获得竞争优势，这种战略的风险很大，需要企业收集尽可能多的信息，认真做好可行性分析。

2. 领先战略

对由于产品原因造成行业衰退的，市场对部分产品的需求仍有稳定的或者下降很慢的需求，并且在这部分产品中还能获得较高的收益。企业可以通过提高产品质量，提供增值服务，增加销售规模，在质量和成本上形成领先战略，建立差别化优势。

3. 回收战略

对由于政策原因造成行业衰退的，在行业刚开始呈现衰退迹象时，企业应停止对现有资产新的投资，设法尽量多地从衰退行业中回收投资。具体的办法有削减新投资，减少现有设备的使用，减少广告宣传费投入，停止研究开发费的支出。

企业要尽力把过去投资的潜力挖尽，并尽可能从销售中回收最多的收益，这实质上是一种有控制地逐步退出的战略。这些步骤看起来是合理的，但实际执行的难度很大。

4. 放弃战略

处于行业衰退末期的行业，必须要果断尽快地选择退出该行业，对业务的及早清理比缓慢地退出行业更有利。早期出售这项业务通常可以找到这项业务的最高卖价，企业可获得较高收益，避免企业发生更多的损失。

退出越晚，除了企业为了维持现有经营要投入一定费用外，对现有资产出售的难度也

在加大，行业内外的资产买主就处于极有利的讨价还价的位置，到那时再卖掉固定资产价格就会低很多。企业选择何时退出，如何退出，取决于企业对未来需求的估计。

三、衰退行业中企业战略选择应注意的问题

1. 不注意对细分市场的挖掘

停止或衰退的市场与其他各类市场一样，也包括众多的细分市场或小的市场点。虽然整个行业可能已经处于停止状态，但其中一个或多个细分市场也会快速地增长。企业的管理者应捕捉到这些有吸引力的成长细分市场，从而避免销售和利润的停滞，并且在目标市场上获得竞争优势。

2. 企业高管对形势把握不够准确

可能是由于行业的长期存在，或者对替代品认识不清，也可能是由于较高的退出壁垒，企业经营者总是根据以往的经验，对衰退行业的复苏抱有过分乐观的估计，甚至不听周围人们的劝告，这是十分危险的。

3. 退出时机把握不准，打消耗战

如果企业实力较弱，应在预计行业进入衰退期时立即采取迅速退出战略，若与行业内的竞争者一味竞争下去，不仅本企业不会取得衰退行业中的应有位置，还会给企业带来灾难，因此企业应尽量避免打消耗战。

第四节　分散行业中的竞争战略

分散行业是指一个行业由若干竞争力相近的中小规模的企业组成，行业竞争呈现均衡状态。在分散行业中，没有一个或几个企业对行业有决定性的优势，其基本特点是行业中缺少有影响力的行业标杆企业，因此，企业的市场占有率没有明显优势，既不存在规模经济，也没有一个企业能够对行业的发展产生影响。

一、行业分散的原因

行业的聚合与分散受很多因素的影响，其中最主要的原因是利益的驱使、行业竞争激烈程度以及进入退出障碍的高低。

1. 行业高额的利润空间

市场对资源的配置表现为，行业处于产品供不应求时，行业内聚集的企业会越来越多，行业呈现分散的趋势。处于幼稚期、发展前景好的新设行业，由于其潜在盈利能力被企业看好，会有一批企业开始参与到行业的竞争中来，行业就开始进行分散，比如网络行业。

处于成长期的行业，随着市场对新产品认知度的不断提高，市场份额开始逐渐扩大，

差异化产品会给企业带来巨额的利润，从而会吸引了一大批企业加入到该行业中，此时行业分散开始加剧。

2. 进入退出障碍高低的影响

一个行业进入阻碍比较低时，企业就比较容易进入这个行业，尤其是那些经营灵活多变的中小型企业，一旦发现利润空间较大的行业，会马上转产到新行业中，成为该行业中竞争的主导力量。

如果退出阻碍也比较低，在行业开始进入衰退期时，大批的中小企业会选择马上退出该行业，只有少数企业留在行业中继续经营，行业又开始趋于集中。由此可见，那些进入阻碍低退出阻碍高的行业容易分散。

3. 行业中对专业化程度要求不高

有的行业对生产过程的专业化程度要求比较低，属劳动密集型行业，在这一行业中，企业的整体规模、技术水平差异较小，而且难以实行有效的机械化和规范化，在这类企业中，产品的技术附加值较小，产品边际贡献不大，产品成本与产销量之间的变化不敏感，企业产品成本主要集中在人工成本、材料成本和存货成本上。

因此，在一定程度上，行业内专业化程度低的企业要比专业化程度高的资金密集型的大规模企业有较强的竞争性。

4. 行业竞争呈自由化竞争

在分散行业里，由于企业间竞争力差别不大，没有一个企业控制或影响行业的发展，企业在与价值链上相邻的企业进行交易时，处于一个较为平等的地位，可以吸引更多的中小企业进入到行业中来，使行业长期保持一个分散化经营的状态，但这种经营如果没有良好制度作保障，就有可能出现无序化经营。

5. 差异化需求明显

分散行业中的一部分顾客对产品的需求差异较大，顾客不愿意接受标准产品，而希望提供不同品质的产品，也愿意为这种需求付出高昂的代价。

例如，在服装业，某一种特殊服装式样的需求量很小，不足以形成大批量生产，而恰恰是服装式样在竞争中起着重要的作用。

二、分散行业中企业的战略选择

针对分散行业中缺乏有影响力的领袖企业这一特点，企业很难找出一个或几个真正的竞争对手，也很难取得市场占有优势，因此在战略选择上除了认真用好品种差异、成本优先和集中战略以外，还要根据自身的条件和外部环境，制定具体的战略规划。在分散行业中，常见的具体战略主要有以下几种。

1. 建立有集中控制的连锁经营

分散行业中的企业应更多地关注细分市场的需求，提供差异化的服务，连锁经营可以改变不合理的分散布局，形成规模经济。通过建立区域性的供货配送中心，降低供产销环节的成本，从而形成竞争优势。

在连锁经营中，首先要强调集中、统一、协调的管理，使连锁企业分享共同的管理经验和市场信息；同时，要给参加连锁的企业一定的经营自主权，以适应地区化的差异，降低企业的经营风险。

2. 分散布点，特许经营

在特许经营中，一个地方性的企业常常既是所有者又是经营者，有很强的事业心管理该企业，努力保持产品和服务的质量，满足顾客的需求，形成差别化。企业通过特许经营，可以将企业的总成本摊薄给各加盟企业，减轻迅速增加的财务开支，并获得大规模广告、分销与管理的经济效益，使企业迅速成长。

3. 同业联合，形成合力

处于分散行业中的企业规模一般都不大，使其无法独自应对价值链上前向或后向中大企业的压力，在谈判中处于弱势地位，使企业产品无论是在价格上还是成本上都没有任何优势可言，同业联合形成合力在一定程度上可以实现规模经济，从而降低成本，提高企业的综合竞争力。

4. 提供专业化服务

如果行业的分散是由于特色品种多造成的，企业可以采用重点集中的战略，尽力占领某个地区市场或细分市场，提高经营运作的效率，集中力量专门生产其中少数有特色的产品，是一种可取而且比较有效的竞争战略。如果用户极为分散，也可采用为某特定用户层面，或为某特定地区用户服务的专业化策略。

三、分散型行业企业在战略选择中应注意的问题

处于分散行业中的企业在采用某些战略时，由于没有注意到分散行业特有的性质，有可能导致经营上的失败，因此，这种企业在进行战略选择时应当注意避免以下四点。

1. 过分追求市场份额

相比较而言，分散行业的价值链较短，中间商的作用不如其他行业明显，企业将直接面对顾客，对所有的顾客做到面面俱到，生产经营各种产品和提供各种服务是非常困难的，很难获得成功，而且会使企业丧失业已形成的竞争优势力，进而失去企业原有的一部分市场份额。一般来讲，在分散行业中追求市场占有率的领先地位几乎注定要遭到失败。

2. 缺乏长期固定的战略目标

处于分散行业的中小型企业，必须将其优势资源集中于某些产品或服务的专业化经营，确定自己的经营特色，长期占领某一细分市场，不能盲目跨行业或跨地区经营，实施这种战略要求企业经营者必须专注于某一市场或产品，坚决放弃其他经营领域，或对某些经营领域进行重大的调整。

在战略的实施过程中，企业要有长远发展的眼光，不能为了追求短期利益，寻求投机的机会，频繁地调整企业的经营战略，以免加大企业的转换成本，失去其独有的特色，削弱自身的竞争力。

3. 决策民主化程度不够

分散行业中，顾客需求、市场变化都是非常快的，这就要求处于其中的企业能够建立一套灵活多变的决策机制，来应对这些变化，比如对产品的服务质量、细分市场的细微变化以及顾客需求变化做出及时正确的反应。

分散行业中的企业往往是采取集权式组织结构对企业进行管理，造成企业对市场反馈的信息反应迟钝、效率很低，企业管理人员缺乏主动性，因此，应当对企业的组织结构进行合理调整，以适应市场快速变化的要求，提高企业在竞争中的应变能力。

4. 对新产品作出过度反应

新产品在上市初期市场需求增长较快，利润率较高，市场潜力较大，对于进入障碍低的分散行业来说，许多企业往往会转产到新产品的生产上来，投入大量资金，加大行业内的竞争，使产品提前进入到成熟期，利润率快速下降。企业如果不考虑自身的实力，盲目跟进，做出过度的反应，必将削弱自身的竞争力。

第五节　经营单位战略

经营单位战略是企业战略的第二层次，是对企业整体经营战略的具体化。它主要考虑企业生产经营活动所在行业与市场上运用的战略。企业在确定了长期经营目标规划以后，就要根据行业所处的不同阶段制定具体的经营单位战略。

经营单位战略的主要内容就是对产品和市场的规划，选择适当的投资战略，有利于企业实现已经制定的一般竞争战略。

一、选择经营单位战略应考虑的因素

与企业的竞争战略不同，经营单位战略是为了在竞争的行业与市场中形成竞争优势，以获得超过竞争对手的利润率，主要是对企业现有的人力、财力和物力资源进行合理有效的整合，以维持与发展已经选择的竞争战略，保证所需要的竞争优势。

企业在考虑选择经营单位的竞争战略时，需要考虑以下因素。

1. 产品质量的差异

企业所面对的顾客需求来自于各种原因所引起的消费心理，可以用不同的产品或服务的特性加以满足。大多数企业是通过提高产品或服务的差别化程度来满足顾客需求的。

其中，一些企业的产品差别化程度高于另一些企业，他们便更具有竞争优势。有些企业则向顾客提供低价产品，并不从差别化上下手，这也在一定程度上形成竞争优势。

2. 细分市场的需求

企业在从事生产经营时，首先要明确所满足的对象，即满足谁的需求。在界定对象目标时，企业可以根据顾客的需求或偏好的差异，运用市场细分的方法，将顾客分为不同的群体，形成不同的细分市场，从而根据不同细分市场的需求提供不同的产品，满足细分市场的需要。

3. 形成特殊竞争力

特殊竞争力是企业为了满足顾客和顾客群体的需求，获得竞争优势而采取的办法。产品—行业发展周期的不同阶段需要采取不同的竞争方式，企业必须要根据不同阶段的实际情况，对其战略做适度的调整，配置自己的资源，形成最佳的质量、效率和利益等，为企业创造竞争力。

经营单位可以选择的投资战略一般有增加份额战略、盈利战略、增长战略、市场集中和资产减少战略、转变战略、财产清算和撤退战略六种情况。

二、增加份额战略

增加份额战略是行业处于成长阶段应采取的战略。

在一般情况下，市场份额会在产品—市场发展成长的开始阶段发生变化。在这些阶段里，行业的竞争基础常常会发生变化，同时，行业的产品—市场成长阶段常常也表明企业有可能建立竞争优势的类型。例如，在成长阶段上，许多行业的竞争基础离不开产品设计、产品定位和产品质量。

当然，企业即使了解了产品—市场阶段上的这些变化，也还需要一个有创造性的决策过程才能形成有效地增加份额战略。这个战略主要适用于企业在原有的战略基础上，通过增加投资份额来改变其竞争地位，使企业的竞争力上一个新台阶，这一战略多适用于产品—市场发展的初级阶段。企业要大幅度地而且持续地增加企业的市场占有率。

三、盈利战略

盈利战略是行业处于发展的成熟阶段时应采取的战略。

行业在发展初期，竞争的主要内容是在产品、市场、工艺和营销方式等方面发生重大变化。进入成熟期后，这些内容的变化越来越小，行业间的竞争基础也会相对稳定。

紧接着，这些行业的市场发展也会变慢，企业所需要的投资也开始大幅度减少，在这种情况下，许多企业便把投资的重点放在自己规划的市场营销的项目上，夺取其他竞争对手的市场份额。同时，随着竞争趋于稳定，企业内大部分职能领域里追加投资的收益一般都很差。

在这种情况下，企业应该将经营的注意力从增长率转向获利能力，即从市场开发和资产联合转向市场细分化和利用资产上，最大限度地依靠现有的资源和技能获得收益。企业的这种转变就是盈利战略。

实施盈利战略有三个步骤：

(1) 对行业的发展阶段进行合理的分析，当行业处于成长期后期时就要转变经营战略，应该采取盈利战略，而不再是增加份额战略或增长战略。

(2) 对现有的资源进行重新配置，充分利用尚未利用的协同作用，提高资产的使用效率，以便更好地满足市场需要。

(3) 预测即将到来的主要环境，努力减慢那些会改变现有竞争实力的发展趋势。

四、增长战略

增长战略是行业处于调整阶段应采用的战略。

行业处于调整阶段时，行业内的企业无论是规模上还是数量上都会出现很大的变化，企业要通过增加投资或改变运营模式，迅速扩大市场，以维持或提高现有的竞争地位。这种战略具有两个很明显的特征：一是随着市场份额的不断增加，企业能取得所需要的资源，保持住现有的竞争地位；二是随着市场增长的放缓，行业进入调整阶段，企业原有的运营模式不再能适应市场的变化，需要开发新型的竞争方式，进行有效的竞争。

在实际生产经营中，许多企业只注意到了增长战略的第一个特征，而对整顿阶段上会发生的各种类型的竞争毫无准备。结果，企业在增长阶段为保持竞争地位的各种努力常常会在整顿阶段丢掉。

影响这一战略实施的主要因素有：

(1) 企业在产品—市场初级阶段投资过多，资金供应会出现大量短缺，企业无法获取增长所需的资源；

(2) 企业高管人员以往的成功经验也会对此有所影响，企业过去所获得的成功，往往会使企业高管人员很难看到自己决策上的问题，对新出现的情况往往也反应迟钝。

五、市场集中和资产减少战略

市场集中和资产减少战略是行业处于成熟后期应采用的战略。

处于成熟期后期的行业，产品—市场都几近饱和，企业进一步发展的空间不大，预期可能会现大面积亏损。此时应重新组合企业的经营范围和资源配置，提前应对行业衰退的到来，改善企业短期盈利和长远的前景，为企业的下一步发展做好准备。这种重新组合一般涉及企业缩小经营范围，大幅度地减少投资水平。

这种战略一般适用于以下两种情况。

1. 成熟期的选择

在行业处于成熟阶段后期时，企业的发展潜力不大，竞争地位下降，整个行业即将进入衰退，企业应当有选择、有步骤地减少优势资源的投入，调整经营的方向，从而改善自己的竞争地位。

2. 衰退期的选择

在行业发展进入衰退期时，企业要对细分市场进行比较分析并区别对待，在大多数情况下，产品和市场衰退时，有些细分市场和产品便会一齐消失，但有些细分市场和产品则会继续维持下去，企业应将资源集中在难以消亡的细分市场上。

六、转变战略

转变战略是行业处于衰退期后期应采用而且必须采用的战略。

行业处于衰退期后期时，整个行业会出现严重亏损，企业就要考虑是否要退出该行业，转而投入其他行业的竞争，目标是尽可能遏止和逆转公司的竞争和财务劣势。但对于退出障碍高的行业，企业应在现有的基础上，改变产品—市场的运营模式，从而阻止和扭转企业衰退的命运。对于退出障碍低的行业，企业应实施转变战略。

1. 转变战略的目标

在退出障碍低的行业面临衰退期时，首先，企业需要评价市场所具有的潜在发展或转变的可能，以及企业在该市场内潜在的竞争地位；其次，企业需要选用适当的方法评估继续在该市场经营的价值与清算的价值，以此来决定是留在该行业继续经营还是尽早退出，如果要留在该行业继续经营，就要转变经营战略的目标，开发新的产品。

2. 转变战略的选择

企业在确定了需要保护的资源和技术以后，还需要详细地说明在短期内所要采取的转变战略的类型。企业可以选择的转变战略基本上有四种，即增加收入战略、降低成本战略、减少资产战略和混合战略。企业在选择这些战略时，主要应该考虑企业可以运用的资源、价格和成本结构，以及企业目前经营低于盈亏平衡点的程度。

七、财产清算和撤退战略

财产清算和撤退战略是行业处于衰退期后期应采用战略。

对于行业处于衰退期中期时，企业要对行业预期的发展方向进行预判，对于行业在可预见未来没有复苏的可能，对现有资产改变经营战略的成本远远高于清算和撤退的成本时，企业应考虑彻底退出这一行业。从竞争地位弱的经营业务中撤出时，尽可能多地获得一些资金，减少企业的损失，为企业下一步发展节约时间。

企业要从市场上成功地退下来，可以采取的具体的战略决策有收获战略和迅速放弃战略。

1. 收获战略

收获战略是指企业尽可能多地从经营单位中收回资金的战略。实施收获战略的方法一般有三种形式,即削减经费和成本、减少资产与削减产品。企业为了更好地识别出有可能削减经费和成本的领域,需要综合利用敏感性分析和可变性分析。

在可能的情况下,企业也可用标准投资收益率分析法,或者通过分析本行业的成本结构,找到减少资产的潜在领域。

2. 迅速放弃战略

迅速放弃战略是指企业在衰退的初期就把有关的经营业务卖掉,以便能够最大限度地回收投资的战略。对于毛利低或固定成本低的产品来说,企业很难通过大幅度降低成本或提高价格的手段保持盈利。在这种情况下,企业应采取措施及早地退出市场,把注意力集中在具有更大潜力的产品和市场上。早些退出不景气的市场会比晚些退出更有利。

在某些情况下,迅速放弃战略甚至要求企业在衰退之前或在成熟阶段中就放弃该项经营业务。因为一旦衰退明朗化,行业内外的资产买主将处于更有力的讨价还价地位,使企业处于不利的谈判地位。当然,企业如果放弃得太早,也会面临较大的风险,企业有可能因预测失误而承受巨大的机会损失。

小贴士

企业或经营单位根据在自身经营组合的性质和水平,在人力、财力和物力资源方面的投入,以形成竞争优势的战略,包括增加份额战略、增长战略、盈利战略、市场集中和资产减少战略、转变战略以及财产清算或撤退战略。每个战略都有他们各自的特点和适用条件。

本章小结

本章是从处于不同寿命周期的行业角度,探讨新兴行业、成熟行业、衰退行业以及分散行业的特点,阐述各类行业的战略选择的模式。

在新兴行业里,企业可以采用促进行业结构形成、改变供应商和销售渠道、正确对待行业发展的外差因素、适应转变的流动性障碍和适当的进入时机等策略,使企业获得竞争优势。

在成熟行业里,企业应该考虑缩减产品系列、加速创新、降低成本、提高现有顾客的购买量和发展国际化经营等策略行动。在衰退行业里,企业为了生存发展,可以实施定位战略、领先战略、回收战略和放弃战略,在一定范围内获得与保持自己的优势。

在分散行业里,企业要尽快形成集合优势,为此,可以采用连锁经营、特许经营与横向整合等战略行动。在集中行业里,企业要分析自己所处的位次,通过与位次不同的企业进行不同形式的合作,来确保自己的地位并进行提高。

本章的最后一节重点阐述了经营单位的战略,这是从不同寿命周期的另一个角度来看企业的战略。

本章思考题

1. 分析新兴行业的环境及应采取的战略。
2. 分析成熟行业的环境及应采取的战略。
3. 分析衰退行业的环境及应采取的战略。
4. 分析分散行业的环境及应采取的战略。

案例分析

家得宝是否应该进入中国家装市场

作为世界上经济增长速度最快的国家，中国在1998年实行住房体制改革之后，其私人住房市场经历了飞速发展的时期。同时，随着国民收入和购买力的提高，中国的房地产投资也逐渐升温。大规模的房地产建设和投资使得中国的家装市场也在近几年蓬勃发展，诸如百安居、宜家家居等国际家装产品零售商已经强势进军中国市场，同中国国内大型家装零售企业一起抢夺这块日益增大的家装市场。

家得宝(Home Depot)至今仍未启动其中国市场发展计划，有评论家认为家得宝会因此丧失在中国市场的先机。同时，也有一些报道称家得宝推迟进入中国市场时机的决定会使它充分吸取同行业在中国市场的经验教训，使公司在未来进入中国市场之后能取得快速发展。

作为家得宝方面，尽管对公司的中国市场开发策略已经有所考虑，家得宝在何时进入中国市场这一问题上依然对外界三缄其口。家得宝中国区负责人称："中国是一个不可思议的市场机会，我们将仔细考察，以确保我们进入中国市场的商业模式是正确的。"

当然，在中国的家装市场上也存在着很多挑战。家得宝有些高层管理者关心公司能否掌握中国消费者的行为习惯，而有些则考虑公司能否应对在中国市场上的激烈竞争。所以，如果家得宝不能清晰地描绘其在中国的长期公司战略，中国市场的巨大潜力将仅仅是纸上漂亮的数字，而不是公司真正的业绩增长。

同时，也有一些分析师怀疑家得宝是否能经受住市场后进入者将要面对的一些不利局面。那些已经在中国市场站稳脚跟的公司是否会让家得宝有效地与其竞争，也是一个不确定因素。

【讨论题】

1. 家得宝进入中国家装市场后将会面临什么样的机遇与挑战？
2. 试分析中国家装市场的环境以及家得宝应采取的战略。

第七章　企业跨国经营战略

学习目标

1. 了解跨国公司及企业跨国经营的战略制定，理解跨国公司的经营优势；
2. 掌握国际化经营的战略类型与选择，重点掌握跨国公司新的发展趋势及中国企业跨国经营战略。

引导案例

立足中国，放眼全球

——中兴通讯的国际化战略

中兴通讯是全球领先的综合性通信制造业上市公司和全球通信解决方案提供商之一，中国重点高新技术企业、技术创新试点企业和国家“863”高技术成果转化基地，承担了近30项国家“863”重大课题，是通信设备领域承担国家“863”课题最多的企业之一。公司每年投入的科研经费占销售收入的10%左右，并在美国、印度、瑞典及国内设立了15个研究中心。

企业使命与愿景：

中兴通讯，业界领先，为全球客户提供满意的个性化通信产品及服务；

重视员工回报，确保员工的个人发展和收益与公司发展同步增长；

为股东实现最佳回报，积极回馈社会；

2015年成为世界级卓越企业。

企业文化：

互相尊重，忠于中兴事业；

精诚服务，凝聚顾客身上；

拼搏创新，集成中兴名牌；

科学管理，提高企业效益。

发展大事记：

2008 年

- 与 Vodafone 签署系统设备全球合作框架协议，产品覆盖公司包括 GSM/UMTS/光传输等在内的全线系统设备。
- 在中国 CDMA2000 个 TD-SCDMA 招标中，分别占据约 36%和 35%存量市场，位居第一，UMTS 市场获得 21%份额，位居第三，3G 交付能力获得极大认可。
- 手机终端销售 4500 万部，跻身全球第六。
- 获得中国香港 CSL UMTS 订单，为客户实现基于 SDR 的交付，共同建设 HSPA+网络。
- 获评《福布斯》"亚洲企业 50 强"。

2007 年

- 获得中国移动 TD-SCDMA 首次设备采购 51%份额。
- MTO 战略获得重要进展，成为 Vodafone，Telefonica，Telstra 等一流运营商终端供应商，与美国 Sprint Nextel 在 Wimax 方面的合作。
- CDMA 市场出货量连续两年位居全球第一。
- 跻身美国《商业周刊》"中国十大重要海外上市公司"，成为唯一上榜的中国通信设备企业。

2006 年

- 为支持国际化战略，加大 MTO 市场拓展，进行机构变革，并大规模派遣国内管理干部支援海外。
- 与加拿大 Telus 签署 3G 终端合作协议，3G 终端首次突破北美主流运营商市场。
- 与 FT 达成长期战略合作协议，在固网接入、业务、终端等领域进行深度合作。

2005 年

- 公司确定 MTO 战略，开始重点开拓跨国运营商市场。
- 与和黄英国公司签署 30 万部 WCDMA 终端合同，3G 终端首次大规模进入欧洲市场。
- 获评《商业周刊》"全球 IT 百强企业"。

2004 年

- 独家为雅典奥运会提供宽带互联网设备支持。
- 港交所 H 股上市。

1985 年，中兴通讯成立。1997 年，中兴通讯 A 股在深圳证券交易所上市。2004 年 12 月，中兴通讯作为中国内地首家 A 股上市公司成功在中国香港上市。主营业务收入从 2003 年的 160 亿元增长到 2008 年的 443 亿元，国际市场收入比例从 12%增长到 61%，人员规模从 1.7 万人增长到 6.1 万人。其中销售额复合年增长率达到 22 %，已位居全球通信行业前列。这其中最为值得一提的是在 2008 年全球爆发大规模金融危机的环境下，中兴实现主营业务收入 442.93 亿元，比上年上增 27.36%，国际收入达 268.27 亿元，占比 60.57%，比上年上增近 3%，以 51 亿元的纳税额创中兴通讯历史纳税额新高。

作为在香港和深圳两地上市的大型通信制造业上市公司，中兴通讯以满足客户需求为目标，为全球客户提供创新性、客户化的产品和服务，帮助客户实现持续赢利和成功，构建自由广阔的通信未来。凭借有线产品、无线产品、业务产品、终端产品四大产品领域的卓越实力，中兴通讯已成为中国电信市场最主要的设备提供商之一，并为全球140多个国家的500多家运营商提供优质的、高性价比的产品与服务。

立足中国，放眼全球。早在1995年，中兴通讯就启动了国际化战略，是中国高科技领域最早并最为成功实践"走出去"战略的标杆企业。中兴通讯国际市场"十年磨一剑"，已相继与和记电讯、法国电信、英国电信、沃达丰、西班牙电信、加拿大Telus等全球顶级运营商及跨国运营商建立了长期合作关系，并持续突破发达国家的高端市场。

这些成就的取得与中兴在发展过程中的战略定位和战略变革密不可分。20多年来，中兴先后经历过七次大的战略转型。

(1) 从来料加工到程控交换机的惊险之跳，踏上电信系统设备制造商之路。

从1985年中兴成立之始到1992年，公司一直艰难创业。20世纪80年代中国提出优先发展通信业的政策，利用程控技术，实现跨越式发展，并实施"以市场换技术"的策略，大规模进口程控交换机。在此背景下，中兴进行了第一次战略转型，即从开展来料加工电子小产品业务开始，逐步发展，进而转为生产我国急需的数字程控交换机，并初步具备了自主研发程控交换机的能力。

(2) 从一般交换机厂商转变为主流电信设备制造商，由农村市场转向城市市场。

第二次战略转型大致发生在20世纪90年代中期，当时中兴显现良性发展，并驶入快车道。以300万元注册成立的深圳市中兴新通讯设备有限公司，首创"国有民营"的新机制，企业研发能力稳步提升。

(3) 中兴正式推出多元化战略，并形成"三大转变"的思想。

第三次战略转型是在1996年。随着中兴快速发展壮大，中兴不得不面临专业化与多元化的取舍矛盾，即继续研发程控交换机，或产品多元化之路。当时，中兴的总裁侯为贵提出"三大转变"，即产品结构突破单一的交换设备，向多元化产品领域扩展；目标市场由农话向本地网、市话网扩展；由国内市场向国际市场扩展。

(4) 中兴通过上市来筹集资本，从而化解"资本短板"的风险。

为了解决对资金的迫切需求，也为了化解融资中的种种风险，1997年，通过股份制改造，深圳市中兴通讯股份有限公司成立，并在深圳证券交易所挂牌上市，公司进入了高速发展时期。

(5) 从固话通信向移动通信转型，三大战略实质为一大战略。

2000年前后，中兴也在进行其第五次战略转型。在国内传统固定电话网络设备投资增速趋缓、电信重组的情况下，中兴正式确定了移动通信、数据通信、光通信三大战略领域。结果移动通信明显见效，尤以CDMA和PHS为代表，而数据通信和光通信收效不大。故中兴的战略重点已经从固话通信向移动通信转变。

(6) 确立了三大核心战略领域：手机、国际化、3G。

2002年确立手机、国际化、3G三大战略领域。2004年中兴通讯仍将把战略重点放在三个方面，确保国际业务、手机终端、3G三大战略领域的发展。

(7) 中兴推行国际化战略，打造成全球性综合电信设备制造商，塑造成世界级卓越企业。

进入2005年，中兴全面实施国际化战略，着力打造世界级卓越企业。因此，中兴新的战略转型又在酝酿中，其目标是定位为全球性的综合电信设备制造商。2007年国际化战略获突破，公司国际营收额占公司总收入额的六成左右，国际收入首次超过国内。

未来，中兴通讯将以“人才国际化为根本，市场国际化为重点，资本国际化为依托”，积极迎接挑战，全力以赴为客户创造价值和成功，打造享誉全球的中兴通讯品牌，力创世界级卓越企业。

2009年4月20日，温家宝总理视察中兴通讯时表示：在世界级创新竞争中，中国人可以走在前列。

(资料来源：余来文. 中兴通讯企业战略转型成功之道. 载创新科技. 2006(3)；石建勋，孙小琰. 中国企业跨国经营案例. 北京：机械工业出版社. 2008-1-1；http://www.zte.com.cn/. 中兴通讯股份有限公司网站；http://www.cninfo.com.cn 巨潮资讯网站。)

第一节 跨国公司

20世纪90年代以来，世界经济除了凸显全球化特征以外，相伴的还有一个明显的特点，即跨国公司的迅猛发展。从二者的关系来看，跨国公司推动了经济全球化的发展，而全球化经济又促进了跨国公司的全球化经营。跨国公司可谓是全球经济中最为活跃的角色之一，跨国公司对世界各国，特别是近年来对发展中国家直接投资急剧增长，推动了世界经济稳步增长，促进了世界经济发展的全球化。

跨国公司的国外子公司创造了世界各国、国内生产总值的11%，以及全球出口额的1/3。一批最大的跨国公司富可敌国，其当年创造的增加值超过了许多国家的国内生产总值，如埃克森美孚石油公司以630亿美元的增加值，排名为全球第45大经济实体，其排名高于巴基斯坦。由此可见，在全球经济一体的今天，跨国公司对全球经济的发展起着至关重要的作用。

一、跨国公司及其基本特征

跨国公司又叫多国公司，是指由两个或更多国家的实体所组成的公营、私营或混合所有制形式的企业，不论此实体的法律形式和经营活动的领域如何，该企业在一个决策体系下运营，通过一个或一个以上的决策中心实施具有相吻合的政策和共同的战略；该企业中各个实体间通过所有权或其他方式结合在一起，从而其中一个或更多的实体可以对其他实体的活动施行有效的影响，特别是与其他实体分享知识、资源和责任。

其基本特征表现为：

(1) 它必须是在一国以上拥有或控制资产，并从事价值增值活动；

(2) 组成这种企业集团的各个企业之间，在人员和资金方面拥有统一的核算体制；
(3) 企业应具有全球性的经营战略；
(4) 企业的海外资产和海外收益已达到相当的规模。

二、企业跨国经营的动因

企业为什么要将资源投资海外跨国经营？动因各不相同，但综合起来讲主要是充分利用国外资源、资金、信息、管理经验和寻求管理协同等，进一步扩大对外经济技术交流与合作，从而促进国内经济发展。具体表现在以下几方面。

1. 获取投资国稀缺资源

由于地理位置的不同或者处于战略考虑，那些以自然资源为基础的行业(比如石油天然气行业)中的企业常常利用投资国丰富的资源、政策支持获取企业发展所需要的原材料。在这一方面日本企业尤为明显。

2. 享受投资国所提供的优惠政策

在全球经济一体化的今天，那些经济发展相对落后的国家或地区，为了吸引境外的投资，就要从政策上给予投资企业一些支持(比如税收优惠)，这样就可以降低投资企业的成本，也可以利用国与国之间政策的差异转移企业利润。

3. 寻找新的顾客消费群体

技术先进的跨国企业，可以将自己在本国即将或已经淘汰的产品或服务以投资的方式转移到技术相对落后的国家，可以盘活企业的不良资产，为企业寻求新的利润增长点，从而改变其在本国处于竞争劣势的局面，所谓“变则通”。

4. 寻求降低产品成本的可能

成本优先是企业竞争的根本所在，对于发达国家高昂的人力成本来说，发展中国家在这方面的优势非常明显，跨国企业在那些劳动力成本、原材料成本比较低的国家扩大生产与市场，可以大幅度降低企业成本，从而获取较大的利润。

5. 充分发挥企业的核心竞争力

对处于竞争核心地位的企业来说，一流的技术、先进的管理经验形成了其核心竞争力。为了使企业在国内和国际市场上都处于优势竞争地位，就可以充分利用这一优势，转移其特殊的竞争力，从而实现管理协同。

6. 降低企业的商业风险

如何在企业经营中寻找风险与报酬合理的契合点是企业经营中的重要决策。通过将投资转移到国际市场，可以在一定程度上分散企业的商业风险，从而加强企业的竞争优势，使其处于不败的地位。

三、跨国公司的优势分析

20 世纪 90 年代以来，随着全球经济格局的不断变化，国际市场以及国际经营环境发生了巨大变化，跨国公司的经营活动也处于动态调整中，跨国公司在战略管理、战略联盟、网络组织形式等方面在作不断的调整，以适应新的竞争环境。

跨国公司的优势集中体现在以下三个方面。

1. 行业垄断优势

跨国公司之所以能实现对外直接投资，主要是因为市场不完全性和寡头垄断的存在。市场的不完全性要求从事跨国生产经营的企业必须拥有其独特的竞争优势，才能克服在社会、文化、地理、语言等方面的障碍，从而在与东道国当地企业竞争中处于优势地位，跨国公司的垄断优势表现为以下几个方面。

(1) 市场垄断优势，如产品品种差异、特殊销售技巧、控制市场价格的能力等。

(2) 生产垄断优势，如经营管理技能、融通资金的能力、管理人才优势、掌握技术专利与专有技术等。

(3) 规模经济优势，即通过内部的横向一体化或纵向一体化，在供、产、销各环节上提高效率。

(4) 政府的课税、关税等贸易限制措施产生的市场进入与退出障碍，导致跨国公司通过对外直接投资利用其垄断优势。

2. 先进的技术工艺

跨国公司一般都是将其技术和工艺非常成熟、生产已经实现标准化大批量生产的产品引入到国际市场上。一般情况下，这些产品的生产往往对生产者劳动技能的要求不是很高。随着竞争的加剧、竞争对手产品性能的提高，原新产品生产企业的技术垄断优势已完全丧失，成本及价格成为建立竞争优势的主要因素。

在这种情况下，选择在生产成本最低的地点建立生产基地成为降低成本的最佳途径。于是，先进技术产品生产企业开始在技术相对落后的国家投资生产，再将产品返销到本国或其他发达国家市场，这些技术落后国家成为产品净出口国，本国及其他发达国家成为产品净进口国。

这样跨国公司所具有的特定垄断优势(生产技术、管理技能、知识信息、诀窍等)与东道国所具有的特定区位优势(包括丰富的自然资源和廉价劳动力等)两者结合起来，使得跨国公司更具有国际竞争力。

3. 高效率管理水平

“三流企业卖产品，二流企业卖技术，一流企业卖管理”，对于跨国公司来讲，高效的管理水平是实现跨国经营的法宝。一般来说，企业要想跨国经营就要面临社会、文化、地理、语言等方面的本土化，要想使处于不同国家或地区的分公司(事业部)能很好地贯彻总公司的经营理念，企业就需要有一支高效的管理队伍，协调不同事业部之间的分工合作、利益分配及人事安排，使所有事业部能一体化连动，从而发挥公司的最高效率并实现效率最大化。

第二节　企业跨国经营的战略制定

企业要想跨国经营，所面临的问题和困难很多，因此在企业迈出国门之前要做好充分的准备，设定企业跨国经营的使命、制定切实可行的战略目标。

一、规划企业跨国经营的使命和战略目标

（一）企业跨国经营的使命

跨国公司的使命是规范企业内在特性、指导原则和思想，规定企业的职能，服务于跨国公司的全球运作，也为跨国公司设定了长远的战略方向、基本目标和利益动机。跨国公司的使命应突出其经营的国际化和国际业务的重点。

设定一个符合公司自身条件的使命是制定公司战略的前提。但对于跨国公司来说，首先要对其赖以实现其使命的特定技术有一个正确的认识。任何一个跨国公司都有其自身经营的独特之处，不同公司有着不同的经营使命，总结起来主要有以下几个方面：

（1）所提供的产品或服务；

（2）产品或服务所面向的客户；

（3）所覆盖的国家或地区的市场；

（4）跨国经营中所使用的管理和技术；

（5）如何通过增长和获利来维持企业的生存和发展；

（6）公司的章程和纲领；

（7）企业所需要的公共策略；

（8）公司相关利益人对跨国经营的信念；

（9）企业的社会责任。

上述九项只是企业跨国经营的基本使命，随着企业跨国经营的深入实施，还要进行不断的修改和完善，以利于企业目标的实现。

（二）企业跨国经营的战略目标

战略目标是企业使命的具体体现，在短期内指导着企业的发展方向与进程，通常表现为一些特定的目标或者量化的指标，如标准、进度、指标等。

1. 终极战略目标

（1）出口创汇目标；

（2）国际品牌目标；

（3）全球的贡献。

2. 具体战略目标

(1) 年度战略目标，是指企业某一年度的作业目标，可以说明某一阶段目标进展的速度和实现的效益水平；

(2) 业务战略目标，是指企业的生产能力、技术领先、职工的发展等；

(3) 财务战略目标，是指对企业的财务指标实现程度的战略管理考核，比如投资回报率、经济附加值等。

二、跨国经营可行性评估

要制定符合跨国经营的战略目标，就必须要对企业即将面对的外部环境做认真的评估和分析，认识、了解、分析外部环境是必不可少的。

(一) 外部环境

1. 本国环境

企业所在国的环境分为间接环境和直接环境，主要包括本国的经济发展状况、政治和社会环境，这些因素是一国政府制定对外投资或出口政策的直接依据，也间接影响企业的跨国经营。

2. 投资国环境

投资国环境是指企业在某外国市场经营时在当地可能面临的各种间接和直接环境因素，这些因素的状况与本国环境会有很大的不同，而且是难以评价和预测的，使管理者的决策变得更为复杂。

3. 国际环境

企业进行跨国经营时，企业的经营业务在不同国家之间进行，本国环境、投资国环境以及相关第三方的参与就构成了跨国经营的国际环境，很大程度上也影响着企业跨国经营的战略目标的制定。

(二) 外部环境评估的基本步骤

1. 搜集外部环境信息

企业可以委托咨询公司或者内部的专门人员收集与跨国经营有关的本国政策、投资国的相关信息、国际环境以及企业自身的经营优势等信息。这些信息的来源，有本企业的管理信息系统、竞争对手、行业协会、金融机构、国际组织和特别研究机构等。

2. 整理外部环境信息

对于企业所搜集到的外部环境要按照一定的程序进行整理，以此来抉择企业已展开或计划展开的业务类型。首先，找出对企业跨国经营重要的外部环境信息；其次，对重要外部信息再进行进一步的、有重点的搜集；然后对这些信息进行分析。

3. 分析外部环境信息

分析外部环境信息的方法主要有定性分析法、定量分析法和专家量化分析法。

定性分析法，主要适用于对政策、法规、制度以及文化等的分析；

定量分析法，主要用于对一些数据、指标和比率等进行分析；

专家量化分析法，是综合定性和定量分析、结合专家的经验给出一些建议，形成外部环境信息共识。

通过分析可以对企业跨国经营提供一些参考信息，对此企业管理层应该结合分析结果以及企业的现实情况，在企业管理层达成共识，为实施跨国经营决策打好基础。

三、制定跨国经营目标

对于任何企业而言，生存、发展和获利是三个必经的阶段，在制定跨国经营目标时，企业必须确定自己的长期战略目标，然后根据不同的阶段再将长期战略目标具体成短期年度目标。企业在制定跨国经营目标时应考虑的主要因素有以下几种。

1. 环境力量

影响目标制定的首要因素是外部环境和外部利益关系的现状，它们在很大程度上制约着目标能否实现。外部环境有利与否直接决定着企业是否要进行跨国经营；外部利益关系直接参与或实施企业所确定的具体目标，没有他们的支持与配合，任何目标都是很难实现的。

2. 企业资源和权力关系的现状

充裕的资金、高效的管理、先进的技术是企业抵御风险必不可少的因素。在应对复杂和不可确定的外部环境时，企业只有依靠过硬的“内功”，才能在实施跨国经营中以不变应万变；企业内部权力关系的状况决定着目标的选择，在实施跨国经营时，内部各权力关系必须形成合力，握成一个“拳头”。

3. 决策层的价值取向与目标

个人的价值取向与目标受其文化背景、教育程度、以往的经验以及通过工作所获得的洞察力影响很大，也形成了该个人的人生哲学。决策层的个人价值取向在很大程度上左右着企业目标的制定，一个企业的战略规划是由一个群体来共同完成的，群体中不同的个人价值取向和目标大不相同，需要求同存异，共谋发展。

4. 竞争对手的举措

知彼知己才能百战不殆，竞争对手的经营行为很大程度上影响着企业实施战略目标策略的制定。战略目标必须在竞争对手的相反战略中才能得以实现，有效的跨国经营战略管理寻求的是引导企业行动，减少不可预测的调整和针对竞争者的反应活动。

第三节 国际化经营的战略类型与选择

企业跨国经营战略即国际化经营战略，不同于跨国公司的国际经营战略，而是从国内经营转向跨国经营的企业发展战略。企业的国际竞争力与企业的国际化程度有着密切的联系，可以说，国际化是企业国际竞争力形成的重要基础，其中国际化经营的战略类型的选择显得尤其重要。

一、国际化经营的战略类型

(一) 国际化发展战略

国际化企业是企业国际化经营的结果，企业的国际化经营是从国内经营转向跨国经营的漫长过程，是公司将具有价值的产品与技能转移到国外市场，以创造价值的举措。国际化发展一般都要经过以下阶段：商品国际化阶段，即把国内生产的商品直接拿到国外市场销售；国外生产阶段，即通过许可证贸易与国外厂商进行长期合作或在国外直接投资建厂；跨国公司阶段，即在几个国家或地区建立生产基地，或者与这些国家的企业建立战略联盟，再从这些基地向世界市场提供和销售产品。

大部分公司采用国际化发展战略，是将其在母国所开发出的、差别化的产品转移到海外市场，从而创造价值。在这种情况下，公司多把产品的研究与开发在本国进行，而将产品的生产和销售放在投资国市场。在大多数的国际化公司中，公司一般严格地控制产品与市场战略的决策权。

当公司的核心能力在国外市场上拥有竞争优势，而且在该市场上降低成本的压力较小时，企业采取国际化战略是非常合理的，但是，如果当地市场要求能够根据当地的情况提供产品与服务，采取这种战略就不合适了。同时，由于公司在国外各个基地都有厂房设备，形成重复建设，加大了经营成本，不利于公司的发展。

(二) 多国本土化战略

为了满足东道国市场的特殊需求，企业可以采用多国本土化战略。与国际战略不同的是，多国本土化战略是在不同国家的差别化的市场上，提供更能够满足市场需要的产品和服务。两者相同的是，都是将企业在母国开发的产品和技能转移到国外市场，在重点的东道国市场上从事生产经营活动。因此，这种战略的成本结构较高，无法获得经验曲线效益和区位效益。

对于市场发展潜力很大的投资目的地或目标市场，要求根据当地需求提供特定产品和服务的目标市场，企业宜采用多国本土化战略。但是，由于这种战略生产设施重复建设并且成本结构高，成本压力大的行业是无法适应的。

（三）全球化战略

全球化战略是向全世界的市场推销标准化的产品和服务，并在较有利的国家中集中地进行生产经营活动。由此形成经验曲线和规模经济效益，以获得高额利润。

全球化战略可以分为以下几种不同的类型。

1. 全球低成本战略

规模经济效益要求企业协调各子公司之间资源的合理配置，获得相对所有竞争对手的低成本优势，使企业界成为绝大多数或所有具有战略重要性的市场上的购买者的低成本供应商，扩大市场占有率，提高企业的利润水平。

2. 全球差别化战略

同一产品大类中，在不同的目标市场上有差异化的需求，如软件产品，汉化是产品进入我国市场必须要做的。企业对自身的产品在相同的性质上进行差别化处理，在全球范围内进行协调，以获得全球一致的差别化。

3. 全球重点集中战略

企业在每一个重要战略投资目标市场上，为同一个相同的清晰小市场提供独有服务，其战略行动必须在全球范围内进行协调，以在全球范围内获得低成本或差别化竞争策略。

（四）跨国战略

跨国战略是在全球激烈竞争的情况下，形成以经验为基础的成本效益和区位效益，转移企业内的核心竞争力，同时注意当地市场的需要。为了避免外部市场的竞争压力，母公司与子公司、子公司与子公司的关系是双向的，不仅母公司向子公司提供产品与技术，子公司也可以向母公司提供产品与技术。

企业采取这种战略，能够运用经验曲线的效应，形成区位效益，能够满足当地市场的需求，达到全球学习的效果，实现成本领先战略或产品差别化战略。

二、企业跨国经营的区位选择

企业应根据自己的经营目标、技术水平和综合实力来考虑目标市场或投资区位战略，决定跨国经营的区位时需要考虑以下三个因素。

1. 资源性投资的需要

资源充裕、利润水平高的企业比资源少、利润水平低的企业更能顶住环境威胁，把握机遇。当资源条件对企业竞争优势有重要影响时，获取海外经营区域内的对企业发展必要的资源并获取竞争优势成为必需。这时企业就应该将地址选择在资源状况有利的地方实施投资。

例如，我国生产活动中日益短缺铁矿、石油和木材等资源；高精尖技术也是我国经济发展过程中最为稀缺的资源。世界主要计算机和电信设备制造商为了利用美国在微电子方面的技术优势，纷纷将研发中心设在美国加利福尼亚的硅谷。

2. 企业专有的竞争优势

企业的首要构成要素是技术，没有技术企业就支撑不起来；其次是资源，最重要的资源是人才和资金，资金是构成企业的物质基础。企业在采取国际化经营时，应对竞争对手以及自身的专有竞争优势进行有效比较和分析，用自己的优势去对抗竞争对手的弱势，从而在竞争中取得优势。

比如，我国具有的传统特色技术古典园林、中医中药、手工艺品等，这些技术和产品可以转移到文化背景相近的日本、韩国等地区，还可以通过海外华人向全球市场拓展。

3. 产品生产与转移方式

企业产品的生产和销售是地区一致还是跨区域销售，主要取决于运输能力、技术水平以及东道政府的政策。对于产品体积大、运输成本高的产品，在当地生产就比较现实；各国消费者偏好的差异也会鼓励在当地生产。出于对本国产业的保护，东道国政府会采取各种政策手段，对输入本国的一些产品设置层层障碍，这时应尽早将这类技术转移到经济发展水平较低的国家，或绕过壁垒直接进入发达国家。

综上所述，区位选择与价值链有密切的关系。价值链各环节所要求的生产要素相差很大，越向下游移动，就越呈现劳动密集型倾向。在产品开发环节所要求的是技术密集的、具有专业技术和首创精神的科技人员，宽松的自由组织环境和鼓励创新、提倡独立思考的企业文化，而在产品装配环节则需要大量的普通工人和严格的劳动纪律，以及对质量进行控制。由于世界各国生产要素拥有程度不同，所以各自的要素相对成本就不同，这就为企业分解价值链的各个环节到使用要素比例大而要素成本低的国家提供了可能性。

三、企业跨国经营国际目标市场分析

（一）国际目标市场宏观环境分析

宏观环境是影响企业战略选择的最终根源，不研究和分析宏观环境，企业就很难超前做出正确的战略决策。国际目标市场宏观环境包括目标国家的政治法律环境、经济环境、技术环境、社会文化环境、市场环境和生产环境等方面。

（二）进入国际目标市场应考虑的其他因素

在具体目标市场选择时，要结合企业的实际情况做好海外目标市场的选择与分析，采取循序渐进的市场进入方式。从低风险、低控制的进入方式，逐渐向高风险、高控制的进入方式过渡。在决策采用何种方式进入国际目标市场时应考虑以下因素。

1. 企业的内部条件

企业的内部条件直接影响其对国际目标市场的选择，在分析目标时应考虑的企业的内部条件有：

(1) 企业经营目标的影响，如降低成本、分散经营风险、获得海外资源、获得先进技术、拓展海外市场等都可能影响拓展决策；

(2) 企业自身的实力和销售规模，如资本充足与否、品牌优势、产品的工艺水平、人力资源和市场营销能力等。

2. 企业进入国际市场的战略目标

企业进入国际市场的战略目标，即企业海外经营涉及多少国家以及在东道国的发展规模等，也会影响拓展方式的选择，企业对于国外市场想要达到何种程度的控制力量，决定了公司对拓展方式的选择。

3. 摸清潜在竞争对手的情况

企业国际化经营的竞争对手与在本国的竞争对手差别很大，在进入国际市场之前，要对潜在的竞争对手进行详尽的分析，从而选择不同的方式进入。

4. 市场信息

对陌生的国际目标市场进行深入的了解，有助于企业制定更好的经营战略，这其中包括目标市场行情、企业产品的销售状况及消费者对企业产品使用的意见反馈。

5. 管理规模

企业进入目标市场的方式不同，所需的组织机构、部门设置、人员数量不同，行政管理费用负担不同，如何建立既能满足企业经营的需要，又尽可能节约管理成本的组织结构是企业跨国经营的关键。

6. 人才需求

跨国经营中人才的使用，对企业的管理十分关键。是使用本企业现有人才、招聘有经验的人才还是启用东道国的管理人才，企业应做出正确的选择。越是以直接方式进入海外市场，需要的国际经营人才就越多，因此，公司这方面人才的多少也是公司进入海外市场的控制因素之一。

7. 进入障碍

对于企业进入的东道国本土企业来说，外来企业的到来会给其竞争带来很大的压力，它们会通过各种手段进行阻挠，认识和评估这些阻碍有助于企业提前做好应对措施。

8. 风险估量

跨国经营放大了企业的风险，国外市场远比国内市场所承担的风险大，选择进入方式时必须对目标国家市场及各种进入方式进行风险分析，还要考虑到各国汇率变动、税收政策以及金融政策等给企业带来的风险。

四、企业国际目标市场进入方式的选择

（一）企业进入国际目标市场时要考虑的因素

1. 技术水平

企业技术的先进程度是决定其进入方式的最重要因素之一，拥有最新技术和其他重要专有资源的海外企业应该更多地选择创建方式来进行它们的直接投资。

2. 产品生命周期和经营多样化

企业对最新产品采取出口为主、海外直接投资为辅的政策，随着产品的成熟，逐渐转向采取海外直接投资或许可证交易为主、出口为辅的政策。

3. 产品战略

产品是否属于母公司重点行业对海外投资的进入方式选择具有重要关系。跨国企业一般对属于其重点发展行业的产品采取控制性强的进入方式，对于非重点发展产品则更多地采用许可证贸易，即使进行国外直接投资，也往往更多地采取拥有股权份额较少的合营企业方式。

4. 企业的国际经营经验

企业国际经营经验包括：跨国企业总部对国际业务管理的规模经济效益；由于学习曲线效应，跨国企业管理人员经验增加而带来的利益。这两个因素降低了进入的成本，促进了海外直接投资。

一般情况下，新兴跨国企业由于缺乏经验而避免海外直接投资，选择它所熟悉的邻国或社会文化较为接近的国家，随着经验积累，再进入较远、较陌生的国家。

（二）企业进入国际目标市场的方式

1. 商品出口

商品出口是国际经营活动的初级形式，可分为直接出口和间接出口。

(1) 间接出口

间接出口，是指企业主要通过国内外进出口商或代理商进行非自营的最终产品出口，将产品卖给国内的中间商或国外中间商委托国内代理机构，由它们负责企业产品的出口，这是一种开拓海外市场、增加产品销售量最简单的方式。

间接出口是所有市场进入模式中风险最低的一种，资金、人力等资源投入较少，也不用应对跨国经营的商务、外汇和政治风险。但企业对海外市场控制程度低，不能直接掌握国际市场信息，一般适合于中小型企业。

(2) 直接出口

直接出口，是指通过建立国外分销机构、销售子公司从事直接销售业务，将产品直接卖给国外的顾客或最终用户，可按企业自身意图实施出口战略，有利于积累国际营销经验，培养国际营销人才，进一步提高国际化经营水平。

与间接出口相比，直接出口投资较大，风险也较大，相对应的报酬也很高，企业要独立完成出口业务，要进行海外市场调研、与国外顾客谈判、产品实体分销、出口产品定价及办理各种出口单证等。

2. 技术转让

技术转让，是指企业(许可方)通过与另一国外企业(被许可方)签订许可证协议的方式，将一定的资本、人力、技术投入到国外经营中去，旨在减轻国内日益高涨的成本、吸取当地最新的技术成果，向技术受许可企业提供所必需的专利、商标或专有技术的使用权以及产品的制造权和销售权，由国外企业进行生产或销售，企业按被授权者的销售额收取一定比例的费用和报酬。

许可的方式有独占许可、排他许可、普通许可、可转售许可等。技术转让一般比较适合于中小企业，但大公司也可以用此方式来进行市场测试或占领次要市场。

3. 特许经营

特许经营，是指企业通过收取一定的管理费用，允许其他企业使用本企业的商标、商誉、产品或服务以及经营方式的权利。特许经营主要是服务业所普遍采用的国际化经营战略。利用特许经营方式，发出特许的企业可以在特许期内获得一定的固定收入，同时也利用了别人的钱来提高企业的声誉。

例如，麦当劳、肯德基、假日酒店等企业就是通过特许经营方式进入了许多国家的市场。

4. 直接投资

直接投资，是指企业通过对外投资，采取投资新建、跨国并购和合资经营以及策略联盟等形式转移各种经营资源，参与东道国的生产经营。通过直接投资可以绕开贸易壁垒，也是企业积极利用生产国际化协作以降低成本的有效途径。

直接投资可以利用当地资源，缩短产销之间的距离，减少运输成本，增强控制市场的能力。但投资进入资金回收周期长、灵活性差、管理难度大，具有投资风险。投资进入是跨国经营活动的高级形式，也是企业跨国经营成熟的标志，企业要进入海外直接投资，应该选择合适的企业组织形式。直接投资主要有以下几种方式。

(1) 合资经营

合资经营是指母公司在东道国的企业中拥有非全部股权的子公司，母公司在该子公司中可能占多数股权(控股),也可能占少数股权(不控股),合资双方按股权比例共负盈亏,共担风险。

(2) 合作经营

合作经营是指母公司在东道国的企业中有投资,但双方不按股权比例分享盈亏,而是通过契约来规定双方的权利和义务。

(3) 兼并收购

兼并收购是指一个企业通过股权置换、直接收购等方式接管东道国有市场潜力的企业,自主经营。通过购并方式进入可以减少进入风险和障碍,获得稀缺经营资源,以最快速度进入目标市场,从而提高经营绩效。

5. 非股权安排

非股权安排又称非股权投资或合同安排,是一种最常见、最灵活的投资方式,这种方式是两国合作者建立在契约基础上的各种形式合营的总称。进入企业在东道国的企业中没有股份投资,而是通过合同为东道国企业提供技术、管理、销售渠道等各种资源,与东道国企业建立密切联系,获得各种利益。合同安排主要包括管理合同、工程承包合同、国际分包合同等。

(1) 管理合同

管理合同,又称经营合同,在拉美国家称风险合同,是指东道国的一个企业由于缺乏技术专门人才和管理经验,以合同形式交由另一个国家的国际企业经营管理。这种经营管理权只限于企业日常的经营管理。

对于企业的重要问题,如决定新的投资、所有权分配以及基本的政策等仍由董事会决定。管理合同不用投资就可以取得对外国企业的控制权,可以为进入企业的总体战略服务,风险较小,但这种形式直接收益较小,而且占用了企业中最为稀缺的管理人才。

(2) 工程承包合同

工程承包合同是指企业按照东道国的要约,与其签订从事水利、交通、通信等设施建设,或为东道国政府和企业提供成套设备、大型主机设备及其设计、安装、调试及管理的合同,工程完成后由东道国政府或企业验收接管。

工程承包合同分单项合同和整体项目合同两种。

单项合同是指承包商只承接整个工程项目的部分内容,这种方式在国际承包中比较普遍。整体项目合同又称交钥匙工程,是指承包商负责整个工程项目从设计、施工、安装到验收的全部建设内容。交钥匙工程对资金、技术、施工管理等各方面要求较高,承包商要具备较强实力才能获得这一合同,但这种合同利润丰厚,而且有利于带动成套设备出口。例如,2008 年北京奥运会场馆即采取国际招标的方式进行建设。

(3) 国际分包合同

国际分包合同即指某个国家的总承包商向其他国家的分包商订货,由分包商负责生产部件或组装成产品,由总承包商负责出售最终产品。目前在国际市场上,通常是发达国家的总承包商向发展中国家的分包商订货。国际分包合同在保险企业中应用比较广泛,比如我国国家大剧院的建设，就是由一个国际大公司总包，然后将工程分解给其他的小公司实施的。

第四节　营造跨国公司的经营优势

在全球化的环境中，一个仅在国内配置生产要素的企业，面对许多在全球范围内调配生产要素的竞争企业，是难以生存和发展的，跨国经营已成为企业成长的一般方式。企业面临的已经不是能否跨国经营的问题，而是在全球化的市场竞争中如何赢得优势的问题。

一、跨国经营优势概述

跨国经营竞争优势是指跨国公司（跨国经营企业）在跨国经营活动中相对于本国国内企业、东道国和第三国企业所具有的生产、营销、组织、技术（研究开发）、管理等方面的优势。跨国经营优势必定有一个形成、发展和演变的过程。一家原来没有优势的企业，可以通过对外直接投资、跨国经营学习和积累国际经验，逐步形成和发展自己的优势。而原来具有某些经营优势的企业，随着国际经营环境的变化，其经营优势也会发生变迁。

企业从事跨国经营的首要战略问题就是：如何建立持续的竞争优势，即凭借什么去参与国际市场竞争并立于不败之地。由于跨国经营相对于国内经营有更大的风险和不确定性，需要更多额外的成本，因此，跨国经营企业必须通过各种优势的发挥，克服国际市场的分割性和不完全性，最终取得竞争优势，实现企业发展的目标。

二、营造跨国经营优势的六结合

跨国经营不仅是企业实现优势的活动，也是企业在更大的空间范围内寻求优势的活动，目的是获得国外有利的经营条件从而增加自己的优势。

跨国公司在对外经营中要注意对以下六个方面进行有效的结合使用。

1. 全球化与本土化相结合

跨国公司在对外经营时，既要着眼全球战略的规划，还要在具体的目标市场上实施本土化战略。全球战略要以全球范围内实现利润最大化为目标，追求公司生产的专业化分工、追求规模经济，在全球范围内公司的各实体共享管理、技术、知识和信息资源；本土化战略要求跨国公司内各实体在其经营的市场上必须实现生产本土化，根据不同市场的特点开发、生产、销售产品，实现领导层国际化，领导成员和经理人员由不同国家的人员担任，利用当地的优秀管理及技术人才，适应当地文化并与当地政府部门打交道。

在高、中级经理的本土化方面，美国跨国公司最突出，美国大型跨国公司的中国公司的CEO绝大多数是华人；欧洲公司就差了许多；日本公司最差，除了松下公司有一个副董事长是中国人外，其他高层管理者全都是日本人，日本排外的做法已经显露出弊端，日本大型跨国公司纷纷表示要增加任用当地人士。

2. 统一性与灵活性相结合

跨国公司往往规模巨大、层级多、层级分明、决策缓慢、官僚主义严重，导致低效率和严重浪费。以往的西方跨国公司组织形式注重纵向分工和强调命令控制，经理阶层庞大，总部权力集中。这种金字塔式的组织管理模式在当今瞬息多变的经济全球化、信息化潮流的冲击下，日益暴露出官僚、臃肿、低效的弊端。

因此，不仅业绩不好的公司，就是业绩优秀的大公司也在实施大规模的组织结构调整：减少层级、精简人员、下放权力、贴近客户，以全面增强公司的“灵活性”和“适应性”，从而持续提高公司的竞争力。

例如，瑞典与瑞士合资的 ABB 公司在 20 世纪 80 年代末将其总部的 1000 多人压缩到 150 人，管理层次简化为 3 个层次，基层的 5000 多个利润中心具有高度的自主权。在管理层次最多的汽车公司中，美国通用从 28 层减至 19 层，日本丰田从 20 多层减至 11 层。

英荷壳牌公司在 20 世纪 90 年代中后期把总部的 3000 多人砍去了 70%，去掉了许多中间管理层次，使过去需要用 1 个月和一个 20 人委员会通过的决策，现在仅需要由 1 人、1 天就能完成。

3. 集权与分权相结合

跨国公司为了获得一体化利益而强调集中控制，以此来保证大公司的统一领导和指挥，但是这和跨国公司生产经营布局的分散化有矛盾，现代跨国公司在多样化的要求中面临的集权与分权的矛盾比任何时候都突出。为此，应当建立分散化与集中化有机结合的平衡优势，生产经营分散化是与集中监督紧密相连的。

分散化绝对不能与放任自流混淆，集团高级经理层有权力进行干预、教导和改正，同时要制定正确的战略及组织机构来保证集权与分权相结合。

4. 内部化与外部化相结合

为适应 21 世纪全球市场竞争的新特点，跨国公司不仅要重视企业的内部改革，即企业再造，还要注重外部的协作竞争。跨国公司一方面要对传统的作业流程进行重新安排，着眼于从过程的角度来组建职能部门，从根本上改变现有的组织结构，充分利用内部市场进行资源转换和配置，提高企业管理效益，最大限度地获得内部一体化利益；另一方面，为了适应新的经济和金融环境，也要充分利用外部资源，积极参与其他公司的战略联盟和合作，形成虚拟化的网络生产经营体系。

5. 多样化与专业化相结合

跨国公司一方面为了减少经营风险，充分利用企业资源以及加快增长速度和增加利润，实现多样化经营；另一方面，由于多元化经营可能导致战线过长、因缺乏相应资源和新行业经营管理经验等造成效果不佳，所以实际上只有在有限的几个行业中促进专业化发展、形成与众不同的差别化特色或低成本优势才能取得成功。因此，多元化与专业化是辩证统一的。

6. 合并与分解相结合

为了获得规模经济效益，20 世纪 90 年代以来，跨国公司的兼并收购成为一种趋势，全球每年约有 16 000 多家企业被兼并，其中 80%以上进入跨国公司前列，以最快的速度实现规模迅速扩大和市场扩张；但并购会带来协同管理问题以及管理整合问题，使公司管理成本上升、管理效率下降，因而具有内在限制性。

许多跨国公司的实践说明，出于效率和竞争力的考虑，在进行大量企业并购的同时却又在大量卖出。

第五节　跨国公司内母子公司关系的演化

母子公司间的关系实际上是一种组织和管理关系，是公司进行内部权利分配、资产和战略管理、内部市场交易的保障体系。跨国公司内母子公司关系的演化是随着公司治理结构的完善、联络手段的多样化以及国际市场的不断发展而逐渐变化的，大致分为分散管理、集权管理、分散与集权管理相结合和一体化管理四个阶段。

一、分散管理模式

20 世纪 40 年代末以前，分散的多元中心组织管理体制较为盛行，这种模式与当时的国际交通和通信速度慢、价格昂贵而且可靠性不高是紧密相连的。这种模式下的跨国公司母公司对海外子公司的控制与协调主要通过人际交流和信息沟通来实现的。

例如，通过子公司高级经理人员的任命、重大资本支出授权制度和子公司向母公司的股利上交指标等途径来进行管理，再加上各国的市场也存在相当大的差异性，这种跨国公司的海外子公司都有高度的经营自主权，自己负责自己的产品开发、生产和销售。诸如联合利华、荷兰皇家壳牌、飞利浦等欧洲跨国公司是跨国公司发展的先锋。

多国公司有三个特点：一个对资产和责任都实行分权的联盟；一种在非正式人际协调基础上对财务系统进行控制的管理方式；一种将海外经营视为相互独立业务所构成的投资组合。

二、集中管理模式

20 世纪 50 年代以后，随着跨国公司规模的不断扩大，为了加强子公司之间的协调，集中控制的本国中心的组织管理体制较为流行，以当时的美国跨国公司为代表，美国成了主导世界的工业化国家，美国通用汽车、福特汽车、国际商用机器公司（IBM）、可口可乐、吉列、宝洁等公司成了各行业的领导者。

国际公司的首要任务就是要将知识与专长转移到技术与市场都相对落后的海外市场，虽然这些美国跨国公司的海外子公司在产品开发、生产和销售方面仍有较大自主权，但海外子公司在新产品、新工艺和新观念上对母公司有很强的依赖性，因为美国在当时世界范围内是一个规模最大、购买力最强的市场，所以美国仍是新产品及新工艺开发的基地；而海外子公司的主要优势则是利用美国本土发展起来的新产品、新工艺技术、营销技术和生产工艺能力，这时母公司可以对子公司加以控制并为它们指出方向，母公司与子公司的联系更多地运用了正式的系统与控制。

三、分散与集权管理相结合模式

20 世纪 80 年代，国际竞争日趋激烈，跨国公司规模业务市场不断扩大，决策的复杂性凸显起来，把分散与集权结合起来的全球中心的组织管理体制更适合实际情况。这种模式是福特公司及洛克菲勒公司最早采用的，后来在日本的钢铁、造船、电子产品、汽车等一大批制造业中推广，日本以全球竞争者的面貌迅速崛起。

全球组织的基础就是财富、资源和责任都集中在母公司，建造生产标准化的全球规模工厂并将产品发到各子公司，海外子公司努力扩大销量以便能达到全球规模，海外子公司的任务就是销售和服务，子公司缺少创新产品或战略的自由，海外子公司依赖于母公司的资源和指示，母公司牢牢地对子公司的经营进行控制，商品、知识和支持的流动都是单方向的。

全球组织的管理者比多国和国际组织中的管理者更注重国际市场，其主导的管理观点是全球市场应当被看成一个相似性的市场，整个世界市场才是分析的基本单位。

四、网络一体化管理模式

20 世纪 90 年代以后，随着全球经济一体化的发展，规模经济、范围经济、速度经济、网络经济、技术经济加速了跨国公司间的变革速度和竞争程度。战略协同效应、资源配置效应、利益驱动效应等驱动跨国公司向纵向一体化的方向发展，把海外各子公司全部联系在一个一体化的经营网络中。这样可以实现高效率、高响应性及创新的多重战略目标，这种结构有三个基本特点，即资产分散化、经营专业化、相互依存的关系。

1. 资产分散化

信息技术已经成为跨国公司有效协调日益庞大的合作企业和客户群，进行市场运营的重要手段。新的消费趋势、技术发展和竞争策略随时会在世界上任何地方出现，跨国公司对不同市场需求、不同的技术发展趋势和竞争行为的预判对形成决策非常重要。

跨国公司实施网络化运营战略，加速了对市场的反应和决策，从某种意义上说，企业市场运营的速度取决于网络化程度的高低。分散经营可以使用低成本的劳动力和原材料，还可以接近新的技术及新的管理资源。把价值链集中于某一投资地，公司会承受较大的政治和经济风险，而分散经营就可以避免或减少风险。

2. 经营专业化

跨国公司中各子公司的经营在区域上是分散的，各子公司仅是公司价值链上的某一个环节，要求各子公司之间必须要相互紧密结合，协调一致，各子公司的经营服从于跨国公司整体的全球战略。

对于公司的价值链来说，一个环节出现问题，整个价值链就运转不畅。各子公司都被安排在世界最靠近资源的地方，必须在这一领域进行专业化经营，并用一体化的方法为整个网络体系服务。同时各子公司都具有很强的动态反应能力，随着竞争条件、市场环境的变化，网络也随时要调整，以求使最适合的子公司从事最专业的工作。

3. 相互依存的关系

跨国公司各子公司只是完成价值链上的某一个环节，各子公司必须共享资源，及时把握市场微妙的变化或竞争环境的突变情况，在产品的研发、生产、营销的各个环节进行合作，全球一盘棋，利益共享，风险共担。

按照产品线进行分段生产，每个子公司专业化运作，各子公司根据全球经营环境要求做到信息共享、问题解决、资源分配和任务实施的合作，就形成了跨国公司内部及外部的合作关系，这种合作关系可以自动实施，每个子公司所得到的支持取决于自己的子公司为其他子公司所作出的贡献，这就是子公司之间利益驱动的团队互助。

以前跨国公司管理者往往试图用强迫式的相互依赖，来使各子公司经理更多地考虑全局，而不要只考虑当地的利益，但往往效果不佳。而一体化网络的各子公司的相互依存就更显得互惠互补，这样就使跨国公司更好地发挥其组织能力。在所研究的样本公司中还没有一家把它的全部组织都建成了一体化网络。

第六节　跨国公司发展的新趋势

随着跨国公司的迅猛发展以及经济全球化的纵深推进，世界经济市场化、网络化和自由化趋势已成为潮流，跨国公司的发展也呈现出新的变化。

一、亚洲发展中国家跨国公司不断崛起

与发达国家相比，发展中国家跨国公司数量很小，投资规模不大，但从20世纪90年代起，亚洲地区的发展中国家的跨国公司发展速度在不断加快，并逐渐成为区域投资的主要力量。发展中国家跨国公司与发达国家跨国公司在特征、竞争优势和投资动机等方面的差异表现为如表7-1所示的各具体要素。

表7-1　发达国家与发展中国家跨国公司的比较

比较特征	发达国家跨国公司	发展中国家跨国公司
海外子公司	规模大，数量多	规模小，数量少
产品特征	名牌产品	非名牌产品
技术特征	高技术	标准技术
R&D	高投入	低投入
主要投资地区	发达国家	发展中国家
主要投资形式	控股子公司	合资企业
投资动机	效益型和战略型	资源型和市场型

发展中国家跨国公司无论是在规模、技术上还在研发能力上，短期内无法与发达国家的跨国公司相比，但也拥有自己的优势。

1. 拥有为小市场服务的小规模生产技术

发展中国家的跨国公司通过对市场的细分，能很好地找到国际市场中发达国家跨国公司无法辐射到的地区或行业，开发了满足这种市场需求的生产技术或服务内容，从而获得竞争优势。

2. 相近市场的优势

发展中国家跨国公司更多地投资于地理位置相近或生产条件相似的地区，在原材料等生产要素的获得、适应当地市场方面具有优势，特别是在民族特色产品的海外生产上具有优势。

3. 产品成本优势

相对于发达国家跨国公司来讲，发展中国家跨国公司在竞争中更注重采用低成本的竞争优势。这与其投资区域的经济发展状况有很大的关系，发展中国家能生产更适应发展中国家市场需要的产品，再加上发展中国家劳动力资源丰富，具有成本优势，另外在民族和语言上有紧密联系，使得发展中国家跨国公司能够形成自己的竞争优势。

二、跨国公司的战略联盟

信息时代的到来，促成经济结构的升级和技术的大规模高速度更新，面对知识经济大潮、新的经济和金融环境，许多跨国公司深感仅凭自身的资源无法实现企业的战略目标，在竞争环境要求它们取得的战略绩效目标与它们依靠自身能力所能达到的目标之间形成一个缺口，即“战略缺口”。

战略缺口在不同程度上限制了跨国公司自我发展的步伐，在客观上要求它们尽快调整自己的发展战略，形成合作竞争，国际战略联盟成为跨国公司发展模式的新趋势。

据《世界投资报告》统计，跨国公司之间各种联盟协议的数量明显增加，从 1990 年的 1760 份增加到 1995 年的 4600 份。2004 年，企业战略联盟的价值达到 25 万亿～40 万亿美元，占全球生产和股市价值的 16%～25%。

按联盟合作各方在价值链上的位置及其相互关系，可将其分为研究开发型、资源补缺型和市场营销型的国际战略联盟。

第一，研究开发型国际战略联盟。如 1998 年日本松下公司与美国英特尔公司合作共同开发 16M 做的 DRAM 技术。

第二，资源补缺型国际战略联盟。例如，一个企业的上游 R&D(研究与开发)或制造与另一个企业的下游市场营销结成战略联盟，分别利用对方的下游营销网络优势和上游 R&D 及制造优势，可以取得资源互补、风险共担、规模经济以及协同效应的优势。

第三，市场营销型国际战略联盟。

三、技术研究与开发国际化

20 世纪 90 年代以来，随着经济全球化的日益加深，为适应国际市场复杂性、产品多样性以及消费者偏好差异性的要求，跨国公司的技术研究与开发一改以往以母国为技术研究开发根据地的做法，根据它所投资东道国的人才、科技、资源等方面的情况，在全球范围内进行生产资料的优化配置，充分利用各国现有的科技资源，降低新技术研制过程中的成本和风险，谋求技术价值链总体收益最大化，在生产国际化水平不断提高的基础上，更加重视在全球范围内优化配置技术要素，R&D 国际化成为跨国公司技术发展的新趋势。

研究表明，跨国公司在国外 R&D 支出不断增长，如美国跨国公司 1977 年仅为 21 亿美元，而到 1993 年则达到 110 亿美元；跨国公司国外子公司从事 R&D 人数大幅提高，1980 年原西德跨国公司国外制造业工作岗位占其整个公司岗位总数的 17%，1995 年上升到 25%，而在 R&D 部门，1995 年猛增到 33%；跨国 R&D 战略联盟蓬勃兴起。

跨国公司技术研究与开发国际化的方式主要有三种。第一，设立海外 R&D 机构并与母公司形成网络系统。第二，组建海外产教研联合体。第三，与其他跨国公司缔结 R&D 国际战略联盟。

四、组织结构网络化

互联网技术的日益完善，使得跨国公司的组织结构出现了网络化的发展趋势，几个人分处在不同的国家，通过互联网就可以成立一个跨国公司，其人数更少、规模更小，但能创造可观的利润。组织网络化是未来跨国公司发展的新的组织形式。

1. 企业与外部环境之间的关系发生了变化

在网络经济中，企业组织与外部环境之间不存在明确的边界，个人或组织可通过网络穿过组织边界，与它们的环境相联系，这种边界的模糊性使企业内的任何组织和个体成为社会经济网络的结点，从而为组织和个人提供了实现更大发展的契机。

2. 企业中许多工作的特点发生了变化

在网络经济下，适合于层级管理的简单重复性工作急剧减少，更多的机械性工作可由机器体系完成，而要求大多数雇员做的是充满创造性的工作，组织的功能在于激发员工的才智，而不是依赖于专制性规则或机械的生产线。人们更加注重学习和与多个结点的接触和信息交流，加强与同伴的协调，进行不断的创新。

3. 交易赖以建立的市场治理环境发生了变化

在网络经济下，经济活动发生了根本性转折，其突出表现是经济活动的数字化与网络化，它突破了传统经济活动的空间，进入了媒体世界，出现了各种与原有实物经济并存的虚拟经济。经济交易时空范围的无限扩大，使得人际关系更为复杂，交易中的信息对称性要求更加迫切。

4. 组织之间相互联系有了新的特点

企业之间的利益关系并不是绝对对立的，不同主体之间通过网络联结可以产生经济，即联结经济性。网络经济下的联结经济性使企业组织之间不仅是相互竞争的，而且也可以相互合作。不仅单一的经济主体通过拓展产品经营范围，可以获得范围经济，而且分属于不同经营领域的多个市场主体，通过信息网络，也能实现范围经济。

五、经营网络全球化

信息技术的发展，特别是交通运输及通信工具的现代化，为在全球范围内组织生产和进行商品、劳务的迅速转移、交流提供了条件和客观的可能性，从而出现了生产要素在世界各国之间大规模流动和资源在全球范围内配置的趋势，即在全球范围内为世界各国生产商品的“国际生产时代”，或称为“经济全球化”。

经济全球化的动力主要来自于跨国公司，反过来，作为世界经济发展的一种趋势，经济全球化对跨国公司的全球化经营网络的形成也起到了积极的促进作用。

（一）跨国公司全球经营网络具有的特征

跨国公司全球经营网络具有以下四个特征。

1. 战略资源的易得性

经济全球化要求国与国之间的经济交流必须突破社会政治制度、宗教、文化等种种限制，要求资本在世界各国之间自由流动和资源在全球范围内合理配置，跨国公司可以在市场、生产要素、管理能力以及东道国优惠政策等方面取得支持。

2. 经济性

随着互联网技术在企业经营中广泛使用，企业质量与供应得到了有效控制；实现了规模经济，成本降低；充分利用了各子公司生产能力，全球设备重复配置率最低；全球经营网络使跨国公司产品价值链分布于世界多个国家，可以获得最优经营资源，从而使企业获得更大的规模经济效益。

3. 经营的机动性

全球经营网络的动态反应能力较强，能满足不同国家市场的不同偏好，这种网络系统由于具备统一的技术与管理平台，各子公司可以共享跨国公司的制造技术和管理机制，同时由于采用敏捷制造方式，成本不会由于批量规模不经济而大大上升；该网络具有共享机制，各子公司的先进技术及经验可在网内复制、传播，各子公司也可以很好地协调。

4. 动态学习性

信息经济的重要特征之一是企业经营环境的复杂化和迅速变化，企业的学习能力已经成为企业生存的必要条件。企业在组织学习的过程中，必须使信息技术与企业流程再造有效地结合。组织学习的质量已经成为跨国企业竞争优势的主要来源。

(二)跨国公司全球经营网络的类型

跨国公司全球经营网络可分为两种基本类型:规模经济型和市场导向型。

1. 规模经济型全球经营网络

规模经济型全球经营网络是跨国公司垂直分布其产品价值链,整合产品价值链,并依据跨国公司整体战略意图进行拆分,然后布置于许多国家,以接近最优的资源。它的特点就是纵向一体化,集中每一加工过程以形成规模经济,并减少生产设备的重复配置。

2. 市场导向型全球经营网络

市场导向型全球经营网络系统是将整条产品价值链放在一个子公司内,它的特点是横向协调,即利用各子公司拥有共同产品技术和运行机制的有利条件进行横向协调,这种网络系统接近各国市场,响应不同市场的特殊需求;同时它拥有统一的技术管理平台,从而具有极强的复制和学习能力,获得了范围经济性。

第七节　中国企业跨国经营战略

改革开放以来,我国的国家整体经济实力有了很大的提升,同时,已经有了一批拥有一定技术经济实力、熟悉国际化经营管理、适应国际市场激烈竞争需要的企业。企业跨国经营的条件已经成熟,企业国际化竞争战略将进入一个全新的历史阶段。

一、中国企业跨国经营的意义

改革开放三十多年来,随着大量的国际企业进入我国,我国一些企业通过合资或合作的方式,引入了国外先进的技术和管理理念,中国已经有很多企业产品的质量达到或超过国际水平。中国制造的产品大量出口,显示出了明显的国际竞争力,为中国企业参与国际市场的竞争打下了坚实的基础。

随着我国加入世贸组织,国内市场竞争格局发生了很大的变化,越来越多的国际知名跨国公司进入我国,参与我国各行业的竞争。一个国家拥有跨国公司的数量和规模,已经成为衡量一国经济实力和国际竞争力的重要标志。美国之所以强大,众多跨国公司是其强大的支撑,如微软公司、沃尔玛公司、波音公司、通用公司等超大型跨国公司。

我国企业只有走出去,充分利用国内、国际两个市场、两种资源,很好地融入全球经营网络,参与国际市场竞争,才能提升企业的国际竞争力,对加强我国社会主义建设、提高综合国力具有十分重要的意义。

我国企业跨国经营不仅对企业本身,对国家、对社会都有着十分重大的意义。

1. 应对严峻的竞争形势

加入世贸组织后，我国对外开放进入了一个新的阶段。政府严格履行开放市场、给予国外企业国民待遇的承诺，为外国商品进入我国创造了有利的条件。外国对华投资出现新一轮高潮，我国已成为世界上吸引外资最多的国家，市场面临更加激烈的竞争，我国企业在自己的家门口即面临着国际竞争。

2. 可以充分利用两个市场、两种资源

众所周知，我国是一个人口众多的发展中国家，有经济开采价值的战略资源人均储量大部分都低于世界平均水平，与我国国民经济的迅猛发展对资源大量需求的矛盾日益凸显。部分资源需要大量从国外进口，比如，我国现在每年要从国际市场进口大量的石油以满足国内市场的需要。

我国企业实施跨国经营战略可以充分利用国外的资金和资源，在国际市场上配置资源，加强境外资源开发合作与长期利用，使我国获取重要资源成为可能，对实现我国国民经济的长远发展有着积极的意义。例如，我国许多大型企业在东京、纽约、伦敦股票市场上市融得大量资金，使企业得到更大发展。

3. 可以直接获取国外先进的技术和管理经验

我国对外开放仅有三十几年，市场经济发展有待完善，绝大部分跨国企业主要是以低成本战略参与国际竞争，产品技术附加值很低，与大型跨国公司相比，竞争力较弱。企业跨国经营有利于引进国外的先进技术、设备及管理经验，积累相当的实力，使参与国际市场竞争的能力明显增强，以海尔、海信、康佳、TCL、科龙、青岛啤酒、华为、中兴等为代表的一大批中国企业实施跨国经营战略的成功，为我国企业深层次的跨国经营提供了很好的借鉴。

4. 可以满足我国新的产业结构调整的要求

我国经济在保持总量规模持续增长的同时，正面临着新一轮产业结构的调整。这与我国提出的21世纪上半叶，国内产业基本实现工业化，建成完善的社会主义市场经济体制构想有着很大的关系。经济结构的调整势必要在整个国际市场中形成一个大循环。

企业进行海外投资能够对我国比较优势的结构发挥积极的影响，有利于促进资金的积累和加速技术创新，也有利于缓和产品和人才供大于求的局面，提高企业的经济效益。

5. 有利于克服壁垒障碍并扩大对外贸易

我国企业长期是以低成本、粗加工的产品参与国际贸易，使得我国企业的产品经常在北美和欧洲地区的国家受到贸易限制。发展中国家企业跨国经营不仅要发挥国家优势，更要强调厂商优势，企业只有亲自参与国际竞争，充分利用国外资源，利用世界市场，尤其是在海外投资办企业，才可直接绕过各种贸易壁垒，扩大自己的经营范围，从而提高企业

的国际竞争力，充分发挥企业在国际市场中的作用。

例如，我国纺织企业在非洲兴办合资企业，产品全部销往欧洲，不需配额，使我国纺织品绕过贸易壁垒打入了欧洲市场。

二、中国企业跨国经营应具备的条件

企业在制定跨国经营战略时，必须要按照国际市场的"游戏规则"制定自身的具体战略实施方案，同时要充分考虑企业自身的条件，对企业内部条件的了解和分析是正确做出跨国经营决策的基础。综合分析跨国公司中的典型企业，现代企业要想实施跨国经营战略，应具备以下条件。

1. 要建立国际化的经营观念

企业跨国经营是一种完全的市场经济，我国企业要想参与国际竞争，必须要在经营观念上有较大转变，要逐步形成国际化的产品观念、国际化的市场观念和国际化的竞争观念。

首先，企业要创建自己的知名品牌。品牌是一个企业的形象，代表企业所处的行业以及所处的国家，好的品牌可以为企业带来高额的利润。如"海尔"系列产品，在国际市场上享有很高的知名度。

其次是国际化的市场观念。我国市场经济相比与国外来讲形成得比较晚，市场机制还很不完善，企业必须认真研究国际市场的规律，才能较好地适应它的要求，绝不能将企业对国内市场的理解硬套到国际市场中，犯教条主义错误。

最后是国际化的竞争观念。市场竞争规则是优胜劣汰，去伪存真。坚持客户至上、质量第一、信誉第一是唯一的途径，企业要从价格、技术和服务等方面入手来提高其国际竞争能力。

2. 要树立产品先内后外的竞争策略

只有质量、性能、价格和服务过硬的产品才能在国际市场中具有竞争优势，不成熟的产品会很快被淘汰。产品服务有其共通性，企业的产品只有在很大程度上得到国内顾客的认可，才能逐渐推向国际市场，否则企业很难在国际竞争中求得生存和发展。同时，出于技术保护的目的，先进技术的产品一般只对国内顾客使用，发达国家的跨国公司无不是如此操作的。

例如，我国生产宣纸、中药等产品的企业在走入国际市场前就忽略了这一点，将这些产品生产的专有技术无偿提供给境外的企业，使企业在跨国经营中处于十分被动的地位。

3. 要有抵御国际市场风险的意识

企业经营中的风险时时威胁着企业的生存，尤其是企业的外部风险，一个企业是难左右的，跨国经营的企业更是如此。在跨国经营中，企业将直接面对国际市场，面临商品、服务、资本或技术等国际转移所引起的风险，如汇率变动风险、国际市场行情波动的风险、企业间信用的风险，以及贸易对象国政治、经济情况不稳定而发生的风险。

如果没有预先的判断，会给企业带来灭顶之灾，因此，企业要做好充分应对国际竞争风险的准备，识别风险、规避风险。

4. 建立符合国际竞争的经营机制

国际市场竞争的机制就是能根据国际市场行情的不断变化做出快速反应，及时制定应对策略，调整企业的产品结构、资金投放、人员调配、技术研发，形成其自我调整的机制。

我国企业要实施跨国经营战略，就要对企业现有的经营机制进行调整，结合成功跨国公司的运行机制，结合企业自身的特点，在企业内部建立一套与国标竞争要求相适应的、灵活高效的组织形式和内部管理体系。包括决策机制、研发机制、利益机制、自我积累自我调整机制及内部管理机制，以应对即将面对的全新的国际竞争市场。

5. 建立行之有效的国际市场导向型的战略

转变市场导向，建立行之有效的国际市场导向型的战略。无论是在产品研发还是在产品质量、性能、价格和服务等方面，国际市场与国内市场由于政治、经济发展等环境差别较大，需求差别相去甚远；企业应对现有的产业结构和产品结构进行调整，将我国企业普遍采用的劳动密集型为主的产业结构逐渐调整为技术、知识密集型为主的产业结构，提高产品附加值，加大企业的利润空间；将单一的低档次、粗加工的产品线向高档次、深加工的产品线发展，从而开发出多层次、多品种、灵活善变的产品，使企业生产能紧跟国际市场潮流。

作为决策机构，要在价格、销售渠道、技术进步、促销等方面建立适应国际市场需求的战略。

6. 组建适应国际市场竞争的管理层

我国对外开放的时间还不是很长，在对外的政策、法规等方面与国际惯例还没有实现很好的接轨，在企业跨国经营中难免会有很多不适应的地方；另外，企业跨国经营的实践经验不足，现有的高管人员很难应对跨国经营企业所遇到的问题。因此，企业应当培养和造就一批具有跨国经营意识、熟悉跨国经营管理、了解国际市场的高层管理人才，在企业跨国经营中既能维护国家和企业利益，又能很好地融入贸易所在国的环境中。

三、中国企业跨国经营的优势

随着我国国际地位的不断提高，综合国力的逐年增强，现代企业制度进一步完善，以及与外国企业多年不同形式的合作，我国企业参与国际竞争已经形成了一定的比较优势。主要表现为以下三个方面。

1. 低廉的成本优势

与发达国家相比，我国有丰富的劳动力资源、相对低廉的人工成本。从我国目前在国际市场中占有较大市场份额的产品不难看出，劳动力成本低是我国企业获得竞争优势的主要途径，也是我国企业参与国际竞争的优势所在。例如，我们在纺织、服装、家用电器、玩具等行业占有一定优势，这些行业也是我国沿海企业来料加工和进料加工的主要行业。

不少中国企业正是利用低劳动力成本这一关键因素，迅速扩大企业规模，成功地占领国内和国际市场，前面提到的格兰仕就是低成本扩张的典范。

2. 广大的消费市场优势

我国拥有世界人口的五分之一左右，多年来国民经济持续稳定地高速增长，GDP每年以7%～9%的速度增长，人们的生活水平有了大幅度的提高，恩格尔系数逐年下降，可供支配的用于消费的资金越来越多；国内需求长期保持高速增长，无论是投资需求还是消费需求都呈现稳定快速增长的发展势头，这些都为我国企业的国际化发展奠定了坚实的基础。

3. 适应性技术优势

在30多年的改革开放中，我国企业以不同的形式参与到国内和国际市场的竞争中，通过与跨国公司合资合作，我国企业无论是在资金、技术还是管理方面都学到了很多经验，从而在生产技术、市场营销和管理等方面得到了很大的改善，产品质量和档次有了明显的提高。

例如，海尔、格兰仕、春兰等一大批中国企业都以自己的自主品牌参与到国际竞争中，并且取得了可喜的成绩。这些条件使我国企业在国际市场上实现资源的最优化配置成为可能。

四、中国企业跨国经营存在的不足

我国企业的跨国经营，虽然取得了较大的成效，但从总体上看，仅仅处于初级阶段，还存在很多的不足，没有实现大面积真正意义上的跨国经营，主要表现在以下几个方面。

1. 投资规模较小，形不成规模经济

由于跨国经营的中国企业受自身条件的约束，短期内不可能大规模投资，我国企业真正意义上的跨国经营也就十年左右，国内母公司的规模本身就不是很大，“造血”功能还不是很充分，更不能向海外的分公司提供更多的资金；另外，我国企业跨国经营的投资区域多局限于亚非拉欠发达国家，受东道国条件所限，投资规模相对狭小，大多数境外公司还处于作坊生产的状况。

2. 境外投资区域分布不合理，企业风险较大

受企业自身生产技术相对落后以及政府政策导向的影响，我国企业跨国经营的投资区域相对狭窄，多集中在美国、墨西哥、南非、东南亚等国家和地区。所在国的地理范围、发展水平、政策法规以及意识形态的差异，给企业的经营带来很大的风险，制约着企业的发展。

3. 发展态势不稳定，竞争力较低

相当一部分跨国经营的企业在没有做好充分准备的情况下，没有对国际市场进行很好的了解，没能对跨国经营风险进行合理估计，盲目进行海外投资，导致经营方向不明、经营决策失误，造成企业经营不善。

4. 外部环境不成熟，阻碍企业积极性

在我国，企业跨国投资在一定程度上来说还是新生事物，各方面相关的法律、法规和制度还不是很完善，表现在国家缺乏统一、权威的综合管理机构，对外经济法规不健全，境外投资项目审批程序复杂，外汇管理和银行信贷限制过严，在一定程度上阻碍了企业海外发展的积极性。

五、中国企业跨国经营战略

企业进入国外市场的战略直接影响企业的海外经营业绩，从而影响企业整体的业绩。选择正确的跨国经营战略是企业海外投资的关键所在。在选择跨国经营战略时要充分考虑企业自身的条件，东道国的市场规模和潜力、文化差异，以及与投资项目有关的各方面的情况。

1. 地区选择战略

在选择所投资东道国时要充分考虑企业跨国经营的目的，从而能够发挥企业的优势项目或者获取企业想要的资源。

(1) 以开辟市场、寻求新的利润增长点为目标的，应以消费型为主的发达国家为主要目标市场，比如北美和欧洲市场。

(2) 以获取稀缺资源为目标的，应以某项资源丰富的国家为投资目标国和地区，例如石油资源开发应以中东地区为主；矿产资源开发应以澳大利亚为主。

(3) 以获取技术和管理为目标的，应选择工业发达、管理水平高的发达国家为主，如欧洲、北美和日本等。

2. 东道国选择战略

在选择好企业拟进入的地区以后，企业要在本地区的不同国家间进行针对性地选择，不同国家所能提供的条件差别很大，对企业在东道国的发展影响也比较大，比如市场规模和发展潜力、政治和经济环境、税收优惠以及基础设施等，这些外部条件会在一定程度上制约或推进海外投资的发展。

例如，经济欠发达的发展中国家对外商投资给予的税收优幅度要远远大于发达国家。

3. 进入方式选择战略

企业海外投资的方式主要有贸易方式、合同协议方式和直接投资三种方式。相对于其他两种方式，贸易方式具有风险小、资金少、成本低和见效快的特点。

我国企业的国际化仍处于初级阶段，企业规模较小，管理经验不足，但生产制造优势比较明显，而且大部分企业仍处于海外市场寻求阶段。通过直接或间接出口的方式，一方面，可以降低企业的经营风险；另一方面，通过贸易的方式可以及时了解海外市场信息，积累国际经营经验，培养国际经营人才，为企业今后在海外的发展打下坚实的基础。

4. 国际品牌选择战略

在激烈竞争的国际市场上，取得有效的市场控制权对企业十分重要。企业除了要具备雄厚的资金、先进的技术和相对优势的成本以外，还要有自己的国际知名品牌，但要创立国际知名品牌对企业来说难度很大，一旦形成自己的自主品牌以后，对确立企业在竞争中的地位意义重大。我国企业在国际品牌经营战略上开创了创牌、贴牌和创牌与贴牌并举的三种战略。企业应根据自身的特点和优势选择一种适合自己的品牌战略。

在创牌战略方面，中石化赞助 F1 比赛、联想成为奥运会合作伙伴、李宁与 NBA 官方进行合作，它们都是以创国际知名品牌、建立国际化企业为目标，努力使中国产品冲出国门，销售到全世界；在贴牌战略方面，格兰仕企业发挥了比较优势，通过贴牌（OEM）方式使产品走向国际市场，创出了另一条跨国经营的成功之路；在创牌与贴牌并举战略上，以青岛双星集团为代表，即企业在不同的市场使用不同的品牌，青岛双星集团在美国等发达国家市场采用“贴牌战略”，在发展中国家市场采用“创牌战略”。

小贴士

随着跨国公司的迅猛发展以及经济全球化的纵深发展，世界经济市场化、网络化和自由化趋势已成为潮流，跨国公司的发展也呈现出新的变化。企业应充分研究这一变化，选择一种适合本企业的国际化经营的模式。

本章小结

本章阐述了企业进入国际市场的动因，主要是为了充分利用国外的资源、资金、技术、信息和管理经验，进一步扩大对外经济技术交流与合作，促进国内经济发展。在对于进入市场的选择上，企业要会运用国家竞争优势的分析模型，充分研究各个国家的要素、需求状况、相关行业和支持行业以及公司的战略结构和竞争。

国家的要素是指一个国家在生产要素所处的地位，包含基础要素（自然资源、地理位置、气候和人口等）以及高级要素（通信设备、掌握熟练的高技术的劳动力、科研设施和技术诀窍等）。基础要素和高级要素都能为一个国家提供竞争优势。

国内需求状况，是指国内市场对该行业的产品或服务的需求特点。相关行业和支持行业，是指国内是否有具备国际竞争能力的供应者行业以及相关的行业。公司的战略结构和竞争，是指在一个国家里公司的战略、组织结构以及竞争情况。

在此基础上，企业可以根据自身的情况，选择进入国际市场的模式与战略。进入市场的模式一般有出口、技术授权、特许经营、合资与独资五种模式。每一种进入模式都有自己的优势和劣势。而从成本压力以及当地市场压力两个因素来考虑,国际化经营的战略基本有四种形式,即国际战略、多国本土化战略、全球战略以及跨国战略。

本章思考题

1. 简要说明企业跨国经营的动因。
2. 简要说明企业跨国经营的使命和战略目标的制定。
3. 简要说明企业制定跨国经营战略时对相关因素的选择。
4. 分析四种类型国际化战略的运用条件,以及各自的优缺点。
5. 分析中国企业跨国经营应具备的条件。
6. 分析中国企业跨国经营存在的问题。

案例分析

从优秀到卓越的格兰仕

格兰仕集团前身是一家乡镇羽绒制品厂,始创于 1978 年。1992 年,带着让中国的微波炉工业在市场上占有一席之地、让中国品牌在微波炉行业扬眉吐气、让微波炉成为中国家庭的普及品的雄心壮志,格兰仕大举闯入家电业。格兰仕电器产品旺销全球近 200 个国家和地区,集团年销售额 130 亿元、出口创汇 7 亿美元。在过去 10 多年里,格兰仕微波炉从零开始,迅猛从中国第一发展到世界第一。

格兰仕是名副其实的"全球名牌家电制造中心"。从全国第一做到全球第一,从中国制造做到全球制造,格兰仕电器产销规模迅猛扩张的背后,是一条惊人的全球市场扩张轨迹,特别是 1998 年全面启动全球市场战略以来,全球市场发展势如破竹。

至 2004 年,格兰仕微波炉全球年产销 1800 万台,其中出口 1300 万台,全球市场占有率高达近 50%;格兰仕空调全球产销 260 万台,其中出口 200 万台,跻身中国出口二强、全球出口五强之列。随着格兰仕电器畅销近 200 个国家和地区,格兰仕"全球制造、专业品质"的形象享誉世界。

由一个乡镇小厂摇身为与全球 250 多家跨国公司建立全方位合作联盟的"全球名牌家电制造中心","灰姑娘变成白雪公主"的神话是其实施国际化发展战略的结果,为我国企业走向国际市场提供了很好的借鉴。

格兰仕的战略目标:

从"世界工厂"走向"世界品牌"的格兰仕

格兰仕一直坚持加大自主品牌的推广工作,从 1997 年到 2003 年,格兰仕的出口产品总量中,自有品牌与贴牌产品总量之比从 1:9 上升到了 3:7,目前自有品牌出口比重已起过 51%,自有品牌的比重在出口总量绝对数字成倍增加的情况下依然是逐渐上升的。集团公司已在全球如美国、英国、加拿大、日本、俄罗斯、中国香港等 67 个国家和地区注册了近 100 件“格兰仕 Galanz”商标。

格兰仕在美国、加拿大、法国当地设有分公司，2006 年美国分公司实现微波炉销售数量 2 596 932 台，销售金额 75 882 353 美元，其中自有品牌比重占到 55%；加拿大分公司实现微波炉销售数量 825 386 台，销售金额 27 685 136 美元，其中自有品牌比重占到 54%；2006 年法国公司实现销售数量 115 万台，实现销售金额 3 300 万美元，其中微波炉实现销售数量 915 755 台，销售金额 2 858 579 美元；同时、在法国格兰仕已经开设 5 家“GALANZ”品牌专卖店，计划 2006 年开设 80 家“GALANZ”品牌专卖店。

从“中国制造”走向“中国创造”的格兰仕

格兰仕振兴民族产业的使命驱动着公司的技术创新，格兰仕近年来在科研上的总投入超过 10 亿元人民币，技术投入一直保持全年销售额三个百分点以上。1995 年和 1997 年，格兰仕集团分别在中国本部和美国设立了“家用电器研究所”和“格兰仕美国研究中心”；2006 年，格兰仕又分别在中国总部及韩国首尔建立了“博士后科研工作站”和“格兰仕韩国研发中心”。

技术研发的全球化布局大举吸纳了海外权威技术专家，专门从事家电产品尖端技术以及新材料、智能化的应用研究，公司投资 1500 万建立了近 9600 平方米的技术研究综合楼，包含了测试中心、实验室，研发室等，格兰仕微波炉实验室获得了 TUV 认可实验室证书和美国 UL 的 WTDP(目击测试数据程序)测试资格，2005 年技术实验室再次通过国家认可实验室，表明实验室的检测能力基本达到国际先进水平。

几年来，格兰仕已获得 600 余项科研成果，如球体微波技术、微波增强补偿技术、多重防微波泄露技术、光波技术等都成为家电行业的风向标。通过高素质的研发队伍，格兰仕产品轻松获得了德国 GS、欧盟 CE、莱茵 TVU、美国 UL 等国际认证，还建立了 EMC、UL 认证实验室。公司累计申请专利超过 1 000 多个，申请国际专利 10 多项，经授权有 700 多个专利技术，专利申请总量居全省前列。这些科技成果都为格兰仕发展为国际知名品牌打下了坚实的基础。

全球研发、全球布局的格兰仕

格兰仕在中国香港、美国、韩国及中国中山和顺德设有 5 个研发中心以及中山和顺德两个制造基地，遍布珠三角和长三角的多个代加工工厂。同时格兰仕计划 2008 年在俄罗斯建立一个海外生产基地，在日本再成立一个研发中心。

遍布全球的战略合作伙伴，多达 1000 家海外经销商，将格兰仕产品销往全球近 200 多个国家和地区，营销及服务网络遍及全球。

（资料来源：根据中国企业跨国发展研究报告. 北京：中国社会科学出版社，2006 年；http://www.galanz.com.cn. 格兰仕集团官方网站。）

【讨论题】

1. 分析说明格兰仕集团国际化的战略类型。
2. 分析说明格兰仕集团跨国经营战略的基本思路。

第八章　公司战略及竞争优势

学习目标

1. 掌握企业并购战略、一体化战略和多样化战略的含义和方法；
2. 理解进入战略和合资经营战略的类型和方法；了解企业战略的形成、波特的竞争战略和竞争优势；
3. 能结合企业实际，掌握企业战略的分析及决策方法。

引导案例

巨人集团多元化战略失败的启示

高成长是任何企业都希望出现的经营成果，多元化战略又通常是这种成长模式的战略选择。企业在成长过程中获取资源的同时，也在创造资源。从充分利用资源和分散经营风险的角度看，多元化战略的应用有其合理性。但在企业战略管理的实践中，要真正驾驭好这种公司战略形式，是有相当难度的。

民营企业巨人集团依靠计算机汉卡起家，利用产品良好的市场潜力和地方政府的积极支持，公司进入持续成长和高速发展的通道。巨人集团决定从电脑、生物保健品和药品三大行业同时发展，调整产业和产品结构，同时着手公司管理制度的改革。

当巨人集团的电脑产品走入低谷时，巨人集团又以房地产业为中心开始第二次创业，房地产的投资达几十亿人民币。但是，生物保健品和房地产两个产品的组合，相关的仅仅是资金流，在这种情况下，巨人集团的终端市场，特别是生物保健品终端市场承受了巨大的压力。

巨人集团在经历了财务状况窘迫、经营状况每况愈下、员工士气低落之后，集团公司对子公司不同程度失控，公司管理混乱，巨人集团轰然倒塌。

巨人集团在企业发展战略决策等方面的失误最终导致巨人的衰落，恰好从反面印证了企业发展战略的选择、企业战略管理的实施对企业成败的重要作用。

（资料来源：李维安．企业战略管理案例点评．杭州．浙江人民出版社，2005）

第一节　公司战略的形成

如前所述，战略管理是对一个企业的未来发展方向制定决策和实施决策的动态管理过程。一个规范性的、全面的战略管理过程大体可分解为战略环境分析、战略选择及评价、战略实施及控制三个阶段。在进行战略分析之前，首先要确立或审视企业的使命。这个战略管理过程是由确定企业使命、分析战略环境、战略选择及评估和战略实施及控制四个环节构成的，战略管理也是一个动态和循环往复的过程。

一、战略环境分析

战略环境分析是指对企业的战略环境进行分析、评价，并预测这些环境未来发展的趋势以及这些趋势可能对企业造成的影响及影响方向。一般说来，战略分析包括企业外部环境分析和企业内部环境或条件分析两部分。

1. 企业外部环境分析

企业外部环境，一般包括下列因素或力量：政治因素、法律因素、经济因素、科技因素、社会文化因素，以及企业所处的产业环境。

企业外部环境分析的目的是适时地寻找和发现有利于企业发展的机会，以及对企业来说所存在的威胁，做到“知彼”，以便在制定和选择战略中能够利用外部条件所提供的机会，避开对企业的威胁因素。

2. 企业内部环境或条件分析

企业内部环境是指企业本身所具备的条件，即企业所具备的素质和能力，包括企业的有形资源和无形资源，企业的财务能力、营销能力、生产管理能力、组织效能、企业文化等企业能力，以及企业核心竞争能力等。

企业内部环境或条件分析的目的是发现企业所具备的优势或劣势，做到“知己”，以便在制定和实施战略时扬长避短、发挥优势，有效地利用企业自身的各种资源，发挥出企业的核心竞争力。

二、战略选择及评价

战略选择及评价过程实质就是战略决策过程，即对战略进行探索、制定及选择。通常，对于一个跨行业经营的企业来说，战略选择应当解决以下两个基本战略问题：

一是企业的经营范围或战略经营领域。即规定企业从事生产经营活动的行业，明确企业的性质和所从事的事业，确定企业以什么样的产品或服务来满足特定顾客群的需求。

二是企业在某一特定经营领域的竞争优势。即确定企业提供的产品或服务要在什么基础上取得超越竞争对手的优势。

一个企业可能会制定出达到战略目标的多种战略方案，这就需要对每种方案进行分析和评价，以便选出适合企业自身的方案。目前已有多种战略评价方法，如波士顿咨询集团的市场增长率—相对市场占有率矩阵法、行业寿命周期法等。这些方法已广泛地在跨行业经营的企业中得到应用。

三、战略实施及控制

一个企业在确定战略方案之后，必须通过具体化的实际行动，才能实现战略及战略目标。一般来说，可以在三个方面推进一个战略的实施：

其一是确定企业资源的规划和配置方式，包括公司级和战略经营单位级的资源规划与配置；

其二是对企业的组织机构进行构建，以使构造出的机构能够适应所采取的战略，为战略实施提供一个有利的环境；

其三是要使领导者的素质及能力与所执行的战略相匹配，即挑选合适的企业高层管理者来贯彻既定的战略方案。

在战略的实施过程中，为了使实施中的战略达到预期目的，实现既定的战略目标，必须对战略的实施进行控制。这就是说，将反馈回来的实际工作成绩信息与预定的战略目标进行比较，分析二者是否存在偏差。

如果二者有显著的偏差，就应当采取有效的措施进行纠正；如果是因为原来分析不全面而判断失误，或是环境发生了预想不到的变化而引起的偏差，那么，就要重新审视环境，制定新的战略方案，进行新一轮的战略管理过程。

第二节　进入战略

企业要进入一个新领域，首先要考虑进入哪个新经营领域，在这节，我们着重研究进入战略的类型，即如何进入一个新的领域。进入战略主要有并购和内部创业两种方式，本节只研究内部创业，并购在第三节详细论述。

采用内部创业战略进入一个新的业务领域要面临进入障碍和由此产生的进入成本。我们着重研究企业采用内部创业进入一个新的业务领域的应用条件。

一、产业结构性障碍没有建立

产业处于不均衡状况，结构性障碍还没有完全建立起来。一般说来，新兴产业更具有这样的特点。在快速成长的新兴产业中，竞争结构常常建立得还不完善，尚没有企业封锁原材料渠道或建立起有效的品牌识别，此时进入成本可能会比较低。但是，对于是否进入某个新产业的决策不仅限于进入障碍的高低，还要考虑其他几方面的问题。

首先，最重要的问题是要判断这一产业是否存在足够长的时间内高于平均水平利润的预测。其次，判断何时进入该产业也是重要的战略构成部分。最后，考虑到其他进入者可能随时进入新兴产业，为了保持期望的高利润，企业必须有一定经济基础以保证后进入者将面临比自己更高的进入成本。

二、产业内现有企业行为性障碍被制约

产业内现有企业对新进入者的主要的报复手段有:垄断限价,以排挤进入者;进入对方领域,以保证优势制衡;增加生产能力的战略承诺,以影响潜在进入者对进入后可盈利性的预测。但是,在一些产业中,现有企业所采取的报复性措施的成本超过了由此所获得的收益,使得这些企业不急于采取报复性措施,或者报复性措施效果不佳。

例如,如果进入者能通过有效的战略承诺(如较大的投资)使现有企业相信它将永远不会放弃在该产业中求得一个合适的地位,现有企业不会再采用垄断限价手段,因为那只会使自己丧失更多的利润;又如,如果现有企业用进入对方领域的手段报复进入者,在它自身实力不足时,反而会缩减它在本行业的竞争优势。

三、企业有能力克服结构性壁垒与行为性障碍

在一个产业中,并非所有的企业都面临着同样的进入成本。如果某个企业能够比大多数其他潜在进入者以更小的代价克服结构性进入障碍,或者只引起更少的报复,它便会从进入中获取高于平均水平的利润,企业也会在产业竞争中获得高于进入成本的收益。

克服进入障碍的能力往往表现在以下几个方面。

第一,企业现有业务的资产、技能、分销渠道同新的经营领域有较强的相关性。IBM公司在1981年进入个人计算机市场就是采用内部创业方式,在两年内获得35%的市场份额。其成功的原因是个人计算机与IBM当时所拥有的计算机系列制造技术具有高度相关性,我国海尔公司以电冰箱起家,又进入了空调、洗衣机、彩电、无绳电话等领域,其成功的原因之一也是这些产品的技术与市场具有高度相关性。

第二,企业进入新领域后,有独特的能力影响其行业结构,使之为自己服务。在发展中国家,跨国公司几乎没有遇到当地企业的有效竞争,跨国公司以其垄断力量,在东道国市场树起各种进入障碍。在发达国家的东道国,情况则会不同。跨国公司的进入可能会解体相互默契的寡占市场结构,从而达到刺激竞争和效率的效果。

第三,企业进入该经营领域后,有利于发展企业现有的经营内容。如果内部创业能够改善销售渠道、公司形象、威胁防御等,从而对进入者的现有业务具有有利的影响,那么,即使新业务仅仅获取平均回报,从公司整体考虑,进入也是可行的。美国施乐复印机公司进入数字数据传输网络领域就是基于这种考虑。

虽然施乐公司在数据网络业务中没有什么优势,但是,计算机之间的数据传输、电子邮件及公司地点的精密联网,以及该公司原有的业务——传统的复印,都可能成为“未来办公室”业务设计中的重要和广泛的基础,因而,从长远考虑,这种进入是必要的。

第三节　企业并购

从19世纪末开始,西方企业并购迅速被企业界所采用,对西方跨国公司的形成、经济的迅速发展起到了不可估量的推动作用。在我国,由于长期计划经济的影响,这种发展方

式并没有被很好采用。

近年来，随着我国经济体制改革和现代企业制度的推行，这一方式越来越受到我国企业界的重视，通过企业并购，必然会大大提高我国企业的竞争能力，促进企业的发展。

一、并购的含义

并购是指一个企业通过购买另一个企业全部或部分的资产或产权，从而控制、影响被并购的企业，以增强企业竞争优势，实现企业经营目标的行为及活动。实施发展型战略，尤其是多样化战略，经常采用的一种方式就是并购。并购具有较广泛的含义，具体来说，有下列几种普通方式。

1. 合并

A公司购买B公司的所有股票，A公司继续经营，继承B公司的所有资产和负债，B公司则不再存在。这种组合方式通常称为合并。

2. 联合统一

A公司和B公司联合组成第三个公司C，A和B两个公司不再存在。这种组合方式称为联合统一。

3. 控股经营

A公司购买B公司相当大一部分股票(但不是全部)，两个公司仍继续存在，但此时，A公司称为母公司，B公司称为子公司，这种方式称为控股经营。

4. 收购或兼并

A公司购买B公司的资产和负债，B公司不再存在，这种组合方式称为收购或兼并。

二、企业并购的优缺点

(一) 企业并购的优点

从企业的角度考察，企业寻求并购，一个主要优点是双方公司的股东可能从并购中获得潜在的利益，这是在市场经济运行机制下，企业对资本增值欲望的驱动。更多的优点体现在：

(1) 更好地利用现有的生产设施。

(2) 利用同一销售渠道进行销售，使现有的销售系统更有效率。

(3) 得到富有经验的管理队伍的帮助，以加强或继承现有的管理队伍。

(4) 缓解现有产品或服务的周期性或季节性的趋势。

(5) 提供新的产品以改变现有产品或服务生产停滞或下降的局面。

(6) 提供新产品或服务，提高利润率，以补充虽有好市场但竞争日益激烈的老产品或服务。

(7) 快速进入一个新的、发展中的领域。

(8) 获得和保护生产制造过程中(纵向一体化情况)所需要的原材料和零部件的来源。

(9) 减少所得税支出。

(10) 为利用收购企业人员的管理能力和资源拓展机会。

(11) 为出售企业的股票提供了一种途径。这对于那些股票不能公开交易或为少数人所持有的企业来说更为重要。

(12) 为扩大企业提供了资源。当有些关键性资源很难被模仿或积累时,通过并购获得可能是最好的方式。

(13) 对于被兼并的公司来说,保持管理的继承性以及公司的持久性和连续性。

(14) 并购现有的公司可以使潜在的竞争对手退出市场,如果进入该行业的最小规模较大,并购将是减轻激烈竞争的首选方式。

(二) 企业并购的缺点

1. 并购是一种昂贵的市场进入方式

通常,为了完成一项收购交易活动,收购公司必须支付高于股票当前价格 30%或更高的费用。所以,无论收购能够创造出多少价值,价格的上升有可能使这些价值在收购交易的竞争中损失殆尽。

2. 并购伴随着不必要的附属业务

许多目标公司都拥有几种资产和能力,但其中只有一部分对收购公司有用,而在剔除多余资产或使它们成为公司业务组合的一部分的过程中,收购公司常常要付出高昂的代价,其中包括实际发生的费用、管理者的时间等。

(三) 并购和整合过程存在冲突

如果收购公司与目标公司在企业文化、管理风格等方面存在较大的差异,则整合过程将是艰难的。此外,被收购公司管理人员甚至员工的妥当安排,也是很棘手的问题。

如果从一个国家经济发展的宏观角度来考察,大规模的企业并购往往与经济发展周期性波动及科学技术革命等宏观环境因素紧密联系在一起,具有明显的周期性特征。

企业史学家钱德勒就曾发现,在美国发生过几次大的兼并浪潮。

第一次兼并浪潮发生在 19 世纪末到 20 世纪初,为了扩大对市场的占有和垄断,许多大型公司对生产同类产品的企业进行了横向兼并。这次兼并运动遍及整个工业部门,而在金属原料、食品生产、石油化工制品、运输设备、金属加工产品和烟草等行业表现得更为猛烈。

第二次兼并浪潮发生于 20 世纪 20 年代末,当时能源开发及使用迅速向电力转换,对资产控制及寡头垄断的欲望促使企业实行大规模的纵向兼并。

第三次兼并浪潮发生于第二次世界大战后的 20 世纪五六十年代,其中,以六十年代后期为高潮。这一时期拥有剩余资金的企业不断增加，作为投资方式，这些企业不断地兼并其他企业，从而使企业的目标及业务范围延伸到许多与本企业毫不相关的经营领域，因此，这次兼并浪潮的特征是非相关业务兼并。

第四次兼并浪潮发生于新技术革命兴起的20世纪80年代，对新技术领域进行技术开发已成为企业关心的主要课题，为了获得必要的技术而进行的兼并活动增加了。这次兼并浪潮的特点是：企业卖掉不合适的资产，买进与行业相关的企业，横向兼并再次成为主导形式。

由此看出，每次科学技术的飞跃发展，都推动经济由低谷走向高峰，促使企业兼并高潮的到来。

三、企业并购的类型

企业的并购有多种类型，可以从多个角度进行分类。下面分别从并购双方所处产业、并购的方式、并购动机、并购的支付方式进行分类。

（一）从双方所处的产业划分

从并购双方所处的产业情况，企业并购可以分为横向并购、纵向并购和混合并购。

1. 横向并购

横向并购是指处于相同产业，生产同类产品或生产工艺相近的企业之间的并购。这种并购实质上是资本在同一产业和部门内集中，迅速扩大生产规模，提高市场份额，增强企业的竞争能力和盈利能力。

2. 纵向并购

纵向并购是指生产或经营过程相互衔接、紧密联系的企业之间的并购。其实质是通过处于生产同一产品不同阶段的企业之间的并购，实现纵向一体化。

纵向并购除可以扩大生产规模，节约共同费用外，还可以促进生产过程各个环节的密切配合，加速生产流程，缩短生产周期，节省运输、仓储能源。

3. 混合并购

混合并购是指处于不同产业部门、不同市场，且这些产业部门之间没有特别的生产技术联系的企业之间的并购。混合并购包括三种形态：

(1) 产品扩张型并购，即生产相关产品的企业间的并购。

(2) 市场扩张型购并，即一个企业为了扩大竞争地盘而对其他地区生产同类产品的企业进行并购。

(3) 纯粹的并购，即生产和经营彼此间毫无联系的产品或服务的若干企业之间的并购。

混合并购可以降低一个企业长期处于一个产业所带来的风险；可以使企业的技术、原材料等各种资源得到充分的利用。

（二）从并购的方式划分

从并购是否通过中介机构进行，企业并购可以分为直接并购和间接并购。

1. 直接并购

直接并购是指并购公司直接向目标公司提出并购要求，双方经过磋商，达成协议，从而完成收购活动。如果收购公司对目标公司的部分所有权提要求，目标公司可能会允许收购公司取得目标公司新发行的股票；如果是全部产权要求，双方可以通过协商，确定所有权的转移方式。由于在直接并购条件下，双方可以密切配合，因此，相对成本较低，成功的可能性较大。

2. 间接并购

间接并购是指收购公司直接在证券市场上收购目标公司的股票，从而控制目标公司。由于间接并购方式很容易引起股价的迅速上涨，同时，可能引起目标公司的激烈反应，因此，会提高收购的成本，增加收购的难度。

（三）从并购动机划分

从收购公司的动机划分，并购可以分为善意并购与恶意并购。

1. 善意并购

收购公司提出收购条件后，如果目标公司接受收购条件，这种并购称为善意并购。在善意并购下，收购条件、价格、方式等可以由双方高层管理者协商决定并经董事会批准。由于双方都有合并的愿望，因此，这种方式成功率较高。

2. 恶意并购

如果收购公司提出收购要求和条件后，目标公司不同意，收购公司只有在证券市场上强行收购，这种方式称为恶意并购。在恶意并购的情况下，目标公司通常会采用各种措施对收购进行抵制，证券市场也会迅速对此做出反应，股价迅速提高，因此，除非收购公司有雄厚的实力，否则，恶意并购很难成功。

（四）从并购过程支付方式划分

按并购过程支付方式的不同可以分为：现金并购、股票并购、综合证券并购。

1. 现金并购

现金并购是指收购公司通过向目标公司的股东支付一定数量的现金而获得目标公司的所有权。现金并购在西方国家存在资本所得税的问题，这可能会增加收购公司的成本，因此，在采用这一方式时，必须考虑这项收购是否免税。

另外，现金并购会对收购公司的资产流动性、资产结构、负债等产生影响，所以，应该综合进行权衡。

2. 股票并购

股票并购是指收购公司通过增发股票的方式获取目标公司的所有权。如果这种方式,公司不需要对外付出现金,因此,不至于对财务状况产生很大的影响,但是增发股票会影响公司的股权结构,原有股东的控制权会受到冲击。

3. 综合证券并购

综合证券并购是指在并购过程中,收购公司支付的不仅仅有现金、股票,而且还有认股权证、可转换债券等多种形式的混合。这种方式兼具现金并购和股票并购的优点,收购公司既可以避免支付过多的现金,保持良好的财务状况,又可以防止控制权的转移。

四、企业并购的动因

企业并购有多种动因,主要包括以下几个方面。

(一) 企业发展的动机

在激烈的竞争环境中,企业只有不断的发展才能生存。通常情况下,企业既可以通过内部投资获得发展,也可以通过并购获得发展。两者相比,并购方式效率更高,主要表现在以下几个方面。

1. 企业并购可以节省时间

企业的经营与发展处在一个动态的环境之中,在企业发展的同时,竞争对手也在谋求发展,因此,必须把握好时机,尽可能抢在竞争对手之前获取有利的地位。如果企业采用内部投资的方式,将会受到项目的建设周期、资源的获取及配置等方面的限制,制约企业的发展速度。

通过并购的方式,企业则可以在极短的时间内迅速将规模做大,提高竞争能力,击败竞争对手。尤其是进入新的行业的情况下,谁先行一步,就可以取得原材料、渠道、声誉等方面的优势,在行业中迅速建立起领先者的地位,这一地位一旦建立,别的企业就难以取代。因此,并购的方式可以使企业把握时机、赢得先机、获取竞争优势。

2. 企业并购可以降低进入壁垒和企业发展的风险

企业进入一个新的行业会遇到各种各样的壁垒,包括资金、技术、渠道、顾客、经验等,这些壁垒不但增加了企业进入这一行业的难度,而且提高了进入的成本和风险。如果企业采用并购的方式,先控制该行业原有的一个企业,则可以绕开这一系列的壁垒,以此作为进入该行业的桥头堡,继续扩张,实现企业在这个行业中的发展。这样,可以使企业以低的成本和风险迅速进入这一行业。

尤其是有的行业受到规模的限制,而企业进入这一行业必须达到一定的规模,这必将导致生产能力的过剩,引起其他企业的剧烈反抗,产品价格很可能迅速降低。如果需求不能相应得到提高,该企业的进入将会破坏这一行业的盈利能力。通过并购的方式进入这一行业，不会导致生产能力的大幅度扩张，从而保护这一行业，使企业进入后有利可图。

3. 企业并购可以促进企业的跨国经营

目前，竞争全球化的格局已基本形成，跨国经营已经成为一种新趋势，企业进入国外的新市场，面临着比进入国内新市场更多的困难。比如，企业经营管理方式、经营环境的差别、政府法规的限制等。

采用并购当地企业的方式进入，不但可以加快进入的速度，而且可以利用原有企业的运作系统、经营条件、管理资源等，使企业在今后能够顺利发展；同时，由于被并购的企业与进入国的经济紧密融为一体，不会对该国经济产生太大的冲击，因此，政府的限制相对较少。这些都有助于跨国发展的成功。

（二）发挥协同效应

企业并购后，两个企业的协同效应主要体现在：生产协同、经营协同、财务协同、人才技术协同等方面。

1. 生产协同

企业并购后的生产协同主要通过工厂规模经济效益取得。并购后，企业可以对原有企业之间的资产及规模进行调整，使其实现最佳的规模，降低生产成本；原有企业间相同的产品可以由专门的生产部门进行生产，从而提高生产和设备的专业化，提高生产效率；原有企业间相互衔接的生产过程或工序，并购后可以加强生产的协作，使生产得以流畅进行，还可以降低中间环节的运输、储存成本。

2. 经营协同

经营协同通过企业的规模经济来实现。企业并购后，管理机构和人员可以进行精简，使管理费用由更多的产品进行分担，从而节省管理费用；原来企业的营销网络、营销活动可进行合并，节约营销费用；研究与开发费用可以由更多的产品进行分担，从而可以迅速采用新技术，推出新产品；并购后，由于企业规模的扩大，还可以增强企业抵御风险的能力。

3. 财务协同

并购后的企业可以对资金统一调度，增强企业资金的利用效果；由于规模和实力的扩大，企业筹资能力可以大大增强，满足发展过程中对资金的需求；并购后的企业由于在财务上的统一处理，可以在企业中互相弥补产生的亏损，从而达到避税的目的。

4. 人才、技术协同

并购后，原有企业的人才、技术可以共享，充分发挥人才、技术的优势作用，增强企业的竞争能力，尤其是一些专有技术，企业通过其他方法很难获得，通过并购，很容易获得该项技术或专利。

（三）加强对市场的控制能力

在横向并购中，通过并购可以获取竞争对手的市场份额，迅速扩大企业的市场占有率，增强企业在市场上的竞争能力。另外，由于减少了一个竞争对手，尤其是在市场上竞争者不多的情况下，可以增加企业的垄断能力，增强对供应商和顾客讨价还价的能力。

因此，企业可以以更低的价格获取原材料，以更高的价格向市场出售产品，从而扩大企业的盈利水平。

（四）获取价值被低估的公司

在证券市场中，从理论上讲，公司股票市价的总额应该等同于公司的实际价值，但是，由于环境的影响，信息不对称和未来不确定性等方面的影响，上市公司的价值经常被低估。

如果一个企业认为自己能够比原来的经营者做得更好，那么，该企业可能并购这家公司，通过经营获取更多的收益，该企业也可能将目标公司并购后重新包装出售，从而在短期内获取巨额收益。

（五）避税

各国公司法中一般都有规定，一个企业的亏损可以用今后年度的利润进行抵补，抵补后再缴纳所得税。因此，如果一个企业历史上存在着未抵补完的亏损，而并购企业每年产生大量的利润，则并购企业可以低价获取这一公司的控制权，利用其亏损进行避税。

五、企业并购后的整合

企业并购的目的是通过对目标企业运营谋求企业的发展，实现企业的经营目标。因此，通过一系列程序取得了目标企业的控制权，只是完成了并购目标的一半。在企业并购完成后，必须对目标企业进行整合，使其与企业的整体战略、经营协调一致、互相配合，具体包括：战略整合、业务整合、制度整合、组织人事整合和企业文化整合。

1. 战略整合

如果被并购企业的战略不能与收购企业的战略相互配合、相互融合，那么，两者之间很难发挥出战略协同的效应。只有并购后对目标企业的战略进行整合，使其实施符合整个企业发展的战略，这样才能使收购方与目标企业互相配合，使目标企业发挥比以前更大的效应，促进整个企业的发展。

因此，在并购以后，必须根据目标企业在整个企业战略规划实现过程中的地位与作用，对目标企业的战略进行调整，使整个企业中的各业务单位之间形成一个互相关联、互相配合的战略体系。

2. 业务整合

在对目标公司进行战略整合的基础上继续对其业务进行整合，根据其在整个体系中的作用及其与其他部分的相互关系,重新设置其经营业务,将一些与本业务单位战略不符的业务剥离给其他业务单位或者合并掉,将整个企业其他业务单位中的某些业务划到本单位之中,通过整个运作体系的分工配合提高协作、发挥规模效应和协作优势,从而可以相应的对其资产重新进行配置,以适应业务整合后生产经营的需要。

3. 制度整合

管理制度对企业的经营与发展有着重要的影响,因此,并购后必须重视对目标公司的制度进行整合。如果目标企业原有的管理制度良好,收购方则不必加以改变,可以直接利用目标企业原有的管理制度,甚至可以将目标企业的管理制度引进到并购企业之中,对并购企业的制度进行改进。

如果目标企业的管理制度与并购方的要求不相符,则并购方可以将自身一些优良的管理制度引入到目标公司之中。通过这种制度输出,对目标公司原有的资源进行整合,使其发挥出更好的效益,尤其是并购后买方拟将目标公司纳入自己的整体,为了沟通和整体性管理的需要,买方应逐步地将规划与控制制度纳入到目标公司之中。

在新制度的引入和推行过程中,常常会遇到许多方面的问题。例如,引入的新制度与目标公司某些相关的制度不配套,甚至互相冲突,影响新制度作用的发挥。在很多情况下,引入新制度还会受到目标公司管理者的抵制,他们通常会认为买方企业的管理者并不了解目标企业的实际情况,而盲目改变目标企业的管理制度。因此,在对目标企业引入新制度时,必须详细调查目标企业的实际情况,对其各种影响因素做出细致的分析之后,再制订出周密可行的策略和计划,为制度整合的成功奠定基础。

4. 组织人事整合

在并购后,目标公司的组织和人事应根据其战略、业务和制度进行重新设置整合。根据并购后对目标企业职能的要求,设置相应的部门,安排适宜的人员。一般在并购以后,目标企业和买方在财务、法律、研发等专业的部门和人员可以进行合并,从而发挥规模优势,降低费用。

如果并购后双方的营销网络可以共享,则营销部门和人员也应相应的合并。总之,通过组织和人事的整合,可以使目标企业高效运作,发挥协同优势,使整个企业运作系统互相配合,实现资源共享,发挥规模优势、降低成本费用,提高企业的效益。

5. 企业文化整合

企业文化是企业经营中最基本、最核心的部分,企业文化影响着企业运作的各个方面,并购后,只有买方与目标企业文化达到融合,才意味着双方真正地融合。因此,对目标企业文化的整合,对于并购后整个企业能否真正协调运作有着关键性的影响。

在对目标企业文化的整合过程中,应深入分析目标企业文化形成的历史背景,判断其优缺点,分析其与买方文化融合的可能性,在此基础上,吸收双方文化的优点,摒弃其缺点,从而形成一种优秀的、有利于企业战略实现的企业文化,并很好地在目标企业中推行,使双方真正实现融合。

六、企业并购应注意的问题

并购对企业的发展具有重大的意义，但是，并非所有的并购都能得到令人满意的结果。在美国完成的收购案中，有30％～50％是失败的。在欧洲发生的收购案中，也有近一半是败笔。为保证并购的成功，应该注意以下几个方面的问题。

1. 在企业战略的指导下选择目标公司

在并购一个企业之前，必须明确本企业的发展战略，在此基础上对目标企业所从事的业务、资源情况进行审查，如果对其收购后，该企业应能够很好地与本企业的战略相配合，从而通过对目标企业的收购，增强本企业的实力，提高整个系统的运作效率，最终增强竞争优势，这样才可以考虑对目标企业进行收购。

反之，如果目标企业与本企业的发展战略不能很好地吻合，即使目标企业十分便宜，也应慎重行事。因为对其收购后，不但不会通过企业之间的协作、资源的共享获得竞争优势，反而会分散收购方的力量，降低其竞争能力，最终导致并购失败。

2. 并购前应对目标企业进行详细审查

许多并购的失败是由于收购企业事先没有能够很好地对目标企业进行详细审查。在并购过程中，由于信息的不对称，买方很难像卖方一样对目标企业有着充分的了解，但是，许多并购方在事前都想当然地以为自己已经十分了解目标企业，并通过对目标企业良好地运营发挥出更大价值。

许多企业在并购程序结束后，才发现事实并不像当初想象的那样，目标企业中可能存在着没有注意到的重大问题，或以前所设想的机会根本不存在；或双方的企业文化、管理制度、管理风格很难融合。因此，很难将目标公司融合到整个企业运作体系中，从而导致并购的失败。

3. 合理估计自身的实力

在并购过程中，并购方的实力对于并购能否成功有着很大的影响。因为在并购中，收购方通常要向外支付大量现金，这必须以企业的实力和良好的现金流量作为支撑，否则，企业便要大规模举债，造成本身财务状况的恶化，企业很容易因为沉重的利息负担或者到期不能归还本金而导致破产，这种情况在并购中经常出现。

4. 并购后对目标企业进行迅速有效的整合

目标公司被收购后，很容易形成经营混乱的局面，尤其是在恶意收购的情况下。这时，许多管理人员会离去，客户流失，生产混乱。因此，需要对目标公司进行迅速有效地整合。

通过向目标公司派驻高级管理人员，稳定目标公司的经营，然后，对各个方面进行整合。其中，企业文化整合尤其应受到重视，因为许多研究发现：很多购并的失败都是因为双方企业文化不能很好融合所造成的。通过对目标公司的整合，使其经营重新步入正轨，并与整个企业运作系统的各个部分有效配合。

第四节　一体化战略

一体化战略是指企业充分利用自己在产品、技术、市场上的优势,根据物资流动的方向,使企业不断地向深度和广度发展的一种战略。一体化战略主要包含两种战略:纵向一体化战略和横向一体化战略。一体化战略是企业的一个非常重要的发展型战略,它有利于深化专业分工协作、提高资源的利用深度和综合利用效率。

一、纵向一体化战略

(一)纵向一体化战略的含义

纵向一体化战略,又称为垂直一体化战略,是指企业在两个可能的方向上扩展现有经营业务的一种发展型战略。纵向一体化战略包括向前一体化战略和向后一体化战略。

向前一体化战略是企业向产品销售方向发展的战略。企业可以自行对本公司的产品做进一步深加工,或对资源进行综合利用,或建立自己的销售组织来销售本公司的产品或服务。例如,钢铁企业自己轧制各种型材,并将型材制成各种不同的最终产品,即是向前一体化战略。

向后一体化战略是企业向原料供给方向发展的战略,即企业自己供应生产现有产品或服务所需要的全部或部分原材料或半成品。例如,钢铁公司自己拥有矿山和炼焦设施,纺织厂自己纺纱、洗纱等。

(二)纵向一体化战略的理论依据

企业选择纵向一体化战略的一个重要原因是技术条件。例如,在钢铁行业,将该产业的炼铁、炼钢和轧钢三个工艺阶段纵向联合在一起,采用连续性强的生产技术和设备,可以减少能耗和成本。然而,当从联合的经济性方面来考察纵向一体化战略时,引入交易费用的概念是很有意义的。

交易费用是指在市场交易中寻找交易对象,签约交易合同,监督、执行和履行合同,建立保障合同履行的机构等,能使市场交易顺利进行所需要的费用或付出的代价。节约交易费用是实行纵向一体化战略的一个重要动机。就是说,如果签约从市场购买原材料或零部件的时候,寻找该产品的厂家很困难,或者该厂家违背合同的可能性大,包括不按合同规定的交货期供货、不保证产品的质量等行为,而且为了使该厂家遵守合同需付出很大的代价,或者对该厂家违背合同后的诉讼费用很高,则企业就会将该产品收归自己生产,即实行纵向一体化战略。

交易费用的高低,主要受对交易依赖程度的影响。企业对某一项交易的依赖程度越高,该交易的交易费用越高。威廉姆森(O. E. Williamson)将企业对某一交易的依赖性称为“资产专用性”,包括设备专用性、人力资源专用性和厂址的专用性等。一个企业对某一个交易关系的资产专用性或者依赖程度越高,该交易关系的交易费用也越高。

然而,一旦实行纵向一体化战略,企业为了有效地管理新增加的生产部门,要付出一定的管理费用。此外，如果该部门生产的产品具有显著的规模经济性，则被一体化后专门为本企业生产的该部门往往因为规模太小而不能实现规模经济，其产品要比从外部市场购买的产品更贵一些，即一体化后会带来成本的增加。

一体化以后新增的管理费用，是由原来的企业规模和一体化以后的企业规模的差距程度所决定的。一般来说，合并职工人数1000人的企业要比合并职工人数100人的企业付出更多的管理费用。但是，如果原企业的规模有几十万人，那么，两者之间则差别甚微。管理费用与资产专用性之间没有什么关系。

实行一体化后的生产成本和市场购买价格之间的差异，是由该产品的生产是否有规模经济性以及该产品的特殊性程度所决定的。也就是说，从生产成本的角度来看，专门为本企业生产不如集中生产而通过市场销售给各企业，因为后者可以更大规模地进行生产。

企业的市场购买与纵向一体化的战略选择，是通过比较市场的交易费用与一体化以后的管理费用加上新增成本的大小所决定的。如果企业对该交易关系的依赖程度高或资产专用性高，交易费用也会高，但是，一体化后带来的新增成本会少，那么，企业将选择一体化战略；相反，如果企业对该交易关系的依赖程度低，就意味着交易费用也会低，这时实行一体化会带来生产成本的增加，那么，企业将选择市场购买。

以上分析是从买方企业的角度来考虑市场购买还是一体化合并的选择问题。但是，买方企业的选择也会受到卖方企业对买方企业的依赖程度、双方实力的大小等因素的影响。因此，买方企业的选择还应分析交易双方对交易的依赖程度和双方企业实力的强弱。

（三）纵向一体化战略的利弊分析

1. 纵向一体化战略的利益

下面一些因素可促使一个企业去寻求向前一体化战略或向后一体化战略，这些因素也是纵向一体化战略的益处所在。

(1) 向后一体化战略可使企业对所用原材料的成本、可获得性以及质量等具有更大的控制权。

(2) 如果一个企业的原材料供应商能获得较大利润，通过向后一体化战略企业可将成本转化为利润。

(3) 向前一体化战略可使企业能够控制销售和分配渠道，这有助于消除库存积压和生产下降的局面。

(4) 当企业产品或服务的经销商具有很大毛利时，通过向前一体化战略企业可增加自己的利润。

(5) 采用纵向一体化战略，通过建立全国性的市场营销组织机构以及建造大型的生产厂而从规模经济中获益。因为规模经济会导致较低的总成本，从而增加利润。

(6) 一些企业采用向前或向后一体化战略来扩大它们在某一特定市场或行业中的规模和势力，从而达到某种程度的垄断控制。

2. 纵向一体化战略的弊端

纵向一体化战略也存在着风险，主要表现如下：

(1) 由于纵向一体化使企业规模变大,要想脱离这些行业就非常困难。此外,由于规模大,要使企业的效益有明显的改善,就需要大量投资于新的经营业务。

(2) 由于公司纵向规模的发展,不仅需要较多的投资,而且要求公司掌握多方面的技术,从而带来管理上的复杂化。

(3) 由于向前、向后产品的相互关联和相互牵制,不利于新技术和新产品的开发。

(4) 生产过程中可能出现各个阶段的生产能力不平衡问题。因为各个生产阶段的最经济的生产批量或生产能力可能大不相同,从而导致有些阶段能力不足,有些阶段能力过剩。

二、横向一体化战略

(一) 横向一体化战略的含义

横向一体化战略又称为水平一体化战略。它是指企业以兼并处于同一生产经营阶段的企业为其长期活动方向,以促进企业实现更高程度的规模经济和迅速发展的一种战略。

例如,20 世纪 60 年代末,美国 WCI 公司制定了在冰箱和冰柜市场上进行横向一体化的长期战略,为此,该公司先后于 1971 年收购了弗兰克林电器公司;于 1972 年兼并了西屋自动空气阀公司的冰箱部;1978 年买下了美国汽车公司的 Kelvinator 电器部;1979 年买下了通用汽车公司的电冰箱部。WCI 公司在短短的 10 年内通过横向一体化战略实现了迅速的扩张。

横向一体化战略新增加的产品和服务与目前的产品和服务紧密相连。与相关多样化战略类似,但相关多样化战略主要通过组织内部开发来发展,而横向一体化战略则是通过收购较为直接的竞争对手企业来获得的。

(二) 横向一体化战略的利益与成本分析

1. 横向一体化战略的利益

横向一体化战略的利益主要包括规模经济、减少竞争对手、较容易的生产能力扩张。

(1) 规模经济横向一体化战略通过收购同类企业达到规模扩张,这在规模经济性明显的产业中,可以使企业获取充分的规模经济,从而大大降低成本,取得竞争优势。同时,通过收购往往可以获取被收购企业的技术专利、品牌名称等无形资产。

(2) 减少竞争对手横向一体化战略,是一种收购企业的竞争对手的发展型战略。通过实施横向一体化战略,可以减少竞争对手的数量,降低产业内企业相互竞争的程度,为企业的进一步发展创造良好的产业环境。

(3) 较容易的生产能力——扩张横向一体化战略是企业生产能力扩张的一种形式,这种扩张形式相对较为简单而迅速。

2. 横向一体化战略的成本

横向一体化战略的成本主要包括管理问题和政府法规限制。

(1) 管理问题

收购一家企业往往涉及收购后母子公司管理上的协调问题。由于母子公司在历史背景、人员组成、业务风格、企业文化、管理体制等方面存在着较大的差异,因此,母子公司的各方面协调工作非常困难,这是横向一体化战略的一大成本。

(2) 政府法规限制

横向一体化战略容易造成产业内垄断的结构,因此,各国法律法规都对此作出了限制。例如,美国司法部反托拉斯司在确定一项企业合并是否合法时要考虑以下因素:行业内集中度;这一合并是否给予合并企业对其他企业的竞争优势;进入该行业是否困难;行业内是否已经存在一种合并的倾向;被合并企业的经济实力;对该行业产品需求是否增长;这一合并是否有激发其他企业进行合并的危险。

第五节　多样化战略

多样化战略,又称为多角化战略或多元化战略。根据企业现有业务与新业务之间在价值链上是否相关,可以将多样化战略分为相关多样化战略和非相关多样化战略。下面分别进行介绍。

一、相关多样化战略

(一) 相关多样化战略的含义

相关多样化战略是指公司将要进入的新业务与现有业务在价值链上拥有战略匹配关系。

战略匹配存在于价值链上,以及能为公司带来战略机会的不同经营业务之间,这些方面包括分享技术、对共同的供应商形成更强的讨价还价能力、联合生产零件和配件、分享共同的销售力量、使用同样的销售机构和同样的批发商或零售商、售后服务的联合、共同使用一个知名商标、将有竞争性的和有价值的技术秘诀或生产能力从一种业务转移到另一种业务、合并相似的价值链活动以获得更低的成本,等等。

(二) 相关多样化战略的理论依据

公司实施相关多样化战略,进入技术、生产、职能活动或销售渠道能够共享的经营领域,可以实现范围经济所带来的益处而使成本降低。所谓范围经济,是指当两种或更多的经营业务在一个公司的集中管理下运作的总成本,比作为独立的业务进行运作所发生的成本更低的经济现象。

在相关多样化的战略中,范围经济性来自下面四个方面。

1. 技术的匹配性

当存在分享共同的技术,探求与某种特殊技术相关的最大的经营机遇,或者可以将技术秘诀从一种业务转移到另一种业务的潜力时，在不同的业务经营间存在技术匹配。

2. 运营的匹配性

当不同的业务间在获得原材料、研究与开发活动、改善生产过程、元件的生产、成品装配，或实施行政支持功能等方面有合并活动，或转移技术和生产能力的机会时，就存在运营匹配。

3. 与销售和顾客相关的匹配性

当不同业务经营的价值链活动高度交叠，以致它们的产品有着相同的顾客，通过共同的中间商和零售商销售，或者以相似的方式进行营销和促销时，这些业务间就存在与市场相关的匹配。

4. 管理的匹配性

当不同业务在公司级的行政管理或运营问题的类型方面具有可比性时，可将在一种业务经营中的管理方法转移到另一种业务经营中，这时就存在管理的匹配。

基于上述四个方面的范围经济性，可以说，相关多样化战略是一种非常有吸引力的战略，它将存在于不同经营业务价值链之间的战略匹配关系转变成公司竞争优势的机会。

这些优势具体体现在：将专有技能、关键技能或技术由一种经营业务转移到另一种经营业务中；将不同经营业务的相关活动合并在一起运营，降低成本；在新的经营业务中，借用公司品牌的信誉；以能够创造有价值的竞争能力的协作方式，实施相关的价值链活动。

二、非相关多样化战略

（一）非相关多样化战略的含义

非相关多样化战略，是指公司增加与现有的产品、服务、技术或市场都没有直接或间接联系的新产品或服务。

（二）非相关多样化战略的理论依据

在当今众多的大型企业中，实行非相关多样化经营已成为一种发展趋势。与公司实施相关多样化战略一样，公司实施非相关多样化战略，也可以实现范围经济所带来的益处而使成本降低。此外，一些内外因素也导致公司实施非相关多样化战略。

1. 外部原因

在外部原因方面，主要有：

(1) 企业原有的产品市场需求增长处于长期停滞甚至下降趋势时，企业就可以考虑进入新领域开展多种经营。

(2) 所处产业集中程度高，企业间互相依赖性强，竞争激烈。企业想要追求较高的增长率和收益率，只有进入本产业以外的新市场，才会出现有利的局面。

(3) 外部因素的多变性和不确定性迫使企业不仅要考虑收益性，更要注意长期收益的稳定性。这些就要求企业采取非相关多样化战略，使企业处于求变和应变状态之中。

2. 内部原因

在内部原因方面，主要是企业存在有潜力的资源和能力，如有较强的研究开发能力、生产能力和销售能力等，使得它有开拓新领域的实力。

（三）实行非相关多样化战略的优缺点

1. 优点

无论何种原因导致公司采取非相关多样化战略，公司总是希望从中获得益处。非相关多样化战略的优点表现在：

(1) 公司可向几个不同的市场提供产品或服务，以分散经营风险，追求收益的稳定性。

(2) 当多个部门(或行业)单位在一个公司内经营时，它们可充分利用公司在管理、市场营销、生产设备、研究与开发等方面的资源，产生协同效应，从协同中获益。

(3) 可对公司内的各个经营单位进行平衡。在某些经营单位处于发展或暂时困难之时，公司可从其他经营单位获得财力上的支持。

(4) 公司可向更有效率的行业转移，以改善公司的整体盈利能力和灵活性。

2. 缺点

公司在选择非相关多样化战略时，要谨慎从事，切忌为多样化而多样化。非相关多样化战略最主要的弱点是带来企业规模的膨胀以及由此带来的管理上的复杂化。如果公司管理者对新扩充的管理业务不熟悉，则后果更糟。

另外，实施非相关多样化战略需要大量的投资，因此，要求公司具备较强的资金筹措能力。

三、多样化战略的产业关联影响

多样化战略的实施效果主要受以下两方面影响：

(1) 如果企业有能力选择经营业务领域，在各业务领域之间分配企业资源，监督并控制各业务单位经理，并且所达到的效率比市场机制的效率高，那么，多样化经营企业就会比单一化经营企业具有更强的盈利能力和更高的增长速度。

(2) 由于存在协同效应，进入多个相关产业的多样化经营企业要比进入多个不相关产业的多样化经营企业有更强的盈利能力。

最近几年，有关多样化战略实施效果的实证研究表明，以上所做的第二种假设是基本成立的。一项由理查德·罗迈特(Richard Rumelt)主持的调查发现，实行多样化战略的企业，如果进入一个与原产业领域紧密相关的产业，其盈利能力肯定强于进入多个非相关产业经营的企业。随后所做的几项调查验证了罗迈特的发现，而且证明了这种现象不仅在美国，而且在德国、日本、加拿大也存在。同时，进入广泛的不相关的产业领域内经营的企业，如 LTV、ITT 等的较差业绩表现也为此提供了一个反证。于是，1982 年，汤姆·皮特(Tom Peters)与罗伯特·沃特曼(Robert Waterman)总结了这一成果："事实上，每一个学术研究都已证明非相关的多样化经营是一项失策。"

采用相关多样化战略，公司既可保持它的经营业务在生产技术上的统一性，同时，又能将经营风险分散到多种产品上去。成功的企业通常都采取相关多样化战略。例如，彼得和沃特曼(Peters&Waterman)在其《寻求优势——美国最成功公司的经验》一书中指出，企业可以向新的经营领域扩展，但必须紧紧围绕自己的基本业务，因为这是优势所在。

最成功的企业是那些以一种专长为基础和核心进行多样化经营的公司。第二等成功的企业是向那些相关行业扩展的公司。总之，围绕中心技能扩展经营的企业，经营成果会高于其他企业。

得出以上结论的主要原因是多样化战略所产生的协同作用，这种协同作用的基础就是产业间的关联性。产业间的关联可以体现在共同的核心技术或共同的市场上。比如，导弹制导系统与个人计算机两个产业间的关联在于有共同的核心技术，而蔬菜罐头与冷冻甜食的关联在于它们通过共同的销售渠道销售给共同的消费者。

这种有关产业关联的定义还处于操作层上的关联，不同的产业之间还存在战略层上的关联。这种战略层上的关联表现在不同的产业领域内使用的管理技术上的共同性。

第六节　合资经营

合资经营是企业与两个或更多的公司想结成暂时的合作关系以共同利用某些机会时，进行合资经营是一种流行的战略。因为企业没有独自地进行某项投资，这种战略被看作是防御性的。通常的做法是，两个或更多的发起公司共同组建一个独立的组织，并按照各自的股份而分享这一新建实体的所有权。

另一种合作形式是合作经营，其形式包括：合伙研究与开发、相互销售产品、相互特许经营、交叉生产及共同投标联盟等。这些形式有利于企业促进相互交流和扩大经营网络，有利于进行全球化经营，也有利于将风险降至最小。哥伦比亚大学战略管理学教授凯瑟琳·拉迪·哈里根冰对日益增长的建立合资企业的趋势做了如下概括：

当今全球商务环境的特征是资源缺乏、技术变化速度加快以及对资本的需求增加。在这一环境中，重要的问题已不再是"我们是否应建立一个合资企业？"而是"何种合资企业和合作经营方式最适合我们的需求和预期？"之后的问题是，"我们如何才能最有效地管理这些合作项目？"

福特汽车公司与微软公司进行了合资经营，这使得福特公司可以根据网上订单生产汽车。这一合资经营集中体现了电子商务如何向传统的商务活动方式提出挑战，以及如何将高技术与制造产业结合在一起。福特汽车公司需要借助于高技术更新其分销系统，减少成本与库存，以及广泛获得网上汽车用户；微软公司则希望促进其购车网站以及 MSN 门户网站的经营。

通过合资，福特公司还可更好地了解到购买者如何在网上选购汽车以及他们实际上愿意购买何种汽车。通用汽车还与太阳微系统公司组建了类似的网上售车的合资企业。

美国在线与德国传媒公司贝塔斯曼公司组成了名为 AOL Europes 的合资企业。该企业在网络接入服务方面正在与各欧洲公司进行竞争。Freeserve 是英国最大的网络接入服务商，德国电信是德国领先的网络服务商，而 AOL Europe 则以新的服务项目 Netscape Onlinee 争夺英、德两国市场。

《华尔街日报》与《金融时报》这两家相互竞争的公司与出版 Moscow Time 的由荷兰人拥有的 Independent Media 公司合资经营，推出了一张俄文报纸 Vedomosti。这是一张独特的报纸，因为俄罗斯的绝大多数报纸都由富有的银行家和政府机构所经营，其目的在于利用报纸牟取个人私利。Vedomosti 在向俄罗斯主要的商业报纸 Kommersant 进行挑战，希望其发行量于 2001 年达到 6 万份以上，而 Kommersant 在当时已经拥有 11.7万名读者。

雀巢公司与 Pillsbury 公司组成了名为 Ice Cream Partners USA 的合资公司，公司总部位于加利福尼亚州北部。该公司主要销售高级、高脂肪以及高价格的冰淇淋，高价冰淇淋的销售量于 1998 年增长了将近 13%，1999 年，美国冰淇淋制造商共推出了 124 种新的冰淇淋品种，其中绝大部分为高级品牌。雀巢美国公司首席执行官乔·韦勒(Joe Weller)说："今天的消费者越来越会享受了。"

最适合采用合资经营战略的六种情况为：

(1) 私人公司与公众公司组建合资企业。私人企业具有某些优势，诸如封闭所有权；而公众企业也具有某些优势，如可通过发行股票来筹集资金。在某些场合，私人公司和公众公司各自具有的独特优势可在合资企业中得到结合。

(2) 本国公司与外国公司组建合资企业。合资企业可使本国公司在国外利用当地的管理资源，从而减少诸如被当地政府官员盘剥或干扰的风险。

(3) 合资双方或多方可以很好地进行优势互补。

(4) 投资项目具有很大的盈利潜力，但需要大量的资源，并有很大的风险。阿拉斯加输油管道的铺设就是一例。

(5) 两家或多家小企业难以同大公司竞争。

(6) 存在迅速采用某种新技术的需要。

小贴士

战略管理过程是由确定企业使命、分析战略环境、战略选择及评估和战略实施及控制四个环节构成的，战略管理是一个动态的和循环往复的过程。

本章小结

公司战略的形成和选择是公司生存发展的重大问题。

公司战略的形成要考虑内部、外部环境因素，要结合公司的实际情况，选择适合的发展战略。在选择公司战略时，要对备选方案做细致的评价分析，趋利避害。

公司进入战略包括内部创业和对外并购。虽然并购是一种趋势，但并购并非有百利而无一害。并购有严格的条件，即使并购成功后还有大量的整合工作要做。

一体化战略、多样化战略和合资经营是具体的公司战略，被众多的企业所采用。我们特别增加了横向一体化战略的利益和成本分析及多样化战略的产业关联影响的讲授，期望能引起重视。

本章思考题

1. 简述企业并购的动机及原则。
2. 企业采用内部创业进入战略的应用条件是什么？
3. 分析纵向一体化战略的利弊。
4. 相关多样化战略的范围经济性主要来自哪些方面？
5. 实行非相关多样化的外部原因是什么？

案例分析

宝洁公司的多元化战略

随着企业的发展，它们经常需要寻找相关方法，将某一业务中获得的专业技术和知识多元化，运用到另外一些涉及这些知识的业务中。经济学家们称之为"公司范围内的有效利用"，或简称"规模经济"。一旦一个公司能将已有的专业技术多元化地运用到其他业务中，那么公司的总价值将比各业务分别独立运营时的总价值更大。但是，要在不同业务间创建协同关系通常比看起来更困难。多年来宝洁公司就一直在寻找如何在各种消费品业务间建立相关性的方法。

2005 年，宝洁并购了吉列公司，并对在相关业务间建立协同性寄予了很高的期望。因为吉列的消费保健品——包括由吉列、博朗、金霸王、欧乐 B 等营销的产品——更关注男性市场，而宝洁则更关注女性美容及育婴产品，因此，管理层们看到了两家公司产品的互补性。但是，为了完成合并，两家公司都需要出售另一些产品线以满足反垄断条例。比如，吉列需要出售 Rembrant 牙膏品牌，而宝洁则需要出售 Spin Brush 牙刷品牌。

它们想创建协同关系的一个领域是将牙刷和牙膏业务进行合并。最近，高露洁超越了宝洁原本领先的佳洁士牙膏品牌。在夺回领先地位的战略指导下，宝洁设法将佳洁士牙膏和欧乐 B 牙刷捆绑并以"宝健"的商标同时出售两种互补的商品。此前，通常是将牙刷和牙膏分开置于不同的口腔护理货架上，这种排货方式不同于通常可将不同品牌的产品放到一起的美发产品或者护肤品。这种捆绑后的产品可以给零售商节省货架空间，也使消费者能更容易地找到两种不同的商品。但是，由于不得不出售口腔保健业务的另外一些领先品牌，因此它们也会失去一些预期的市场优势。

尽管创建不同产品间的经营层面的相关性的战略看起来是有潜力的，但这比宝洁和吉列所预期的都更困难。首先，布鲁斯·克莱弗利（来自宝洁）和查理·皮尔斯（来自吉列）决定要将两家公司的员工整合到一起。因此，他们将业务中心移至靠近宝洁公司总部的俄亥俄州辛辛那提。但是，在执行的过程中，很多在波士顿的吉列人拒绝搬迁，这便造成了人才的流失。其次，宝洁和吉列在商业决定时所使用的方法是不同的。克莱弗利更习惯于做决定时保留较大的自由度，而按照宝洁的文化，做主要决定是更倾向于寻找一种一致认同的方案。尽管公司由克莱弗利主管，但他们的合作还是存在较大困难。最后，克莱弗利退出了，并且将决定权交给了皮尔斯。就算是在合并后的辛辛那提的公司员工之间，这两家企业的文化也从来没有真正地融合过，因为之前它们是竞争者。

为"宝健"项目提供新产品的研究部门的合并要比俄亥俄州产品和市场营销人员的合并进行得更为顺利。最主要的原因可能是研究部门的员工可以留在他们原来的工作地，然后通过会议或者电子手段进行合作。尽管面临种种困难，2007年，合并后的宝洁还是以35%的市场份额赶超了高露洁32%的市场份额。

【讨论题】

试分析宝洁公司多元化的基础及给我们带来的启示。

第九章 战略的评价与选择

学习目标

1. 了解战略评价与选择的概念、特点、作用，战略选择的影响因素与常见误区；
2. 理解战略选择的时机，重点掌握战略选择的各种方法及其优缺点；
3. 明确下列概念：相对市场占有率、问号类业务、明星类业务、金牛类业务、瘦狗类业务。

引导案例

从头起步

耐克公司的创意产生于1962年菲利普·耐特在斯坦福大学攻读工商管理硕士时写的一篇论文。1964年，耐特和他的来自俄勒冈大学的田径教练比尔·鲍尔曼创立了蓝带运动鞋商品公司，用来树立优胜者的形象。当年他们用小车后备箱拉着货在当地的运动会上售出了1300双跑鞋。但他决定全心全意致力于发展蓝带运动服公司时，耐特还以注册会计师为业，并于1969年成为会计学教授。1972年他按照神话中胜利女神的名字把蓝带运动公司改为耐克。

从1972年到1990年，耐克公司有了巨大的发展。1972年的销售额为200万美元，到1982年，销售额达到1.94亿美元，平均每年增长率为82%。到了1990年，由于迈克尔·乔丹的加入，销售额有了惊人的发展，达到了20亿美元。即使在乔丹宣布退出NBA前，耐特和他的同行们一直在不断地寻找商业机会。他们知道，虽然迈克尔有惊人的天赋，但他不可能打一辈子篮球。

耐克公司的另外一个促销手段称为“耐克镇”。“耐克镇”由体育用品博物馆、体育用品商店和游乐场组成，目的就是树立耐克公司“精力充沛、富有生命力”的产品形象。耐克镇里还有三维广告、巨型鱼缸和篮球场。起初，耐克公司在俄勒冈州的波特兰和伊利诺伊州的芝加哥各建一座耐克镇，还计划使耐克镇遍布全球。为索尼公司建造类似商店的大卫·曼费雷迪说:"这只是树立公司形象的一部分,它决定公司在世界面前的形象。"这个创意强调的是形象,而不是开销,所以这里的商品不打折。当芝加哥的耐克镇开业后,每周吸引大约5000名顾客,每人平均消费50美元。

为了适应不断的变化的市场需求,耐克公司的管理者开始向各方面发展。1992年,耐克公司专门建立了销售耐克产品的专卖店。这一年,耐克公司的全部利润中的1000万美元来孕育3家专卖店和两个耐克镇的销售。尽管耐克公司是从汽车后备箱销售运动鞋起家的,但它在运动服销售的发展上比运动鞋发展更快。

(资料来源:www.jyu.edu.cn。)

战略管理首先是针对外部环境分析和内部实力评估而制定战略;其次要对制定出的企业战略进行评价与选择;最后是实施战略与控制。

战略评价与选择是战略管理的重要一环。对于一个企业来说,达成战略目标的战略方案可能有多个,战略决策者必须对这些战略方案进行分析、评价和比较,从中选择最合适的战略。

当然,在这个过程中不能将战略分析与制定、战略评价与选择和战略实施与控制截然分开。战略评价与选择是一个复杂的决策过程,涉及战略评价标准、利益相关者的期望,以及各种具体的评价指标和方法。

第一节　战略评价的意义和战略评价的组织

一、战略评价的意义

从战略管理的过程来说,战略评价分为两个阶段,前面的一个阶段是战略实施前的评价,评价的对象是拟实施的战略,评价的目的是选择一个或一套战略;后一个阶段是战略进入实施过程后的评价,评价的对象是已经付诸实施的战略,评价的目的是为了战略控制。

从战略形成的一般过程来看,当企业经过了内外部环境分析之后,通常会做出几套可供选择的战略方案,提出这些方案的可能是企业的战略管理部门,可能是专门成立的战略研究小组,也可能是企业聘请的专业的咨询公司,或者是他们的结合,不管是由谁提出的,都需要经过一个评估和选择的过程,最终由公司董事会决定采用哪个方案,或者采用一个经过修正的方案。

尽管方案的提出是建立在对内、外部环境分析的基础之上的,但这些预选的方案也只是战略研究人员的智慧和偏好的产物,当然在这个过程中也可能已经融入了企业高层的思路、判断和意图,但它不是系统、全面的。因此,还需要进行战略评估,其意义在于以下几点。

1. 战略评估是一个汇集智慧的过程

评估的过程是汇集企业内外部的更广泛的专家智慧的过程,可能会将更好的机会纳入视线,也可能意识到潜伏的威胁,因此这个过程可能挖掘出更好的战略机会,也可能弥补原有战略方案的缺陷。

2. 战略评估是一个平衡企业利益相关者利益的过程

经过评估，使公司利益相关者广泛地发表意见，高层决策者可以从中洞察各方面的利益追求，从而使得战略成为一个能够被普遍接受的战略。因为战略只有能够被接受，才有可能被执行；被接受的程度越高，执行过程就越顺利。

3. 战略评估是一个达成战略一致的过程

评估的过程是一个沟通的过程，评估者通常也是战略的执行者，只有让战略的执行者理解战略和支持战略，战略才能够有效地被实施。

二、战略评价的组织

战略评价的组织者应该是公司的董事会，或者是最终决定战略的人或者其他组织。

战略评估的过程通常是由战略研究人提出预选方案，然后交由上级（如董事会）组织其他部门或者个人做评估。评估可经过由上至下、再由下至上的过程，但一般不需要企业的基层员工参与。

评估人可以是企业的员工和部门，可以聘请企业外的个人或组织，也可以聘请专业咨询机构。如果是企业自己组织制定的战略，可以请企业外的组织或个人做评估；如果是专业咨询机构制定的战略，可以请独立于该机构外的专家或者组织做评估。

第二节　战略评价标准

关于战略评价标准的论述很多，不同的专家学者由于站的角度不同，都提出过自己的战略评价标准。下面我们介绍三种有代表性的战略评价标准。

一、理查德·鲁梅特战略评价四标准

英国战略学家理查德·鲁梅特（Richard Rumelt）提出了可用于战略评价的四条标准：一致、协调、可行性和优越性。协调与优越性主要用于对公司的外部评价，一致与可行性则主要用于内部评价。

1. 一致性

一个战略方案中，不应出现不一致的目标和政策。鲁梅特提出如下帮助确定组织内部问题是否由战略间的不一致所引起的三条准则：

(1) 尽管更换了人员，管理问题仍持续不断，以及如果这一问题像是因事而发生而不是因人而发生的，那么便可能存在战略的不一致；

(2) 如果一个组织部门的成功意味着或被理解为另一个部门的失败，那么战略间可能存在不一致；

(3) 如果政策问题不断地被上交到最高领导层来解决，可能存在战略上的不一致。

2. 协调性

协调性指在评价时既要考察单个趋势，又要考察组合趋势。在战略制定中将企业内部因素与外部因素相匹配的困难之一在于绝大多数变化趋势都是与其他多种趋势相互作用的结果。因此必须综合考察。

企业与环境之间的关系需要解决好两个问题：企业必须配合和适应环境的变化，同时与其他试图适应环境的企业相竞争。具体问题是：

(1) 战略选择方案在多大程度上处理了战略分析过程中发现的问题？

(2) 战略是否利用了企业的优势和机会？

(3) 战略是否与目标相一致？

(4) 战略在处理瞬息万变的环境变化方面是否有足够的灵活性？

3. 可行性

一个好的经营战略必须做到既不过度耗费可利用资源，也不造成无法解决的派生问题；对战略的最终结果中主要指标的检验有可行性标准；依靠自身的物力、人力及财力资源能够实施这一战略。企业的财力资源是最容易定量考察的，通常也是确定采用何种战略的第一制约因素。

人员及组织能力对于战略选择是要求更严格、但定量性却较差的制约因素，因此，在评价战略时，很重要的一点是要考察企业在以往是否已经展示了实行既定战略所需要的能力、技术及人才。可行性评价主要包括下面一系列的问题：

(1) 企业是否具有解决问题或者实施战略所需要的特别能力？

(2) 企业是否具有实施战略所必备的协调和综合能力？

具体就是：企业是否有实施战略所需的资金？企业是否有能力达到预期的水平？企业是否有能力应付竞争对手的行动？企业能否获得必需的信息和服务？

(3) 企业实施战略能否使企业创造和保持竞争优势？

战略必须能够在特定的业务领域使企业创造和保持竞争优势。竞争优势通常来自以下三方面：较多的资源、较强的技能或者较有利的地位。前两个因素代表了企业强于或优于其竞争对手的能力，具体是：哪些技能和资源占竞争优势？一旦具备了这种能力，企业可以维持其地位优势。因此，在评价某种战略时，企业应当考察与之相联系的位置优势特性：

① 战略是否能通过提供值得信赖和可靠的产品与服务而给企业带来一定的声誉？

② 在满足市场需求的过程中，战略是否有助于企业积累独特的经验？

③ 战略是否能使企业在地理位置上更接近主要的顾客？

二、伊丹敬之的战略评价标准

日本战略学家伊丹敬之认为，优秀的战略是一种适应战略，他要求战略首先适应外部环境因素，包括技术、竞争和顾客等；其次，企业战略也要适应企业的内部资源，如企业的资产、人才等;最后,企业战略也要适应企业的组织结构。

企业在制定战略时应该权衡以下七个方面的战略思想:

(1) 战略要实行差别化,要和竞争对手的战略有所不同。

(2) 战略要集中。企业资源分配要集中,要确保战略目标的实现。

(3) 制定战略要把握好时机。企业应该选择适当的时机推出自己的战略,时机要由自己积极创造。

(4) 战略要能利用波及效果(产业经济学中的一个概念)。企业利用自己的已有成果,发挥更大的优势,扩大影响,以便增强企业的信心。这一点实质上是强调企业要利用自己的核心能力。

(5) 企业战略要能够激发员工的士气。

(6) 战略要有不平衡性。企业不能长期总是稳定,要有一定的不平衡,造成一定的紧迫感,即战略要有比以往更高的要求。

(7) 战略要能巧妙组合。企业战略应该能把企业的各种要素巧妙地组合起来,使各要素产生协同效果。

三、斯坦纳和麦纳的战略评价标准

美国的斯坦纳和麦纳给出了六个评价要素,其中三个(对环境的适应性、竞争的优势性和目标的一致性)上面都已经提到,需要补充的内容如下。

1. 预期的收益性

企业要选择能够获取最大利润的战略方案,即追求战略利润,是长期利润而不是短期利润。其指标很简单,用投资利润率来评价。

2. 资源的配套性

企业战略的实现必须有一系列战略资源作保证,这些资源不仅要具备,而且要配套,暂时不具备而经过努力能够具备的资源也是可取的。

3. 战略的风险性

未来具有不确定性,战略具有风险性,在决策时要适当对待风险。一方面,在态度上要有敢于承担风险的勇气;另一方面,在手段上,要事先科学地预测风险,并制定出应变的对策,尽量避免孤注一掷。

上述各项指标既相互区别又相互联系,每一个指标的重要程度对于不同的企业和同一个企业在不同的时期也是有差别的。在评估时,考虑哪些指标和注重哪些指标取决于企业战略决策人的判断,其中既受客观因素的影响,也受主观因素的影响。

因为战略是基于对未来的预测,而未来具有不确定性,因此,即使对战略评估采用了一些定量的方法,战略决策仍然是有风险的,所以战略决策需要决策人的勇气。再者,从上面所列举的各项指标来看,大多数的指标是难以定量的,因此对方案的评价更多地需要评价人的智慧和判断力。

第三节 战略评价方法

一个企业可供选择的战略方案一般有若干种，在众多的战略方案中企业究竟选择哪一种战略或战略组合呢？企业的理想战略应当能够利用外部市场的机会并中和不利环境的影响；同时，它也应当加强企业内部的优势以及对自身的弱点加以改进。

考虑到理想战略的这些特点以及企业所面临的多种战略选择，在进行战略选择过程中，企业应借助于战略评价方法或工具来达到选择理想战略的目的。到目前为止，人们已经设计出了几种战略评价工具，下面对几种重要的战略评价方法加以阐述。

一、增长率—市场占有率矩阵法

增长率—市场占有率矩阵法是在20世纪60年代首先由美国波士顿咨询公司(BCG)提出的，因此亦称波士顿矩阵法。

波士顿矩阵法假定，最小的和最简单的公司除外，所有的公司都是由两个以上的经营单位所组成。换言之，一切经营单位都有若干在经济上有明显区别的产品—市场面。在一个公司范围内的这些经营单位称为企业的经营组合。波士顿矩阵法提出，企业必须为经营组合中的每一独立单位分别地制定战略。

波士顿公司主张，一个经营单位的相对竞争地位和市场增长率是决定整个经营组合中每一经营单位应当奉行什么样战略的两个基本参数。以这两个参数为坐标，波士顿咨询公司设计出一个具有四象限的网格图，如图9-1所示。

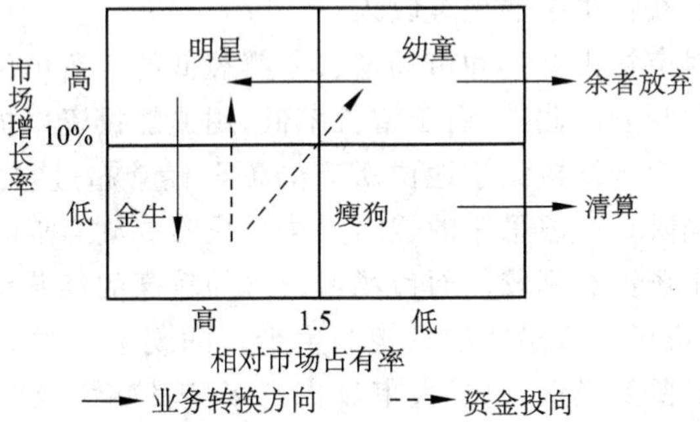

图9-1 增长率—市场占有率矩阵

横轴代表经营单位的相对竞争地位，是以经营单位相对于其主要竞争对手的相对市场占有率来表示的。相对竞争地位决定了该经营单位获取现金的速度，从而应得到较多的现金流量。在这里，以相对市场占有率而非绝对市场占有率来代表竞争地位，是由于前者更好地说明了与主要(或最大)竞争对手的关系。

例如，如果企业的一个经营单位具有10%的绝对市场占有率，那么在一个主要竞争对手分别有12%的市场占有率和45%的市场占有率两种不同的情况下，具有10%的绝对市场占有率企业就意味着有不同的竞争地位。显而易见，第一种情况表明企业较第二种情况更具有竞争性。因此，以相对市场占有率来表示竞争地位更具合理性；而任意一年某经营单位的相对市场占有率计算公式如下：

$$相对市场占有率=\frac{经营单位的销售额或量(当年)}{主要竞争者的销售额或量(当年)}\times 100\%$$

或

$$相对市场占有率=\frac{经营单位的绝对市场占有率}{主要竞争对手的绝对市场占有率}\times 100\%$$

在波士顿矩阵图中，纵轴表示市场增长率。市场增长率代表着对一个经营单位来说市场的吸引力大小，也就是说它决定着投资机会的大小。如果市场增长迅速，为迅速收回投资提供了机会。市场增长率的计算公式如下：

$$市场增长率(当年)=\frac{当年市场需求-去年市场需求}{去年市场需求}\times 100\%$$

一般而言，高市场增长率被认为是高于10%；而相对市场占有率高与低的分界线则是1.5，也就是说，如果某一经营单位的销售额是其主要竞争对手的1.5倍或更多，则它就被认为具有较高的相对市场占有率。然而，这种划分并非绝对。根据不同的行业的需要，可以采用不同的划分界限。

波士顿咨询公司认为，一个企业的所有经营单位都可列入任一象限中，并依据其所处的地位（相对市场占有率以及市场增长率）采取不同的战略。

金牛有较低的市场增长率和较高的相对市场占有率。较高的相对市场占有率带来高额利润和现金，而较低的市场增长率只需要少量的现金投入。因此，金牛通常产生出大量的现金余额。这样，金牛就可提供现金去满足整个公司的需要，从而支持其他需要现金的经营单位。对属金牛的经营单位，应采取维护现有市场占有率，保持经营单位地位的维护战略；或采取收获战略，获得更多的现金收入。

瘦狗是指那些相对市场占有率和市场增长率都较低的经营单位。较低的相对市场占有率一般意味着少量的利润。此外，由于增长率低，用追加投资来扩大市场占有率的办法往往是不可取的。因为用于维持竞争地位所需的资金经常超过它们的现金收入。因此，瘦狗常常成为资金的陷阱。一般采用的战略是清算战略或放弃战略。

幼童是那些相对市场占有率较低而市场增长率却较高的经营单位。高速的市场增长需要大量投资，而相对市场占有率低却只能产生少量的现金。对幼童而言，因增长率高，一个战略是对其进行必要的投资，以扩大市场占有率使其转变成明星。当市场增长率降低以后，这颗明星就转变为金牛。如果认为某些幼童不可能转变成明星，那就应当采取放弃战略。

明星的市场增长率和相对市场占有率都较高，因而所需要的和所产生的现金数量都很大。明星通常代表着最优的利润增长率和最佳的投资机会。显而易见，最佳战略是对明星进行必要的投资，从而维护或改进其有利的竞争地位。

对大多数公司来说，它们的经营单位分布于矩阵中的每一象限。企业应采取的经营组合战略可概括如下：首要目标是维护金牛的地位，但要防止常见的对其追加过多投资的做法。金牛所得的资金应优先用于维护或改进那些无法自给自足的明星的地位。剩余的资金可用于扶持一部分筛选出的幼童，使之转变为明星。多数公司将会发现，若选择同时扩大全部幼童的市场占有率的战略，它们的现金收入是不够用的。因此，应放弃那些不予投资的幼童。不同类的经营单位特点以及所应采取的战略，如表 9-1 所示。

表 9-1　应用 BCG 矩阵的战略选择

象限	战略选择	经营单位盈利性	所需投资	现金流量
明星	维护或扩大市场占有率	高	多	几乎为零或负值
金牛	维护或收获战略	高	少	极大剩余
幼童	扩大市场占有率或放弃战略	没有或为负值	非常多	负值
			不投资	剩余
瘦狗	放弃或清算战略	低或为负值	不投资	剩余

在利用波士顿矩阵法进行战略方案评价时，波士顿咨询公司建议采取以下步骤：

(1) 将公司分成不同的经营单位。实际上公司建立战略经营单位时，就已经做了这一步。在矩阵中，圆圈用来表示每一经营单位。

(2) 确定经营单位在整个公司中的相对规模。相对规模的度量尺度是经营单位的资产在公司总资产中的份额或经营单位的销售额占公司总销售额的比重。在矩阵中，圆圈面积代表着经营单位的相对规模。

(3) 确定每一经营单位的市场增长率。

(4) 确定每一经营单位的相对市场占有率。

(5) 绘制公司整体经营组合图(如图 9-2 所示)。

(6) 依据每一经营单位在公司整个经营组合中的位置而选择适宜的战略。

如图 9-2 是一个公司经营组合图，其所描述的经营组合是平衡的。该公司有两三个金牛作为其坚实的基础，两个明星提供了进一步发展的机会，可能有两个幼童能以合理的代价转变为明星。最后，还有几个应当受到严密监控的瘦狗，放弃或清算掉。

不平衡的经营组合如图 9-3 所示，由图可以看出公司明星和金牛单位太少，而瘦狗单位太多。这样，幼童的发展无资金来源，企业也没有具备发展前途的明星业务。因此，这种组合对公司未来的发展极为不利。

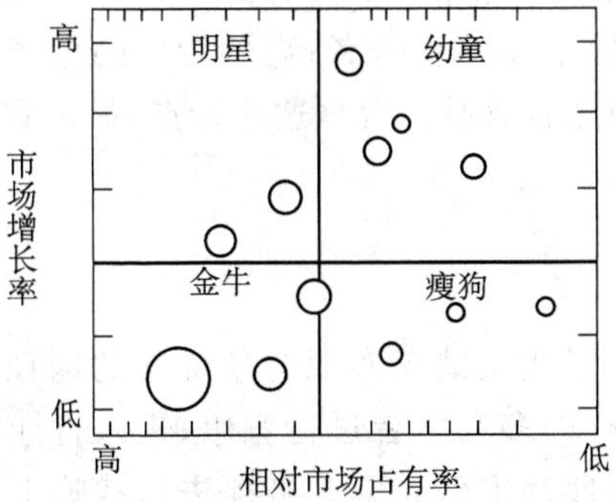

图 9-2　平衡的经营组合图

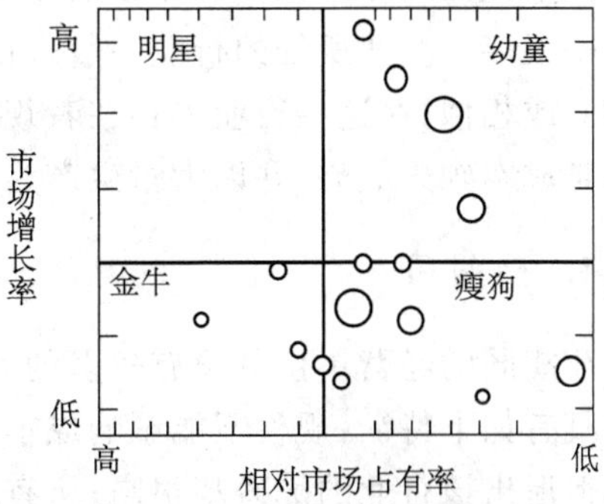

图 9-3　不平衡的经营组合图

从上面的讨论中可以看出，一个公司不仅要对每类经营单位采取不同的战略，并且要对经营组合采取整体经营组合战略；同时还要注意每类经营单位在整个公司经营组合中的比重，即要关注公司的整体经营组合的平衡性。只有平衡的经营组合才是理想的经营组合。

波士顿咨询公司的增长率—市场占有率矩阵法有其局限性。许多批评者认为，首先，以市场增长率和相对市场占有率来决定经营单位的地位及其战略未免过于简单化。其次是难以确定综合性产业的市场占有率。另外企业销售量增长和盈利能力增长不一定正相关。考虑到增长率—市场占有率矩阵法的局限性，波士顿咨询公司于 1983 年设计出新的矩阵图，如图 9-4 所示。

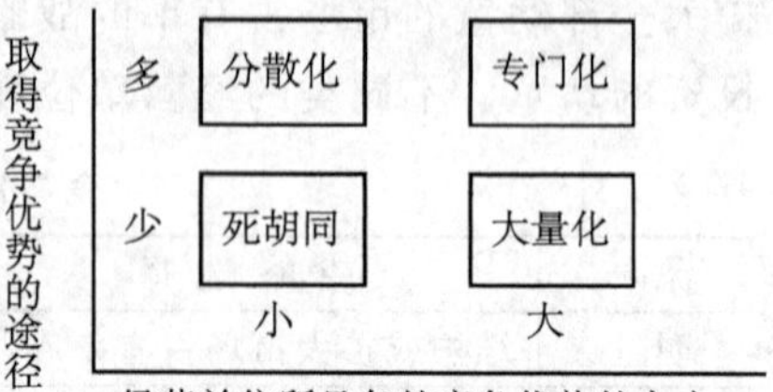

图 9-4　波士顿新矩阵

在新设计的矩阵中，横轴表示经营单位所具备的竞争优势的大小，而纵轴以在行业中取得竞争优势的途径的数量多少来表示。

在这个矩阵中，有四个象限，从而也就有四种不同的经营单位类型及战略。

1. 分散化

分散化的经营单位具有较多的实现竞争优势的途径，但企业本身具有较少的竞争优势。经营单位所处的行业具有如下特点：不存在规模经济；进入和退出行业具有较低的障碍；在产品或市场中存在较多的可区分开的活动。根据上述特点以及经营单位自身的弱点，最适应的经营战略是集中化战略。

2. 专门化

专门化的经营单位具有较多的竞争优势和取得这些优势的途径。所处行业具有可分开的各种活动；在每一专业化的活动中有许多竞争者，但存在着一个主导地位的竞争者。处于这种地位的经营单位所采取的战略，是在每一活动中进行专门化生产，类似皮特的差异化战略。

3. 大量化

大量化的经营单位具有较多的竞争优势，但这种行业中所具有的取得竞争优势的途径不是很多。企业所处的行业一般来说具有为数不多的竞争者；竞争者们的生产活动大致相同或相似；在这些行业中存在着规模经济和经验效益。根据这些特点，最适宜的经营战略是成本领先战略，并以大量生产为基础。

4. 死胡同

死胡同的经营单位既没有较多的竞争优势，行业又缺乏实现竞争优势的途径。这些行业具有如下特征：规模不能影响成本；行业中有许多竞争者进行竞争；进入行业的障碍很低但退出该行业的障碍却很高；所有企业盈利性都很低。因此必须进行战略上的转变才能摆脱困境。

二、行业吸引力—竞争能力分析法

早在 20 世纪 70 年代初期，美国通用电气公司在应用波士顿矩阵法分析公司业务结构时发现，除了市场增长率和相对市场占有率外，还有许多在分析中不可忽视的重要因素。因此通用电气公司与麦肯锡咨询公司（MeKinsey & Co.）共同发展起来了行业吸引力—竞争能力分析法，根据行业吸引力和经营单位的竞争能力，也用矩阵来确定各经营单位在总体经营组合中的位置，据此来制定出不同的战略，因此也称 GE 矩阵。

（一）行业吸引力—竞争能力矩阵的基本结构

1. 矩阵结构

行业吸引力—竞争能力矩阵的基本结构，如图 9-5 所示。经营单位所处行业的吸引力按强度分成高、中、低三等。所评价的因素一般包括：行业规模、市场增长速度、产品价格的稳定性、市场的分散程度、行业内的竞争结构、行业利润、行业技术环境、社会因素、环境因素、法律因素、人文因素。

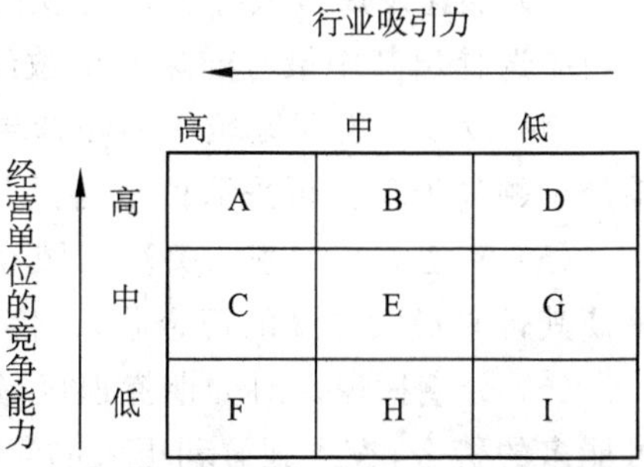

图 9-5　行业吸引力—竞争能力矩阵

经营单位所具备的竞争能力按大小也分为高、中、低三等。所评价的因素包括：生产规模、增长情况、市场占有率、盈利性、技术地位、产品线宽度、产品质量及可靠性、单位形象、造成污染的情况、人员情况。

2. 战略类型

行业吸引力的三个等级与经营单位竞争能力的三个等级，构成一个具有 9 个象限的矩阵，公司中的每一经营单位都可放置于矩阵中的每一位置。公司内的所有经营单位可归结为三类。不同类型的经营单位应采取如下不同的战略。

（1）发展类。发展类包括处于 A、B 和 C 位置的经营单位。对于这一类经营单位，公司要采取发展战略，即要多投资以促进其快速发展。因为这类行业很有前途，经营单位又具有较强的竞争地位，因此应该多投资，以便巩固经营单位在行业中的地位。

（2）选择性投资类。选择性投资类包括处于 D、E 和 F 位置的经营单位。对这类单位。公司的投资要有选择性，选择其中条件较好的单位进行投资，对余者采取收获或放弃战略。

（3）收获或放弃类。收获或放弃类包括处于 C、H 和 I 位置的经营单位。这类单位的行业吸引力和经营单位实力都较低，应采取不发展战略。对一些目前还有利润的经营单位，采取逐步回收资金的收获战略。而对不盈利又占用资金的单位则采取放弃战略。

3. 政策指导矩阵法

与行业吸引力—竞争能力分析法相类似的，是由荷兰皇家/壳牌公司所创立的政策指导矩阵法，根据行业前景和竞争能力也用矩阵来确定各经营单位的位置。行业前景分为吸引力强、吸引力中等、无吸引力三等，并以市场增长率、市场质量、市场（行业）的盈利稳定性以及其他环境因素（法规形势）等加以定量化。经营单位竞争能力分为强、中、弱三等，由市场地位、生产能力、产品研究和开发等因素决定。

对落入不同区域的经营单位，公司应采取不同的战略，如图 9-6 所示。

经营单位的竞争能力 \ 行业前景	弱	中	强
弱	不再投资	分期撤退	加速发展或放弃
中	分期撤退	密切关注	不断进化
强	资金源泉	发展	领先地位

图 9-6 政策指导矩阵

这些战略可概述如下。

(1) 领先地位。应优先保证领先地位区域经营单位需要的一切资源，以维持其有利的市场地位。

(2) 不断进化。应通过分配更多的资源，努力使不断进化区域经营单位向下一区域(领先地位区)移动。

(3) 加速发展或放弃。加速发展或放弃区域经营单位应成为公司未来的高速飞船。公司应选择出其中最有前途的少数经营单位加速发展，对余下者采取放弃战略。

(4) 发展。发展区域中的经营单位一般会遇到少数几个强有力的竞争对手，因此很难处于领先地位。可采取的战略是分配足够的资源，使之能随着市场而发展。

(5) 密切关注。密切关注区域经营单位通常都有为数众多的竞争者。可采取的战略是使其带来最大限度的现金收入，停止进一步投资。

(6) 分期撤退。对分期撤退区域的经营单位，应采取的战略是缓慢地退出，以收回尽可能多的资金，投入到盈利更大的经营单位。

(7) 资金源泉。对资金源泉区域采取的战略是，用少量投资以求未来的扩展，而将其作为其他快速发展的经营单位的资金源泉。

(8) 不再投资。对不再投资区域的经营单位应采取放弃战略，将拍卖资产所得的资金投入到更有利的经营单位。

下面讨论如何将行业吸引力和竞争能力中的每个因素进行定量化，以便确定出每个经营单位在矩阵中的位置。

(二) 行业吸引力—竞争能力矩阵的应用步骤

首先，确定对每个因素的度量方法。一般说来，选用具有 5 个等级的里克特(Liker)等级度量法，如表 9-2 所示。然后，对每一等级赋予一定的分值。如某一因素很不吸引人，可以给予 1 分的值；而很吸引人的因素赋值 5 分。

其次，根据实际情况对行业吸引力或经营单位的竞争能力中的每一因素，确定一个等级值。但是，由于每个因素的地位和重要程度对经营单位来说是不一样的，因此还要赋予每个因素一个权数，以代表其重要程度，这些权数加起来要等于 1。

表 9-2 里克特等级及赋值

等级	很不吸引人	有些不吸引人	一般	有些吸引人	很吸引人
赋值	1	2	3	4	5

以行业吸引力其他的量化为例，表 9-3 所示中，除了社会、环境、法律外，对其他因素给了一个权数。

从表 9-3 中可以看出，权数最大的是利润率，权数为 0.20，说明它是最重要的。其次是市场规模，权数是0.15。总分计算的办法比较简单，先将权数乘以等级值得出每个因素的计分，最后把所有因素的计分累加起来就是行业吸引力的总分。在本例中，行业吸引力总分为3.38。

表9-3　行业吸引力加权平均

因　素	权数①	等级②	计分③ =①×②	因素	权数①	等级②	计分③ =①×②
市场规模	0.15	4	0.60	周期性	0.05	2	0.10
增长	0.12	3	0.36	财政	0.10	5	0.50
价格	0.05	3	0.15	能源	0.08	4	0.32
市场多样性	0.05	2	0.10	社会	OK	4	—
竞争	0.05	3	0.15	环境	OK	4	—
利润率	0.20	3	0.60	法律	OK	4	—
技术	0.05	4	0.20	人力	0.05	4	0.20
通货膨胀	0.05	2	0.10	总计	1.00		3.38

用同样的程序和方法，也可计算出经营单位竞争能力的总分，如表9-4所示。

表9-4　竞争能力加权平均

因　素	权数①	等级②	计分③=①×②
研究与开发	0.10	1	0.10
生产	0.05	3	0.15
推销	0.30	3	0.90
财务	0.10	4	0.40
分配	0.05	2	0.10
管理能力	0.15	5	0.75
利润率	0.25	4	1.00
总　计	1.00		3.40

再次，根据行业吸引力和竞争能力总分值来确定经营单位的位置。为了简单起见，将行业吸引力或竞争能力中的强、中、弱三等级的分界点定为3.0和1.50，即分值在1.50以下者为弱，处于1.50～3.0之间者为中，高于3.0者为强。

以上述例子来说明，行业吸引力总分为3.38，竞争能力总分为3.40，则经营单位处于矩阵图的左上方，是一个比较理想的企业，如图9-7所示。

如果公司有多个经营单位，如表9-5所示，则用同样的办法可确定出每个经营单位在矩阵图中的位置。

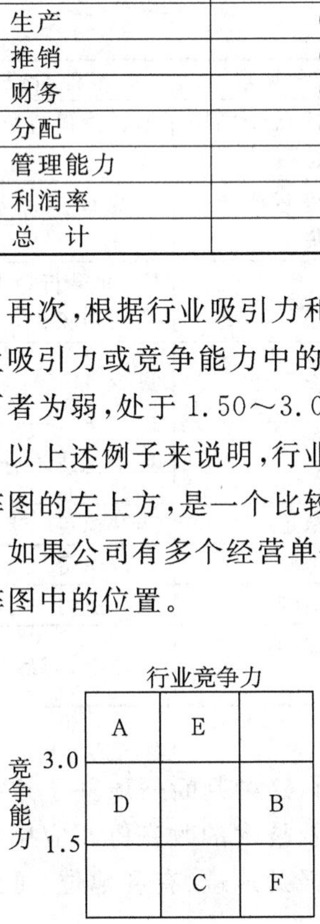

图9-7　经营单位所处位置

表9-5　多个经营单位的总分值

经 营 单 位	竞 争 能 力	行业吸引力
A	3.40	3.38
B	2.50	1.05
C	0.75	2.45
D	2.20	3.50
E	3.60	2.35
F	0.75	1.10

最后，根据不同经营单位在矩阵中所处的位置，应用行业吸引力—竞争能力分析法，对不同位置上的经营单位采取不同的战略。

行业吸引力—竞争能力矩阵是对波士顿矩阵的一个改进，它考虑了更多因素，而且这些因素在不同时期、不同产业中的灵活应用，使之更适合具体情况。但是它仍然存在一定的局限性，主要表现在等级值计算的主观性、行业吸引力评价的模糊性、战略建议的笼统性等，这些在一定程度上影响了这一方法的实际应用。

三、生命周期法

生命周期法是由亚瑟·利特尔咨询公司提出的，并为战略管理学界所接受。该方法以两个参数来确定公司中各个经营单位所处的位置：行业成熟度和战略竞争地位。

生命周期法认为，任何行业根据所表现的特征，可划分成下列四个阶段：孕育阶段、发展阶段、成熟阶段和衰退阶段。在划分行业成熟度时，一般考虑下列因素：增长率、增长潜力、产品线范围、竞争者数目、市场占有率分布状况、市场占有率的稳定性、顾客稳定性、进入行业的难易程度、技术等。每一阶段的行业在上述因素上所呈现的特点如表 9-6 所示，根据这些特征可对所在行业的成熟度做出判断。

表 9-6 行业成熟度各阶段的特点

因　素	孕育阶段	发展阶段	成熟阶段	衰退阶段
增长率	较国民生产总值增长更快	高于国民生产总值	等于或低于国民生产总值	增长为零或负增长
增长潜力	基本不满意或产品只相对不被知晓	部分满意或产品相对不被知晓	一般满意或产品被知晓	满意或产品早已知晓
产品线范围	窄；品种很少	宽；多样化	宽；标准化	窄；如果行业分散的话则较少
竞争者数目	竞争无统一规则；数量通常增加	最多，后开始减少	稳定或下降	最少
市场占有率分布	无统一规律；常很分散	逐渐地（或快速地）集中	稳定	集中化或很分散
市场占有率稳定性	不稳定	逐渐地稳定	基本稳定	非常稳定
顾客稳定性	不稳定	逐渐稳定	稳定	非常稳定
进入行业的难易	容易	比较困难	非常困难	无吸引力
技术	快速发展；已有技术很少	变化中	已知晓；容易获取	已知晓；容易获取

确定一个经营单位的战略竞争地位需要一定的定性判断，这种判断一般基于这样的多项指标，如产品线宽度、市场占有率、市场占有率的变动以及技术的改变等。应用生命周期法，一个经营单位的战略竞争地位可划分成：主导地位、强劲地位、有利地位、可维持地位和软弱地位五种类型。每种地位的特点分述如下。

1. 主导地位

能够控制竞争者的行为，具有较广的战略选择，且战略能独立于竞争者而做出。

2. 强劲地位

能够遵循自己的战略和政策，而不会危及长期的地位。

3. 有利地位

可能具有一定的战略优势，有能够保持其长期地位的好机会。

4. 可维持地位

具有证明其运营可继续存在的满意的经营绩效，通常以忍耐能抵御最重要的竞争对手，有能够维持其长期地位的一般机会。

5. 软弱地位

令人不满意的经营绩效，但有改进的可能，可能具备较好地位的特点，但有主要的弱点，短期内能够生存，但想要长期生存下去则必须改进其地位。

以行业成熟度为横坐标，竞争地位为纵坐标，这样组成一个具有 20 个单元的生命周期矩阵。按照亚瑟·利特尔咨询公司的建议，有四种战略选择，即发展类、选择性发展类、收获或恢复类以及放弃类。在何种情况下采取哪一类战略，如图 9-8 所示。

四、产品—市场演化矩阵法

产品—市场演化矩阵法由查尔斯·霍福尔提出，它在许多方面与利特尔的生命周期法相似。产品—市场演化矩阵有 15 个区域，如图 9-9 所示。

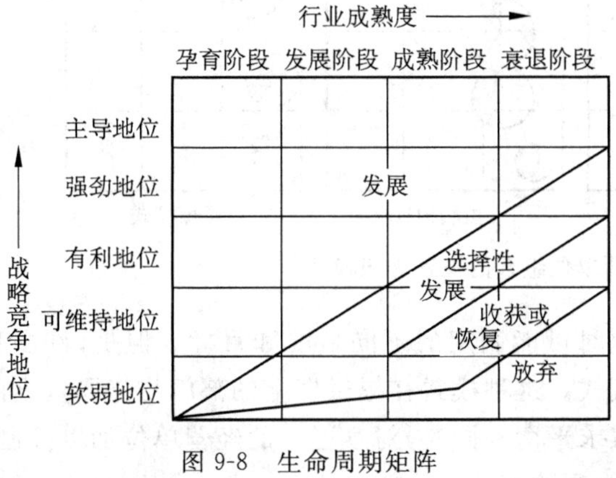

图 9-8 生命周期矩阵

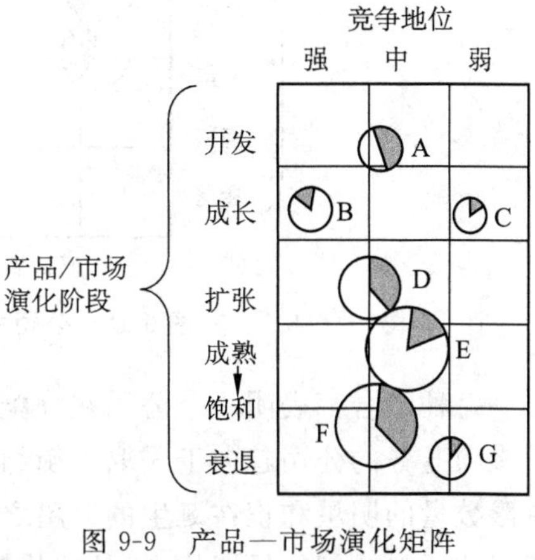

图 9-9 产品—市场演化矩阵

每一经营单位按产品—市场演化阶段（此为纵坐标）和竞争地位（此为横坐标）确定出其在矩阵中的位置。圆圈大小代表行业的相对规模，圆圈中阴影部分表示经营单位在行业中的市场占有率。竞争地位分为强、中、弱三等，产品—市场的演化过程划分成开发阶段、成长阶段、扩张阶段、成熟饱和阶段和衰退阶段。对图 9-9 中每一经营单位可采取的战略方案，霍福尔提出以下几条有益的建议：

(1) 经营单位 A 看来是一颗潜在的明星。它有相对较高的市场占有率、处于产品—市场演化的开发阶段及具有潜在的强大竞争力，这些因素使它成为公司大力投资的理想对象。

(2) 经营单位 B 有点类似 A，不过，对 B 的投资取决于它的特殊性质，即为什么它的市场占有率如此相对较低，而其竞争地位却较强。为使投资有益，必须制定一项战略来克服市场占有率过低的弱点。

(3) 经营单位 C 属于一处于成长阶段但规模较小的行业，不仅竞争地位弱，而且市场占有率低。必须制定战略来弥补这两个不足之处，以使将来的投资有益。这也可能是放弃的合适对象，以便将其资源用于经营单位 A 或 B。

(4) 经营单位 D 正处于扩张阶段，它的市场占有率较高，竞争地位较强。对它的投资应该用于维持其相对强大的竞争地位。从长远角度看，D 应该成为一只金牛。

(5) 经营单位 E 和 F 都是公司的金牛，应成为公司资金的主要来源。

(6) 经营单位 G 犹如处于增长率—市场占有率矩阵中瘦狗象限的企业。如果可能的话，在短期内应多回收资金，但长远的战略更可能是放弃。

不同的多业务的公司可能有不同的经营组合，但大多数组合都是三种理想模式的变形体。这三种理想模式为：成长型、盈利型、平衡型，如图 9-10 所示。

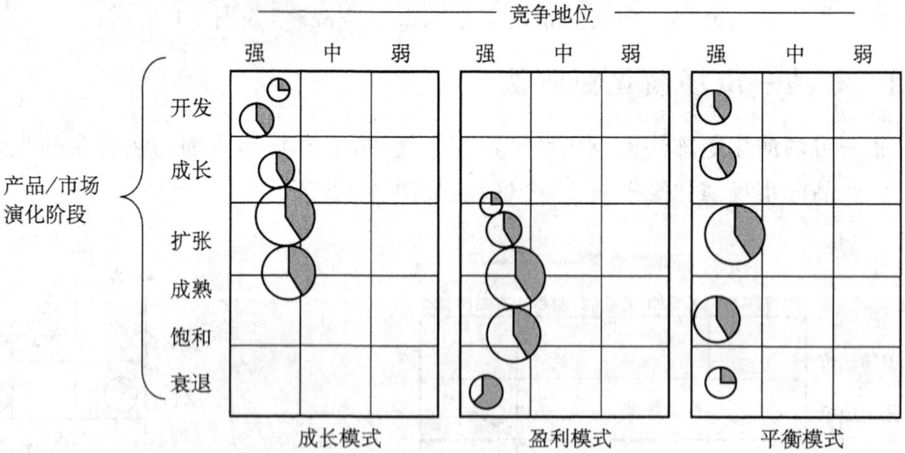

图 9-10 公司中经营单位组合的三种理想模式

每种组合都表明一个公司在分配资源时可能制定的不同目的和目标。但是，许多具有多项业务的公司趋向于采取平衡组合模式。这种模式在提供资金的部门与需要资金的有限数量的明星和正在诞生的明星之间谋求平衡。同时，对衰退中的经营单位加以控制，保证公司对它们的投资最少，长期战略通常是放弃。

第四节 战略选择过程

一、战略选择过程的影响因素

战略选择过程是做出选定某一特定战略方案的决策过程。假若战略评价过程已经筛选出显然优化的战略方案，则决策就很简单。然而，在大多数情况下，战略评价过程提供给战略决策者的是若干种可行方案。在这种情况下，决策者就要考虑多种因素，进行多方面的权衡。因此，选择战略是一种智力活动过程。通常进行战略选择时受到以下因素的影响。

（一）企业对外部环境的依赖性影响

任何企业都存在于外部环境之中，而环境受股东、竞争对手、顾客、政府和社区的影响。企业的生存对这些因素的依赖程度，影响着战略选择过程。具体如下。

（1）依赖程度越高，企业选择战略的灵活性就越小，除非发生危机。

① 企业依赖于少数几个股东的程度越高，战略选择的灵活性就越小。

② 企业依赖于其竞争对手的程度越高，则越不可能选择进攻性的战略（依赖性在此指竞争中处于相对较弱的地位）。

③ 企业的成功和生存越依赖于少数几个顾客，则企业对他们的期望应做出较快的反应。

④ 企业越是依赖于政府和社区，则对市场状况和股东的要求越不具有灵敏的反应。

（2）企业经营面对的市场的易变程度，影响着战略选择。如果市场中的情况变化较大，则企业的战略需要具有较大的灵活性。

（二）管理者对待风险的态度的影响

管理者对待风险的态度影响着战略选择的决策。某些企业管理者极不愿承担风险，而另一些管理者却乐于承担风险。不同的风险态度会导致不同的战略选择。

1. 乐于承担风险的态度

如果管理者认为风险对于成功是必不可少的，并乐于承担风险的话，则企业通常采用进攻性战略，接受或寄希望于高风险的项目。

2. 试图降低风险的态度

如果管理者认为风险是实际存在的，并试图降低某些风险的话，那么管理者就会试图在高风险战略和低风险战略之间寻求某种程度的平衡，以分散一定的风险。

3. 回避风险的态度

管理者认为若冒较高的风险将毁灭整个企业，需要减低或回避风险的话，则可能采取防御性的或稳定发展的战略，拒绝承担那些高风险的项目，乐于在稳定的产业环境中经营。

总之，管理者和股东对待风险的态度，会增加或减少他们所考虑的战略方案的数目，并增加或减低采用某一特定战略方案的可能性。

（三）企业过去战略的影响

对大多数企业来说，过去的战略是战略选择过程的起点，这就导致新考虑的多数战略方案受到企业过去战略的限制。明茨博格曾对德国大众汽车公司1934—1969年和美国1950—1968年在越南的战略选择变化进行过详细的研究，他对战略选择过程的研究结论具有概括性的意义。

他认为过去的战略对以后的战略选择有影响，战略选择过程更多的是一种战略演变过程。其他研究也表明，当人们要对过去选择的执行方案的不良后果负个人责任时，他们总是将最大数量的资源投入过去选择的执行方案之中。这可以部分地说明为什么在改变过去的战略时，往往需要更换高层管理人员，因为新的管理者较少地受到过去战略的约束。

（四）企业中的权力关系的影响

经验表明，在企业中权力关系的存在是个关键的事实。在大多数企业中，如果一个权力很大的高层管理者支持某一战略方案，这一方案往往就成为企业所选择的战略，并且会得到一致拥护。例如，福特汽车公司的小亨利·福特、国际商用机器公司的老华森、国际电报电话公司的哈罗德·基宁等有权势的总经理，都曾经大大地影响过所在企业的战略选择。

从某种意义上说，人品也涉入战略选择之中。主要人员喜欢什么以及尊重什么，都与选择什么样的战略有关。

（五）中层管理人员和职能人员的影响

中层管理人员和职能人员（尤其是公司计划人员）对战略选择有重大影响。鲍威尔(J. Bower)和舒沃兹(J. Schwartz)的研究指出，如果中层管理人员和公司计划人员参加战略选择过程，那么：

(1) 他们选择的战略通常与总经理选择的战略有所不同；

(2) 中层管理人员和职能人员的观点部分地受到视野以及其所在单位的目标和使命的影响；

(3) 他们倾向于向高层管理人员推荐那些低风险、渐进式推进的战略选择，而非高风险和突破性的选择。

中层管理人员和职能人员是通过拟订战略方案以及对各方案风险的评价来影响战略选择。一般来说，他们对战略方案做出的建议和评价，总是与过去的战略差异不大，少冒风险。

二、战略选择的误区

在实际的战略管理中，决策者往往容易犯一些共同的错误，造成方案选择的失误。需要战略管理者在决策时注意。

1. 盲目追随他人

盲目追随他人是指企业在没有仔细分析企业特有的内外环境的情况下，盲目地追随市场主导者或目前流行的战略方案，从而造成失误。

盲目追随他人往往发生在市场前景较为乐观、经济较为景气的时期。此时，诱人的外部环境会使大多数企业采取增加份额战略，但是，结果常常是导致一哄而上，最后造成供大于求。遭受损失的就是那些盲目跟风、采用增长战略的中小企业。

2. 过度分散投资

过度分散投资是指过早或者过多地实施了多元化。在有些管理者的战略观念中，投资于多个产业和业务领域会降低企业经营风险，还能显示企业的实力，这其实是一种错误的看法，并不是投资领域越分散就越能体现企业的实力。事实上，多元化会使得企业资源分散和管理经验变得欠缺。这些都将使企业的经营实力受到影响。

3. 排斥收缩型战略

退出或者防御战略都属于收缩型战略。一般来说，排斥收缩型战略是因为实行收缩就意味着管理人员的失败，而大多数人则不愿看到自己的失败。而另一类管理人员却是因为缺乏全局观念而排斥收缩型战略，他们一方面没有认识到许多成本具有沉没性，一旦投入进去就无法弥补，还不如及早退出或清算；另一方面，他们没有认识到企业在有更好的业务机遇时，完全可以将其他不良运作的业务资源转移过来，从而实现企业资源的最优配置。

4. 过于自信

许多企业由于过去曾经获得过巨大的成功，就坚信自己的能力和运气，总是倾向于再寻找到另一项再现辉煌的业务，结果就如同中了第一次彩票的人一样，再中第二次的几率微乎其微。

5. 过于“好斗”

倾向于针对原有的竞争对手，把他们作为“宿敌”，喜欢采取“针锋相对”的战略，在竞争中依靠拼价格和花费大量的促销费用，结果自己也陷入亏损的泥潭。

6. 追求“完美”

没有“缺陷”与“风险”的“完美”战略几乎是没有的，如果企业追求战略的完美，必将把所有有创意的战略扼杀。战略评价需要一个自上而下或者自下而上的过程，但这个过程只是一个集思广益、聚集智慧的过程，这个过程只是为最终战略的决策者提供一个更坚实的分析基础和更富有启发性的思维空间，最终的决策仍然要取决于决策者的决心与判断力，而不需要取得所有人的一致认可。

小贴士

制定战略是战略管理的核心部分，它是在战略分析的基础上完成的。对于一个企业来说，达成战略目标的战略方案可能有多个，战略决策者必须对这些战略方案进行分析、评价和比较，从中选择最合适的战略。

本章小结

首先介绍战略评价的意义和战略评价的组织，然后介绍战略评价的一般标准，最后介绍一些具体的评价和选择方法，其中重点介绍处于不同竞争地位、行业生命周期不同阶段时的战略选择问题、战略选择矩阵，以及几种典型情况下的决策模型和方法。

本章思考题

1. 战略评价的意义体现在哪些方面？
2. 战略评价标准有哪些？
3. 战略评价包含哪几方面内容？各自有什么样的评价方法？
4. 进行战略评价应避免哪些方面的误区？
5. 战略评价与战略选择的关系是什么？影响战略选择的因素有哪些？
6. 管理者在进行战略选择时应避免哪些方面的误区？
7. 描述增长率—市场占有率矩阵中的四个象限。
8. 讨论在设计行业吸引力—竞争能力矩阵中所采用的合适的变量。
9. 影响战略选择的因素有哪些？
10. 选择一家你所熟悉的公司，描述其在战略评价时所使用的战略评价方法或工具。

案例分析

再造一次宏碁

2001年8月中旬，宏碁电脑总经理王振堂来到北京，为宏碁下一步在大陆的布局奔走运筹。在拆分已经进行8个多月之后，他认为，现在终于可以将宏碁分家的事公之于众了。

2000年12月，宏碁集团决定将其旗下的宏碁一拆为二：自有品牌和OEM两大业务分道扬镳。王振堂也是此次实施拆分的关键人物，目前他在宏碁集团中地位仅次于施振荣。因为施振荣担心披露过多细节，会引起媒体的过度炒作，影响分拆计划的完成，所以宏碁对媒体三缄其口。2001年7月，拆分出来的从事OEM制造的纬创资通(Wistron)正式成立，这意味着拆分已经阶段性完成。王振堂认为是说话的时候了。

作为中国台湾头号PC制造大厂，宏碁此次拆分的影响并不局限于台湾。因为其拆分后的重要策略是：宏碁将把重点转到中国区尤其是大陆市场上来，今后将与大陆的PC厂商正面交锋。

一分为五的尝试

对于大陆消费者而言，宏碁(Acer)目前在PC市场上只是一个二线品牌，比不上联想，甚至也不及方正、TCL。但在国际市场上却举足轻重。1999年，Acer PC(包括台式机、笔记本电脑和服务器)的制造总量达到950万台，进入全球前三名。

当然，这其中包括两部分：Acer自有品牌部分和OEM部分(即为其他企业做代工生产)，其中OEM产量居大部分。

在宏碁拆分之前，包括宏碁电脑(以下简称宏电)在内的宏碁集团已经有过一次不太成功的拆分。

1999年，施振荣意识到，PC产业已经成为成熟产业，利润逐渐下滑，网络和通信产业却相继兴起。为适应这种趋势，宏碁决定一分为五，将集团分成五个次集团：设计和制造PC的宏电、以电脑和显示器外设和显示器制造为主的明基、负责Acer品牌产品销售及其他产品代理的宏科、从事网络服务的宏网以及从事基金管理和投资的宏智。其中，宏网和宏智是赶网络热潮新组建的公司。

分头努力也有一些成果，比如明基发展通信业务，后来又投资了达碁。然而，这次分家并不成功。宏碁最主体的企业——宏电业绩下滑严重，并首次出现了十余年来未曾有过的亏损，由此震动了宏碁高层及投资界人士。同时受纳斯达克股灾影响，宏网和宏智发展也不理想。

到了2000年下半年，除了明基发展顺利，宏网、宏科和宏智被陆续合并到宏电之中。一分为五的努力就此收场。

拆分宏电

此时的宏碁高层实际上针对宏电的问题，酝酿另一次拆分——将宏电一拆为二。时任宏科总经理的王振堂被调到宏电。

此次的拆分思路是，将宏电的两大业务OEM和自有品牌彻底分开。OEM业务由原宏电总经理林宪铭负责，Acer自有品牌的经营交给王振堂，二人都向施振荣负责。2000年12月26日，在与各部门进行沟通后，拆分方案正式实施。

拆分宏电当然是因为亏损，其直接动因却是因为Acer自有品牌业务与OEM经常发生冲突。有些OEM的大客户不断向宏电抱怨，Acer品牌已经和这些客户的产品构成了直接的竞争，有些公司甚至因此取消了在宏电的订单。

此外鲜为人知的是，宏电虽经营Acer自有品牌十多年，但直到现在，自有品牌业务仍在亏损，宏电的利润基本上由OEM业务贡献；即使从销售额上比较，OEM业务也高于自有品牌。

自有品牌方面也有怨言。因为当初宏碁发展自有品牌业务时，并没指望借此赚钱，只是希望打响Acer品牌以带动OEM制造。而且宏碁以往做自有品牌，更多地从制造业角度出发，片面追求规模，不讲究利润，宏碁在欧美等地经营亏损正缘于此。尤其让经营Acer品牌者愤愤不平的是，OEM部门给自己的配件价格很高，甚至高过给其他一般的客户。

“这一次拆分，简单地说是给双方松绑。”王振堂说。因为双方捆绑在一起，互受影响。但决定拆分却不仅只是为了松绑，这其中还蕴涵着宏碁高层的深层考虑：借此加强核心业务，逐步退出非核心业务领域。对宏碁现在而言，核心业务是做自有品牌，曾为公司赚取大笔利润的 OEM 业务则变成了非核心业务。

王振堂表示，对于核心业务，宏碁继续增持股份，达到 51%的控股水平，甚至100%控股。目前，宏碁在自有品牌方面，持重点发展两大业务：资讯产品（包括 PC 和服务器等）、e-solution服务（电子化解决方案）。对于非核心业务的策略是逐步减持股份，甚至完全退出。

自有品牌的风险

宏电拆分，也不是仅将两块业务独立了事，接下来要完成的动作是将 OEM 业务单独剥离出来，成立一家新公司。如果将 OEM 业务视为非核心业务并打算逐步退出，这是必要的一步。

联想分拆时，联想电脑不但保持了中国香港上市公司的身份，拆分出来的神州数码也在香港上市。但宏电在台湾不允许这样拆分，法律限制上市公司这么做。

宏碁采取了一种变通策略——先投资一家公司，然后由其将宏电的 OEM 业务分步买过去。2001 年 7 月 9 日，负有此项使命的纬创资通（Wistron）公司成立，定位于提供 PC 和信息家电的 OEM 厂商，原宏碁总经理林宪铭出任公司董事长兼总经理。这也表明，从资产层面，宏碁原有的两大业务已经彻底分开。

纬创成立之初，仍然由宏电持股 100%。据王振堂介绍，宏电打算在两年之内，将所持纬创股份减持到 20%，并引入其他投资者，逐步淡出 OEM 制造领域。由此变现所得的资金，将用于核心业务。2001 年上半年，宏电还先后卖掉了所持有的台积点、台哥大股票，回收资金也将投入到核心业务中。核心业务就是经营 Acer 自有品牌。

这里面似乎存在着悖论：十多年来，一直贡献着宏电销售额主体和几乎全部利润的 OEM 业务，现在却被宏碁视为非核心业务。直到目前仍然亏损的自有品牌业务，宏碁却将视其为核心业务，并准备将大把资金投进来。

施振荣对此解释是，目前 OEM 领域竞争极为激烈，从长远看前景不好。这种风向变化，施振荣感受至深。1999 年宏碁整个 PC 制造量为 950 万台，到了 2000 年就急剧下滑至 500 万台。

如此大的落差，主要出在 OEM 方面。1999 年，宏碁 OEM 业务有 6 个国际级厂商，到了 2000 年却骤减为两个，像戴尔、富士通、IBM 等不是取消订单，就是大幅削减、最终让宏电在 2000 年度陷入了困境。经此一事，宏碁显然意识到，宏碁将业务主体过多押在大 OEM 客户上，风险过大。

与其这样，不如重点做自有品牌。施振荣也期望借此改变台湾以往重代工轻品牌的做法。台湾目前已经成为全球最大的 PC 产品 OEM 基地，笔记本电脑产量占到全球总量的 60%以上，台式电脑也有 40%以上。与此对应，台湾却很少有世界知名的 IT 企业，更多的企业喜欢躲在幕后，从事代工生产。

“如果总过分依赖代工生产，而不发展自有品牌，长期下去会影响到整个台湾 IT 制造业的竞争力，我们要率先改变这一点。”王振堂表示。

这种改变蕴涵的市场风险不言自明。尤其是 Acer 自有品牌业务，主要仍然要以 PC 产品为主，新发展的 e-solutioa 业务暂时对收入和利润不会有很大贡献。而从全球市场环境看，PC产品并不景气。王说，要将Acer品牌的销售重点从发达国家转到发展中国家，他认为这一市场仍然潜力很大。

转攻祖国大陆市场

为化解这种风险，宏碁相中了大中国区尤其是祖国大陆市场。王振堂表示目前宏碁已经将大中国区（祖国大陆、台湾、香港、澳门）视为自己的本土市场，而大陆市场则是重中之重。"以前我们没有使尽全力，未来我们将放进更多资源，来开发这个市场。"王说。

王的这种表述，一半是因为形势所迫。宏碁电脑近两年来一直起伏不定，将OEM业务拆分出去后，需要短时间实现扭亏为盈，而且宏电在拉美、欧洲的一些分公司经营一直不佳，因而下注祖国大陆市场不失为走出低谷的良策。

另一半是因为祖国大陆市场的表现。目前在祖国大陆市场上，宏碁笔记本电脑已经能排在前三四名，PC总体占有率也在上升。

这样的事实显然让宏碁总部意识到，祖国大陆市场才是一块真正值得角逐的市场。

有了这些铺垫，8月中旬，施振荣也在上海表示，准备向大中国区投入300亿新台币（约10亿美元）。宏碁退出非核心领域变现的资金将用于这项投资。据了解，目前宏碁在祖国大陆的投资主要包括：宏电在中山市的主板厂；明基在苏州的LCD厂以及在北京宏电还有个台式PC组装厂。

在未来两年内，宏碁电脑还打算在北京建立研发机构，主要负责在祖国大陆的产品设计。

王振堂表示，今年要力争进入到祖国大陆PC市场的三强之列。

（资料来源：刘庆元．企业战略管理．北京：中央广播电视大学出版社，2006。）

【讨论题】

1. 请分析再造宏碁的原因。
2. 你认为宏碁集团选择的再造战略是否合适？

第十章　战略的实施与控制

学习目标

1. 了解战略控制的必要性与战略变革的管理，理解战略控制的层次、类型与条件；
2. 掌握战略控制的特征、条件与过程，重点掌握战略选择的各种方法及优缺点；
3. 明确下列概念：浴盆曲线、避免型控制、跟踪型控制、开关型控制、反馈型控制。

引导案例

奇瑞的战略调整

从小型改款车上市现场到成都车展，奇瑞都传递出一个信息：奇瑞正在酝酿进行战略调整。原本计划今年上市的三款全新车型A3、A6、和S16将全部延至明年上市。

奇瑞汽车今年8月实现第100万辆车下线。奇瑞汽车销售公司总经理李峰表示，在此之后，奇瑞将从"通过自主创新打造自主品牌"阶段，跨越到"继续坚持开放创新，打造自主国际名牌"的新阶段。奇瑞的营销模式也由过去的"又快又好"变为"又好又快"。具体的举措是今年着力稳定现有车型价格体系，通过提升现有车型品质挖掘现有车型潜力；主动减缓增长速度，同时根据具体情况实施相应的商务政策；提升服务水平，提高用户满意度。

奇瑞汽车希望通过上述做法实现品牌升级。李峰透露，作为品牌的载体，今后奇瑞上市的每一款全新车型都要让人感到奇瑞汽车的品质有了质的提升。为实现这一目标，原本计划今年上市的三款车型已经确定延至明年上市。

奇瑞销售副总秦力洪表示，奇瑞下一步要实现由外延式发展向内涵式发展的转变，进入"打造自主国际名牌"的新阶段，这种战略转型体现在营销上，就是把"调整战略、稳定价格、提升品质、改善服务、建设品牌"作为第二阶段营销模式的核心。为此，奇瑞新成立了运营管理部，专门对所有的4S店进行打分管理，整个销售公司不搞销量至上，整个机构功能调整转向的力度非常大，近乎垂直切换。

在谈到奇瑞汽车稳定价格所带来的风险时，李峰表示，奇瑞价格的稳定得益于奇瑞品质的提升和售后服务水平的改善。他列举了 2007 年 J. D. Power 的调查结果来证明这一点：购买满意度得分从 2004 年的 777 分提高到 2007 年的 806 分，相对排名也从后 10%进入了中间地带，并赶超了 10 个合资企业，在自主品牌中排到了第二位。售后服务满意度也有明显提升，在自主品牌中同样排名第二。

（资料来源：马麟. 奇瑞汽车酝酿战略调整. 载京华时报，2007 - 10 - 11。）

战略被选定之后，战略制定过程就完成了，接下来是如何将战略付诸于实施。战略实施阶段是解决“由谁做”和“怎样做”的问题，同时它也为实现“确保做好”提供前期保证，这就是控制。

第一节　战略实施的重要性

在战略管理中，战略实施是战略制定的后续工作，即企业选定了战略以后，必须将战略的构想转化成战略的行动。在这个转化过程中，企业首先考虑战略制定与战略实施的关系，两者配合得越好，战略管理越容易获得成功。

“做企业是战略重要还是实施执行重要?”这是营销界和企业界争论最多的话题之一。我们的观点是“战略实施比战略制定更重要”。企业为了实现自己的目标，不仅要有效地制定战略，更要有效地实施战略。

战略诊断矩阵图(如图 10-1 所示)说明了这两者的重要性，并指出了战略制定与实施的不同搭配会产生四种结果：成功、摇摆、艰难和失败。同时也说明战略实施比战略制定更重要。

在成功企业里，企业有良好的战略，而且能够有效地实施这一战略。在这种情况下，尽管企业仍旧不能控制企业外部的环境因素，但由于企业能够成功地制定与实施战略，企业的目标便能够顺利实现。

	战略制定	
战略实施	好	坏
好	成功	摇摆
坏	艰难	失败

图 10-1　战略诊断矩阵

在摇摆象限里，企业没有能完善地制定出自己的战略，但执行这种战略却一丝不苟。在这种情况下，企业会遇到两种不同的局面。一种局面是，由于企业能够很好地执行战略而克服了原有战略的不足之处，或者至少为管理人员提出了可能失败的警告；另一种局面是，企业认真地制定了一个不完善的战略，结果加速了企业的失败。面对这两种情况，企业要及时准确地判断出在这个象限里，战略会造成什么结局，采取主动措施加以改进。

在艰难象限里，企业有制定很好的战略但贯彻实施得很差。这种情况往往是由于企业管理人员过分注重战略的制定，而忽视战略的实施的缘故。一旦问题发生，管理人员的反应常常是重新制定战略，而不是去检查实施过程是否出了问题。结果，重新制定出来的战略仍按照老办法去实行，只有失败一条路。

在失败象限里，企业所面临的问题是本身不完善的战略又没有很好地执行。在这种情况下，企业的管理人员很难把战略引到正确的轨道上来。因为企业如果保留原来的战略而改变实施的方式，或者改变战略而保留原有的实施方式，都不会产生好的结果。

在考虑企业战略制定与战略实施时，需警惕下面两个方面的误区。

1. 重视制定而忽视实施

聘请专业咨询公司为企业制定战略是一种被广泛认可的方式，但在项目咨询过程中，企业管理层只关注获得战略方案和咨询报告，而不能认真思考战略实施问题。尤其是在战略制定与实施的责任主体相分离时，战略目标就很难实现。

2. 重视战略而忽视战术

战略的总体特征是方向性的，尽管在选择战略时会考虑到实现的可能性，但实现的方法和手段通常不是战略方案所能够考虑到的，因此，如果企业只重视战略而忽视了实现它的方法，战略最终会落空。

第二节　战略实施的模式

在企业的战略经营实践中，战略实施有五种不同的模式。

一、指挥型

指挥型模式的特点是，企业总经理考虑的是如何制定一个最佳战略的问题。在实践中，计划人员要向总经理提交企业经营战略的报告，总经理看后做出结论，确定了战略之后，向高层管理人员宣布企业战略，然后强制基层管理人员执行。

这种模式的运用要有以下约束条件。

(1) 总经理要有较高的权威，靠其权威通过发布各种指令来推动战略实施。

(2) 本模式只能在战略比较容易实施的条件下运用。这就要求战略制定者与战略执行者的目标比较一致，战略对企业现行运作系统不会构成威胁；企业组织结构一般都是高度集权制的体制，企业环境稳定，能够集中大量的信息，多种经营程度较低，企业处于强有力的竞争地位，资源较为宽松。

(3) 本模式要求企业能够准确有效收集信息并能及时汇总到总经理的手中。因此，它对信息条件要求较高。这种模式不适应高速变化的环境。

(4) 本模式要有较为客观的规划人员。因为在权力分散的企业中，各事业部常常因为强调自身的利益而影响了企业总体战略的合理性。因此，企业需要配备一定数量的有全局的眼光的规划人员来协调各事业部的计划，使其更加符合企业的总体要求。

这种模式的缺点是把战略制定者与执行者分开，即高层管理者制定战略，强制下层管理者执行战略，因此，下层管理者缺少了执行战略的动力和创造精神，甚至会拒绝执行战略。

二、变革型

变革型模式的特点是，企业经理考虑的是如何实施企业战略。在战略实施中，总经理本人或在其他方面的帮助下需要对企业进行一系列的变革，如建立新的组织机构、新的信息系统，变更人事，甚至是兼并或合并经营范围，采用激励手段和控制系统以促进战略的实施，为进一步增强战略成功的机会，企业战略领导者往往采用以下三种方法。

(1) 利用新的组织机构和参谋人员向全体员工传递新战略优先考虑的战略重点是什么，把企业的注意力集中于战略重点所需的领域中。

(2) 建立战略规划系统、效益评价系统，采用各项激励政策以便支持战略的实施。

(3) 充分调动企业内部人员的积极性，争取各部分人员对战略的支持，以此来保证企业战略的实施。

这种模式在许多企业中比指挥型模式更加有效，但这种模式并没有解决指挥型模式存在的如何获得准确信息的问题、各事业单位及个人利益对战略计划的影响问题以及战略实施的动力问题，而且还产生了新的问题，即企业通过建立新的组织机构及控制系统来支持战略实施的同时，也失去了战略的灵活性。

在外界环境变化时，战略的变化更为困难，从长远观点来看，在环境不确定性的企业，应该避免采用不利于战略灵活性的措施。

三、合作型

合作型模式的特点是，企业的总经理考虑的是如何让其他高层管理人员从战略实施一开始就承担有关的战略责任。为发挥集体的智慧，企业总经理要和企业其他高层管理人员一起对企业战略问题进行充分的讨论，形成较为一致的意见，制定出战略，再进一步落实和贯彻战略，使每个高层管理者都能够在战略制定及实施的过程中做出各自的贡献。

协调高层管理人员的形式多种多样，如有的企业成立由各职能部门领导参加的“战略研究小组”，专门收集在战略问题上的不同观点，并进行研究分析，在统一认识的基础上制定出战略实施的具体措施等。总经理的任务是要组织好一支合格胜任的制定及实施战略管理的人员队伍，并使他们能够很好地合作。

合作型的模式克服了指挥型模式即变革模式存在的两大局限性，使总经理接近一线管理人员，获得比较准确的信息。同时，由于战略的制定是建立在集体考虑的基础上的，从而提高了战略实施成功的可能性。

该模式的缺点是由于战略不同观点、不同目的的参与者相互协商折衷的产物，有可能会使战略的经济合理性有所降低。

四、文化型

文化型模式的特点是，企业总经理考虑的是如何动员全体员工都参与战略实施活动，即企业总经理运用企业文化的手段，不断向企业全体成员灌输战略思想，建立共同的价值观和行为准则，使所有成员在共同的文化基础上参与战略的实施活动。

由于这种模式打破了战略制定者与执行者的界限，力图使每一个员工都参与制定实施企业战略，因此使企业各部分人员都在共同的战略目标下工作，使企业战略实施迅速，风险小，企业发展迅速。

文化型模式也有局限性，表现为：

(1) 这种模式是建立在企业职工都是有学识的假设基础上的，在实践中职工很难达到这种学识程度，受文化程度及素质的限制，一般职工（尤其在劳动密集型企业中的职工）对企业战略制定的参与程度受到限制。

(2) 极为强烈的企业文化，可能会掩饰企业中存在的某些问题，企业也要为此付出代价。

(3) 采用这种模式要耗费较多的人力和时间，而且还可能因为企业的高层不愿意放弃控制权，从而使职工参与战略制定及实施流于形式。

五、增长型

增长型模式的特点是，企业总经理考虑的是如何激励下层管理人员制定实施战略的积极性及主动性，为企业效益的增长而奋斗。即总经理要认真对待下层管理人员提出的一切有利企业发展的方案，只要方案基本可行，符合企业战略发展方向，在与管理人员探讨了解决方案中的具体问题的措施以后，就应及时批准这些方案，以鼓励员工的首创精神。

采用这种模式，企业战略不是自上而下地推行，而是自下而上的产生，因此，总经理应该具有以下认识：

(1) 总经理不可能控制所有的重大机会和威胁，有必要给下层管理人员以宽松的环境，激励他们从事有利于企业发展的经营决策。

(2) 总经理的权力是有限的，不可能在任何方面都可以把自己的愿望强加于组织成员。

(3) 总经理只有在充分调动及发挥下层管理者的积极性的情况下，才能正确地制定和实施战略，一个稍微逊色的但能够得到人们广泛支持的战略，要比那种“最佳”的却根本得不到人们的热心支持的战略有价值得多。

(4) 企业战略是集体智慧的结晶，靠一个人很难做出正确的战略。因此，总经理应该坚持发挥集体智慧的作用，并努力减少集体决策的各种不利因素。

在20世纪60年代以前，企业界认为管理需要绝对的权威，在这种情况下，指挥型模式是必要的。60年代，钱德勒的研究结果指出，为了有效地实施战略，需要调整企业组织结构，这样就出现了变革型模式。合作型、文化型及增长型三种模式出现较晚，但从这三种模式中可以看出，战略的实施充满了矛盾和问题，在战略实施过程中只有调动各种积极因素，才能使战略获得成功。

上述五种战略实施模式在制定和实施战略上的侧重点不同，指挥型和合作型更侧重于战略的制定，而把战略实施作为事后行为，而文化型及增长型则更多地考虑战略实施问题。实际上，在企业中上述五种模式往往是交叉或交错使用的。

在实践中，美国学者提出了7-S模型，这个模型强调在战略实施的过程中，要考虑企业整个系统的状况，既要考虑企业的战略、结构和体制三个硬因素，又要考虑作风、人员、技能和共同的价值观四个软因素，只有在这七个因素相互很好地沟通和协调的情况下，企业战略才能够获得成功。

第三节　战略实施的考核与激励

一、战略绩效考核的重要意义

美国得克萨斯基督教大学的知名学者查尔斯·R.格里尔(Charles R. Greer)在其所著的《战略人力资源管理》一书中，借助一位航运公司经理人的一句话来描述战略绩效考核的重要性：你得到你所测量的东西；进而又补充道：你测量你所珍惜的东西。

如果要使战略得到有效的实施，需要对战略的执行情况做考核，因为不考核就得不到你想得到的东西。考核一方面与战略控制过程中的监测相融合；另一方面，作为激励的依据，两方面的作用都是为了"确保做好"。

二、战略目标的分解

战略绩效考核是对战略目标的完成情况进行考核。目标管理是一种成熟的管理模式，把企业的战略管理纳入企业的目标管理，或者说通过目标管理把企业战略落实到日常的经营管理活动中，再与企业的考核激励机制相互配合，能够使战略计划得以有效地实施。为此，需要对战略目标进行分解。

1. 职能分解

职能分解即把战略目标按职能部门进行分解，包括纵向分解和横向分解。

纵向分解基本上是按照企业的组织系统展开，即把企业的战略方案逐级落实到各事业部门、业务部门、分公司或车间，再逐层分解到岗位和个人，形成一个层层目标明确、岗位职责清楚的责任与目标相结合的实施体系。职能分解同企业的组织结构相对应，如图10-2所示。

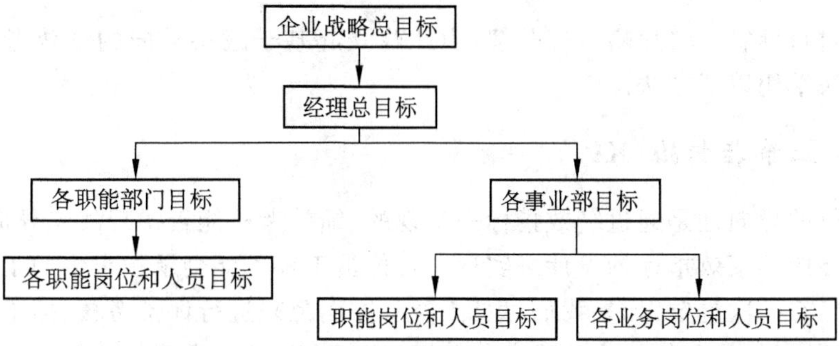

图10-2　纵向目标体系

横向展开的目标系统图是按目标管理的步骤分别对各目标的展开，如表10-1所示。

纵向分解和横向分解的结合构成企业的目标体系，刻画了企业战略目标的分解现实状况，形成既有部门、层次分工，又有内容上的连续性的责任体系。

表 10-1 横向目标体系

分目标	主要措施		实施进度				检查时间				检查人	效果评价	
	实施内容	负责人	1	2	…	12	1	2	…	12		评价时间	评价意见
1													
2													
3													
4													

2. 时间分解

时间分解即把战略方案的长期目标，从时间上分解为一个个短期目标，使企业的长期行为转化为短期安排。把长远目标分解为短期目标，明确规定什么目标在什么时候完成到什么程度，便于实施、检查。

一般是通过每年的方针目标分解成年、季、月的目标，在时间的分解上要注意时间的同步性，各项目标在时间上是同步的，在时间序列上是符合需要的。

3. 平衡与协调

按照时间的同步和有序、职能的相互协调和各种资源在时间和部门、项目上的平衡，进行综合平衡和系统协调。值得注意的是，整个目标体系的建立需要所有管理者的参与。公司中的每个单元都必须有一个具体的、可测度的业绩目标，每个单元的目标必须对完成公司的目标有实际意义。

如果整个公司的目标体系分解成了各个组织单元和低层管理者明确的具体目标，那么整个公司中就会形成一种以结果为导向的气氛，树立起团队工作精神。组织中的每一个单元都全力完成其职责范围内的任务。

三、战略实施绩效的考核方法

企业通过目标管理将战略目标分解，由此建立起基于战略导向的绩效考核体系。具体的考核方法采用以下方法。

1. 关键业绩指标法(KPI)

绩效考核的导向性是通过绩效指标来实现的，绩效考核能否实现战略导向，实际上就是通过战略导向的绩效指标的设计来实现。每位员工都可能会承担很多的工作目标与任务，有的重要，有的次重要，如果我们对员工所有方面都来进行评价考核，抓不住重点与关键，势必造成员工把握不住工作的重点与关键，从而也就无法实现战略目标。

绩效考核必须要从员工的绩效特征中定性出关键成功因素，然后再去发现哪些指标能有效监测这些定性因素，从而确立有效量化的关键绩效指标。考核要能反映整个价值链的运营情况，而不仅仅反映单个节点(或部门)的运营情况。按照组织结构分解的 KPI，如图 10-3 所示，它给出了分解关键业绩指标的思路。KPI 的选取主要取决于职位描述中对该职位的功能界定、公司战略目标对该职位的目标分解和业务流程。

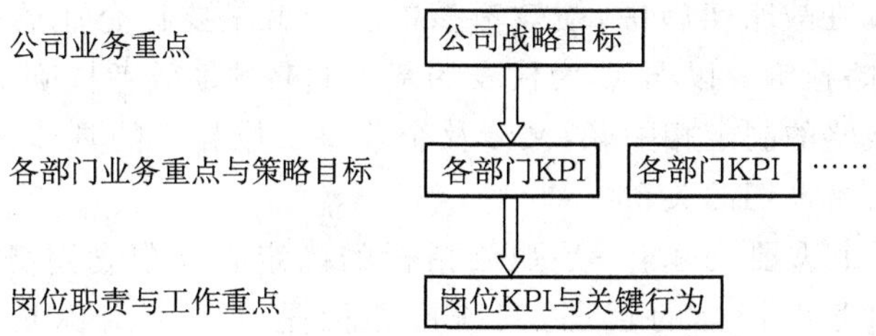

图 10-3　按组织结构分解 KPI

一般把下层的 KPI 汇总为上一级的 KPI，所以上一层的领导完全可以通过对下一层的 KPI 的管理来实现自己的目标，通过层层透明的 KPI 管理，容易发现问题根源所在。常规的做法是需要在了解公司战略目标、主要流程、管理职能的情况下，进行认真地工作分析，准确界定关键岗位的职责，并确定这个关键岗位和上下游关系及相互需求，依次确定关键职责区域，然后将关键职责转化成业绩指标，并设计标准和权重。

KPI 的精髓就是指出了企业业绩指标的设置必须与企业的战略挂钩，其“关键”两字的含义即是指在某一阶段一个企业战略上要解决的最主要的问题。KPI 应具备重要性、可操作性、敏感性、职位可控性等特点。重要性是指对公司价值、利润的影响程度；可操作性是指指标必须有明确的定义和计算方法，易于取得可靠和公正的初始数据，同时指标能有效进行量化和比较；敏感性是指能正确区分出绩效的优劣。

2. 战略性平衡计分卡

平衡计分卡（The Balanced Score Card，BSC）方法是哈佛大学商学院著名的教授罗勃特·卡普兰创立的，其优点是它即强调了绩效与企业战略之间的紧密关系，又提出了一套具体的指标框架体系。BSC 的核心思想是通过财务、客户、内部业务流程、学习与成长四个指标之间相互驱动的内在关系来展现组织的战略轨迹，实现绩效考核、绩效改进以及战略实施目标。

四个指标之间的相互驱动关系是：学习与成长解决企业长期生命力的问题，是提高企业内部战略管理的素质与能力的基础；企业通过管理能力的提高为客户提供更大的价值；客户的满意导致企业好的财务效益。图 10-4 表示出四个方面的联系。

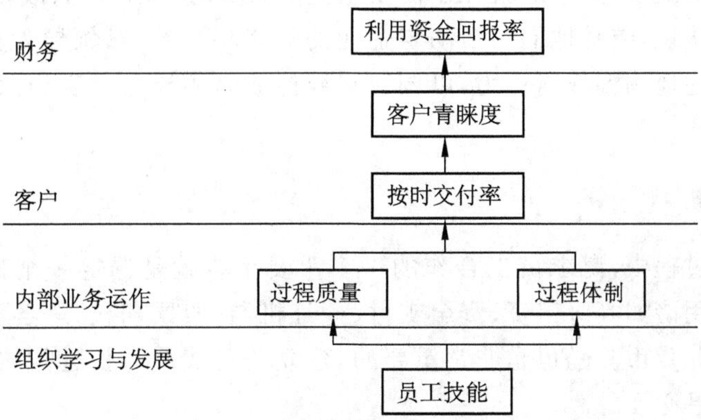

图 10-4　平衡计分卡四个方面联系图

BSC明确提出，在战略实施中，绩效考核的目的就是要让企业的每一位员工每天的行动都与企业的战略挂钩。以BSC为代表的基于战略的绩效考核确实是一个复杂、细致的工作，既与企业战略的制定相关联，又涉及企业每一位员工的具体工作，同时与企业的文化、人员素质等有着密切的关系。

BSC说明了两个重要问题：一是强调指标的确定必须包含财务性和非财务性的；二是强调了对非财务性指标的管理，其深层原因是财务性指标是结果性指标，而那些非财务性指标是决定结果性指标的驱动指标。各类指标之间的联系如图10-5所示。

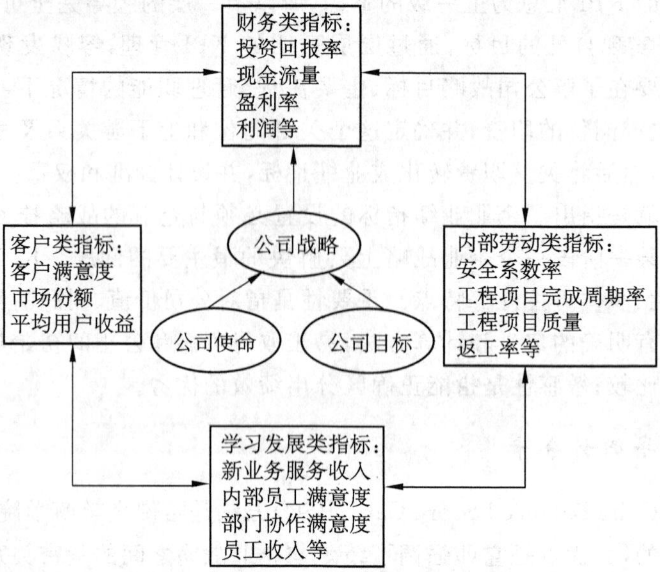

图10-5　各类指标联系示意图

四、战略实施的激励

人员是实施企业战略的一个关键影响因素，因为战略目标的实现通常具有挑战性，所以激励在战略管理中具有非常重要的作用。

对一般人员的激励，其目的就在于促使企业的人员对长期目标、战略计划和创业精神有足够的了解和认识，鼓励他们的活动与企业的战略相一致；对领导人员的激励，目的是鼓励及时地创造性地调整战略行为，以调动和维持战略领导人员实施战略管理的积极性和主动性。

1. 报酬体系

在实施战略过程中，谋求员工合作的一个重要手段就是选定一个恰当的报酬机制。货币报酬能够采用诸如等级工资、资金支付、分红机制（股票期权）等各种形式，像提升和提高地位这样的非货币奖励也是非常重要的，建立公司战略与长远战略目标始终一致的业绩激励机制也是必要的。

2. 激励制度

支持战略的激励活动和激励制度是获得雇员赞成和承诺有力的管理工具。创建一套能够促进战略很好实施的激励制度的关键是使战略相关性的业绩标准成为设计激励、评价个人和集体努力以及发放奖金的主要基础。正面的激励活动通常会取得比负面惩罚更好的结果,但也可以同时运用。

此外,也存在同时使用金钱和非金钱激励手段的情形。激励制度的作用在于使组织成员在帮助公司实施其战略、争取顾客满意和实现公司愿景方面获得个人满意和经济上的益处。

第四节 战略实施过程的领导

调整了组织、分解了目标、配置了资源、建立了针对战略目标实现的考核激励机制,还不能“确保做好”,还需要一个重要的环节,那就是对战略实施过程的领导。

一、战略实施过程领导的任务

更多的情况下,战略实施是做从前没有做过的事,因为战略目标通常具有挑战性,在战略的实施过程中肯定会遇到困难,战略实施过程领导的任务就是要鼓舞、激励和影响企业员工,使他们能够在一个共同的战略愿景激励下,满腔热忱地投入战略实施过程,主动克服困难去实现企业的战略目标。

战略领导最主要的职能就是激励员工运用其能力和智慧,以最有成效、最有效率地实现公司目标。没有领导,员工就会按照他们个人对任务内容和完成顺序的理解来完成工作。他们可能会根据过去的经验来完成工作,而缺乏创新,也可能只重视那些他们喜欢做的工作,而不管公司强调的重点。

美国学者雷蒙德·A. 诺伊在其所著的《雇员培训与开发》一书中,总结了企业管理的九种领导模式,如图 10-6 所示。其中指出当企业发展到最高阶段时,其管理的重点就是战略管理。而战略管理的突出特征就是企业的文化管理,通过文化的影响做到“上下同欲”。

领导有多种方式,我们可以将其分为交易型领导和改造型领导两种典型。前者是指利用职权向下属承诺:好好干,我给你加薪、晋级;后者则是通过向下属展示愿景,来激发员工的热情。前者更多地关注销售额、市场份额、利润额的变化,使企业在原有的方向上走得更快;后者通常是改变原有方向,使其更有效能,同时也改变企业文化和员工观念。

二、战略管理对领导者的要求

战略管理并非是什么样的领导者都能推行的,它向领导者提出了更高的要求。战略管理要求企业管理者不能等同于一般的管理人员,要求企业领导者超脱于一般管理,能站得高,看得远,能解脱于企业的日常经营管理工作,有精力与条件去运用自己的知识、经

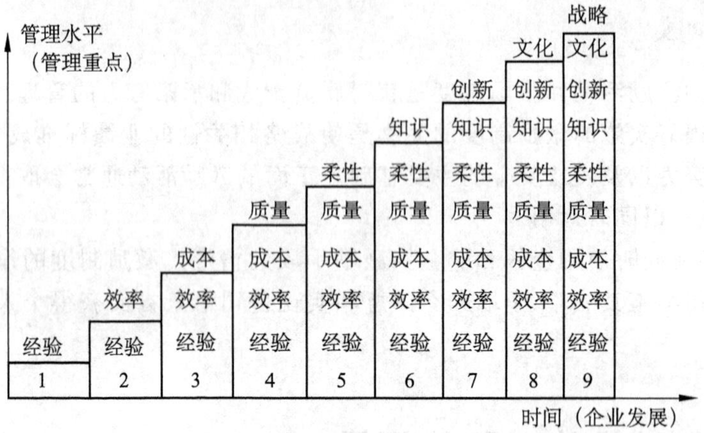

图 10-6　企业管理九种领导模式

验、技能为企业制定出创新的战略,并能积极有效地去推行战略。

企业一般管理人员常常不具备担当战略管理的条件,即使他们拥有战略管理能力,在实际运行中,他们也只是参与或辅助推进企业战略。真正的重任必将落到企业领导人的肩上。战略管理还要求企业管理者真正能够统领全局,领导和激励全体员工为实现企业真正的战略而努力。战略领导者应该具备以下素质。

1. 道德与社会责任感

因为企业的任何一个战略决策都会不可避免地牵涉他人或社会集团的利益,因此企业领导者的道德和社会责任感对这些战略决策的后果会产生十分重要的影响。

企业战略常常不能同时满足各个团体的利益,企业领导人对各个集团利益的重视程度也不同,这就决定了不同的领导人对不同的战略会持不同的看法,企业领导人应该具有综合平衡各方面利益的意识能力。

2. 超前的意识和眼光

企业领导人应该更多地想到未来的发展趋势,比其下属和竞争对手看得更远。

3. 随机应变的能力

随机应变的能力,就是接受、适应和利用变化的能力。

4. 开拓进取的品格

一个企业要想发展壮大,企业领导人一定要敢于在市场上、敢于在未知领域中、敢于在与竞争对手的较量中,保持一种积极顽强、不服输的气概。

5. 丰富的想象力

具有丰富想象力的领导人可以帮助企业创造和利用更多的机会,可以协助企业进行自我改进和自我完善，并能帮助企业适应千变万化的环境。

6. 具有某种程度上偏激的形态

有些因素会使企业的结构发生戏剧性的变化，从而决定企业的生存状态。

这些因素是：

(1) 目前的竞争对手；

(2) 潜在的竞争对手；

(3) 供应商和上游企业；

(4) 客户和消费者；

(5) 和本企业有关的互补性企业；

(6) 关键技术。

这些因素的影响力和动态变化均不受本企业的控制，却能制约企业经营的根本格局。其中任何一个发生剧变，竞赛的规则就会随之大变，竞争状况也就不可同日而语。因此这种状况要求企业领导人能随时保持某种程度上的偏激心态，一旦危机显现，能够抢占有利地位，捕捉机会或者逃离陷阱。

三、领导者的战略实施艺术

良好的战略实施依赖于企业领导人的组织管理技巧，以及他们的战略实施艺术。这对于企业战略的按期实现来讲非常重要。一般而言，企业领导人的战略实施艺术类型可以归纳为以下五种：指令型、合作型、转化型、增长型和文化型，如表 10-2 所示。一名领导者实施和执行战略的措施是广泛而有创造性的，他需要以下八个基础：

(1) 营建一个能够成功地推行战略的组织；

(2) 建立预算，将大量的资源投入到对战略成功非常关键的价值链活动中；

(3) 建立战略上适当的政策和程序；

(4) 采用最佳活动和机制以不断提高；

(5) 建立支持系统，使公司的人员可以在日常工作中成功地担当他们的战略角色；

(6) 将激励与达到目标业绩和更好地执行战略紧紧相连；

表 10-2 领导者的战略实施艺术类型

类　型	领导者研究的企业战略问题	领导者扮演的角色
指令型	如何制定出修订的最佳战略	理性行动者
合作型	如何使战略管理人员从一开始就对企业战略承担起自己的责任	协调者
转化型	如何将制定好的战略并推行实施	设计者
增长型	如何激励企业战略管理人员和全体员工去执行已制定的企业战略	评价者
文化型	如何使整个企业员工都为确保企业战略的成功而努力	指导者

(7) 创建一种支持战略的工作环境和公司文化;

(8) 领导和监督驱动战略实施的过程,改善战略实施的状况。

四、愿景领导模式

在战略实施的领导艺术的研究中,英国学者约翰·L. 汤普森在其所著的《愿景领导——战略规划之新思路》一书中,给出了一个将市场和企业愿景与五个要素——战略和目标、过程和制度、资源、关系和结构、文化和价值观联系起来的球状模型,我们可以称其为愿景领导模型,如图 10-7 所示。

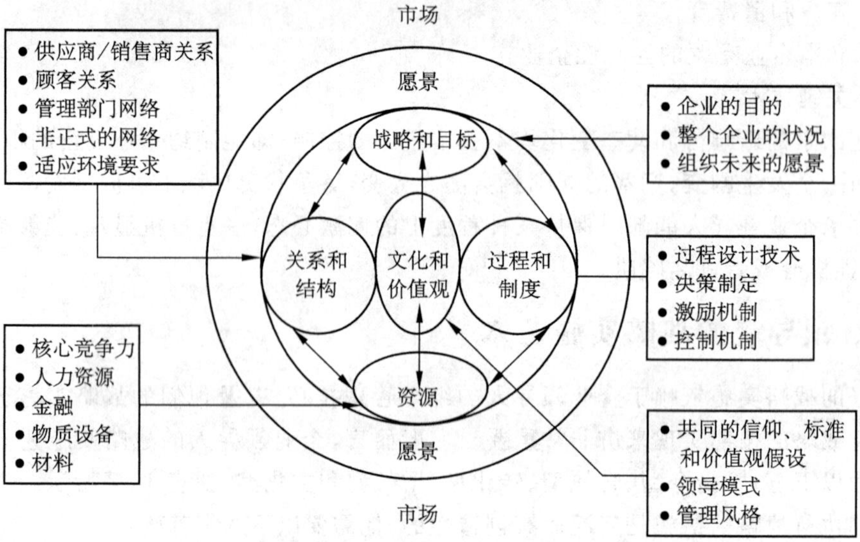

图 10-7 愿景领导模型

根据上述模型,需要考虑在各组成部分之间系统的相互作用。在很大程度上,文化和价值观由战略、目标、关系、结构、资源、过程和系统等决定。一个组织的结构、资源配置的方式以及处理事情的过程和制度对"我们处理事情的方式"——文化和价值观——有重要影响。这些要素反过来可以束缚组织的战略、目标以及组织的愿景。

建立愿景的结果不仅仅是得到一个愿景、一项组织使命宣言、一个哲学观或战略目标,其目的是试图清楚地表述组织所渴望的将来。这一结果也许与组织的梦想联系在一起,而这些梦想发挥了人们的想象力,并且鼓励人们重新思考什么是可能的。有些人认为,愿景建立极大地改进了决策的做出、计划的制订,并且促进了沟通和冲突的解决。不管其目的或任务是什么,愿景的建立会长期地把组织的制度及其意图、目的凝聚到一起。愿景能够并且已经被用作组织复兴、巩固、获取和改变市场焦点与方向的手段。

建立成功的愿景是一个结构性和系统性的过程,并且需要做大量艰苦的工作。建立成功的愿景需要六个关键要素:创造适于建立愿景的文化、识别和培养关键利益相关者、理解信息和价值观、了解人们的渴望、培养高质量的交流以及理解时间观念。建立愿景使所有因素集中到一起——信息、概念、经验、价值观、判断和直觉。战略愿景图如图 10-8

所示，该图描述了战略愿景所包含的内容以及它们之间的相互联系。

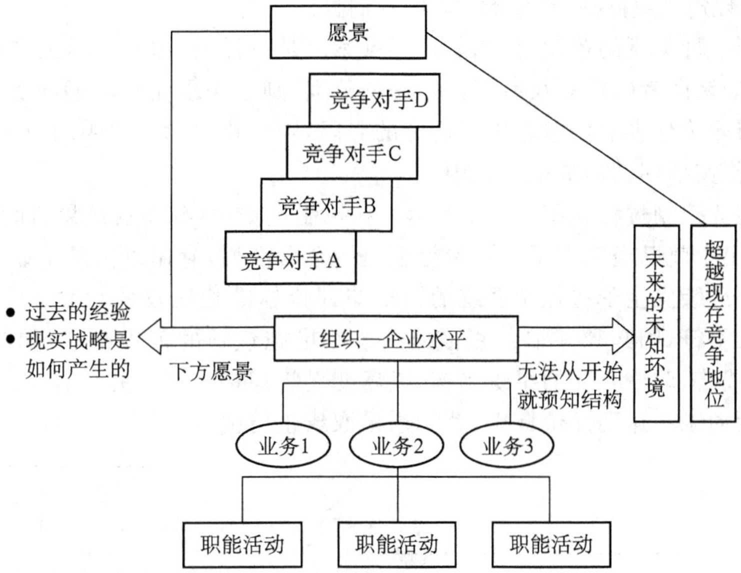

图 10-8　战略愿景图

第五节　战略控制

战略管理的基本假设是所选定的战略将能实现企业的目标。然而，在战略实施过程当中，一方面，企业中每个人会由于缺乏必要的能力、认识和信息，对所要做的工作不甚了解，或不知道如何做得更好，从而出现行为上的偏差；另一方面，由于原来战略制定的不当或环境的发展与原来的预测不同，造成战略的局部或整体已不符合企业的内外条件。因此，一个完整的战略管理过程必须具有战略控制，以保证实际的成果符合预先制定的目标要求。

一、控制类型及控制过程

劳瑞格(Lorange)等人认为，在企业中有三种类型的控制，即战略控制、战术控制和作业控制。战略控制涉及在与环境的关系方面，企业基本的战略方向或态势。与此相对照的是，战术控制基本涉及战略的实施和执行；作业控制涉及短期的企业活动。

如同战略结构中有公司战略、经营战略和职能战略一样，企业中也存在着控制的结构，如图 10-9 所示。在公司一级，控制的重点是使公司内各种各样的活动保持一个整体的平衡。在这一层次，战略控制和战术控制是最重要的控制。

在事业部这一级，控制主要是维持和改进经营单位的竞争地位。在此，战术控制占主导地位。在各职能部门中，控制的作用是开发和提高以职能为基础的显著优势和能力。由于其时限较短，因此在这一层次上，作业控制和战术控制是最重要的控制。依据控制的这种层次结构，战略管理人员应确保控制的这三个层次能够一体化地融合在一起，并正确地运作，依据不同的管理角度或范围，侧重于不同的控制方式。

无论是哪一种类型的控制，控制的过程基本上是一样的，即将实际工作成绩与评价标准进行对比，如果两者的偏差没有超出容许的范围，则不采取任何矫正行动；反之，如果实际工作成绩与评价标准的偏差超出了规定的界限，则应找出发生差距的原因，并采取纠正措施，以使工作实绩回到标准范围之内。

一个典型的控制过程如图 10-10 所示。在控制过程中，预期的结果，即长期或短期目标，在战略制定中就已经确立了。评价标准是一个参照物，它用以衡量企业是否达到了目标。评价工作成绩发生于将控制系统的输出与评价标准相比较的时候。一方面，如果输出与评价标准不符，则必须采取纠正措施。这些措施包括的范围很广，如改变预期结果（目标）、改变战略、改变企业的组织结构，或者变更管理班子等。另一方面，如果控制系统表明企业的活动正在达到评价标准，就无须采取纠正措施。

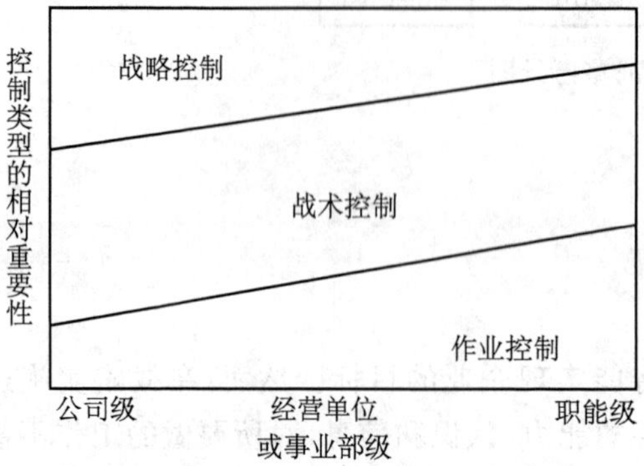

图 10-9　控制结构

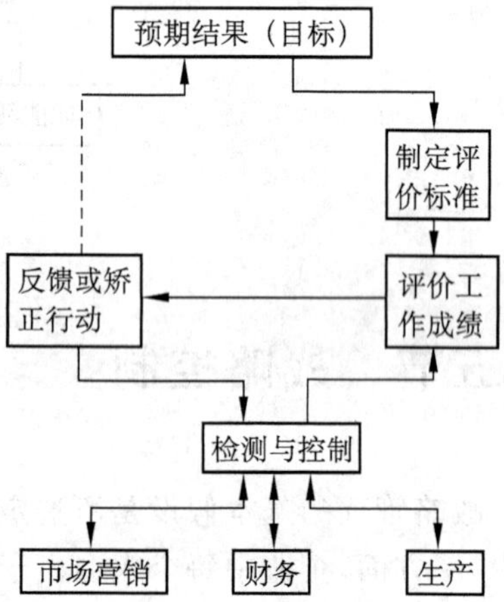

图 10-10　控制过程

二、控制过程的三要素

战略控制过程有三项基本要素：确定评价标准、评价工作成绩、反馈，这三项要素对保证有效的控制是必不可少的。

1. 确定评价标准

评价标准是企业工作成绩的规范，用来确定战略措施或计划是否达到战略目标。一般来说，企业的战略目标是整个企业的评价标准。此外，在较低的组织层次上，个人制定的目标或生产作业计划都应是评价标准。评价标准同战略目标一样，也应当是可定量的，易于衡量的。选择合适的评价标准体系主要取决于企业所确定的战略目标及其战略。

例如，奉行发展战略的企业标准体系，与采取防御战略的企业标准体系可以完全不同。然而，大多数企业通常根据下列因素确定定量的评价标准：股息支付；每股平均收益；雇员的跳槽、旷工、迟到和不满；销售增长率；市场占有率；净利润额或增长率；销售利润率；投资收益率；股票价格。

在上述九个定量标准中，最常用的工作评价标准是投资收益率，即以税前净收益除以投资总额。因为投资收益率是一个全面衡量企业绩效的单一指标，可以反映公司或事业部对企业永久性资产的运用情况，并以此在不同企业之间作横向比较。但是，这个指标也有一定的局限，它通常用来度量短期绩效；另外，对采取的折旧政策很敏感。如具有较多折旧资产的老企业较新企业有相对较低的投资基数，这样前者计算出的投资收益率可能会高于后者。因此，使用这一指标时也需考虑多种因素。

通常所采用的其他评价标准有每股收益和股东权益收益率。

2. 评价工作成绩

评价工作成绩是指将实际成绩（即控制系统的输出）与确立的评价标准相比较，找出实际活动成绩与评价标准的差距及其产生的原因。这是发现战略实施过程中是否存在问题和存在什么问题，以及为什么存在这些问题的重要阶段。在评价工作成绩时，企业不仅将实际绩效与评价标准或目标相比较。而且也应当将自己的实际工作成绩与竞争对手相对照。这样的比较更能发现自身的长处或弱点，以采取适当的纠正措施。

对于竞争对手以及同行业平均的绩效水平，可以从统计年鉴或行业协会所发表的季度或年度报告中获取。例如，在美国，邓和布拉德新托特公司每年在《邓氏评论》上发表有关零售业、批发业和制造业的主要业绩比率，包括：

(1) 流动资产与流动负债之比；
(2) 净利润与纯销售收入之比；
(3) 净利润与有形净值之比；
(4) 纯销售收入与有形净值之比；
(5) 净利润与流动资本净值之比；
(6) 净销售收入与流动资本净额之比；
(7) 收款期(天)；
(8) 净销售收入与存货之比；
(9) 固定资产与有形净值之比；
(10) 流动负债与有形净值之比；
(11) 总负债与有形净值之比；
(12) 存货与流动资本净值之比；
(13) 流动负债与存货之比。

评价工作成绩中的主要问题，是要决定将在何时、何地以及间隔多长时间进行一次评价。为了提供充分而及时的信息，工作成绩应当经常地评价。但是，如果做得过分，一方面，人们会感到对他们的工作评价过于频繁，可能会产生负面影响；另一方面，如果评价过于频繁，也使得评价过程的费用变得太高，消耗许多资源。因此要根据所评价问题的性质及对战略实施的重要程度，确定合理的评价频度。

3. 反馈

对于评价工作成绩中所发现的问题，必须针对其所产生的原因采取纠正措施，这是战略控制的目的所在。如果制定了评价标准，并对工作成绩进行了评价，但并未接着采取恰当的行动，则最初的两步将收效甚微。

当然，如果工作成绩标准得到了满足，则完全可以不采取必要的纠正行动。但如果评价标准没有达到，管理人员就必须找出偏差的原因并加以纠正。实际工作成绩与评价标准发生偏差的原因很多。下面列出发生偏差的某些可能原因：

(1) 战略目标不现实；

(2) 为实现战略目标而选择的战略错误；

(3) 用以实施战略的组织结构错误；

(4) 主管人员或作业人员不称职或玩忽职守；

(5) 缺乏激励；

(6) 企业内部缺乏信息沟通；

(7) 环境压力。

这些原因表明，战略控制过程的输出结果影响着战略管理过程的其他阶段。例如，如果某一战略经营单位或事业部的利润低于预期水平，则需要重新检查该单位的战略目标及战略；如果工作成绩欠佳，可能是由于主管人员的不称职或玩忽职守，在这种情况下就必须撤换这些经理人员。这样，整个企业的战略管理过程实际上是一个反馈系统，它依据控制系统和组织环境的信息而必须经常地加以调整。

图 10-11 表明了这一反馈系统的联系。图中的虚线表示控制系统的信息影响方向。例如，将战略管理过程视为一个反馈系统，则可以大大提高战略管理的有效性。

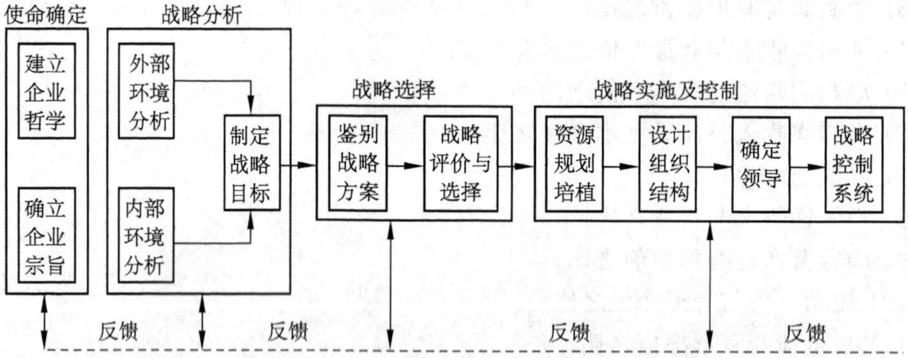

图 10-11　作为反馈系统的战略管理过程

三、战略控制方法和控制系统

按控制的对象控制方法和控制系统，可分为行为控制和产出控制。行为控制是指直接对人们进行的具体生产经营活动的控制，它基于直接的个人观察。当工作成绩的要求或标准已众所周知而需要用个人观察来提高效率时，通常运用行为控制。

产出控制是检查活动成果是否符合战略计划或评价标准的要求而进行的控制。它基于对定量数据，如销售额、财务或生产记录等的测定。

在评定大型、复杂的企业及这些企业内部主要的下属单位的工作成绩时，常使用产出控制。产出控制可以使一个企业将其工作成绩与其他企业的工作成绩相比较，也可比较其内部各下属单位的工作成绩。不过，在下层单位一级，仍有必要实行行为控制，以提高效率和对每个雇员以指导。由于行为控制和产出控制分别满足企业的不同需要，因此可以将它们结合起来使用，以提高控制系统的总体效果。

（一）几种常用的控制方法

1. 预算

预算可能是最广泛使用的控制方法或工具。预算是一种以财务指标或数量指标表示的有关预期成果或要求的文件。预算一方面起着在企业内各单位之间分配资源的作用；另一方面也是企业战略控制的一种方法。

预算准备完之后，企业内部的会计部门就要保有各项开支记录，定期作出报表，表明预算、实际支出以及二者之间的差额。做好报表之后，通常要送到该项预算所涉及的不同层次的负责人手中，由他们分析偏差产生的原因，并采取必要的纠正措施。

2. 审计

审计是客观地获取有关经济活动和事项论断的论据，通过评价弄清所得论断与标准之间的符合程度，并将结果报知有关方面的过程。审计过程基本上着重于注意一个企业做出的财务论断，以及这些论断是否符合实际。

在我国执行审计的人员有两类：

一类是独立的审计人员或注册会计师，他们的主要职责是检查委托人的财务报表。不过，他们还执行其他工作，如会计服务、税务会计、管理咨询以及为委托人编制财务报表等。

另一类是企业内部审计人员，他们的主要职责是确定企业的方针和程序是否被正确地执行，并保护企业的资产。此外，他们还经常评估企业各单位的效率以及控制系统的效率。

3. 个人现场观察

个人现场观察是指企业的各阶层管理人员（尤其是高层管理人员）深入到各生产经营现场，进行直接观察，从中发现问题，并采取相应的解决措施。

（二）控制系统必须满足的几个基本要求

1. 控制系统应是节约的

控制系统既不能产生过多的信息，也不能提供太少的信息，而应是最经济地产生各部门所需要的最低限度的信息。

2. 控制系统应是有意义的

控制必须与企业的关键目标相联系，能为各阶层管理人员提供真正需要和有价值的信息。

3. 控制系统应当适时地提供信息

经常和快速的反馈并不一定意味着是较好的控制，关键是要及时地提供给管理者使用。例如，在试销一种新产品时，需要快速的反馈；而在长期研究和开发项目中，逐日、逐周甚至逐月地反馈进展情况，可能是不必要的，而且也无益。因此，应使设计的控制系统对应于所考核的活动或职能的时间跨度。

4. 控制系统应提供关于发展趋势的定性的信息

例如，知道某一产品市场占有率是上升，下降，还是保持稳定，与确知其市场占有率的多少同样重要。类似这样的定性信息比仅用定量数据能更快地发现问题，从而有助于更迅速地采取解决问题的行动。

5. 控制系统应有利于采取行动

控制系统输出的信息必须传递给企业中那些根据这些信息而采取行动的人。如果给管理人员提供的报告仅仅是为信息而信息，那通常意味着这些报告会被忽视，事实上，也可能导致管理人员忽视其他有用的报告。应当明白，并非企业中的每个人都需要所有的报告。

6. 控制系统应当简单

复杂的控制系统常常会引起混乱，收效甚微。有效的控制系统的关键是其实用性，而非复杂性。管理信息系统是为便于战略实施和战略控制而设计用来提供信息的一个正规系统。不管其复杂程度如何，其目的是以系统化的和整体化的方式，而非分散和零碎的方式来为管理人员提供信息。谨慎地设计和运行管理信息系统是非常重要的，如果其设计及运行能与企业的战略相配合，则能大大提高管理信息系统的应用价值。为此，应遵循下列原则：

(1) 设计和运行的管理信息系统必须满足作出战略决策的管理人员的需要。

(2) 设计和运行管理信息系统必须通过系统分析人员和管理人员的紧密合作。

(3) 管理信息系统的输出必须最适合于管理者应用，避免出现过多的信息。

(4) 设计管理信息系统的良好开端是重新考察企业现存的信息系统。

(5) 一个好的管理信息系统必须具有灵活性，以适应企业变化了的环境。

小贴士

战略实施阶段是解决“由谁做”和“怎样做”的问题，同时它也为实现“确保做好”提供前期保证，这就是控制。

本章小结

经验表明，在战略实施过程中常常出现战略失效，一个原始战略是否有效，并不在于它是否能被原封不动地运用到底，并不在于它的每个细小目标和环节是否都在实际执行中得以实现，而在于它能否成功地适应不可知的现实，在于能否根据现实情况做相应的调整和修正，并最终有效地运用多种资源实现既定的整体目标，这就需要进行战略控制。

战略控制的目的主要是控制战略失效，确保战略目标的有效实现。战略实施效果的评价应采取不同的评价指标。同时为了纠正战略实施过程中出现的偏差，使实际效果与预期目标相吻合，对企业战略进行适时调整或变革便十分必要。

本章思考题

1. 战略制定与战略实施的关系是怎样的？
2. 企业在战略制定和战略实施过程中应避免的误区是什么？
3. 战略实施过程的三个阶段是什么？其逻辑关系是怎样的？
4. 战略目标的分解包括哪几个方面？各有什么作用？
5. 在战略实施过程中应采取怎样的激励措施？
6. 为什么需要战略控制？
7. 在什么情况下企业需要对企业战略实施过程采取矫正行动？又在何种条件下无须对战略实施过程采取矫正行动？
8. 战略控制过程包括哪些基本步骤？
9. 战略控制的基本要素是什么？
10. 讨论每种战略控制方法的适用条件。
11. 如何设计一个有效的控制系统？

案例分析

福特汽车公司的战略控制过程

20 世纪 80 年代早期，福特面临着严峻的挑战：利率飞涨、世界范围内经济严重的衰退以及激烈的外国竞争。这个世界上最大的企业之一必须重新塑造自我。在很短的时间内，福特做到了许多人认为不可能的事。

福特人使公司恢复了元气，加强了其业务并开始开创一个新的未来。福特在新工具、新技术和一整代新车上投资了数十亿美元。

福特在汽车运输和其他关键技术上已成为标兵。

1. 福特战略成果综述

福特的董事长和首席执行官 Donald E. Petersen 和副董事长兼首席行政总裁 Hauold A. Poling 在公司的年报中对福特战略的成果给出了下列综述：福特的三大主要业务组成——汽车集团、多样化产品集团和金融服务集团，显示了强劲的实力和成长性。

对汽车集团来说，1987 年到 1988 年福特的市场份额增长了 1.5%。1988 年达到了 10 年来的最高份额 21.7%。福特的卡车销量达到了美国卡车市场销售的历史纪录，并且市场份额始终保持在 29%。1987 年在美国的利润稍有下降，主要是因为不太好的产品组合和较高的生产和销售费用。

在加拿大，福特的小汽车和卡车的总销量创下了纪录；汽车的市场占有率提高了1.6个百分点，在行业中增幅最大。

在欧洲，福特是第四大汽车销售商，市场占有率达到11.5%，具有较强的市场竞争力。小轿车的销量与1987年持平，卡车的销量创了新高，卡车的市场份额为11.1%，在欧洲处于第三位。

在拉丁美洲，福特的卡车销量在阿根廷和委内瑞拉处于领先地位。在亚太地区，福特在澳大利亚和新西兰也保持了轿车的领先地位。在日益发展的中国台湾市场，福特六合公司第一次在小轿车的销售上处于领先。

在北美生产的轿车和卡车的出口剧增至41 000辆，比1987年猛增87%，中东继续成为增长最快的区域。

多样化产品集团的10个汽车和非汽车经营单位以133亿美元的销售额创下了纪录，比1987年增长了14亿美元。所有的非汽车经营单位自1977年以来第一次盈利。

1988年12月，福特公司将生产日用电子产品的Philco Brazil子公司的三个业务卖给了一家巴西公司，这次放弃不包括其他Philco管理的公司，这些公司为巴西市场生产汽车音响器材和空调设备。

因为汽车电子设备的增长越来越重要，所以福特于去年秋天成立了两家新公司。

福特航空公司，在兼并了BDM国际公司后，在为国防安全、通信、能源、后勤、空间及制造工艺上为提供专业化的技术和服务增强了力量。

金融服务集团通过内部发展和兼并继续扩张。通过国家第一金融公司的子公司，它已经变成了全美第二大存贷公司。有大约350亿美元的资产。

尽管金融服务集团的收益比1987年有所下降(主要是由于较低的净利息差额和高信贷损失)，但福特汽车信贷公司、国家第一金融公司、美国租赁国际公司以及福特国际信贷子公司等继续为公司的总收益做出重要贡献。

2. 福特的未来战略——加强竞争力

Peterse和Poling把福特的未来战略描述如下：

汽车业务仍将是我们的核心业务。为确保我们能在全球范围内保持竞争能力，我们通过建立与其他汽车制造商和零部件供应商的联系来补充我们的内部资源。这些双方有利的合作使我们进入原先可能不能进入的市场。

我们与马自达汽车公司建立有长期稳固的联系，在其中我们拥有25%的股份。1989年是我们与马自达公司建立股权联系十周年；我们在南美与大众公司、在韩国与起亚公司也有重要的联系；我们同样与日产汽车有限公司合作过各种各样的项目。另外，福特与其余六家美国公司一起组成了财团，在苏联寻求业务机会，包括福特汽车可能的销售和装配。

即使与其他单位的联系正在发展，但我们继续我们有历史意义的内部努力以确保满足公司的长期科学技术的需要。福特的研究范围包括动力系统、电子和制造系统、材料和设计分析、物理化学科学。从这些研究中我们近期达到了一个技术突破——一种能帮助控制废气排放而减少对铂的需要的催化剂。

到目前为止，我们最宏伟的先进工程是Alpha。它包括技术，而又不仅仅是技术领域内的研究与开发。Alpha的使命就是促进我们业务的各个部分的改进。公司各方面的人员和供应商要联合起来以发现改进产品和工艺的革新办法，最终促进质量和生产率的提高。这些新的发展将尽快在业务中得到运用。一个例子就是自动底盘安装系统，在1989年被用于我们的Lorain装配厂（俄亥俄）生产雷鸟（Thunderbird）和Mercury Cougar型车。这个系统使底盘部件如传动器、悬挂装置和排气管连成一体，并把它们准确地连接到车体。

3. 持续努力以达到预定目标

福特把达到预定目标所作的努力归纳如下：

只有最强有力的竞争者才会在这种高度竞争的年头中生活下来，而福特全力投入准备成为其中一员。为达到目标，我们知道必须在竞争的每一个领域中成为最优者。我们已经确定了我们在努力中应优先考虑的几个关键问题。我们的目标是：

(1) 提供高质量的产品和服务来满足顾客的需要，并且要做到物超所值。

(2) 继续努力发扬"以人为本"的企业文化。能达到我们期望水平的唯一办法就是通过团队工作、互相尊重和沟通。

(3) 在推行我们正在进行的最宏伟的全球投资活动时，制定、实施和优化最有效的成本运营和经营过程。

(4) 继续加强我们与分销商和供应商的伙伴关系。在保证顾客满意度，实现个人和集体的成功上，我们是伙伴。

我们相信如果我们继续把精力投入到这些优先考虑的问题上，如果我们注重我们的核心价值，如果我们把努力投入到管理的基础性工作中，我们就会保持我们的前进动力——福特会在未来的几年里继续表现出色。

（资料来源：杨锡怀，冷克平，王江. 企业战略管理理论与案例（第二版）. 北京：高等教育出版社，2009。）

【讨论题】

1. 分析福特的战略成果可用哪些具体的指标来衡量。
2. 试分析福特的未来战略是否可行。

第十一章　战略与组织结构

学习目标

1. 了解组织结构设计的基本理论，不同组织结构的战略类型；
2. 理解并掌握企业战略与组织结构的关系；
3. 掌握纵向分工结构与横向分工结构的特点及组织内部管理的主要问题。

引导案例

新联想:是成功,还是悲剧?

有人说,2005 年秋季是联想集团收获的季节。的确,除了使合并后的原 IBM 的 PC 部门扭亏为盈让人大跌眼镜以外,联想集团又于 2005 年 10 月 15 日运行新的全球组织结构,将联想原有业务和 IBM 个人电脑业务在全球范围内整合在一起,形成一种类似矩阵的组织架构,更是超出了一些管理专家的预期。

但是目前联想的国际处境(市场份额仅为 6%)证明,下这种定论显然过于乐观,因为联想的并购行为显然没有达到 1+1>2 的协同效应。联想组织结构的全球调整仍然任重道远,其对于中国其他企业的跨国经营有着一定的警示作用。

战略制定和结构调整的前提是对市场进行准确的划分,因为市场是企业定位的基础。全球个人电脑市场的分类可以有几种方法:以地域划分可以分为北美、欧洲、中东、非洲、亚太区、中国和印度区;以产品划分可以分为台式机和笔记本两种;以顾客特征可以分为大客户、中小企业客户和个人用户;以市场发育程度可以分为成熟市场和非成熟市场。不同的企业可能基于不同的认识,将企业的组织结构建立在其中一种或几种分类方法之上。以一种分类法为基础构筑结构,企业会形成单一的组织结构;以两种或两种以上分类方法构筑企业结构,可能会形成混合式组织结构或矩阵式组织结构。

仔细分析各种分类方法,我们会发现无论是以地域、产品还是以顾客特征来对个人电脑市场进行分类,最终行业中的企业都会面临不同的价格敏感性和顾客需求压力,亦即成熟市场和非成熟市场的不同压力。在发达与新兴国家富有的城市人口组成的成熟市场和中产阶级知识分子与广阔的农村市场组成的非成熟市场中，用户对计算机的性能、价格、品牌的认知各不相同，购买习惯因地域、文化和收入不同也相差很大。所以以不同市场中的顾客为中心进行组织结构调整，仍然是个人电脑行业中的企业必需的选择。

在成熟市场，消费者对于微软的操作系统和英特尔处理器比较忠诚，所以企业必须紧跟微软平台的动向，及时推出新产品。同时由于各家公司价格竞争激烈，因此必须将生产集中化，以降低成本。另外，这类顾客对于公司的交货速度比较敏感，所以标准化直销有利于快速交货。当然，还有相当部分顾客有某种程度的个性需求，这可以用定制式模块化组装满足差异化需求。综上所述，对于成熟市场，应该制定和执行全球战略，采取世界产品组织结构。

在中产阶级和广阔农村组成的非成熟市场，广大消费者购买力低，品牌认知和忠诚度不强，当地生产企业缺乏应对国际竞争的技术和管理等能力，所以对于这类市场企业应该制定和执行国际战略，直接推出以 Linux 为平台的低价电脑或是成熟而功能简单的温特平台电脑来占领市场，以求盈利。组织结构方面相应的采用有各地附属销售子公司或分销网络的世界产品分部结构。

反观联想新调整的组织结构，其模式仍继承了原 IBM 公司的以产品和地区为坐标的二维矩阵结构，这有其积极平稳的一面，但其缺陷也非常明显，最终可能使新联想坠入深渊。

一方面，联想基本保留了原 IBM 个人电脑部门的产品和区域双重矩阵结构的设置，供应和研发相应集中，可创造生产和研发方面的规模经济；另外，结构变化不大也有利于保持原有人员、渠道、结构乃至客户资源的稳定性，减少收购产生的震荡，提高收购的成功率。

但是另一方面，这种矩阵结构的缺陷也是致命性的，世界上众多采用该结构的公司不愉快的经历已经多次证明，其权责模糊、冗员、反应迟缓、充满争吵、费用昂贵等缺陷是一般公司根本难以克服的。IBM 就是很好的例子，其地方组织的权责不清、臃肿的组织结构、高昂的组织费用使 IBM 电脑价格缺乏竞争力，并最终退出个人电脑行业。其次，正如上面分析的那样，个人电脑行业的竞争战略是国际战略或是全球战略，组织结构应是有区别的世界产品分部结构，地区性的业务部门只能作为产品分部的下属开展业务。这样才能适应行业的发展形势，创造出价格和差异优势。

（资料来源：李长书．新联想组织调整与跨国经营的结构选择．载上海管理科学，2006(5)。）

战略实施的主动者是人或人群，企业战略一经确定，企业中的领导与职工就要为达到一组目标而同心协力地工作。这就要求企业的组织工作将实现目标所必需的活动进行分类，并对每一类活动任命负责人，使其拥有从事这些活动的权力；进而规定各类活动之间的关系，这些内容就构成了企业的组织结构。

因此，要有效地实施战略，还要建立适合于所选战略的组织结构。否则，不适合的组织结构会妨碍战略的实施，使战略达不到预期的目标，影响企业的绩效。所以，企业的组织结构是实施战略的重要手段。

第一节　组织结构设计原理

企业管理者设立或变革组织结构的工作就是组织结构设计。

一、组织结构的含义

组织结构是描述组织的框架体系，就像人由骨骼确定体型一样，组织也是由结构来确定其形状的。组织结构的特征可以从以下三个方面来描述。

1. 复杂性

复杂性指组织分化的程度。一个组织越是进行细致的劳动分工，具有越多纵向等级层次，组织单位的地理分布越是广泛，则协调人员及其活动就越是困难。

2. 正规化

正规化指组织依靠规则和程序、政策引导员工行为的程度。有些组织仅以很少的这种规范准则运作，有些组织却具有各种规则指示员工可以做什么和不可以做什么，一个组织使用的规章条件越多，其组织结构正规化程度就越高。

3. 集权化

集权化指决策制定的权力分布。在一些组织中，决策是高度集中的，问题是自下而上传递给高级经理人员的，由他们选择合适的行动方案；而另一些组织，其决策制定权力则授予下层人员。后一种情况称作分权化。

二、组织结构设计的原则

组织结构设计是管理学当中一个古老的问题。亨利·法约尔是最早介绍组织管理原则观念的学者之一。管理学家哈罗德·孔茨在总结前人研究成果的基础上，归纳总结出一系列的组织工作基本原则，并认为这些原则是普遍适用的真理。虽然这些原则不像自然科学的规律那么准确，但就正确的组织工作的标准而言，这些原则是足够的。

1. 目标一致的原则

组织结构如果能够促进个人在实现企业目标中作出贡献，它就是有效的。

2. 效率原则

组织结构如果有助于使意外事件降到最低限度，或用尽可能低的成本来实现企业目标，它就是有效的。

3. 管理宽度原则

每一个管理职务有效地管理下属的人数是有限的，但是确切的数目则因情况与要求不同，以及对有效管理时间要求的影响而异。

4. 分级原则

从企业的最高主管部门经理到每一个下属职务的职权，划分得越是明确，就越能有效地执行职责和进行信息沟通。

5. 授权原则

授予个别经理的职权必须适当，以便保证他们能够胜任。

6. 职责的绝对性原则

下属有绝对执行上级指示的责任；而上级也不可以推卸掉组织其下属活动的职责。

7. 职权和职责对等的原则

所承担的责任不可以大于或小于授予他的职权。

8. 统一指挥原则

个人只对一个上级汇报工作的原则贯彻得越彻底，在上级指示中发生矛盾的问题就越少，个人对最终成果的责任感也就越大。

9. 职权等级的原则

维护所授予的职权，就要由该级经理在其职权范围内作出决策而不应上交。

10. 分工原则

组织结构越能反映为实现目标所必要的各项任务和工作的分工以及彼此间的协调，委派的职务越能适合于担任这一职务的人们的能力与动机，那么这样的组织结构就越有效。

11. 检查职务与业务部门分设的原则

如果某些业务工作要委任一些人来对它考核检查，而这些检查人员又隶属于受其检查评价的部门，那么负责检查的人员不可能充分地履行其职责。

12. 平衡原则

原则的应用，都必须根据组织结构是否符合企业目标的整体效果来全面权衡。例如，管理宽度宽的缺点必须同信息沟通线路长的缺点加以权衡比较。

13. 灵活性原则

所建立的组织结构越灵活,这样的结构就越能充分地实现其目的。这一原则进一步证明,组织结构的设计必须考虑到可能的环境因素的变化、对变化作出的各种战略以及技术等。

14. 便于领导的原则

组织结构及其授权越是有利于经理去设计和维持为完成其任务所需要的某种环境,这种结构就越有助于提高他们的领导能力。

在应用以上所述的原则进行组织结构设计时,应注意一定的灵活性。实际上对最佳结构的选择并不存在绝对的准则。多年来,人们的一致看法是:没有一种组织结构适用于一切情况。正是这一认识导致了组织结构设计的权变理论的发展。

三、组织结构设计的权变方法

20 世纪 20 年代以来,先后产生了许多组织结构设计理论,但管理实践者以及学者们都承认,任何一种组织结构都不能适用于所有的情况,也不存在一种普遍的最好的组织方式。因此,人们提出了组织设计的随机制宜理论(即权变理论)。理想的组织设计取决于各种权变要素。因此,我们先分析组织设计的两种一般模式,之后再分析各自适用的权变因素情况。

(一) 机械式与有机式组织

1. 机械式组织

机械式组织是综合使用传统设计原则的自然产物。比如坚持统一指挥的结果,也就产生了一条正式的职权层级链,每一个人只受一个上级的控制和监督,而保持窄的管理跨度并随着组织层次的提高缩小管理跨度,这样也就形成了一种高耸的、非人格化的结构。

当组织的高层与低层距离日益扩大时,因为他们无法通过直接的监督来对低层次的活动进行控制并确保标准作业行为得到贯彻,所以高层管理需要更多的规则条例来代替。古典管理学者对高度劳动分工的信任导致了工作变得简单、常规化和标准化,因此,机械式组织有以下几个特点:

(1) 严格的层级关系;

(2) 固定的职责;

(3) 高度的正规化;

(4) 正式的沟通渠道;

(5) 集权的决策。

正因为机械式的组织有如上特点,所以管理体制是一种严密的、合理的、形同机器那样的社会组织。它具有熟练的专业劳动、明确的职权划分、严格的规章制度,以及金字塔式的等级服从关系,从而使其成为一种系统的管理技术体系。可以说,机械式组织必须是高度复杂化、正规化和高度集权化的。结构应像高效率的机器一样，以规则和条例、正规化作为润滑剂，人性和人的判断应该被减少到最低限度。

2. 有机式组织

与机械式相比，有机式组织是低复杂性、低正规化和高度分权化的。因为不具有标准化的工作和规则条例，所以有机式组织是一种松散的、能根据需要迅速作出调整的柔性组织；有机式组织也进行分工，但人们所做的工作并不是标准化的，它们能处理各种各样的问题，他们的教育已经将职业行为的标准灌输到它的思想内，不需要多少正式的规则和直接监督。所以，它具有以下几个特点：

(1) 合作(纵向或横向的)；

(2) 不断调整的职责；

(3) 低度的正规化；

(4) 非正式的沟通渠道；

(5) 分权决策。

以上虽然把组织结构的角度划分成机械式和有机式两大类，但它们之间并不存在着一条截然分明的分界线，不是非此即彼的关系。现实中的组织只能是以机械式组织特征为主或有机式特征为主，很少有纯粹的机械式组织或有机式组织。

(二) 组织结构设计的权变因素分析

1. 战略与组织结构

钱德勒的研究发现，组织通常起始于单一产品或产品线生产，只要求一种简单的、松散的结构形式来执行这一战略。这时决策可以集中到高层管理人员手中，组织复杂性和正规化程度都很低。

当公司进一步成长，进入产品多元化经营阶段后，多样化的战略要求它能够有效地配置资源，控制工作绩效并保持各单位间的协调所以组建多个独立的事业部，让每个部门对一些特定的产品线负责，则能够更好地达到上述要求。

战略决定结构的观点认为：结构必须服从于战略。

2. 规模与组织结构

组织的规模对其结构具有明显的影响作用。例如，大型组织倾向于比小型组织具有更高程度的专业化和横向、纵向的分化，规则条例也更多。组织规模越大，需要协调的问题就越多。有的组织结构对有 5 万名员工的组织来说是非常有效的，但对 50 名员工的组织来说可能效率极低。

例如，一个小型计算机公司最适宜的组织结构与像 IBM 这样大型的计算机公司的组织结构不同。因此，随着企业规模的扩大，企业就需要不同的组织结构。

3. 技术与组织结构

任何组织都需要采用某种技术，将投入转换为产品。为达到这一目标，组织使用设备、材料、知识和富有经验的员工,并将这些组合到一定类型和形式的活动之中。

20 世纪 60 年代中期,伍德沃德和他的助手们进行了许多专门的研究,他们指出,组织结构因技术而变化。一般而言,技术越是常规,结构就越是标准化,换句话说,一种机械式结构与常规技术相结合,有机式结构则与非常规技术相配合。比如,计算机技术引发的经营革命,对组织结构冲击是巨大的,它使组织结构更趋向于有机式。“虚拟运作”下的“虚拟办公室”、虚拟科研机构、虚拟董事会、网络市场营销,彻底更改了传统组织经营模式。

4. 环境与组织结构

企业环境决定着组织结构,组织结构应当服从和适应环境的各种不同状态。环境对组织的影响表现为输入,组织对环境的影响表现为输出。如果一个组织的输出不为(如产品、服务)环境所接纳,那么就极大地影响环境对它的输入(物质的、信息的、能量的)。而这其中,组织扮演了一个极为重要的角色,它是具体承担和设计如何把输入转变为输出的实体,因此,组织的结构必须反映环境对它的要求。

全球的竞争、世界经济的一体化、变化的需求及个性化的消费为主要特征的现代社会,要求企业对市场的反应是快速的、灵活的、柔性的,而且是不断创新的,因此,有机式的组织更能适合这一新的变化。

企业面临的环境有政治、经济、技术、社会文化等,这些环境因素可分为稳定环境和不稳定环境两种极端状态。一般来讲,机械式组织在稳定的环境中运作最为有效,而有机式组织则与动态的、不确定的环境相适应。

第二节　组织结构的类型

一、组织结构的构成要素

(一) 分工

分工是指企业为创造价值而对其人力资源的分配方式。一般的讲,企业组织内部不同职能或事业部的数目越多,而且越专业化,企业的分工程度就越高。分工使企业不同员工已有的多样技能得到有效利用,最终提高工作效率。

为了更好地创造效益,企业在组织分工上有以下两种选择。

1. 纵向分工

企业最高管理人员必须在如何分配组织的决策权上作出选择,以便更好地控制企业创造价值的活动。

2. 横向分工

企业的高层管理人员还必须在如何分配人员、职能部门即事业部方面作出选择,从而增加企业创造价值的能力。

（二）整合

整合，就是企业为实现预期的目标而用来协调人员与职能的手段。由各种生产要素组成的企业，在运营过程中制定了战略，划分了层次和部门，分配了任务，规定了职权，但在实现企业的任务目标过程中难免会出现矛盾、冲突和各类低效率问题。为此，企业必须设立相应的组织结构，来协调不同职能部门与各事业部的生产经营活动，以便有效地执行企业战略。这就是一般意义上的整合。

整合的方法有很多，从通过组织结构进行协调的角度来说，可以用建立、变革或创新企业的组织来消除不协调因素，保证企业战略目标的实现。

二、纵向分工的组织结构

纵向分工是指企业管理人员为了有效地贯彻企业的战略，选择适当的管理层次和正确的控制幅度，并说明连接企业各层管理人员、工作以及各项职能的关系。

纵向分工结构有两种基本类型：高长型结构和扁平型结构。

1. 高长型组织结构

高长型组织结构是指具有一定规模的企业的内部有很多管理层次，在每个层次上，管理人员的控制幅度较窄。

高长型组织结构具有管理严密、分工明确、上下级易于协调的特点。但管理层次的增多，带来的问题也会增加：管理层次多，就需要更多的从事管理的人员，越来越多的管理人员需要更多的设备和开支，也需要更多的彼此之间的工作，从而花费更多的精力和时间。

管理层次的增加，还会导致上下级意见沟通和信息交流受阻。不仅如此，管理层次增加，也容易使直接接触市场的员工将得到的信息“上传”至高层管理者的速度变得缓慢或不够清晰，从而延误决策时机；同时由于管理过分严密，影响下级员工的主动性和创造性。

总之，高长型组织结构有利于企业内部的控制，但对市场变化的反应较慢。从实际管理来看，拥有 3000 名员工的企业平均有 7 个管理层次，如果有某个类似规模的企业，其管理层次达到 9 个，那就是选择了高长型组织结构。

2. 扁平型组织结构

扁平型组织结构是指具有一定规模的企业的内部管理层次较少，在每个层次上，管理人员的控制幅度较宽。比如，在一个拥有 3000 名员工的企业中只有 4 个管理层次，这就是选择了扁平型组织结构。

扁平型组织结构有利于缩短上下级之间的距离，密切上下级关系，信息的上传下达速度快、失真少。与高长型组织结构相比，扁平型组织结构只需要较少的管理人员，因而需要的设备、开支、协调工作较少。但由于这种组织结构管理幅度较大，上级严密监督下级的力度不够，上下级协调、同级间的沟通也容易出现问题，容易造成管理的失控。

扁平化组织结构建立大致有两点理由：

第一，为适应激烈动荡的环境，及时解决企业面临的新问题，使企业摆脱保守、成熟的困境，给组织创造一种气氛，使人们容易发挥创造性，积极挑战新课题，使人们恢复主人翁的精神。

第二，加快组织决策的速度。组织不断膨大，管理者不断增加，如果决策者不明确的话，决策的程度就会增加，从而耽误决策的时间。通过组织扁平化的改革，可以使有才能的人，在组织的各个层次和部门，充分发挥其作用，并且还能够缩短决策的途径。

丰田汽车公司为了适应市场的变化，在 20 世纪 90 年代中期进行了组织结构的扁平化改革。公司首先把办事员、技术员按扁平化原则进行重新调整，精简原来的部·科·段的金字塔组织形式，撤除组织中重叠的复杂构架，使组织层次趋向扁平。在组织改变以前，事业部部长属下有好几个科室，改变后将原来的 2～3 个科总括为一个“室”，在室的下面，设立按工作需要组成的“团队”，团队按工作变化或工作负荷扩大或缩小。通过扁平化改革，进一步理清了沟通渠道，增强了组织的迅速决策能力。与此同时，在管理层也进行了扁平化改革。公司副社长总抓企业管理，专务董事负责各部门的总管，常务董事、董事负责组织整编，这样进一步明确了最高管理层各成员的职责。副社长以上的管理人员可以统率直辖的参谋部门，从事中长期的企业战略研究。

另外，重新调整董事的决策范围，并且对董事会会议的负责人以及出席人员也做重新修改，其目的是在最高管理层渗透扁平化思想，有利于组织整体明确责任权力、推进分权管理和决策的迅速化。事实证明，企业的管理层次过多，企业的战略就难以顺利实施，而且管理成本会大幅度增加，从而降低企业的效益。

三、横向分工结构

1. 简单直线型结构

如图 11-1 所示，简单直线型结构是最初级的组织形式，是指低复杂性、低正规化和职权集中在一人手中的一种“扁平”组织，一般只有两三个纵向层次，员工队伍松散，依赖个人决策。

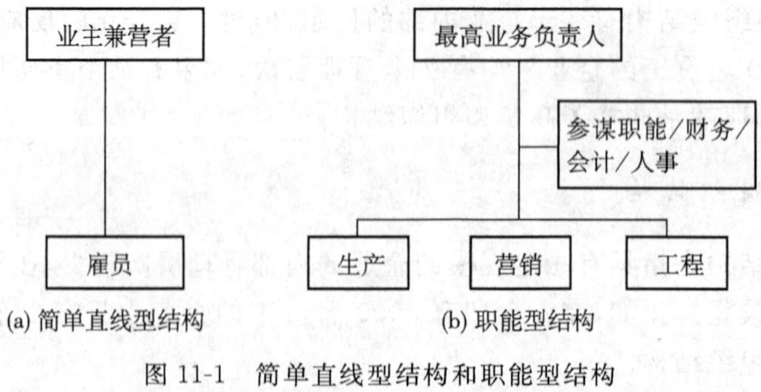

图 11-1 简单直线型结构和职能型结构

这种结构在所有者与经营者合一的个人业主制企业中最常见。比如，一家小餐馆有一个老板、一个财务和几个伙计。其特点是所有战略决策和业务决策高度集中，由企业所有者兼经营者一人作出。最小型的企业多采用这种结构。

这种结构的优点是：管理者便于控制全部业务活动；对产品和市场的变化反应灵敏、决策迅速、责任明确；激励、奖励和控制系统简便灵活。

这种结构缺点是:对业主兼经营者的要求很高,要求他们既要熟悉市场变化,具有战略眼光,还要主持日常运营事务,及时决策;决策权长期集中在一人手中,不利于培养未来的管理人员;因为管理者一般由业主所兼,业主忙于日常事务而无暇集中注意力于未来战略。

2. 职能型结构

将相似或相关职业的专家们结合在一起的组织结构即职能型结构。其特点是,通过将组织中相同的任务和活动分别集中组合成不同的专业职能,如生产作业、市场营销、研究开发等,从劳动分工中取得效率性。管理者可以在各自的职责范围内,对下级行使管理职能。

职能型结构的优点:职能专业化,可以提高企业效率;有利培养职能专家;可以对日常业务决策进行区分和授权;保持对战略决策的集中控制。

职能型结构的缺点:容易导致专业分工过细以及职能部门之间发生竞争或冲突;职能难以协调,职能间的决策难以做出;直线职能与参谋职能之间容易产生矛盾;企业内部难以培养出全面型的管理人才。

3. 事业部型结构

事业部型结构企业中的每个单位或事业部一般都是自治的,由事业部经理全面负责,拥有充分的战略和运营决策权力。其特点是把企业的生产经营活动,按照产品或地区等的划分而建立生产经营事业部,每个事业部都是一个利润中心,在总部的领导下,实行独立核算,自负盈亏。

这种结构体现出"政策制定与行政管理分开"的原则,使公司总部能集中精力进行全局性战略决策,不为日常具体行政事务所干扰,如图 11-2 所示。

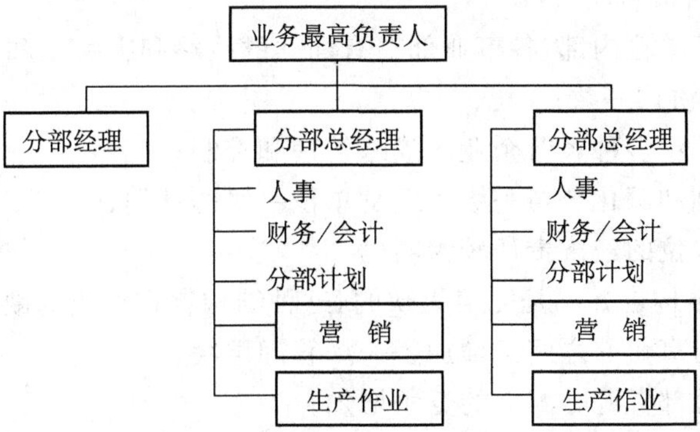

图 11-2 事业部结构

事业部型结构具有较多的优点:

(1) 把协调工作和必要的权力下放到适当的层次,有利于对环境变化做出快速反应;

(2) 战略的制定与实施更切合事业部的特定环境;

(3) 使业务最高负责人可集中精力考虑范围更广的战略决策;

(4) 各事业部经济责任明确；

(5) 事业部里仍然保留职能专业化功能；

(6) 事业部是培训战略管理人才的良好场所。

事业部型结构的缺点：

(1) 各事业部会在企业资源分配上形成不良竞争；

(2) 总部向事业部管理人员授权的程度不易解决；

(3) 各事业部的政策可能出现不协调；

(4) 不易找到能使负有盈利责任的不同事业部经理都感到满意的分配企业间费用的方法。

4. 战略经营单位结构

如果以企业经营单位所服务的独立的产品或市场为基础，将若干个事业部或其某些部分组成一个单位，就可以形成战略经营单位结构。这种结构的特点是经营单位内部的部门和组织都具有共同的战略因素，如图 11-3 所示。

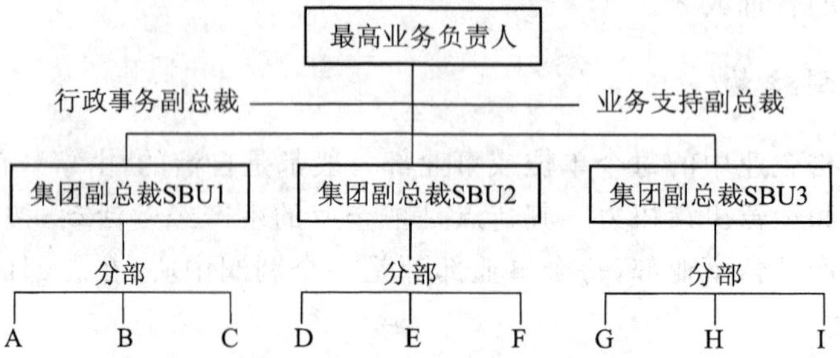

图 11-3 战略经营单位结构

战略经营单位结构的优点：

(1) 在战略经营单位内部，各事业部具有同样的战略利害关系和产品—市场环境，所以，部门之间很容易协调一致；

(2) 可以加强大型多种经营企业的战略管理和控制；

(3) 有利于区别和深化公司一级和经营单位一级的计划；

(4) 不同经营单位的经济责任较为明确。

战略经营单位结构也并不是完美无缺的，这种结构存在相应的缺点：

(1) 企业总部与事业部之间又增加了一个管理层次；

(2) 可能导致总部资源分配上的竞争增加；

(3) 集团副总裁的职责范围难以划分；

(4) 集团副总裁与事业部经理的自主程度很难确定。

5. 矩阵型组织结构

矩阵型组织结构创造了双重指挥链，这对古典的统一指挥原则是一种违背。这种结构的特点是在原有按直线指挥系统与职能部门组成纵向垂直领导系统的基础上，又建立一个横向的以产品(项目)为中心的系统,两者合成一种矩阵结构,如图 11-4 所示。

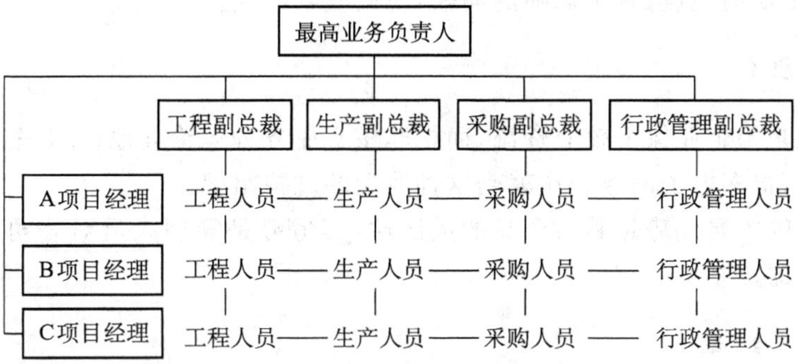

图 11-4　矩阵组织结构

这种结构在权力、效益、责任、评价和控制上都有两个渠道,旨在兼取职能专业化和产品(项目)专业化之所长。矩阵型结构中的员工有两个上司:他们所属的职能部门的经理和他们所工作的产品或项目小组的经理。两位经理共同享有职权——项目经理对项目小组成员行使有关项目目标达成的权力,职能部门经理掌握晋升、工薪和年度评价等决策的权力。两位经理必须经常保持沟通,并协调他们所属共同员工提出的要求,才能使矩阵型结构保持有效的运作。这种结构常见拥有许多共同具有重大战略意义的产品或业务的大公司。

矩阵型结构的优点:适于进行大量以项目为中心的经营活动;是培训战略管理人员的良好场所;能最有效地发挥职能部门管理人员的作用;能激发员工的创造性,有利于开展多种业务项目;中层管理人员可以更多地接触企业战略问题。

其缺点在于:双重负责容易导致政策的混乱和矛盾,增加了组织的模糊性,并隐藏着权力争斗的倾向;必须进行大量的横向与纵向的协调工作。

管理层决策是否采用矩阵型结构,要看职能经理和项目经理之间能否相互协调,必须妥善地权衡利弊。

四、新型的组织结构

从 20 世纪 80 年代初开始,消费者需求越来越呈现个性化、多样化的特征,产品开发周期越来越短,造成市场不确定性增加,竞争规则发生了变化。在这种竞争环境中,灵活性成为企业生存的基础,从而出现了一些新型的组织结构。

1. 团队结构

团队结构是指企业采用团队来完成工作的结构模式。这种结构的主要特点是:打破部门界限,把决策权下放到团队员工手中。

团队结构有三种类型:解决问题型团队、自我管理型团队和多功能团队。

解决问题型团队一般由 5～12 人组成,重点解决组织活动中的重大问题。这种结构的优势是可以提高产品质量、生产效率以及改善工作环境。

自我管理型团队是真正独立自主的团队,一般由 10～15 人组成,其目的是不仅要解决问题,而且执行解决问题的方案,并对工作结果承担全部责任。

多功能型团队是由来自同一等级、不同领域的员工组成。其目的是要求彼此之间交换信息，激发出新的观点，解决面临的问题，协调复杂的项目。

2. 虚拟组织

虚拟组织是指企业保留核心资源，而把非核心业务分包给其他组织完成，从而创造竞争优势。目前，很多电子商务公司就是这种典型的虚拟组织。

虚拟组织的主要优势是其对产品的灵活性，其劣势是管理人员对公司的主要职能活动缺乏强有力的控制。

3. 无边界组织

无边界组织是指企业取消组织结构中的垂直界限，组织趋向扁平化。

无边界组织所追求的是减少命令链，不限制控制幅度，取消各种职能部门，用经过授权的团队来代替。其目的是打破组织与客户之间的外在界限和地理障碍。

五、组织结构的基本协调机制

协调机制就是建立在企业分工与协调基础之上的制度，是用具有约束力的纪律、规则、条例、规章制度来统一和规范组织成员的意志和行为，使他们相互配合、协调行动。虽然合理的组织结构是实现组织目标的基础，但如果没有一套严密的、合乎科学的规章制度，就无法保证组织和谐而有效地运行。企业的组织协调机制一般包括以下几种。

1. 相互适应，自行调整

人与人之间的关系往往对组织的协调有很大的影响，如果组织成员相互了解、信任，在工作中就会自觉、主动地寻求协调。相互适应、自行协调是组织成员自我控制的一种方式，他们直接通过非正式的、平等的沟通达到协调，相互之间不存在指挥与被指挥的关系，也没有来自外部的干预。

这种机制适合于最简单的组织结构，但在复杂化程度很高的组织中，由于人员构成复杂，工作事先不能全部规范化，因而也会采用这种协调机制，使组织成员边工作、边调整，相互适应、相互协调。

2. 直接指挥、直接控制

直接指挥、直接控制是让组织的所有活动都按照一个人的决策和指令行事的协调机制，由这位负责人发布指示、监督工作。现代的观点是，在组织相对简单时，这种协调机制是合乎逻辑的，组织应该严格遵循直接指挥、直接控制的原则；但当该协调机制造成组织某种程度的不适应时，就会妨碍组织的绩效，在这种情况下，就应该有相应的变通。

3. 工作过程标准化

工作过程标准化是指企业通过事先制定的工作标准来协调生产经营活动。工作标准是为实现整个工作过程的协调、提高工作质量和工作效率，对各个岗位的工作制定的标准。这里所说的“工作”，不仅包括生产过程中的各项活动，而且也包括为生产过程服务、对生产过程进行管理的其他各项活动。

在生产过程进行之前，企业应向员工明确工作的内容，制定出操作规程及规章制度，然后要求工作过程中的所有活动都按这些标准进行，以实现协调。例如，企业制定好自动生产流水线的标准以后，工人在生产过程中便根据这个标准，进行生产和检验产品。一旦生产出问题，管理人员便用这个标准来检查和调整。这样企业成员在执行标准的同时，就形成了某种程度的协调。

4. 工作成果标准化

工作成果标准化是指企业通过事先制定的工作成果标准，实现组织中各种活动的协调。这种协调只规定最终目标，不限定达到目标的途径、方法、手段和过程。

5. 技艺(知识)标准化

技艺(知识)标准化是指组织对其成员所应有的技能与知识加以标准化。有些组织内的工作专业性强，工作过程和工作成果均无法标准化。例如，外科大夫在给病人进行手术时，需要麻醉师的配合。在手术前，双方会制定好具体手术方案。但在手术台上，外科大夫所遇到的情况往往难以预料，又没有过多的时间与麻醉师讨论，只有凭借他们各人所掌握的知识，各自履行自己的职责。

因此，这种协调机制主要是依靠组织成员在任职以前就接受了必要的、标准化的训练，成为具有标准化知识和技能的人才。在实际工作中，他们便可以根据自己的知识和技艺，相互配合与协调。这是一种超前的间接协调机制。

6. 共同的价值观

共同的价值观是指组织内全体成员要对组织的战略、目标、宗旨、方针有共同的认识和共同的价值观念，充分地了解组织的处境和自己的工作在全局中的地位和作用，互相信任、彼此团结，具有使命感，组织内的协调和控制达到高度完美的状态。

鉴于内部条件和外部环境都是在不断地变化的，因而，企业对内要及时调整，发挥创新精神，协同效果和整体优势；对外要灵活适应，快速行动。

现实中，企业不大可能在一段时间内只依靠一种协调机制，往往根据不同任务的侧重点不同，混合使用几种协调机制。而且，在同一个企业内部，对协调的运用可能会形成螺旋式的循环：企业组织相对简单时，只需相互适应、自行调整的协调机制；组织规模扩大后，需要某人单独执行控制工作，就产生了直接指挥、直接控制机制；当工作变得更加复杂时，企业就需要采用成果标准化或技艺标准化；当工作极其复杂、难以标准化时，企业往往又自行转回到互相适应、调整这种最简单而又最灵活的协调机制。

第三节　战略与组织结构的关系

在战略管理中，有效地实施战略的一个重要手段是建立适宜的组织结构，以使其与战略相匹配。它们之间相匹配的程度如何，将最终影响到企业的绩效。

一、战略与组织结构的基本关系

在战略与组织结构之间的关系中，谁决定谁、谁服从于谁是人们一直关注的焦点。最早对战略与组织结构的关系进行研究的是美国学者钱德勒。钱德勒通过对杜邦公司、通用汽车公司、西尔斯-罗巴克公司和标准石油公司四大公司发展历史的研究发现，早期的企业，如杜邦公司倾向于建立集中化组织结构，这种结构非常适合其生产和销售有限的产品。

随着这些公司增添新的产品线、收购上游产品、建立自己的分销系统等，对高度集中化的结构来说，企业就变得太复杂。为了保持组织的有效性，这些组织就需要将组织结构转变为具有几个半自治性质的事业部式的分权式组织结构。因此他得出了一个结论：组织结构服从于战略，公司战略的改变会导致组织结构的改变。最复杂的组织结构是若干个基本战略组合的产物。

钱德勒对于战略与组织结构关系的结论已被许多研究所证实。事实证明，适宜的组织结构可使企业具有竞争优势。吉尔布莱斯和卡赞佳的研究表明，当企业采取复合多样化战略后，公司的组织结构从职能式的结构转向事业部式的结构，公司的报酬率增加了。

蒂斯还发现，由于战略而引起的组织结构重组通常对企业的资产利润率贡献 1.2 个百分点。其他研究也表明，经营单位的战略与公司总部给予这个单位的自治权的匹配，对经营单位的业绩有影响。这些都说明，组织结构应当服从于战略。

二、战略的前导性与组织结构的滞后性

组织结构的功能在于分工、协调，这是保证战略实施的必要手段。

企业战略与组织结构的关系是受外在经济环境制约的。在不同的经济环境中，在不同的经济发展阶段，企业应该有不同的战略，企业的组织结构也要作相应的调整。但最先对经济环境做出反应的是战略，而不是组织结构，即在反应变化的过程中存在着战略的前导性和组织结构的滞后性。

1. 战略的前导性

企业战略的变化先于企业组织结构的变化。企业一旦意识到外部环境和内部条件的变化提供了新的机会和需求，首先会在战略上作出反应，以此谋求经济效益的增长。而当企业自身积累了大量的资源后，也应该据此提出新的发展战略。

当然，一个新的战略需要新的组织结构来支持，至少在一定程度上要调整原有的组织结构。如果没有一个新的组织结构或组织变革作为支持，企业所实施的新战略就难以取

得预期的绩效。

2. 组织结构的滞后性

组织结构的滞后性指组织结构的变化常常要慢于战略的改变。组织结构的滞后性会使组织内部各部门和机构的职责在变革过程中出现模糊性。造成这种现象的原因主要是:

(1) 新旧结构的交替有一定的时间过程。当新的环境出现后,企业首先考虑的是战略,新的战略制定出来后,企业才能根据新战略的要求来改组企业的组织结构。

(2) 旧的组织结构在新战略制定后还有一定的惯性,原有的管理人员仍习惯于运用旧的职权和沟通渠道去管理新、旧两种经营活动,因此管理人员对会新的战略、新的结构有抵触情绪,尤其是在感到组织结构的变化威胁到个人地位、权力,甚至威胁到心理上的安全感时,往往会以行政管理的方式去抵制需要作出的变革。

实践证明,组织结构的变革具有滞后性,但这个滞后期不能过长,更不能忽视组织结构的调整。不少企业的组织规模、经营领域、产品种类、市场范围等,能随着新战略的实施发生重大改变,而企业的组织结构却变化缓慢,甚至一成不变,影响战略的实施效果,严重者导致新战略的失败。

例如,“绿丹兰”这个化妆品品牌,在 20 世纪 90 年代初红遍中国。绿丹兰企业集团在短短 4 年的时间里,产值达到了 1 亿元以上,经济效益连年以 110%的速度的增长,然而就是这样一个消费者喜爱的品牌在 90 年代中期以后突然间销声匿迹了。其中原因就是它忽视了组织结构对战略的制约作用。

绿丹兰对它的营销渠道曾经非常自信和炫耀。其总裁李贵辉按照“朋友、富贵、天长地久”的公司理念推出了绿丹兰特有的经营政策——老板政策。所谓“老板政策”就是奉行“公司集团为大老板,合伙人为中老板,关系人为小老板”的政策。这一政策在渠道建设方面的直接体现就是大胆地向销售网络的基层放权。

基本做法是:绿丹兰在总部设立负责营销的经营总公司,经营总公司实行总经理承包负责制,这个总经理不是绿丹兰的股东,完不成任务就有可能遭到解聘或调离,但人事权力和财务权力很大,是名副其实的中老板。同时绿丹兰在全国各地设立办事处,经营管理的形式与经营总公司也差不多。办事处的开办费由总部垫支,办事处所销售的绿丹兰产品,全部是代销,办事处负责人除了智力投资外,并不需要资金投资,他们的收入根据实际销售回款按约定比例提成,办事处人员的招聘、工资、奖金全部由办事处负责人自行解决。办事处的权力比一般企业大得多,确实是一位小老板。在绿丹兰的初期,这种组织结构的确起到了一定的积极作用,它充分发挥了办事处的能动性和灵活性。

但是,随着绿丹兰知名度的提高和营业额的上升,这种组织结构的弊端日益显露,办事处的责任和权力不相对称,严重影响到总部的整体利益。显然,此时的小老板已经严重束缚了企业的整体战略发展。然而,李贵辉没有意识到这个问题。现实是残酷的,这些办事处的负责人并没有“投桃报李”,而是成了老板和“诸侯”。

当大批绿丹兰产品铺向全国各个办事处时,并没有得到应有的回款,绿丹兰很快就出现了现金流问题。一位曾经在绿丹兰工作的高级管理人员说,这些“诸侯”根本不考虑总部的利益，也不服从指挥，以至于总部发工资的时候，最高领导要向这些“诸侯”“求爷爷告奶奶”地讨一点钱回来。最终，绿丹兰还是撑不住了，李贵辉的“渠道老板”理念也受到了重挫。

三、将组织结构与战略相匹配

按照钱德勒的研究，企业的组织结构与企业战略之间的关系是前者服从于后者，企业战略的变革会导致组织机构的改变。当企业改变战略时，其现行结构有可能变得无效。这时就要求调整现行的组织结构，使其服从于战略的需要。具体来说，组织结构与战略的主从关系主要表现在以下四个方面：

第一，管理者的战略选择规范着组织结构的形式；

第二，只有使结构与战略相匹配，才能成功地实现企业的目标；

第三，与战略不相适应的组织结构，将会成为限制、阻碍战略发挥其应有作用的巨大力量；

第四，一个企业如果在组织结构上没有重大的改变，则很少能在实质上改变当前的战略。

（一）战略的变化客观上要求组织结构发生变化

1. 战略的变化往往要求组织结构发生相应的变化

第一，组织结构在很大程度上决定了目标和政策是如何建立的。

第二，组织结构决定了资源的配置。如果企业组织是按职能性业务领域构造的，那么资源也将按照职能领域配置。

2. 组织结构的重新设计应能够促进公司战略的实施

离开了战略或企业存在的理由（任务），组织结构将没有意义。对特定战略或特定类型的企业来说，不存在一种最理想的组织结构设计。对某一企业适用的组织结构不一定适用于另一家类似的企业，尽管特定产业中成功的公司趋向于采用类似的组织结构。

例如，小企业倾向于按职能设置组织结构（集中化的），中型企业一般实行分部的组织结构（分散式的），大型企业则采用战略事业部或矩阵式组织结构。随着企业的不断成长或多种基本经营战略的相互结合，企业组织结构将经历由简单到复杂的发展过程。

在组织机构与战略的匹配适应性方面，我国的一些民营企业做得比较好。

例如，温州德力西集团在胡成中的带领下，从一个年产值5万元的小厂，到1997年发展为总产值达17亿元的大集团，到1998年时，德力西集团已经成为中国经营规模最大的乡镇企业和全国最大的低压电器出口基地。

德力西1984年建立，最初主要生产开关。到1988年产值虽有所提高，但管理与1984年无太大差异，除了按工序将原来混在一起的生产作坊划分为点焊、装配、检验三个车间，配备了车间主任外，其他没有变化。厂长直接管理着三个车间的生产。厂里除了为方便客户，在一个房间上写着“产品销售处”外，没有什么部室的标志。企业的技术、原材料的采购、产品销售和记账等工作，由胡成中和友人两人分头负责。所以在厂里经常看到一个职工刚才还在为顾客开单，转眼又去采购了。胡成中对企业像对自己的孩子一样，事必躬亲。

但随着企业规模的扩大，胡成中逐渐感到力不从心。于是胡成中进行了组织结构的调整，建立了初步的管理结构，共四个部门：销售部、财务部、生产部、技术部，分别负责产品的销售、财务会计、生产计划与原材料采购、产品技术及质量工作。这一调整使产品质量和内部分工有了合理的保证，使企业发展更为迅速。

随着企业规模再进一步扩大，管理的压力也逐渐增大，胡成中感到由原来的开关厂延续下来的管理体系过于简单，已经难以满足要求了。于是他和下属对管理机构进行了重新设置：在技术方面，设立了产品开发部、工艺装备部、技术管理部、品质管理部；在生产方面，设立了生产计划部、物资装备部、动力设备部；在销售方面，设立了国际贸易部、国内贸易部、市场开发部；在后勤方面，设立了综合事务部，负责基建、运输、保卫、后勤工作；在财务方面，设立了财务计算部；设立了办公室，服务于总经理的日常工作。

1994 年 5 月，德力西集团正式成立，公司由原来的浙江德力西电器实业公司，更名为浙江德力西集团公司，同时公司成立了股东大会、董事会、监事会，分别行使权力机构、决策机构、监督机构的职能。在接下来的几年中，德力西电器实验公司的改制为德力西事业的进一步发展打下了很好的基础。

(二) 建立适应企业战略的组织支持系统

1. 建立适应企业战略组织结构应遵循的原则

企业的组织结构的设立与调整，必须与经营战略相匹配，切不可生搬硬套。企业是按产品设置组织结构还是按职能设置组织结构，是按地理区域设置分公司还是按用户设置分部，是建立战略事业部结构还是采用更为复杂的矩阵结构，一切必须以与战略相匹配为原则，以提高企业沟通效率、激励员工参与为目标。具体来说，建立与战略相匹配的组织结构主要应遵循以下五个原则。

(1) 保持组织结构流程相对有效

企业领导者不能陶醉在某种“稳定”中，要时刻注意市场的变化和企业目标的变动，在相对稳定的组织架构中根据企业战略目标的需求进行必要的组织结构调整，尽量避免“快速全盘打乱”式的变革。

(2) 组织结构确定与划分的基础是追求运作结果

企业在设计组织结构时，不应以组成人员的技能专长作为部门或组织的划分基础，即我们常说的“因人设岗”，而应依据企业的目标和工作任务，即“因事设岗”。

(3) 依据人力资源的结构特点确定合适的运作机制

任务结构和机制都是由人来运作的，只有符合人力资源总体结构特点的结构和机制是最合理、最成功的结构和机制。人力资源的结构特点包括：年龄结构、教育背景结构、地域与民族结构、性别结构、个性结构等。比如，内蒙伊利集团针对其职工青年人多、受教育时间短、男性青年较多的结构特点采取了半军事化的管理体制和严格的纪律执行程序，提高了工作效率。

(4) 工作流程的变革需要基层操作者的理解和参与

在欧美，许多企业失利的主要原因就是忽视了基层操作者的参与，尽管使用任务团队，减少了环节，但更加紧张的工作节奏和高度的自动化和标准化使许多员工感到威胁，变革遇到了怠工或集体抵制。NUMMI 在改革中就注意了普通员工的参与，它在进行生产流程简化的同时宣布“永不解雇”的方针，稳定了员工的情绪。

(5) 注意企业价值链的有效整合

企业的再造或重建在很大程度上是对价值链的重构和调整：一方面，通过调整和重构寻求降低成本、加快速度、提高经济效益和竞争能力的最佳链条组合；另一方面，更加注意市场的变化。因此，在变革中一定要注意链条的整合，避免链条的脱节，导致更大的“变革成本”。这种整合要注意几组关系：环境与结构的关系、结构链条的关系、员工与机制的关系、员工与管理者的关系。任何一组关系的失衡都有可能使变革功亏一篑。

2. 建立与战略相适应的组织支持系统

企业战略的特点之一就是它的适应性。它强调企业组织运用已占有的资源和可能占有的资源去适应企业组织外部环境和内部条件的变化。这种适应是一种极为复杂的动态调整过程，它要求企业一方面加强内部管理；另一方面则不断推出适应性的有效组织结构。因此，适应的特殊性决定了这种适应不是简单的线性运动，而是一个循环上升的过程，即适应性循环。适应循环是企业组织结构调整的根本原则。

建立与战略相适应的组织支持系统主要包括三方面的内容：

第一，正确分析企业目前组织结构的优势与劣势，设计开发出能适应战略需求的组织结构模式；

第二，通过企业内部管理层次的划分、相应的责权利匹配和适当的管理方法与手段，确保战略的实现；

第三，为企业组织结构中的关键战略岗位选择最合适的人才，保证战略的顺利实施。

20 世纪 80 年代中期，中酿生产的“五加白”营养滋补酒远近闻名，由于生产能力有限，哈酿也获准生产，结果导致两厂为抢夺市场竞相抬高原材料进价、竞相压低产品售价。为避免内耗，哈尔滨市轻工业局 1986 年将两厂合并为哈尔滨酿酒总厂。但两厂职工合厂不合心，都认为自己厂吃亏了。不久，假冒“五加白”充斥市场，致使哈酿总厂销量锐减。1991 年轻工局行政干预将陷入亏损的哈酿总厂分家。从此，哈酿和中酿一蹶不振。

1996 年 8 月，轻工局决定哈酿和中酿再度合并。在二度合并中，轻工局重点做了两件事：

一是它们从全国酒精业的发展出发，设计了“盘活资产，走集约化经营之路”的方案，即对哈酿和中酿进行资产重组。为平衡过渡，先推行一年半“两厂一长制”。原哈酿厂长王常南任两厂厂长后，强化管理，做了大量的基础性工作。他们采取了一系列有效的推进措施，来避免不少企业合并中出现的磨合期长、合厂不合心等问题。

二是服务与监督相结合。轻工局对哈酿总厂的每一次资金申请都严格审批，不合理部分坚决扣除，并派人对资金使用情况进行跟踪调查，以确保每一分钱都使用合理。

1998 年 3 月，双方正式合并。以王常南为首的新领导班子对中层干部重新配置，对职工定岗定员，实施了有效的机构整合。加上政府的支持，哈酿总厂成长为国内酒精业的老大，当年实现工业产值 2.1 亿元，利税 2000 多万元。

四、组织结构的战略类型

战略强调企业组织结构要运用已有的资源，以及可能占有的资源去适应企业组织外部环境、内部条件的变化。这种适应是一个复杂的、动态的调整过程，要求企业在加强内部管理的同时，不断推出适应环境的、有效的组织结构。根据成功企业的经验，企业在适应环境进行战略选择的过程中，最常用的有以下三种组织结构。

1. 防御型战略组织结构

防御型组织寻求维护自己那个狭窄的细分市场，努力奋斗防止竞争者进入。防御型组织追求一种稳定的环境，要解决的一个关键性问题就是“稳定性”，它要以价格、质量或服务作为竞争手段，通过对市场的渗透和有限开发得以成长。

采用防御型战略的组织，一旦选定有限的一组产品和整个（或潜在）市场的一小部分，就应该用大量的资源解决自身的工程技术问题，尽可能有效地生产、销售产品或提供服务。一般来说，防御型战略组织需要开辟一种可以预见的经久不衰的市场，因而技术效率是成功的关键，所以该组织应创造出一种具有高度成本效率的核心技术。有的防御型组织会通过纵向整合来提高技术效率，即将从原材料供应到最终产品销售的整个过程合并到一个组织系统中来。

在组织结构上，防御型战略组织往往采用“机械式”组织结构。这种结构最终会形成明显的稳定性。

防御型战略组织比较适合于环境稳定的行业，所面临的危险是，在与市场环境互动的过程中处于被动地位，不能对市场环境做出重大的改变。

2. 开拓型战略组织结构

开拓型战略组织追求创新，在更为动态的环境中运用自己的实力发现、发掘新产品和新的市场机会。开拓型战略组织要解决的关键问题是“灵活性”，即在寻求新机会的过程中必须具有一种从整体上把握环境变化的能力。

要对环境条件、变化趋势具备分析和预测并付诸实践的能力，开拓型战略组织不仅要求它的技术，相应的也要求它的行政管理要具有很大的灵活性。在工程技术方面，它不是局限于现有的技术能力，必须根据现在和将来的产品结构确定技术能力，因而它的全部工程技术就是如何避免长期局限于单一的技术。

开拓型战略组织结构常常要通过开发机械化程度很低、例外性的多种技术和标准技术来解决问题；在行政管理方面，因为它奉行灵活性的基本原则，就不能采取集中的计划控制全部生产的方式，而是在大量分散的单位和目标之间，高度协调资源，这就导致了组织的结构必须采用“有机式”的机制，即包括由市场、研究开发方面的专家组成的高层管理，注重产出结果的指导性计划、分散式控制以及横向和纵向的沟通。

开拓型战略组织在适应动荡的环境方面有其独到之处，可以减少环境变化给组织带来的冲击，但这类组织所面临的风险是，较低的利润和资源的分散——在工程技术问题上，由于多种技术同时存在，很难发挥总体"合力"而将生产效率提高到很高的水平；在行政管理上，由于涉及较多的"点"和"面"，常常出现错误配置人力、物力和财力的问题，导致组织难以提高工作效率，从而难以保证更高的利润。

3. 分析型战略的组织结构

分析型战略组织靠模仿生存，它们"复制"开拓型组织的思想。分析型战略组织拙于创新，只是在竞争对手证实了市场之后推出性能更优越的产品。所以，分析型战略组织要解决的关键问题是"快速响应"，即总是对各种战略进行理智的选择，试图以最小的风险、最大的机会来获得利润。

分析型组织的市场转变是通过模仿开拓型组织已开发的成功产品或市场完成的，同时还依靠一批相当稳定的产品和市场保证其收入的主要部分。因此，成功的分析型战略组织必须紧随领先的开拓型组织，同时又要在自己原有的、稳定的产品和市场上保持较高的生产效率。

分析型组织的工程技术具有明显的"两重性"特点，即技术的灵活性和稳定性。要在这两种不同的特性之间寻求平衡，企业必须将生产活动分成两部分，同时形成一种双重的技术核心。其稳定的技术核心与防御型组织类似，按职能组织起来，使技术达到高度的标准化、例行化和机械化，获得成本优势；其所具有相当的灵活性的技术核心则与开拓型组织相仿，分散控制较多例外性的技术，它会采用一个应用研究小组来模仿新技术，而不是像开拓型组织那样付出大量的研究开发成本。

在行政管理方面，分析型组织必须适应既稳定又相当大变化的业务，使两种业务达到相对的平衡，所以它一般会采用矩阵式结构来达到目的。因为矩阵式结构可以在市场和生产各职能部门之间制定集约式的计划，而在新产品应用研究小组和产品经理之间制定粗放式的计划。同时，矩阵结构在职能部门中实行集权控制机制，而对产品开发小组使用分权式控制。

分析型组织稳定性与灵活性并存的状态，在一定程度上限制了组织的应变能力，它不得不建立双重的技术中心，还要管理并不完全一致的计划系统、控制系统和奖惩系统。如果一个分析组织不能保持战略与结构关系的必要平衡，最严重的后果就是既无效率又无效果。

小贴士

企业战略管理的实践表明，企业的组织结构是实施战略的重要基础，战略目标的实现在很大程度上取决于企业的组织结构与既定战略的匹配程度。从许多国内国外成功企业的经验来看，战略和组织是相互依赖、相互促进的关系，战略的实施需要相应的组织结构去贯彻，而合理的组织结构又会推动企业战略目标向更高的层次迈进。

本章小结

1. 组织结构的基本构成要素是分工与整合。分工是指企业为创造价值而对其人员和资源的分配方式。整合是指企业为实现预期的目标而来协调人员与职能的手段。

2. 纵向分工是企业高层管理人员为了有效地贯彻执行企业的战略，选择适当的管理层次和正确的控制幅度，并说明连接企业各层管理人员、工作以及各项职能的关系。有高长型结构、扁平型结构两种基本类型。

3. 横向分工结构包括：简单直线型结构、职能型结构、事业部型结构、战略经营单位结构、矩阵型结构等，每种结构都各有自己的优点和缺点。

4. 先有企业战略的变化，然后才有组织结构的变化，战略的变化导致了组织结构的变化，这就是战略与结构的关系。企业在对经济环境作出反应的过程中，战略的变化优先于组织结构的变化即战略的前导性；组织结构的变化滞后于战略的变化就是结构的滞后性。

5. 企业发展到一定阶段，其规模、产品和市场都会发生变化。如果企业制定了新的战略，组织结构也必须做出相应的反应。

6. 企业在适应环境进行战略选择的过程中，最常用的有防御型、开拓型、分析型和应用型四种组织结构。

本章思考题

1. 什么样的企业可以采用扁平化的组织结构？

2. 阐述事业部型组织结构的利弊。

3. 企业组织结构设计与哪些要素有关？

4. 列出不适宜的组织结构所表现出的特征。

5. 战略实施与组织结构有什么样的关系？

6. 以一个你所熟悉的企业为例，鉴别出它所采用的战略以及它的组织结构；讨论这一企业的战略与组织结构的匹配性。

案例分析

海尔组织结构的演变与启示

海尔集团是在原青岛电冰箱总厂基础上发展起来的以家电为主，集科研、生产、贸易及金融各领域为一体的国际化企业。为了营造使企业不断创新的机制，保持企业的高效运作和对市场的快速反应能力，其组织形式始终处于有序的非平衡状态。下面以海尔在各种不同的宏观背景、不同的发展战略下组织结构的调整来分析海尔战略化发展中组织结构所发挥的作用。

1. 名牌战略(1984—1988 年)

当时国内仍是短缺的计划经济时代,冰箱等家电产品还是奢侈品。尽管如此,国内电冰箱生产企业林立,争相挤占商场有限的柜台,很难在市场上争得一席之地,一般家电企业有"捞一把就撤"的想法,大搞进口散件组装。海尔经过调研发现,尽管冰箱品牌很多,并没有真正意义上的国产"名牌冰箱",于是张瑞敏果断提出"要么不干,要么就要争第一,创名牌"。由此确立了专业化名牌发展的道路。引进当时国际最先进的德国利勃海尔公司的设备和技术,生产出"琴岛-利勃海尔"牌亚洲第一代四星级电冰箱,并以高技术、高质量赢得广大消费者的信任。

因为当时计划经济仍占主要地位,计划经济体制有巨大惯性,海尔只是专心于冰箱一种产品的生产,所以在组织结构上只需划分职能,采取垂直式集权领导是适合的。

2. 名牌战略(1988—1991 年)

在这一阶段,我国经济逐步向市场经济过渡,质量、服务、价格等市场要素逐渐培育成形。国内企业习惯于只抓产品产量,不在乎产品质量,因此一碰上市场疲软就产生积压,只好靠降价来渡过难关。海尔在创业伊始就重视产品质量,创市场名牌。当其他企业开始抓质量时,海尔又把战略重点转向培养服务意识和市场信誉上,成功走完了名牌战略阶段。

其中,海尔的 OEC 管理模式(日事日毕,日清日高)发挥了重要作用。虽然海尔重视质量,仍不免遇上管理普遍对过程控制不细的问题。OEC 对每个人、每一天、每件事进行控制,每天的工作当天完成,每天的工作质量都有一点提高,对以质取胜的海尔顺利实现名牌战略有巨大推动作用。

3. 多元化发展战略(1991—1995 年)

1992 年邓小平南巡讲话掀起了改革开放、建设市场经济的热潮。同时海尔集团正式成立,并于 1992 年初次在白色家电圈作多元化尝试,生产冰柜、空调、洗衣机,开始超常规发展。

企业慢慢发展壮大,不免会出现人浮于事、效率低下的大企业病。海尔在 1993 年进行"权力分散化",在原工厂制(直线职能制)基础上,推进事业部制,总部集中筹划集团发展目标,集团下属是事业部,已经形成规模效益且管理机制较完善的称为事业本部,未达到标准的称为事业发展部,对各事业部兼并的企业,集团有最终决策权。这样海尔集团与事业部之间,事业部与各分厂之间的责权利关系相当明晰,初步呈现出分权化,扁平型的组织结构特征,适应了规模扩张和多元化经营的要求,调动了集团管理人员和职工的积极性。

4. 全球营销网络布局(1995—1999 年)

全球化、新经济是这个时段的显著特征。海尔 1997 年进军以数字电视为代表的黑色家电,1998 年进军米色家电,坚定多元化发展道路并制定了挺进世界 500 强的发展目标。进 500 强首要条件是要有一流的内部管理,虽然海尔组织结构整体上是分权化、扁平式的,但对于冰箱本部而言,仍是集权式直线职能型。这种结构对于以前单一的冰箱产品是适应的,但对于餐饮、冰箱、小家电等多种产品齐头并进的快速扩张形势则显得缺乏效率。

海尔集团于 1996 年开始实行事业本部制,1997 年又在事业本部基础上,采取了"细胞分裂"方式,使整个组织结构形成四个层次:集团总部是投资决策中心,事业本部是经营决策中心，事业部是利润中心，生产工厂是成本中心，各个层次各负其责，允许各事业本部各自为战，但不许各自为政。

这种组织管理模式称为“联合舰队模式”，海尔把这种组织模式延伸到营销体系中，各事业部设有营销公司，负责自己的产品销售、出口和海外建厂工作。集团总部设有营销中心，对各本部销售公司和进出口公司的工作实行监督控制和指导，这样既能发挥各本部销售公司和进出口公司的战斗力，又能进行整体进攻，很好地配合全球营销网络中多元化发展的要求。

5. 国际化发展(1999 年以后)

当时中国即将加入 WTO，瑞士达沃斯年会召开。报告称 21 世纪企业生存有三个条件：一是企业内部的组织结构；二是有一个全球化的品牌；三是要有一套能够在网上销售的战略。海尔为实现发展战略就必须适应多变的市场及“新经济”兴起后网络销售的挑战，张瑞敏为此提出三个方向的转移：

(1) 市场方向转移，从国内市场向国外市场转移；

(2) 产业方向转移，从制造业向服务业转移；

(3) 管理方向转移，从直线职能型管理彻底向业务流程再造(BRP)的市场链转移。即形成创新订单支持流程 3R(R&D——研发；HR——人力资源开发；CR——客户管理)和保证订单实施完成的基础支持流程 3T；(TCM——全面预算；TPM——全面设备管理；TQM——全面质量管理)。

产品本部在 3R 的支持下通过新品研发、市场研发及提高服务竞争力不断创新订单；产品事业部在 3T 支持下将商流获取的订单和产品本部创造的订单执行实施；物流本部搭建全球采购配送网络，实现 JIT(即时采购、即时配送和即时分拨物流)订单加速流；资金流搭建全面预算系统，这样形成直接面向市场的，完整的物流、商流等核心流程体系和 3R、3T 支持流程体系。

这种结构实现了企业内部和外部网络相连，使企业形成一个开放的系统，将外部市场的压力传递给每一个员工，使他们把压力变成动力，最大限度地追求顾客满意度最大化，从而实现海尔三个“零”的目标：质量零缺陷、服务零距离、流动资金零占用。

6. 海尔组织结构创新的启示与思考

海尔集团国际化历程，实质上是对组织结构不断选择的过程。此过程不仅从实践角度证明了组织结构的合理选择对企业国际化经营产生的积极影响，也为我国其他企业组织结构的选择提供了有益启示：

(1) 组织结构不只是消极适应经营战略，组织结构的发展能对企业的国际化经营产生积极影响。

(2) 组织结构的调整不可能一劳永逸，需要动态化。张瑞敏把组织的有序平衡结构转向有序非平衡结构，使其运作模式不断创新正是如此。

(3) 组织结构适当虚拟化，有利于企业整合外部资源，弥补自身不足。海尔在建立和发展国际化经营组织结构中，已经借鉴了西方跨国公司组建虚拟企业的经验。

(4) 集权与分权授权的矛盾可以调和，关键要把握好两者结合的“度”。海尔在处理集团总部与各事业本部的关系中推行“联合舰队模式”，最终实现整体大于部分之和的市场效应。但在权力分散后，必须解决好两个问题：一是责、权、利问题；二是各独立公司一把手的素质问题。

(5) 组织结构的调整和创新，必须保持和发挥自身的核心优势。"海尔和著名跨国公司相比，论资金、技术、规模，海尔都没有优势，但海尔有比较优势，那就是速度。经销商们提出一个要求时，我们会以比那些老牌跨国大公司更快的速度满足他们的要求。"正是不断强化这一优势，海尔对其内部组织结构进行了一次又一次的调整和创新。

(6) 专业化与多元化。多元化和专业化实际上都有风险，关键要看自身的能力，或者说关键看品牌和市场发育度。看一下海尔的产品结构，会发现用国际化来概括目前海尔的战略是不全面的。因为海尔在计算机、手机、生物制药、家庭整体厨房之类的投入，明显从多元化产品领域进入了多元化产品经营的格局，而这正是一个充满陷阱的增长之路。因为在多元化期间的业务模式，只有两种出路：

第一，谋求业务转型的多元化，这要求海尔接下来要出售或关闭其家电部门，在新业务上选取一点成为行业老大。

第二，通过卓越的战略控制，在各个点上成为行业老大，成不了的就撤销。

(7) 大与强。只有"强"才能良性地发展"大"，要多强的人才做多大的规模——人的素质和管理水平提高在前，规模扩张随后，效率强，规模才能够大。做大是手段，求强是目的，在没有强大人才和管理支撑下，盲目扩张是致命的。

(8) 后张瑞敏时代。海尔真正的国际化道路必须在后张瑞敏时代开始。靠建立一流的快速适应市场变化的管理体制和系统化的国际运作来实现海尔的再发展，而不是仅仅停留在高管的优秀这些层面上。后张瑞敏时代海尔的组织结构仍应以信息化、虚拟化、扁平化的有序非平衡结构为基准，不断创新实现由强做大，由大变强的国际战略。

（资料来源：王健．海尔组织结构的演变与启示．载合作经济与科技，2004(11)。）

【讨论题】

1. 面对公司业务范围、市场情况的变化，海尔设计了具有什么特点的组织结构？

2. 在实践中，针对复杂而又多样的业务活动，怎样做到各个部门配合密切又机动灵活，使组织结构完善、工作效率高？

第十二章　战略与企业文化

学习目标

1. 了解企业文化的概念、类型、构成要素，懂得如何进行企业文化塑造；
2. 掌握企业文化与企业战略的关系，掌握企业战略与文化关系的管理。

引导案例

西安杨森：文化是魂

西安杨森制药有限公司是目前我国医药工业规模最大、品种最多、剂型最全的先进技术型合资企业之一。合资中方为陕西省医药工业公司、陕西省汉江制药厂、中国医药工业公司和中国医药对外贸易总公司，以陕西省医药工业公司为代表，外方为美国强生公司的成员比利时杨森制药有限公司。强生公司是当今世界上规模最大、产品最多元化的生产消费者护理品、处方药品和医疗专业产品的企业，迄今为止在世界上 50 个国家拥有 168 个子公司，并向 150 个以上的国家销售产品。目前，强生公司在中国有 7 家合资、独资企业。比利时杨森公司创办于 1953 年，1961 年加入美国强生公司。到现在，比利时杨森已成功研制出 80 多种新药，成为世界上开发新药最多的制药公司之一。比利时杨森是以发明新药为主的公司，创始人杨森博士一生的主要追求是将更多更好的新药介绍给更多的人。他对中国怀有好感，说："如果我发明的新药不能供占全世界人口 1/4 的中国人使用，那将是莫大的遗憾。"于是，在中国改革开放之初，比利时杨森公司就主动到中国尝试进行合作。经过 3 年的谈判，1985 年 10 月，西安杨森制药有限公司成立了。总投资 19 亿元人民币，注册资本比例为外方占 52%，中方占 48%，合资期限 50 年。

1. 严格管理，注重激励

合资企业的工人和中层管理人员是由几家中方合资单位提供的，起初，他们在管理意识上比较涣散，不适应严格的生产要求。有鉴于此，合资企业在管理上严格遵循杨森公司的标准，制定了严格的劳动纪律，使员工逐步适应新的管理模式，培养对企业和社会的责任感。他们通过调查研究发现，在中国员工尤其是较高层次的员工中，价值取向表现为对高报酬和工作成功的双重追求。优厚的待遇是西安杨森吸引和招聘人才的重要手段,而不断丰富的工作意义,增加工作的挑战性和成功的机会则是公司善于使用人才的关键所在。在创建初期,公司主要依靠销售代表的个人能力,四处撒网孤军奋战,对员工采用的是个人激励。他们从人员—职位—组织匹配的原则出发,选用那些具有冒险精神、勇于探索、争强好胜又认同企业哲学对企业负责的人作为企业的销售代表。他们使用的主要是医药大学应届毕业生和已有若干年工作经验的医药代表。这两类人文化素质较高,能力较强,对高报酬和事业成就都抱有强烈的愿望。此时,西安杨森大力宣传以"鹰"为代表形象的企业文化,他们自己这样解释:"鹰是强壮的,鹰是果断的,鹰是敢于向山巅和天空挑战的,他们总是敢于伸出自己的颈项独立作战。在我们的队伍中,鼓励出头鸟,并且不仅要做出头鸟,还要做搏击长空的雄鹰。作为企业,我们要成为全世界优秀公司中的雄鹰。"

2. 注重团队建设

在培养"销售雄鹰"的同时,他们还特别注重员工队伍的团队精神建设。在1996年年底的销售会议中,他们集中学习并讨论了关于"雁的启示"。

"当每只雁展翅高飞时,也为后面的队友提供了向上之风。由于组成V字队形,可以增加雁群71%的飞行范围";启示:分享团队默契的人,能互相帮助,更轻松地到达目的地,因为他们在彼此信任的基础上,携手前进。

"当某只雁离队时它立即感到孤独飞行的困难和阻力。它会立即飞回队伍,善用前面同伴提供的向上之风继续前进";启示:我们应该像大雁一样具有团队意识,在队伍中跟着带队者,与团队同奔目的地。我们愿意接受他人的帮助,也愿意帮助他人。

经过大力进行企业文化建设,员工的素质得到了不断的提高,对公司产生了深厚的感情,工作开展得更为顺利。特别明显的是,在80年代后期困扰公司的员工稳定问题得到了很好的解决。当时由于观念的原因,许多人到西安杨森工作仅是为了获得高收入,当自己的愿望得不到满足时就产生不满,人员流动性曾连续几年高达60%。如今,他们已使员工深深地认同公司,喜爱公司的环境和精神,1996年和1997年人员流动率已处在6%~10%。

3. 充满人情味的工作环境

西安杨森的管理实践,充满了浓厚的人情气息。每当逢年过节,总裁即使在外出差、休假,也不会忘记邮寄贺卡,捎给员工一份祝福。在员工过生日的时候,总会得到公司领导的问候,这不是形式上的、统一完成的贺卡,而是充满领导个人和公司对员工关爱的贺卡。员工生病休息,部门负责人甚至总裁都会亲自前去看望,或写信问候。员工结婚或生小孩,公司都会把这视为自己家庭的喜事而给予热烈祝贺,公司还曾举办过集体婚礼。公司的有些活动,还邀请员工家属参加,一起分享大家庭的快乐。西安杨森办的内部刊物,名字就叫《以此作为沟通信息、联络感情、相互关怀的桥梁》。根据中国员工福利思想浓厚的状况,公司一方面教育员工要摒弃福利思想;另一方面又充分考虑到中国社会保障体系的不完善,尽可能地为员工解决实际生产问题。经过公司的中外方高层领导之间几年的磨合,终于达成共识:职工个人待业、就业、退休保险、人身保险由公司承担,有关部门专门负责;员工的医疗费用可以全部报销。在住房上,他们借鉴新加坡的做法,并结合中国房改政策,员工每月按工资支出25%,公司相应支出35%,建立职工购房基金。这已超过了一般国有企业的公积金比例。如果基金不够，在所购房屋被抵押的情况下，公司负责担保帮助员工贷款。这样，在西安杨森工作4～6年的员工基本上就可以购买住房了。

4. 加强爱国主义的传统教育

1996年11月22日，西安杨森的90多名高级管理人员和销售骨干，与来自中央和地方单位的记者及中国扶贫基金会的代表一起由江西省宁冈县茅坪镇向井冈山市所在地的茨坪镇挺进，进行30.8公里的"'96'西安杨森领导健康新长征"活动。他们每走3.08公里，就拿出308元人民币捐献给井冈山地区的人民，除此以外个人也进行了捐赠。公司还向井冈山地区的人民医院赠送了价值10万元的药品。为什么要组织这样一次活动呢？董事长郑鸿女士说："远大的目标一定要落实在具体的工作中去。进行健康新长征就是要用光荣的红军长征精神激励和鞭策我们开创祖国美好的未来。"参加长征的员工说："长征是宣言书，宣布了我们早日跨越30.8的伟大誓言；长征是宣传队，宣传了西安杨森'忠实于科学，献身于健康'的精神；长征是播种机，播下了西安杨森团队合作、勇于奉献、敢于挑战的火种。"1996年冬天的早晨，北京天安门广场上出现了一支身穿"我爱中国"红蓝色大衣的300多人的队伍，中国人、外国人都有，连续许多天进行长跑，然后观看庄严肃穆的升国旗仪式，高唱国歌。这是西安杨森爱国主义教育的又一部分。前任美籍总裁罗健瑞说："我们重视爱国主义教育，使员工具备吃苦耐劳的精神，使我们企业更有凝聚力。因为很难想象，一个不热爱祖国的人怎能热爱公司？而且我也爱中国！"

评点：建立并大力宣传企业的经营理念，使员工认同、遵守并将之转化为内在的信念，是赢得员工的基础。伴随着经济的发展，企业管理也在不断进步，人们已经越来越认识到，公司雇用的应该是整个的人，而不仅仅是他的劳动能力。人力资源管理一定要适应其所在的文化环境。

（资料来源：http://www.china-b.com。）

第一节　企业文化的概念

一、企业文化的基本概念

企业文化作为一种管理思潮，是美国的一些管理学家通过比较日、美两国企业的经营管理经验，于20世纪70年代末80年代初提出来的，很快在美国乃至全球兴起并带来了一场企业管理的革命，其理论和实践也给当代企业管理以深刻的影响。在管理领域中，企业文化主要指企业的指导思想、经营理念和工作作风，包括价值观念、行业准则、道德规范、文化传统、风俗习惯、典礼仪式、管理制度以及企业形象等。它是用某种理念来约束员工，使员工自觉自愿地遵守，进而形成一种约束激励机制。

没有企业文化支撑的企业管理，主要是依靠各级领导的检查、监督、督促、内部冲突的处理等，使企业的领导者陷身于繁忙的琐碎事情当中；而企业文化建设较优异的企业，能实现各级员工发展目标和价值取向的一致，其管理更多的是靠员工的自我管理，内部冲突会大大减少，领导者可集中精力于企业的长期发展。凡是经营出色的企业，都注意企业职工内聚力的提高，而内聚力的提高，离不开企业文化的建构。

二、企业文化的类型

查尔斯·汉迪在1976年提出关于企业文化分类的思想，至今仍有一定的参考价值。他将企业文化的类型分为以下四类。

1. 权力导向型

在具有权力导向型文化的企业中，管理者试图对下属保持绝对的控制，企业组织结构往往是传统的集权框架，企业决策权集中在个人手中，可以迅速决策，但决策质量只能取决于管理者的个人能力。

这种企业的一个鲜明特点是：企业的中心权力源决定了企业的变革。这类企业文化常见于家族式企业、刚开创的企业或小型的业主兼管理者的企业中，要求个人威望，经常会忽视人的价值和一般福利。所以，这类企业的文化常被描述为专横和滥用权力的，在企业运行过程中容易导致中层管理人员的低士气和高离职率，使企业蒙受损失。

2. 角色导向型

角色导向型文化十分重视合法性、忠诚和责任。如果企业文化是角色导向型，企业员工就会追求理性和秩序，因为这类文化一般是围绕着限定的工作规章和程序建立起来的，理性和逻辑是文化的中心，如果出现分歧，大家会一致认为最合适的办法是通过规章制度来解决。这类文化导致决策权仍然集中在高层管理者，并且十分强调等级和地位，员工的行为一般不能超越规定权限和特权范围。

这种文化最常见于采用官僚行政机构组织结构的企业。角色导向型文化具有稳定、持续的优点，企业的变革往往是循序渐进的，很少发生突变。在相对稳定的环境中，这类文化可以导致高效率，但显然不太适合动荡的环境。

3. 任务导向型

任务导向型企业文化使管理者注重不断地解决问题和实现目标，对是否取得良好绩效的评估依据是对实现企业目标所作出的贡献。这类企业文化会营造这样一种氛围：强调速度和灵活性，拥有解决问题、实现目标的能力和专长就会拥有相应的职权和权力；为了完成某一特定项目，企业可以组成临时的单位或部门，一旦项目完成，人员将重新组合。

这种文化常见于新兴产业中的企业，比如高科技企业。任务导向型企业文化具有很强的适应性，在十分动荡或经常变化的环境中容易取得成功，但由于必须不断地进行试验和学习，所以建立并保持这种文化的成本是相当高的，而且会导致企业的运营缺乏连续性。

4. 人员导向型

有人认为，企业的核心是人，企业存在的主要目的是为企业员工的需求服务，企业是员工的下属，企业的生存依赖于员工，企业应当为员工提供他们不能为自己提供的服务，职权往往是多余的。在这种文化的影响下，员工们是通过示范和相互帮助来影响他人，而不是通过正式的职权所赋予的影响力，绝大多数决策都是由群体来进行，每个成员的职位安排和职责范围划分是依据个人的爱好以及学习和成长的需要。

具有人员导向型文化的企业能够施加给员工的影响极小，因而对员工的管理较为松散，甚至有些企业会因文化与企业目标的冲突而不能长期存续。

三、研究企业文化的原因

企业文化在总体上制约管理者的战略决策，一个追求稳定即最好的企业理念，不会使其管理者作出风险较大的或急剧扩张的战略决策。所以形成什么样的企业文化、什么样的企业精神对企业战略的制定意义非常重要。企业文化是企业做事的方式，是企业发展的灵魂。

(1) 企业文化从宏观的角度描述了组织成员共享的价值观、思想意识等，为战略管理的实践者和研究者提供了一种新的分析企业行为的方法，有助于企业制定与实施为员工乐于接受的、又与企业实力和共有价值观最“匹配”的战略。

(2) 企业文化描述了企业的现实，有助于管理者更有效地管理企业。企业管理者可以凭借文化分析这种软科学的方法对企业的组织行为进行比较复杂的分析，保证企业的效率。

(3) 运用文化来研究组织是一种依次递进的战略方法。运用文化研究，可以研究企业成员正在做的事情，研究他们对诸多事情的观点、态度和对周围世界的反应，研究当遇到问题时职工们如何看待、分析并解决问题，这比采用离企业现实较远的调查表、统计数字、总结等形式来研究组织的结构与过程，更准确、合理，并且更具有战略的眼光与高度。

四、企业文化的分析方法

为了正确收集资料，分析组织的文化，一般可采用以下四种分析方法。

1. 分析组织内新成员被原有群体同化的过程与内容

通过访问新成员的上级或较早进入企业组织的同事，了解该群体文化的一些重要方面。但是，仅用这种方法不能发现文化中许多方面，因为新成员本身或其下属成员不能揭示出文化的内容。

2. 分析企业在历史上对重大的经营事件的反应

通过查阅文件、访问或调查组织现在与过去的主要成员，可以弄清企业文化的每个重要时期，了解到每一时期的主要事件与危机。在此基础上，管理人员可以进一步研究企业当时采取的行动、行动的宗旨和结果，揭示企业组织的基本假设。

3. 分析组织内部“文化创造者”或“推行者”的信念、价值观和行为准则

通过访问组织的创始人、现任领导或文化创始人、推行人，进一步了解他们对企业文

化的影响。

4. 与组织成员共同分析出现的异常现象或特征，揭示出基本假设

管理人员在选择组织成员时，要考虑他们的文化代表性以及这些成员是否有兴趣揭示出他们的基本假设。

前三种方法探讨了一个企业组织对外部环境的适应能力和组织内部形成一致的价值观念的问题，即外部适应性与内部一体化的全部问题。最后一种方法是要借助企业组织内部的力量，深入地揭示该组织的文化特征。如果一个企业组织的总体文化尚未发展起来，或者一个组织内部都存在着发达的分支文化，管理者还需要进一步改进这些方法。

第二节　构成企业文化的要素

一个组织的文化由若干要素所构成，并在不同程度上受到每个要素的影响。在这其中，对企业文化影响较大的要素有以下几点。

一、共同的价值观

共同的价值观是指企业组织成员或群体成员的统一价值观念，对企业文化的性质起着决定性的主导作用。所谓价值观就是人们对事物、目标总的看法和根本观点。共同的价值观，表明它不是个别人的是非曲直的准则，而是指一个商业的基本概念和信仰，是全体企业成员的“共同的心理程序”。

价值观是企业文化的核心和基石，它为企业全体成员提供了共同的思想意识、信仰和日常行为准则。价值观不同，企业的发展及其文化的本质也不尽相同。不同的价值观决定了企业的基本特征、行为方式和企业风格。如果一个通用电气公司的高级主管跳槽到施乐公司，未必就会有更好的发展，因为施乐公司的“疯狂工作、尽情玩乐”的价值观与通用电气公司倡导的“细致周到、深思熟虑、慎重从事”的价值观大相径庭。

国际商用机器公司(IBM)强调“IBM 就是服务”、“注重客户服务，力争用户满意”，这种价值观注重以人为本的思想，体现了面向人、重视人的精髓。宝洁公司最基本的核心价值观是其创始人早年确立的“应当这样做，就这样做”，顺应了社会环境以及处于这一环境中的人的需求变化。上海蓝旗服饰发展有限公司“在蓝旗，利润永远位于第二位”的价值观，说明了蓝旗人以消费者为中心的共同信念。海尔的核心价值观是：“着眼创新，注重品质，尊重个人，一切以顾客为中心。”在这一价值观基础上建立起来的海尔企业文化在盘活兼并企业中发挥了巨大的作用。

价值观一经形成，就以相对定型的观念模式存在，影响或规范着企业认识和实践活动的指向，抵制或推动着企业活动的发展。价值观念的变化，也或迟或早地引起企业经营哲学、宗旨、信念、道德、人际关系等方面的变化。

二、行为规范

行为规范是指企业员工群体所确立的行为标准。它可以由企业正式规定，也可以通过非正式形式形成。行为规范一旦确立，就成为企业调整各种关系的基本准则，是企业价值观在行动上的一种重要表现形式。规范是一种强大的精神力量，是企业群体的意识和信仰，当它为人们所共识、共信、共享时，就能转化为左右和掌握企业每一个人的思想和道德力量，显示出巨大的威力，使企业有一种无形的巨大吸引力和制约力。

行为规范是以企业全体人员整体行为的一致性和制度化作为表现形式的。它以个体行为表现出整体的行为，即个体行为的规范化导致整体行为的一致化。例如，企业员工通过语言可以表述出企业文化所特有的内涵，北京长城饭店的员工经常说的一句话是："我们应该感谢我们的老祖宗，因为我们的名字叫长城。"1984 年张瑞敏刚进入海尔集团时，就制定了 13 条管理制度，奠定了海尔发展的基础。

价值观是抽象的，行为规范是具体的，是对价值观的反映，不同的价值观可以产生出不同的行为规范。

三、企业形象

企业形象是社会各类公众对企业整体的印象和评价。一个企业的形象可以用来表示企业的共同信念、价值与理想，企业形象也是企业文化、企业行为、企业绩效等各个方面的综合反映。

（一）企业形象的内涵

企业形象的"形"是外在因素，"象"是内在因素。"形"依赖于"象"而发挥作用。"象"又是企业客观物质运动形象和行为活动所塑造的一种精神力量。

企业形象可分为表层形象和深层形象。

表层形象是指厂容、厂貌、技术装备、产品质量等直观部分。例如，德国的"奔驰"，法国的"CD"香水，美国的"吉列"刀片、"派克"钢笔等已经成为国际优质产品的代名词。

深层形象是指企业精神面貌、群体意识、价值观念、道德风尚、成员素质、企业竞争力等非直观部分。

企业形象按表现形式又可分为实体形象、行为形象和软件形象：实体形象是企业的物质实体给社会大众造成的观感和印象；行为形象是企业的经济行为给社会大众带来的印象；软件形象是企业的人员素质、精神状态、管理和技术水平所引起的社会大众对企业的看法和评价。

（二）企业形象的特征

1. 整体性

企业形象是由企业内部诸多因素构成的统一体和集中表现，是一个完整的有机整体，具有整体性的特征。各要素形象如企业员工的形象、产品或服务的形象之间具有内在的必然联系。构成企业形象的每一个要素的表现好坏，必然会影响到整体的企业形象。

2. 客观性

企业形象是企业实态的表现，是企业一切活动在社会面前的展示，是客观真实的，具有客观性的特征。良好的企业形象不能由企业经营者主观设定，自我感觉良好并不能表明企业形象果真良好。

良好的企业形象是有客观标准的，它由企业良好的经营管理实态、良好的企业精神、良好的员工素质、良好的企业领导作风、良好的企业制度、良好的企业产品以及整洁的生产经营环境等客观要素所构成。这些构成要素都是客观实在，反映了企业的实态。

3. 主观性

企业形象虽然是在企业客观现实的基础上形成的，但它是这一客观现实投射到人的主观思想上才形成的。企业形象是社会公众对企业的印象和评价，它又具有主观性特征。

(1) 企业外在形象并不等同于企业的内部实态

企业实态是一种客观存在，这种客观存在只有通过各种媒体介绍展示给公众，为社会公众认识、感知，才能形成公众接近一致的印象和评价，形成具体的企业形象。如果企业不能把其客观实态有效地、全面地传递给消费者，或是企业有意隐瞒缺陷，自我美化，就会使企业形象失真乃至虚假。

(2) 企业形象形成过程的主观色彩

企业形象是社会公众以其特有的思维方式、价值取向、消费观念、需要模式以及情感等主观意识，对企业的各种信息进行接收、选择和分析，进而形成的特定的印象和评价，其结果是主观的。

企业形象的主观性特征，要求企业在进行形象塑造时，其一切活动都要适应社会公众的价值观念、需求层次、思维方式以及情感要求，赢取公众的欢心，树立良好的形象。

4. 稳定性

企业形象一旦形成，一般不会轻易改变，具有相对稳定性。

(1) 这种稳定性产生于企业形象所具有的客观物质基础。如企业的建筑物、机器设备、职工队伍等，这些要素在短期内不会有很大的改变。

(2) 这种稳定性还反映在人们有相同的心理机制。表现在人们具有大体相同的审美观和好恶感。

(3) 人们往往都具有共同的思维定式。思维定式是指由一定心理活动所形成的准备状态，它可以决定同类后继心理活动的趋势。企业形象是企业行为的结果，而企业行为又可能发生这样或者那样的变化。但是这种变化不会马上改变人们心目中已存在的形象。因为公众所具有的相同的思维定式，使他们总是倾向于原有的企业形象，而不会因为企业行为的改变而马上改变对企业的看法。

企业形象的稳定性可能导致两种不同结果：一是相对稳定的良好企业形象。在市场竞争中，良好的企业形象是企业极为宝贵的竞争优势，企业信誉一旦形成就可以转化为巨大的物质财富，产生名厂、名店，名牌效应；二是相对稳定的低劣的企业形象。企业将会在较长时间内难以摆脱社会公众对企业的不良印象，这需要企业在一定时期内通过艰苦努力来挽回影响，重塑其形象。

5. 可变性

企业形象树立起来以后，虽有其时空上的稳定性，但是，企业形象并不是固定不变的，除了具有相对稳定的一面，还具有波动可变的一面。

这种可变性，使得企业有可能通过自身的努力，改变公众对企业过去的旧印象和评价，一步一步地塑造出良好的企业形象。

企业形象的可变性特征告诉我们，在市场竞争空前激烈的态势下，不进则退，小进亦即退。任何企业，其经营业绩再好，都必须破除固步自封、小富即安、知足常乐等小农心态，要有强烈的危机意识和永不满足的精神。在企业形象塑造上没有终点，只有起点。只有不断开拓进取，创造佳绩，才能使企业形象越来越美好。

6. 传播性

企业形象的形成过程，实质上是企业实态借助一定的传播手段，为社会公众认识、感知并得出印象和评价的过程。每一个企业都应该充分认识到企业形象塑造过程中成功运用和借助传播媒介的重要性，离开传播媒介有效而广泛的传播，企业在形象塑造中就会失去引导和控制。

企业信息的传播可以分为直接传播和间接传播两种形式。

直接传播是指企业建筑、办公营业场所、产品展览陈列、企业标识、员工行为等，向周围公众传递着客观、真实的信息。消费者和用户对企业产品的印象和评价，也传播企业形象。

间接传播是指企业有意通过各种媒体所进行的传播。如利用报纸、杂志、电视、广播、电影、霓虹灯以及广告牌等，发送企业信息，介绍企业实态，扩大企业知名度，消除公众误解，增进公众对企业的了解。

(三) 企业形象的塑造

要塑造良好的企业形象，企业应明确不同的传播对象，有针对性地向他们传播企业期望的形象。其中，针对员工进行的形象塑造，也是培育优秀企业文化，并通过企业文化影响员工行为，从而加强公众对企业文化的认同，提高企业形象塑造的效果的过程。

1. 针对员工的企业形象塑造

(1) 培养认同感，树立“企业是自己的企业”的观念、信息，并要求员工根据这些信息调整自己的行为。

(2) 要培养责任感，树立“可以依托和归属的企业”形象，企业可以用大量的实实在在的事物去激发员工对企业的热爱。比如，帮助解决困难、尊重、满足不同层次不同特点的需要等。

(3) 培养愉快感，想方设法为员工创造一个良好的工作环境，如通过持之以恒的宣传教育营造一种文明礼貌、协调和睦、共同向上的氛围，提倡一种畅所欲言、充满人情味的企业文化。

2. 针对顾客进行企业形象塑造

美国福特公司副总裁埃德森·威廉斯说，假如你把顾客看作是中心目标的话，利润就会随之而来。顾客心目中良好的企业形象就是第一流的服务，企业形象可以通过优质的产品，也可以通过完善周到的服务来塑造。世界上优秀的企业都把良好的服务看作重中之重。

3. 针对股东、公众塑造的形象

企业利用一切机会向股东展示自己的实力，借助一切传播渠道和形式来提高企业的知名度，满足股东的“特权”意识，可让现有的和潜在的股东都认同企业的形象。

美国通用食品公司每逢圣诞节就准备一套本公司的罐头样品分送给每一个股东，股东们为得到这一特殊礼品而感到十分骄傲，结果产生了强烈的认同感，不仅极力向外夸耀并推荐本公司的产品，而且在每年圣诞节前准备好一份详细名单寄给公司，由公司按名单把罐头当做圣诞礼物寄给他们的亲友，使公司形象获得了极大的提升。

企业还应注意在社会公众中的形象塑造。日本的企业在塑造自己的形象时，特别注重社会形象。在厂歌或企业的经营哲学中，很少提及“利润”两字。因为他们不把企业视为单纯赚取利润的机器，而是把利润视为企业为社会做贡献而得到的回报与奖励，使人们淡化了企业经济属性的印象。

日本的企业，除了重视对职工的情感投资以外，还特别注重对社会公众以及消费者的情感投资。他们通过产品、服务等联络着消费者的情感。当消费者得到企业的产品和服务时，他们所得到的不仅仅是一种物的满足，更重要的是一种精神上的愉悦，因而自然地对企业产生一种由衷地敬意，自觉不自觉地对企业产生良好的印象。

第三节　企业文化与企业战略的关系

企业文化就是企业的灵魂。如果企业没有企业文化，就会像没有方向的汽车一样，在马路上乱跑乱闯，或者说目标没有企业文化的支持也不可能持久。

管理之神松下幸之助说：“当你领导十个人的时候，你要走在最前面，领着大家去干；当你领导一百个人的时候，你应该在中间，协调周围的各种关系；当你领导一千个人的时候，你必须在后面，掌握全局，把握方向！当你领导一万个人的时候，那么你唯一能做的事就是祈求上天保佑。”

所谓祈求上天的保佑，就是要使企业领导者的思想符合自然，符合天人合一的准则。当一个人领导一万个人的时候，你已经不可能事必躬亲，除了制度发展的惯性之外，实际上他是靠着一种“思想”在统领这个企业，而这种“思想”很大意义上就是一种企业文化特征在管理上的表现与应用。

一、企业文化是企业战略的基石

优秀的企业文化对于企业战略是非常重要的，它可以为企业战略的制定、实施、控制提供正确的指导思想和健康的精神氛围，如图 12-1 所示。

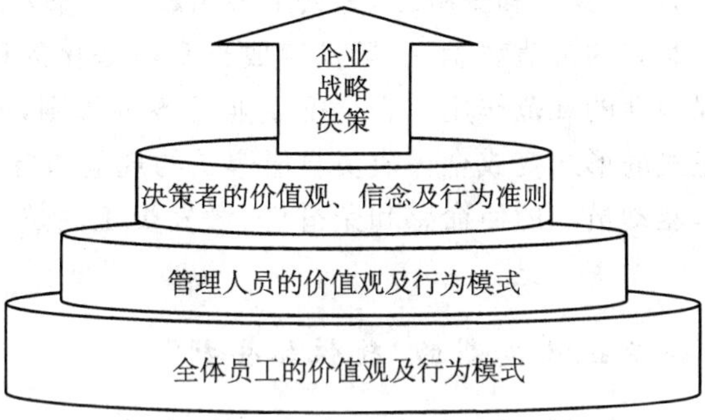

图 12-1　企业文化与企业战略决策氛围的关系

1. 企业文化是成功制定企业战略的动力和基础

企业战略是在一定的观念指导下和文化氛围中进行的，它不仅取决于领导者及领导层的观念和作用，而且还取决于整个企业的精神面貌和文化基础。在越来越激烈的市场竞争中，不良的、一成不变的企业文化对企业发展的危害是致命的；企业战略应该建立在顺应现代市场经济发展和企业自身要求的企业文化基础上。企业文化决定着企业战略，乃至企业的兴衰成败。

海尔的成功与发展就与其富有个性化的企业文化有关。海尔集团经过了短短 14 年的发展，从一个小厂发展成现在每年销售收入 600 亿元并迅速向国际大型企业迈进的国有特大型企业集团，已成为中国民族工业的一面旗帜。在其"海尔激活休克鱼"的文化理念的指导下，几年时间里，海尔集团先后兼并了青岛红星电器等 15 家企业，这 15 家企业的亏损总额为 5.5 亿元，海尔集团使其全部扭亏为盈，盘活资产近 20 亿元。

海尔总裁张瑞敏说："兼并成功的主要原因就是我们把海尔的企业文化移植到这些企业中去了。"也正因为如此，张瑞敏成为中国第一位走向哈佛讲坛的企业家。"海尔激活休克鱼"成为哈佛商学院 MBA 教学案例。

2. 企业文化是企业战略实施的关键

企业制定战略以后，需要全体成员积极有效地贯彻实施。企业文化具有导向、约束、凝聚、激励、辐射作用，是激发员工工作热情和积极性，统一员工意志和目标，使其为实现战略目标而协同努力的重要手段。

例如，日本松下电器公司是全球有名的电器公司，也是日本第一家用文字明确表达企业精神或价值观的企业。松下精神，是松下幸之助及其公司获得成功的重要因素。松下幸之助认为，人在思想意志方面，有容易动摇的弱点。为了使松下人为公司的使命和目标而奋斗的热情与干劲能持续下去，应制定一些戒条，以时时提醒和警示自己。于是松下电器公司首先于1933年7月，制定并颁布了“五条精神”，其后在1937年又议定附加了两条，形成了松下七条精神：产业报国精神、光明正大精神、团结一致精神、奋斗向上精神、礼仪谦让精神、适应形势精神、感恩报恩精神。

松下精神在松下公司的成长中形成，并不断得到培育强化。它是一种内在力量，它具有强大的凝聚力、导向力、感染力和影响力，是松下公司成功的重要因素。

总之，企业文化中共有的价值观念，一旦发育成长到习俗化的程度，就会像其他任何文化形式一样，产生强制性的规范作用。它会把企业的各种规则，通过价值体系、共同信仰和道德规范，以非正式的形式变成全体成员自愿遵从的规范和自觉的行动。这样，就会形成一种和谐的氛围，驱动员工的使命感和荣誉感，激发员工的热情，鞭策员工创造性地工作。

3. 企业文化是企业战略控制的“软性黏合剂”

企业进行战略控制当然可以通过规章制度、计划要求等“刚性连接件”实现，但不如共同的价值观、信念、行为规范等这些“软性黏合剂”更为有效。

企业文化一旦形成，员工就会在共同价值观的基础上，产生共同的理想、目标和规范，与企业建立起一种良好的情感联系，这时，企业文化就成为一种“黏合剂”，使企业产生出极大的凝聚力和向心力。这会使得员工把企业的价值观、信念及行为规范当做自我协调、自我控制的行动目标，自动调整个人目标和行为，使之符合企业的目标。

这种将员工的自我控制、员工之间的非正式监督与不涉及具体细节的准则结合在一起的“混合原则”，往往比正式制度更容易被员工接受和服从，对员工行为的控制也比正式控制制度更为有效。

企业文化对员工的控制不是靠权力或监督，而是基于员工对企业的情感联系和依附。一旦把遵守这种“混合原则”变为一种自觉行动，员工就会主动“修正”自己的行为，使之符合企业的战略目标，稍有违背就会感到内疚、不安、自责，那么企业战略目标的实现就是顺理成章的事情了。

二、企业文化与战略相互适应和协调

1. 企业文化对战略具有指导和制约作用

企业文化具有刚性和连续性的特点，一旦形成便很难变革，因此，它对企业战略的制定和实施具有引导和制约作用。

2. 企业战略也要求企业文化与之相适应和相协调

如果企业根据外部环境和内部条件的变化制定了新的战略，但原有文化的变革速度却非常慢，很难马上对新战略作出反应，那么原有企业文化就可能成为实施新战略的阻碍力量。所以在战略管理过程中，企业内部新旧文化的协调和更替是战略实施获得成功的重要保证。

许多成功的企业都十分重视维护和完善企业文化体系中适应市场环境的内涵，并设法利用企业的规章制度来保持和强化企业文化适应性的观念。但也有一些企业在战略环境发生变化时，不是适时地调整企业文化以适应新的战略环境，而是一味地受原有企业文化驱动，导致一个如日中天的企业出现危机甚至倒下。

例如，20 世纪 70 年代末 80 年代初，美国摩托车行业受到了来自日本的强烈冲击，美国摩托车企业纷纷倒闭，仅剩下哈雷一家企业。哈雷公司在摩托车行业有近百年的历史，第一次世界大战期间，第一个冲进德国的美国士兵就骑着哈雷摩托车。哈雷摩托车多少年来一直稳固地占领着美国摩托车市场的绝大部分，美国人为有哈雷摩托车而感到光荣。

然而，时过境迁，日本摩托车大兵压境，仅几年时间就夺取美国市场的 95%，哈雷仅剩下不到 5%的市场份额。此时，哈雷应该觉醒，根据局势的变化调整企业文化以适应战略环境的变化。但是，哈雷初期的反应是抱怨日本的摩托车企业搞倾销，在这种观念的指导下，他们授权在 T 恤衫上印上攻击性的口号："宁可吃蛆，不骑本田。"他们始终认为只有哈雷才是最好的，日本车不过是"小黄种人"的小玩具。直到比尔斯担任哈雷公司总裁，进行了一系列的包括企业文化改革在内的企业改造后，哈雷才得以死里逃生。

3. 企业文化要反映企业的变动情况

随着经济的发展，企业规模也越来越大，新的成员会增加进来，新成员无疑会给企业带来新的文化元素，尤其是价值观念的冲突，必然会使企业承担融合几种文化元素形成一种新文化的任务。事实上，新成员加入到企业中就意味着战略必然有所变更，战略的调整要求企业文化在原来的基础上也要有所改变与发展，以便与新的战略配合与协调。

在中小企业中，随着企业规模的扩大和环境的变化，企业要注重对自身文化体系中适应市场环境内容的维护和完善，充分注意文化的演变和再设计，创建优秀的企业文化以适应企业的发展战略。

在大型联合企业里，在实行多样化经营或差异化战略时，可以根据生产经营的需要，在某个事业部和经营单位中，保留各自原有的文化，但企业的决策层一定要做好全局性的文化协调工作。

三、企业战略与文化关系的管理

在战略管理中，企业处理战略与文化关系的工作可以用如图 12-2 所示的矩阵图表示。在矩阵上，纵轴表示企业在实施一个新战略时，企业的结构、技能、共同价值、生产作业程序等各种组织要素所发生的变化。横轴表示企业所发生的变化与企业目前的文化相一致的程度。

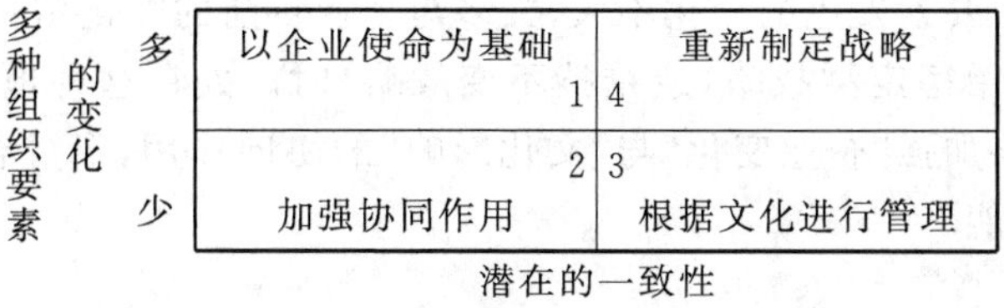

图 12-2　战略与文化关系和管理

(一) 以企业的使命为基础

在第一象限里,表明企业在实施一种新战略时,重要的组织要素会发生很大变化,但这些变化与企业目前的文化具有潜在的一致性。这种企业多是以往效益比较好的企业,可以根据自己的实力,寻找可以利用的重大机会,或者试图改变自己的主要产品和市场,以适应新的要求。

这种企业由于有企业固有文化的大力支持,实行新的战略没有太大的困难,一般处于非常有前途的地位。在这种情况下,企业处理战略与文化的关系的重点如下。

1. 必须考虑战略与企业基本使命的关系

企业进行重大变革时,企业的重大变革与企业使命有着紧密的联系。在企业中,企业使命是企业文化的基础。与企业使命相悖的战略,不可能使企业获得并维持优势。

2. 发挥现有员工的作用

现有人员之间具有共同的价值观念和行为准则,可以保证企业在文化一致的条件下实施变革。根据成功企业的经验,如果企业在一年内有 1/3 的管理人员发生流动,导致行为准则的无序性,企业的绩效将受到很大影响。

3. 保持激励机制的一致性

新的战略必定有新的执行系统相随,管理层在设计适应新战略的激励机制时,必须考虑与企业目前的激励机制保持一致。否则,报酬或奖励经常不能保持稳定和公平,会严重损害员工的积极性和对企业、对新战略的信任感和公平感,从而导致新战略的实施受到阻碍。

4. 不要破坏企业已有的行为准则

企业原有的文化是崇尚创新、追求发展,在这种文化基础上,企业已经形成了很多为大多数员工赞同或默许的成文、不成文的行为模式和运行原则。企业新战略的制定和实施,必须考虑与当前的文化相适应,一旦破坏已有的规则、习惯和好恶标准,就会给员工带来极大的不安定,甚至导致行动方向的迷失,这种情况必然对新战略的实施极为不利。

(二) 加强协同作用

协同作用是一种合力的作用,可以产生“2＋2＝5”的效应。在第二象限里,企业实施一个新战略时,组织要素发生的变化不大,又多与企业目前的文化相一致。处于这一象限常常发生在商业采用稳定型战略(或维持不变战略)时。处在这种地位的企业不一定是“无所作为”的,需要加强“企业变化”与“文化影响”的协同作用,形成合力,最大限度地激发企业和员工的潜能。

1. 巩固加强企业文化

研究表明,强文化对员工行为和企业绩效的影响是清晰的、有力的,而且影响时间较长、范围较大；而处在弱文化氛围中的企业员工则不易找到统一的行为准则，影响较小且效果模糊。当一个企业的现有文化与企业新战略有很大的一致性时，表明合适的战略决策是在适应文化基础的有利情境中产生的。

这时，管理层所要做的是，利用目前的有利条件，巩固和加强已有企业文化，利用强文化的影响来促进新战略的实施，提高企业绩效水平。

2. 利用文化的稳定性解决企业运营中的问题

强文化具有较强的稳定性，这种相对的稳定性使企业管理层不必经常扮演“救火队员”的角色处理文化冲突，能有较多时间和精力来发现、解决企业生产经营中出现的问题。而如果管理层明智地顺应企业文化的要求处理问题，就容易得到大多数员工的认同，并保持处理方式的前后一致性，问题解决得顺利，新战略实施就有了时间上和制度上的保障。

（三）根据企业文化的要求实施战略管理

在第三象限里，当企业实施一种新的战略时，虽然主要的组织要素变化不大，但与企业目前的文化没有一致性，或一致性程度非常低。实际上，这时企业的组织要素包括企业结构、技能、共同价值观、生产作业程序等并没有根本性的变化，但由于与原有文化存在冲突，因而企业新战略的实施必定会遭到来自企业文化的阻力。

在这种情况下企业需要做的工作如下。

1. 研究变化是否能给企业带来成功的机会

实现经营目标是企业实施战略的目的，如果新战略带来的变革可以使企业达到较高的业绩水平，而且实施新战略的过程中不必付出太大的“成本”来克服来自文化的阻力，那么可以考虑通过提高业绩水平来增强员工对变革的认同感，并以此为契机在原有文化上进行改良，塑造更为优秀的企业文化。

2. 根据文化进行管理

在强文化的氛围中，如果组织要素的变化与企业文化的一致性程度较低，新战略会面临来自文化的强大阻力，此时改良文化的成本非常高且成功的可能性小。在这种情况下，企业可以根据经营精力的需要，在不影响企业总体文化的前提下，对某种经营业务实行不同的文化管理。

（四）重新制定战略

在第四象限里，企业在处理战略与文化的关系时，遇到了极大的挑战。企业在实施一个新战略时，组织要素会发生重大变化，这又多与企业现有的文化很不一致，或受到现有文化的抵制。对于企业来讲，这是个两难问题。企业难以抉择的原因是：无论遵循哪个方案，都必须做“大动作”——要么重新制定战略；要么变革甚至再造企业文化。

在这种情况下，企业要做的工作如下。

1. 考察是否有必要推行这个新战略

如果没有必要，则需要考虑“新的”新战略——一种与企业现有行为准则和实践相一致的新战略。

2. 变革甚至再造企业文化

在企业外部环境发生重大变化，企业的文化也需要相应作出重大改变的情况下，企业应考虑自身长远利益，不能为了迎合企业现有的文化而将企业新战略修订为符合现有企业文化标准的战略，即一种不符合企业发展需要的战略。

为了处理这种重大变革，企业需要从四个方面采取管理行动：

(1) 企业的高层管理人员痛下决心进行变革，并向全体员工讲明变革的意义；

(2) 为了形成新的文化，企业要从外部招聘或从内部提拔一批与新文化相符的人员，尽快形成符合设计原则的新文化；

(3) 利用激励机制，将奖励的重点放在具有新文化意识的事业部或个人身上，促进企业文化的转变；

(4) 设法让管理人员和员工明确新文化所需要的行为准则，形成一定的规范，保证新战略的顺利实施。

企业的战略管理者应该充分地认识到，改变组织的基本要素，一般是一个渐进的过程。企业应抓住每一个可以促成变革或有利于形成新文化的机会，同时要不断地从心理上和态度上使员工理解新的战略，最终使新的战略使命与员工的价值观念达成一致。

第四节　企业文化的再造

企业文化再造，就是要求企业能够审时度势，根据一定的设计原理，设计出符合企业环境与经济形势的基本文化。

一、企业文化再造原理

企业文化再造可以从两个方面考虑：

(1) 企业的高层管理者要将崇高的理想和组织成员沟通，激发他们的工作积极性，在组织内形成一致的价值观，最终形成自己的企业文化。

(2) 企业的高层管理者要理解企业日常生产经营活动的重要性，从小事做起，深入现场掌握第一手材料，管理好文化。从实践的效果来看，管理人员的日常活动与组织价值观一致时，企业文化就会得到加强。

二、企业文化再造的动因

（一）内部动因

1. 资产重组

企业发展到一定规模，进行资产重组是一种必然的趋势。目前，很多企业都在由内部管理型战略向外部交易型战略转变，实行企业资产重组，成立企业集团，通过收购、兼并等途径，增加规模经济效益，以实现资本的低成本扩张。在这个过程中，更多的企业重视的是企业重组后的财务融合、人员搭配和安置、生产经验和技术装备的共享等问题，对企业文化的融合、观念的统一等则考虑较多。

美国著名管理学家彼得·德鲁克指出：要想通过兼并成功开展多种经营，需要有一个共同的团结核心……没有这样的团结核心，通过兼并开展多种经营，决不会有好的结果，单是财务上的联结是远远不够的。必须具有一种共同的文化或至少有“文化上的姻缘”。因此，企业整合后进行企业文化的再造是非常必要的，它是企业能否迅速发展的关键问题之一。

在国际上，作为企业变革典范的德国奔驰与美国克莱斯勒的合并，是两位汽车巨头以300亿美元的高价进行的“平等合并”，合并后股价一路飙升，大有形成一个驰骋世界汽车市场、所向披靡的“巨无霸”之势。但不久人们就发现，美国的文化与欧洲的文化差异是如此之大，导致企业的观念和员工的行为完全难以融合：戴姆勒（奔驰）的生产模式是一板一眼，严格控制工艺流程，质量上精益求精，由作风严谨的工程师们统筹生产；而克莱斯勒却崇尚冒险精神，注重自由和创新，工程师和设计人员敏捷灵活，强调协作生产。甚至在行为上也出现了巨大反差：当两家公司的主管一起去纽约开会时，每个奔驰的主管各自坐着由司机驾驶的奔驰顶级 S－Class 轿车，而克莱斯勒的主管们则搭坐在一部旅行车上。这种文化的差异和冲突导致合并后的企业于2000年第三季度亏损5.12亿美元，其市场资本总值已经低于原奔驰公司的水平。

由此例我们得到的启示是：在合并的企业中实施战略管理，企业内两种或数种文化的落差和冲突问题必须尽快解决，即使是截然不同的文化也要尽可能地相互融合，否则很难为企业实施新的战略提供成功的保障。

2. 企业改组

企业改组基本上包括两个方面的内容，一方面是企业制度的改组，当企业原有的制度体系已经不符合新的战略发展、市场发展的要求时，就要对原有的组织结构进行大幅度的调整，如成立董事会、实行新的领导制度和开拓新的管理思路等。这时，企业内在的一种自然的、向上的精神力量迫使企业必须有一种与其相适应的企业文化。另一方面是企业人事的改组。

当企业面临重大的人事变动时，如主要领导人、经营管理者或决策层变动等，都会使企业的内部组织结构、人事制度等发生重大的变动。为了使企业在新管理者之下形成新的机制，表现出新的生机与活力，统一认识、统一行动，对企业文化进行再造就十分必要。

例如，2001年2月10日，倪润峰再次出任长虹公司总裁，2月16日对公司上层进行了重大的人事调整，采用世界500强企业通用的管理模式设立总裁(CEO)，集团公司总经理袁邦伟任战略总裁，股份公司总经理赵勇任信息执行总裁，副总经理王凤朝任运营执行总裁。倪润峰认为：这是根据现代企业制度的要求和企业经营发展战略的需要而进行的组织创新或体制创新。过去的长虹只注重短期的现实目标，对保障长远的发展力不从心。新领导班子的组建会带来新的观念、新的管理思路、新的经营模式，当然要进行企业文化的调整和革新。

3. 股票上市

企业进行股份制改造后都希望能争取到上市的资格，这是股份制改造的目标。一般来讲，对上市公司的要求是非常严格的，要有雄厚的实力、完善的经营组织和管理机构。可以说，企业从开始进行内部股份制改造，到最后上市的过程是一个脱胎换骨的过程，进行企业文化再造，既可行，又有必要，可以为企业股票上市、赢得金融市场的更大回报打下坚实的基础。

4. 危机事件

危机事件是指企业在自身运作中所发生的具有破坏性影响、造成企业形象受损的事件。危机事件对企业内部的影响主要表现心理上的压抑和行为上的抑制，进而影响到企业整体的发展。在这种情况下，企业文化的再造可以使企业以全新的理念、全新的活动、全新的视觉识别系统树立企业的新形象，振奋精神，重整旗鼓，尽快扭转不利局面。

(二) 外部动因

1. 推出新产品

在新世纪的急剧变化的环境中，不断创新已经是人类发展的主题，固定不变的常规型管理方式终将被创新型管理所取代。产品的创新是企业创新的基础。产品创新与企业文化有着密不可分的关联性，新产品开发、推出的过程，也是企业调整、重塑文化的契机，可以使企业原有的文化内涵更加饱满和丰富。良好的企业文化又为企业新产品开发、推出创造了积极的文化氛围，是新产品开发和推出的基点。

2. 市场定位战略

随着现代科技的进步和普及，竞争企业间的产品在质量、性能、功效、价格等方面的差异性越来越小，除去品牌因素，很难在市场准确判别产品的优劣。企业在把自己的产品推向市场时，必须首先考虑给产品一个适当的市场定位，这就要实施市场定位战略，企业文化非常有助于这种战略的实施。

比如，人们一提到“海尔”以及一看到作为海尔标志的那两个小人，头脑中的第一反应是“海尔的服务最好”，这就是海尔多年来“文化先行”的成果，是海尔之所以成功的重要因素之一。

3. 多元化经营战略

当企业向多元化方向发展时，企业产品的组合和经营结构也会随之发生变化。产品组合的调整，使原主导产品的地位、比重发生变化，针对市场的变化，要对主导产品进行调整或重新确立。另外，新旧不同的主导产品会有各自不同的目标市场、销售渠道、促销方式等，即使在这些方面不发生变化，也会使其得以扩大和加强。

所有这些变化，都要求企业在战略结构、对外传播、文化形象等方面予以重新考虑。为此，企业有必要通过全新的企业文化来树立全新的企业形象，通过企业文化的再造，向社会和消费者传递企业已经扩大经营范围和调整经营结构的信息。

4. 进军国际市场

企业的经营在达到相当规模时，会考虑向国际市场发展。我国加入 WTO 后，企业的国际市场竞争更加激烈。对外开放的进一步深入，使我国许多企业不走出国门就要参与激烈的国际市场的竞争。

企业参与国际市场竞争除了在产品生产、经营结构、战略方向、管理理念等方面要符合国际化经营需要，还要考虑到与之相关的国家、地区、民族的风俗习惯、文化特征、消费观念和消费行为等，使企业行为与各种表现形态适于国际市场的要求。因此，进行企业文化再造是企业走向国际市场的重要对策之一。

三、企业文化再造的基本原则

1. 重视企业人的培育

任何文化都离不开人，人既是文化的创造者，又是文化的享受者。在企业文化的塑造中，重视人的因素是成功的企业文化塑造者的共识。安纳罗格公司有句名言："你可以用钱买到机器，但你不能用钱买到有知识的人，因此，对待人的基本态度是我们文化的灵魂。"

尊重人、关心人、理解人、爱护人是塑造企业文化的核心。在一个重视人的企业里，企业将从员工身上获得同样的情感回报。在坦德公司，人人知晓的信念是"坦德公司的成员、创造性的行动和乐趣是其最重要的资源"，"公司哲学是使坦德将人与计算机合二为一"。坦德公司的员工这样看坦德公司："我不希望世界上有任何东西将危害到坦德的生存。我感到对我原来所在的公司早已人走茶凉，但我对坦德公司的感情却截然不同。""我的目标就是对公司目标的执著追求，它是我与公司所共有的。"

2. 重视精神激励

企业文化的根本立足点，在于对企业全体成员精神的激励，使企业成员的精神力量在激励下转化为物质力量，转化为现实的生产力。

美国学者在《成功之路》这样写道："企业仅仅着眼于财务指标、销售额、股票收益率等，只能激起企业中最高层的几个人、几十个人的积极性，很难唤起基层成千上万的生产、销售和服务人员的热情。"这段话一方面说明了企业精神文化建设应对准全体员工，而不只是企业高层。另一方面也说明了在企业物质利益不足以分配的时候应加强精神激励。

每个人都有精神需求，这种需求不仅表现在对物质的欲望上，还包括个人价值的实现，被人尊重、重视的程度，荣誉感等。精神激励就是为了满足企业人的精神需求，充分激发出企业潜在的创造力。

四、企业文化再造的途径

(一) 内在途径

企业自我完善是塑造企业文化的内在动力。塑造企业文化的主要工作要由企业自身来做，通过企业内部的各种活动，完善企业自身的机制，在企业内形成有利于文化的“生长点”的土壤。这方面的工作主要包括以下内容。

1. 设立组织机构

组织是人们为达到特定目标而使全体人员通力协作的系统。以塑造企业文化为目的设立的组织机构为企业文化提供了组织保证。这类组织可以是职能性的，如建立企业文化指导委员会、企业文化咨询委员会；也可以是学术性的，如企业研究会等。

设立组织机构时除了重视企业新建机构的职能，还要重视对企业原有文化组织机构的改造。对非正式小群体中的文化组织的存在也不能忽视，要对它们进行引导、转化，为建立企业文化服务。

2. 培育团队意识

企业的团队意识是一种团队文化。所谓团队意识，即集体意识、集体观念。日本人的团队意识比较强。一般日本人的社会心理是，集团是一个命运共同体、利益共同体。在日本人的观念中，对自己所属集团的忠诚是一个人最应该具有的品德，可以说，日本人的这种道德观念是他们的“集团意识”存在的重要文化根源之一。

企业的团队文化就其本身而言，就是一种命运共同体文化。团队意识，对于企业的成功壮大来说是至关重要的。企业没有团队意识，就谈不上群体中成员之间的协同运作，更谈不上作为它们各个能力总和的“集团力”。

3. 开发企业素质

企业素质，包括人的素质和物的素质两大系列，其中人的素质是最重要的。人主要有体力素质、智力素质和精神素质三个方面，其中精神素质是人的主导素质；智力素质是人的主体素质；体力素质是人的物质依托素质，三者的流变统一，构成了活生生的人。

4. 树立企业精神

企业精神是企业文化的本质要素，是企业员工的集体意识，它反映了企业员工集体志向的决心和追求。树立企业精神目的在于让企业精神植根于企业人的心灵。成功的企业都有自己积极进取的、富有鲜明个性的企业精神。

例如，美国的麦当劳公司，有以为顾客提供热情服务为荣的精神；有重视小处、完善细节的精神；有重视团队的作用、激发奋进的精神；有重视服务动作快、品质高、服务好、整洁优雅的精神。由于麦当劳公司为顾客提供了热情周到的服务，因而它赢得了在消费者心目中的信誉。

树立企业精神的方法很多，企业可以利用事件树立企业精神。如多米诺比萨饼公司的企业信条是“30 分钟内将货送到任何地方”。为了实现这一诺言，该公司不惜包租飞机将货物按时送到。但是有一次，由于供应不及时，使一家商店停止了营业。事后，公司买来 1000 多个黑袖章，让公司员工戴上，表示哀伤。黑袖章给这个公司带来的震撼是非常强烈的。这次事件，使企业人永远也不会忘记公司的信念和他们所信奉的精神。

英国航空公司有一次因乘客不足，就让乘客改乘另一公司的飞机。所有乘客都同意并乘上另外公司的飞机，只有一位日本老太太，无论怎么说都不肯。于是英国航空公司就专门为这一位乘客飞越了这一航线。这一事件无论是对社会、对公司本身都影响巨大。英国航空公司失去的是物质损失，得到的是震撼企业员工心灵的企业精神的树立。

(二) 外在途径

外在途径，通过企业对外的传播活动，向社会辐射企业的影响，为创立企业文化提供良好的外部环境。这部分的主要工作是塑造企业的外部形象，让社会通过企业形象来了解企业，为塑造企业文化提供条件。

1. 创造良好的外部环境

创建企业文化的外部环境包括民族文化环境、政治经济环境和市场环境。对于这些环境中的各种因素，企业要进行细致周到的分析，以便利用有利的因素，摒弃或改造不利因素。如通过了解市场环境，分清企业应顺应市场变化的因素是什么，企业应积极引导的市场因素有哪些，企业的竞争对手是哪些，自已有哪些优点与弱点，如何处理与对手的关系等。通过了解外部环境，采取措施，改造外部环境，为企业文化的创立提供良好的外部环境条件。

2. 塑造企业形象

企业形象建立在两个重要的基础上：

一是建立在企业对社会和公众所作的贡献并为社会所认同的基础上，它包括企业的标志、注册商标、产品设计、产品质量、装潢和广告，以及各种附属印刷品的设计。所有这些，都可以使人们对企业产生一种可以信赖的印象。

二是建立在员工与企业荣辱与共、关心企业的经营与效益、珍视企业信誉的基础上。即企业必须使企业员工在工作中产生和企业同命运的信念，并且能够在统一价值观念的基础上团结一致，创造出宽松舒畅的工作环境，发挥每一个员工的创新精神和才能，不断扩大企业的社会影响。

五、培植企业文化

企业文化塑造是一个长期的过程，它需要培植。在企业文化的基本理念、原则确立之后，就要采取各种方法和手段使员工接受这种文化。这就要求设计企业文化时考虑两个层次的问题，以便于企业文化的培植。

（一）沟通与激发

设计企业文化要求企业的高层管理者将崇高的理想与企业员工有效沟通，激发他们的工作积极性，在企业内部形成一致的价值观，最终形成优良的企业文化。

1. 进行企业文化培训

通过培训争取让每一个员工都明确企业文化的核心及其特征，以及员工应遵循的行为准则、自身地位和作用。

2. 推行参与管理

参与管理可以使员工意识到自己就是管理的主体，从而以主人翁态度自觉地按照企业目标校正自己的行为，维护企业文化。

3. 重视非正式群体的作用

企业内部必然存在着非正式群体，管理者应引导他们接受企业文化，使团体的作用与企业文化方向趋于一致。

4. 重视企业历史的研究和教育

研究企业历史，通过教育帮助员工了解企业的传统和风格，增强其文化适应性，使企业文化的动力作用得以真正地全面发挥。

（二）管理者身体力行

企业管理者本身应该是企业文化的化身，应该通过自己的行为向员工传达、灌输企业的价值观。因此，企业高层管理者应理解企业日常生产经营活动的重要性，从小事做起，深入现场掌握第一手材料，管理好企业文化。

从实践来看，当管理人员的日常行为与企业的价值观一致时，企业文化就会得到加强。作为企业领导者，还必须坚定信念，重视感情的凝聚力，以平等、真诚、友好的态度对待下属，取得他们的信任，影响员工的行动朝着企业文化设计的目标前进。

日本本田公司当初只不过是一个资本仅 100 万日元的修理车辆和生产内燃发动机的小作坊，经过短短几十年的奋斗，奇迹般地成为世界级的汽车制造厂商。本田公司成功的原因固然与战后日本经济奇迹般起飞有关，但是，如果没有公司创建人本田宗一郎和藤泽武夫的远见卓识与身体力行，要想取得成功简直是不可能的。

本田宗一郎常说："经营是门艺术。"在企业中他对人是严厉的，但员工们并不讨厌他，反而非常佩服他。因为本田宗一郎都是自己率先去干最棘手的事和最艰苦的活儿，并亲自做示范，他的行为无声地告诉人们，你们也要这样干。

例如，1950 年的一天，为了谈一宗出口生意，本田宗一郎在一家日本餐馆招待外国商人。外国商人在厕所里不小心把假牙弄掉了。宗一郎听后，二话没说就跑到厕所，脱光衣服，跳下粪池，用木棒小心翼翼地慢慢打捞，假牙打捞出来后，冲洗干净，并做了消毒处理。宗一郎拿着它，回到餐桌上，高兴得手舞足蹈。假牙失而复得，这件事让完全失望的外国商人很受感动。本田宗一郎的言行让他的下属及员工看在眼里，非常钦佩。有这样的领导者，还有什么样的企业战略目标不能达到呢？

小贴士

企业文化是企业战略的基石，是成功企业制定企业战略的动力和基础；是企业战略实施的关键。企业文化是维持企业战略优势的条件。企业文化要与企业战略适应和协调。

本章小结

1. 广义的企业文化概念，是指企业在长期实践过程中创造的具有本企业特色的物质财富和精神财富的总和；狭义的企业文化概念，是指一个企业在历史发展过程中形成的具有本企业特色的思想、意识、观念等意识形态和行为模式以及与之相适应的制度和组织机构，如我们通常所说的企业精神、企业风格等。

2. 研究企业文化的原因是：企业文化影响企业制定与实施战略，有助于管理者更有效地管理企业，运用文化来研究组织是一种依次递进的战略方法。

3. 企业文化的基本构成要素有共同的价值观、行为规范和企业形象。

4. 企业文化的再造，就是要通过有意识的行动来重新设计符合企业环境的基本文化，塑造优秀的企业文化，增强企业运行与实施战略的文化动力。企业文化再造是一个完整的过程，要作出长期的努力。

本章思考题

1. 企业文化分哪几种类型？各有什么特点？
2. 构成企业文化的基本要素是什么？
3. 阐述企业文化与企业战略的关系。
4. 简要分析企业战略的稳定性与企业文化的适应性。
5. 举例分析企业文化的塑造途径。

案例分析

万向的战略文化匹配

企业长盛不衰的秘诀是要有良性的文化支撑，因为文化是企业发展的软件。万向集团自诞生之日算起已有30多年历史了，这段历史积累和沉淀的万向文化，成为万向集团赖以生存与发展的灵魂与环境。面对全球经济一体化、信息网络化与入世冲击，万向集团提出了新的发展战略，为此，如何更好地建设适应未来战略发展需要的文化，成为万向集团内部讨论的问题。

考察一个企业的文化，文化网模型可能有助于我们的分析，该模型从六个要素解释了企业文化的变化与形成过程，这些要素分别是：仪式与日常惯例、故事、组织标志、控制系统、权力结构、组织结构。文化的核心包含在组织的价值观、信仰和行为假设中，通过分析文化网要素分析可深入了解一个企业文化的核心。"常规"程序代表了组织特有的做事方式，这代表一种关于事情应该如何进行的想当然的思维。组织中的特定"程序"，如指出哪些事情对组织是重要的，同时也强化了员工的行事方式。

"故事"常常针对个人或特定事情而言，如创业英雄、持不同建议者或特殊事件。特有的"组织标志"表示企业中大力支持的东西，这些标志是为了强调组织内部的身份与优先权而设定的，如组织通用的语言与术语等。"控制体系"即评价与奖励系统强调了组织中什么是重要的。"权力结构"表示组织做出决策过程中有统治权的群体。正式的"组织结构"不但可反映出权力的构成，而且也描绘了组织中的各种重要关系。

可根据文化网的各组成要素，深入分析万向集团的文化。万向集团的主业是汽车零部件，过去很长一段时间，万向把成本降至最低作为管理的追求，并讲究信誉，靠诚实守信提升企业的价值。随着集团的成长，中介投资、流通贸易、跨国经营等产业也获得很大发展。为了刺激各企业的竞争与效益意识，万向对内划小核算单位，因此竞争意识与利润导向也成为万向的一个核心信仰。"上对国家有利，下使职工受益；内保企业后劲，外要用户满意"是万向的企业宗旨。另外，万向是一家非常人性化的公司，因此人本管理也是其核心价值观，董事局主席鲁冠球认为，人情可以作为管理企业的法宝，作为员工自觉维护企业利益的纽带，作为增强企业凝聚力与团队精神的有力武器。

万向的"故事"主要是鲁冠球的创业史，其可歌可泣的创业历程为万向人所津津乐道，鲁冠球个人卓越的经营才能与人格魅力及其倡导形成的不断学习、自我提高的企业精神已是万向集团长期发展的最重要源泉。另外，质量与信誉意识的树立也是影响至深的事例。1980年，万向收到安徽芜湖汽车发动机厂的投诉信，反映万向生产的少数万向节轴承有裂纹。为此，鲁冠球派了30多名技术骨干，把全国各地的不合格品全部运回来，堆积在一起，把全部员工召集起来开会，开了个"废品现场会"，将3万多套万向节一个不剩地当做废铁卖掉，损失43万元。全部职工因而半年没发奖金，但质量与信誉意识深深地烙在了员工心中。

一般来说，企业的研发、生产与营销等三个职能部门拥有的权力较大。作为一家大集团公司，万向的权力体系有自身的特色，董事局、总裁办、发展部、财务部是重要的权力机构，强调大集团战略，集团从总体上对业务发展与资本运作做总体统筹。

组织结构上，在重视集团统一规划的同时，致力于建立适应未来市场的组织形式，其实质内容是“划小核算单位”，将集团所有机构划分为投资中心、利润中心与成本中心，并把所有下属企业都作为一个经营实体来考核。

在控制体系上，万向强调目标与预算。在集团战略指导下，各下属企业独立开展日常管理运作，对企业业务的经营效果负全责，根据实际经营业绩实行利润导向的核算制度，并采用总部外派总监与财务经理的方式加强对下属企业或机构的监督。高层管理人员会议与日常工作制度是万向的仪式与常规。“万向报”、“万向控股”，以及重要文件里部门负责人的排名先后，办公室配备情况是万向的主要标志，从某些侧面反映了集团重视的事情与权力结构。

总之，万向的原有文化体系比较全面、系统，对企业经营具指导意义。存在的不足主要是：比较强调内部管理，而关于如何贯彻顾客导向以提升顾客服务水平的内容较少。21世纪的前十年是万向真正走向跨国公司的关键时期。面对跨国公司在中国即将加入WTO之际均已把中国纳入其全球价值增值链或经营网络的挑战，集团总部管理面临着强大压力，这种压力集中体现在对市场（顾客）的管理能力、对风险的控制能力以及对不同业务进行组合调配的能力。

国际上企业之间的竞争已从传统的生产、成本、营销、时间、质量等转向网络、服务或上述诸要素的整体竞争。市场覆盖广泛的良好终端顾客服务网络一旦建成，竞争对手就很难简单学习、复制，特别是在与国外有实力的同行的合作中，集团能够体现的实力就是市场网络，这是国外企业进入中国所必需而又很难迅速独立成功开发的。因此，万向集团在跨世纪的发展中，战略定位的要点之一是以现有汽车零部件主业的营销渠道为基础，通过对集团内外人、财、物、资金、信息、市场、技能等资源的互惠整合，构建强大的面向终端顾客的市场配送服务网络。

万向集团通过长期的努力，在营销网络上已有了先发优势，通过钱潮营销有限公司、万向美国公司的负责，以及钱潮下属各企业业务员的努力，在整车一级、整车二级及维修市场上形成了较为广泛的营销关系网络，初步形成了一支具有开拓精神的营销队伍，并在出口国外市场的基础上进入了主机配套。为了贯彻全球化战略与推进市场网络建设，2001年8月，万向集团美国公司正式收购美国UAI公司（Universal Automotive Industries），拥有UAI公司21%的股权，成为其第一大股东，从而开创了中国民营企业收购国外上市公司的新局面。中国企业走向国际化最难的无疑是产品如何进入国外的主流市场，品牌如何被国外企业与消费者所认可。

对于万向集团来说，拓展营销网络，进入国际汽车零配件的营销渠道，是其营销战略的重要一环。因此，万向收购UAI的主要目的是获得其营销网络。UAI公司的营销网络较为完整，尤其是它的制动器市场，在美国汽车配件的维修市场的占有率是最高的。万向集团的万向节在美国销售还可以，但制动器是1999年推出的新产品，想进入美国市场很难。现在通过UAI的营销渠道，万向就为其系列产品打开了新市场。通过国内营销网络的重构与国际营销网络的发展，万向的营销网络发展战略已取得了一系列成绩。

万向集团的企业文化与市场网建设的战略目标基本一致。在推行新战略时，其基本组织要素与文化理念变化均不大，主要的变化在于塑造顾客理念。促进集团市场网络建设的最终目标是赢得顾客份额和增加顾客基础。顾客是企业最重要的资源，因此市场网络建设必须要求企业提升顾客导向理念与构建忠诚顾客体系。

为了使企业中所有员工专注于顾客，高层领导必须从言行上重视顾客，并伴随企业的成长，把顾客理念灌输给全体雇员。为了使顾客导向成为员工的共识，万向就必须在文化网的范式中增加一个核心信仰：顾客为本。在万向集团的“十五”规划及跨世纪发展战略中，已把为顾客创造价值作为企业使命的重要构成部分（万向集团的新使命可描述为“为顾客创造价值、为股东创造利益、为员工创造前途、为社会创造繁荣”）。万向可从以下六个方面着手，构建顾客导向的文化：

(1) 通过强调顾客服务、顾客价值创造对经营业绩的影响，树立致力于顾客导向并取得良好结果的员工、企业、职能部门或经销网络获得快速晋升或重大奖励的典型事例，创造相关的故事与神话使这一思维模式深入人心。

(2) 在权力设置上，对营销与顾客服务部门赋予更多的职权与特权，以更好、更快地响应顾客的需求，突出万向主管营销的配送中心、主机配套部、各企业营销部等机构更多的资源与能力使用优先权。

(3) 在组织结构上，设立由集团高层专人负责的营销组织体系，考虑增设顾客职能机构，如设立顾客经理，设立专门的信息机构或由专人负责收集与整合经由各种渠道得来的顾客信息，或设立专门解决顾客难题、处理顾客投诉的跨职能小组。

(4) 监督体系与考核指标也必须做出变动。丰田凌志公司的第一任总经理认为，唯一有意义的顾客满意测量是顾客重复购买的忠诚。可根据老顾客保持率、老顾客引荐率、新顾客获得率、售后服务状况、顾客档案完备情况设置一定的奖励金额，以及对直接与顾客接触的配送中心、主机配套部、各企业营销部更多地采用结果导向的控制方式。

(5) 在例行仪式与日常事务中，企业在定期会议中有意识强化对提高顾客服务水平与创造优异顾客价值的讨论，并在企业通信中加大对营销明星、顾客服务明星的宣传与表扬力度。在培训上，通过权威专家或资深人员解释与强调以顾客为中心的经营理念。

(6) 在营销部门、顾客服务部门内，使用更好的办公设施（如办公室面积较大、办公用具齐全、醒目的标志等）、更好的员工配备，在停车场中设立顾客专用道，有意识的张贴等关注顾客、强调服务与重视合作的标识，以及在顾客调查上设计更为个性化的问卷，或与顾客进行沟通时使用更为个性化的语言等这些标志也有利于万向集团形成顾客导向的核心价值观。

（资料来源：广东经盛企业战略管理咨询公司材料。）

【讨论题】

1. 请从战略与文化匹配的角度，对万向集团的企业文化建设作分析，并探讨如何更好地以文化建设推动战略的实施？

2. 战略实施过程中，文化匹配上需要考虑哪些问题。

3. 对于中国的民营企业来说，影响二次创业成功的关键文化要素有哪些，如何把握文化变革的合适时机？

参考文献

1. 李维安.企业战略管理案例点评[M].杭州:浙江人民出版社,2005
2. 唐立久.解构德隆[M].杭州:浙江人民出版社,2005
3. 李长书.新联想组织调整与跨国经营的结构选择[J].载上海管理科学,2006(5)
4. 郭松克.企业战略管理[M]. 北京:中国财政经济出版社,2006
5. 谭开明.企业战略[M].大连:东北财经大学出版社,2006
6. 张秀玉.战略管理[M].北京:北京大学出版社,2006
7. 揭筱纹.战略管理原理与方法[M].北京:电子工业出版社,2006
8. 吴照云.管理学[M].北京:中国社会科学出版社,2006
9. (美)弗雷德·R.戴维.战略管理[M].李克宁译.北京:经济科学出版社,2006
10. 代海涛.企业战略管理[M].北京:电子工业出版社,2007
11. 黄旭.战略管理思维与要径[M].北京:机械工业出版社,2007
12. 刘万军.从“小”报纸到“大”产业——解读《体坛周报》的发展之路[J].科技创新导报,2007(5)
13. 吴照云.战略管理[M].北京:中国社会科学出版社,2008
14. 赵越春.企业战略管理[M].北京:中国人民大学出版社,2008
15. 谭忠富.企业战略管理——理论与案例[M].北京:经济管理出版社,2008
16. http://www.chinahrd.net
17. http://baike.baidu.com/view/928454.htm
18. http://www.geniuscn.com
19. http://www.byd.com.cn
20. http://www.zte.com.cn
21. http://www.cninfo.com.cn
22. http://www.galanz.com.cn
23. 中国人力资源开发网.www.chinahrd.net

参考文献